Alt-Regensburgs Gerichtsverfassung, Strafverfahren und Strafrecht

bis zur Carolina.

Nach urkundlichen Quellen dargestellt

von

Dr. Hermann Knapp.

Berlin 1914.
J. Guttentag, Verlagsbuchhandlung,
G. m. b. H.

Herrn Geheimen Justizrat

Professor

Dr. Josef Kohler

in dankbarer Verehrung

Geleitswort.

Wieder ein Baustein zur Geschichte des deutschen Strafrechts! Freilich dürfte noch eine stattliche Reihe von Jahren verfließen, bis es geglückt, den noch in den Archiven schlummernden, überreichen Stoff zutage zu fördern, und bis sich dann ein kundiger Meister findet, der ihn zu einem lichtvollen, übersichtlichen Bau zusammenfügt.

Prüfen wir das Bild, das wir vom Recht der vordem so stolzen Freistadt entworfen, so fällt uns vor allem die große Verschiedenheit mit den bisher erschlossenen Satzungen und Bräuchen fränkischer und baierischer Herkunft ins Auge. In Hinblick auf erstere nimmt dies nicht wunder, da ja die wichtigsten Rechtsnormen Regensburgs der Hauptsache nach einer frühern Zeit, als jene, d. h. dem 13. und 14. Jahrhundert entstammen. Auffallend scheint es jedoch, daß man sich, abgesehen davon, daß die Berücksichtigung der Landfrieden und der zum Vorteil der Stadt erlassenen Fürstenbriefe geboten war, so sehr der baierischen Einflüsse zu erwehren wußte. Das Strafrecht der Rechtsbücher Ludwigs des Baiern erweist sich übrigens als weit dürftiger, als das der gleichzeitig in der Donaustadt geltenden Statuten, wie es ja auch und zumal an geistiger Vertiefung weit von den Ausführungen Ruprechts von Freising überragt wird.

Bekunden so nur wenige Strafvorschriften Regensburgs Übereinstimmung mit denen des oberbaierischen Landrechts und Münchner

Stadtrechts, so sind auch nur selten Anklänge an die L. Baiuw. wahrzunehmen. Bedeutsam ist indes die Einwirkung der für das Reich und Baiern beschwornen Landfrieden, woneben auch einige Artikel des Schwabenspiegels Verwertung erfuhren. Es wird hierauf an den einschlägigen Stellen Bezug genommen. Sonst ist das Regensburger Strafrecht, da es auch bei den Rechten der Ostmark, mit der doch ein so weitgehender Handelsverkehr bestand, in keiner Weise zu Haupte gegangen, als durchaus bodenständig zu betrachten.

Die Rechtsentwicklung verlief hier wie bei andern Römerstädten auf deutscher Erde; trotzdem sich das aus Trümmern neuerstandene Gemeinwesen zu rascher Blüte entfaltete, vermochte es sich doch erst im 13. Jh. zur Selbstherrlichkeit emporzuringen. Und erst als der von den Bürgern selbständig erkorne Rat das Joch des Bischofs und Herzogs abgeschüttelt hatte, konnte man von einer zielbewußten Politik und Gesetzgebung der neuen Stadtgewaltigen sprechen. Nunmehr bedurfte es aber auch, um der Bürgerschaft gegenüber eine kräftige Handhabe zu besitzen, der schriftlichen Festlegung der vom Burgding und der „Gemeine“ gebilligten Satzungen.

Und diese boten sich neben zahllosen praktischen Fällen in solcher Fülle dar, daß es geraten schien, dem Werk in zeitlicher Hinsicht die Einführung der Carolina, auf deren Gestaltung dem Recht der Freistadt keinerlei Einfluß vergönnt war, als Endziel zu setzen. Da auch die Entwicklung der Stadt- und Gerichtsverfassung mit der StadtO. von 1514 als abgeschlossen gilt, so ist der Folgezeit vom Standpunkt des Rechtshistorikers aus nur wenig Reiz mehr abzugewinnen.

Im übrigen hielt ich an den bisher befolgten Grundsätzen fest. Vor allem fußt die Darstellung stets auf urkundlicher Überlieferung. Lücken, welche sich ohnehin nur selten ergeben, sind nie durch fremdes Recht überbrückt, Hypothesen werden, sofern sie sich nicht als sichere Schlüsse erweisen, tunlichst vermieden.

Kritisch ist die Frage: Seit wann gerichtet man mit Genannten vor dem Friedgericht? Ich möchte hier noch die Gelegenheit nützen, meine Stellung zu jener (s. S. 56, 82 f.) kurz zu erläutern: Der Stadtfrieden von 1331, der der Willkürherrschaft der Auer seine Entstehung dankt, weist manchen Übergriff gegen die Kompetenz des herzoglichen und des bischöflichen Friedgerichts auf. Wenn es nun unter ausdrücklicher Auffrischung einer „alten Gewohnheit“ heißt: *„der (funf) tat sol man jeglicher gerichten mit zwain der genanten, daz guet* (die Buße) *schol auch nur an dew stat gevallen“* (Freyb. 110), so handelt es sich hier um das Verfahren vor dem Rat und nicht vor dem Friedgericht. Jener althergebrachte Brauch aber fußt auf der Satzung, nach der bei Totschlag usw. die Klage auch vor dem Rat erhoben werden kann, der Reinigungseid aber dann nicht, wie vor dem Gericht, selbsiebent, sondern mit zwei Genannten geleistet werden muß (Freyb. 80). Die VO. von 1331 bekundet daher das offensichtliche Bestreben des Rats, jene Fälle völlig vor sein Forum zu ziehen.

Die offizielle Einführung der Genannten beim Friedgericht erfolgt also jedenfalls erst mit Erlaß der FriedgerichtsO. Diese ist wohl kaum als unmittelbare Folge des Friedens von 1331 anzusehen; immerhin muß sie zwischen 1331 und 1356 entstanden sein. Daß das Gerichten mit Genannten bei Totschlag usw. gemäß jener O. — unbeschadet der Kompetenz des Rats — auch wirklich vor Gericht geschieht, steht außer Zweifel. Agieren ja auch noch in andern Fällen Genannte als Helfer vor demselben (Freyb. 70, 75), und soll man ja nach der O. bei jeder Gewalttätigkeit, also auch bei Verwundung, Heimsuchung u. dgl., vor Gericht klagen (*und sullen im sein freunt vor gericht rechtens helfen,* Freyb. 73). Es scheinen übrigens bereits 1340 Genannte vor dem Friedgericht aufzutreten (s. S. 56 Anm. 7), deren Schwur dann schwerer wiegt, als der der sechs Helfer (Freyb. 70); der Gerichtsbrief von 1355 (s. S. 84) erweist indes, daß sie bei jenem keineswegs völlig heimisch wurden. Mit dem Frieden von 1356 endlich (s. S. 59) fällt die Jurisdiktion in Friedbruchsachen fast völlig dem Rat und den XLV anheim.

Und somit übergebe ich auch diese Arbeit vertrauensvoll der Öffentlichkeit. Verbindlichen Dank allen denen, die sie durch Rat und Tat gefördert, besonders dem Stadtmagistrat Regensburg und dem Germanischen Nationalmuseum in Nürnberg, welche in liebenswürdiger Weise schätzenswerte Bestände zur Benützung überließen.

München, den 18. Oktober 1913.

Der Verfasser.

Inhalt.

Quellen und Literatur.

I. Archivalien des Münchner Reichsarchivs.*)

Hier kam vor allem der reiche Urkundenbestand des ehemaligen reichsstädtischen Archivs bis Mitte des 16. Jh. in Betracht, bis 1350 im 1. Bd. des R. Urkundenbuchs (Ub.) veröffentlicht und auch nach diesem zitiert. Vom bischöflichen Archiv waren namentlich die auf das Verhältnis zur Reichsstadt bezüglichen Dokumente verwendbar, während die sonstigen hochstiftischen Archivalien für unsern Zweck nur dürftige Ausbeute brachten.

Überaus stattlich ist ferner die Reihe der Literalien der Reichsstadt, deren Einträge in ausgiebiger Weise zur Verwertung gelangten. Besonders hervorhebenswert scheinen:

1. Die sogenannten Stadtbücher.

Stb. I (Nr. 371), RatsVO. von 1308—1393 enthaltend, von denen einige im Ub. Veröffentlichung erfuhren (s. Vorwort des Ub. IV).

Stb. II (Nr. 372), 1365 verfaßt, im wesentlichen Abschrift des vorigen, zum Teil in Frh. v. Freybergs Sammlung histor. Schriften, Bd. 5 (älteste Statuten usw.) publiziert (s. Vorwort des Ub. IV).

Stb. (schwarzes, Nr. 296), angelegt im 14. Jh., Freiheiten, Stiftungen, Verträge, Landfriedgebote, Ratsverlässe usw. in sich schließend; auch das „groß, alt statpuch" genannt (s. Vorwort des Ub. V).

St. (gelbes, Nr. 297), 15. Jh., „Stadtsachen und Handlungen" verschiedner Art.

Stb. (rotes, Nr. 363), Ende des 15. Jh., Abschrift der königl. und fürstl. Privilegien der Stadt (s. Vorwort des Ub. VII).

Abgesehen von diesem „großen" Privilegienbuch sind noch die kleineren, Nr. 357—361 zu nennen.

Hierzu treten 2. als sogenannte Sammelbücher.

Nr. 298 Kopialbuch, Urkunden und Korrespondenzen von 1371—1508 enthaltend.

Nr. 298½ Fragment der Ratsprotokolle von 1469—1472.

---

*) Bei Nichtangabe des Lagerorts gilt stets das Reichsarchiv als solcher.

Nr. 299 Das Friedgerichtsbuch, 14. Jh. Da in dasselbe auch eine *historia Caroli magni* wie Legenden schottischer Heiligen usw. einverleibt sind, wurde dieses wichtige Rechtsbuch seitens des Reichsarchivs der Hof- und Staatsbibliothek überlassen. Das FrGB. ist veröffentlicht in Freyberg, 5, 65 ff.

Nr. 304 Designation der Stadtschultheißen und Propstrichter von 1314—1552.

3. Literalien, auf das Verhältnis zu Kaiser und Reich, Baiern wie dem Bischof bezüglich.

Nr. 305 Akten und Späne, den Reichshauptmann von Rohrbach betr., 1512.

Nr. 322 Herzog Albrechts v. B. Gerechtigkeit zu R., 15. Jh.

Nr. 305½, ⅛, 317—320, den Kampf um R., 1485—1496 betr.

Nr. 321 Eidbüchlein, 15. Jh.

Nr. 342 Gutachten, die Einlösung des Propstgerichts im J. 1388 betr.

4. Literalien, stadtrechtliche Satzungen und RatsVO. in sich begreifend.

Abgesehen von den schon unter den Stadtbüchern aufgeführten Nummern sind hier hervorzuheben:

Nr. 373 PolizeiVO., 14.—16. Jh.

Nr. 374 Abschrift des Stadtrechts, vollständig in Freyberg, 5, 31 ff. veröffentlicht.

Nr. 376 Die RegimentsO. von 1500.

Nr. 380 Die StadtO. von 1514.

Nr. 384, 386 und 389 Verschiedne O. und Statuten der Stadt, 16. u. 17. Jh.

5. Literalien, auf das Gerichtswesen bezüglich.

Nr. 398 Gerichtsbuch, die Namen Verbotner und sonst Bestrafter, Urteile usw. enthaltend, von 1418—1442.

Nr. 398½ Verhörsprotokolle, Räubereien betr., von 1440—1468.

Nr. 399 Bekenntnisbuch, Verzeichnis von Urgichten und sonstigen Geständnissen, 1443—1484.

Nr. 408, 409 und 411 Ratsverlässe und eine Fülle wichtiger Entscheidungen in sich schließend, Mitte des 15. Jh.

Nr. 409½ „Purtingbuch", die in den J. 1401—1410 für die Stadtauskehr verfügten Verweisungsurteile enthaltend; früher irrigerweise für ein Nürnberger Achtbuch angesehen.

6. Chroniken.

Nr. 595, 596 und 598 Verbrechen und Strafen von 1300—1600 aufführend.

Von den sog. baierischen Archivalien erfuhren Berücksichtigung:

1) die Sammelbände, Nr. 1—13.

2) Verträge der Stadt mit Baiern, Nr. 52—56, 13.—18. Jh.

Selbstverständlich wurde auch ein Streifzug in die benachbarten Gerichte unternommen.

II. Archivalien des Regensburger Stadtarchivs.

1) Ratsprotokolle, 1475—1574, Juridica II, 1.

2) Schultheißenamtsbücher, 1484 ff., Jur. I, 1, 5, 7, 9, 10.

3) Gezeugenbuch, 1498 ff., Jur. I, 3.

III. Aus dem Germanischen Nationalmuseum in Nürnberg.

Das sog. Wundenbuch, Strafeinträge aus den J. 1325—1350, Tötungen und Verletzungen jeder Art betreffend, nunmehr veröffentlicht im Ub., Beilage IV.

Die Nachforschungen im k. Kreisarchiv Amberg verliefen ergebnislos.

Was die Literatur anlangt, so wurden alle einschlägigen Werke, besonders auch die Verhandlungen des histor. Vereins für O. und R. in Berücksichtigung gezogen. Sie boten für die Geschichte der Stadt- und Gerichtsverfassung überaus schätzbares Material, während sie, abgesehen von den Quellenwerken, in Hinblick auf das Verfahren und Strafrecht fast völlig versagten. Hier seien die wichtigsten aneinandergereiht:

Arnold, Verfassungsgeschichte der deutschen Freistädte, 1. u. 2. Bd., 1854.
(Freyb.) Freyberg Frhr. v., Sammlung histor. Schriften, 5. Bd., 1836.
Gaupp, Deutsche Stadtrechte des Mittelalters, 1. Bd., 1851.
(Gem.) Gemeiner, Regensburger Chronik, 1.—4. Bd., 1800—1824.
Gemeiner, Über den Ursprung der Stadt Regensburg, 1810.
Gengler, Beiträge zur Rechtsgeschichte Bayerns, 3. H., 1892.
Gfrörer, Verfassungsgeschichte von Regensburg bis 1256 (histor. Ver., Bd. 37), 1883.
Gumpelzhaimer, Regensburger Geschichte, 1.—4. Bd., 1830—1838.
Hirsch, Jahrbücher unter Heinrich II., 1. Bd., 1862.
Janner, Geschichte der Bischöfe von Regensburg, 1.—3. Bd., 1883—1886.
Krenner, Baier. Landtagsverhandlungen, 10. Bd., 1804.
Langoth, Skizze einer Entwicklungsgeschichte der freistädtischen Verfassung Regensburgs, 1866.
Lößl, Das Hansgrafenamt (histor. Ver., Bd. 49), 1897.
Mayer, Manfr., Geschichte der Burggrafen von Regensburg, 1883.
Nitzsch, Ministerialität und Bürgertum, 1859.
Quellen und Erörterungen zur bayer. und deutschen Geschichte, 5. u. 6. Bd., 1857/61.
Ried, Codex diplom. Rat., 1. u. 2. Bd., 1816.
(Rietschel), Rietschel, Das Burggrafenamt, 1905.
Rietschel, Markt und Stadt, 1897.
Riezler, Geschichte Baierns, 1.—3. Bd., 1878 ff.
Rosenthal, Geschichte des Gerichtswesens usw. Baierns, 1. Bd., 1889.
Striedinger, Der Kampf um Regensburg (histor. Ver., Bd. 44), 1890.
(Ub.), Regensburger Urkundenbuch (M. B. LIII, 1. Bd. bis 1350), 1912.*)
Walderdorff, Grf. v., Regensburg in seiner Vergangenheit und Gegenwart, 4. Aufl., 1896.

*) Das Ub. ist stets nach Nummern zitiert, andernfalls ist S. beigefügt.

Abkürzungen.

Freyb., Freyberg Frhr. v., s. bei Literatur.
FrGO., Regensb. Friedgerichtsordnung, Freyb. 65 ff.
Gem., Gemeiner, Regensb. Chronik, s. bei Literatur.
hist. Ver., Verhandlungen des histor. Vereins für Oberpfalz und Regensburg.
Lfr., Landfrieden.
LR., Landrecht.
Lit., Literalien (Reichsarchiv München).
O., Ordnung.
Quell. u. Er., s. bei Literatur.
R., Regensburg.
Schwsp., Schwabenspiegel.
StadtA., Regensb. Stadtarchiv.
StG., Stadtgericht.
StR., Stadtrecht.
Ub., Regensb. Urkundenbuch, s. bei Literatur.
Urk., F., Urkunden, Faszikel (Reichsarchiv M.).
VO., Verordnung.

Stadt- und Gerichtsverfassung.

Die Stadtverfassung*).

I.

Nachdem um die Wende des 4. Jh. das alte Reginum oder Castra Regina durch die eindringenden Germanenhorden der Vernichtung anheimgefallen war, sehen wir Reganesburg im 6. Jh. und zwar als Hauptstadt des Baiernherzogs von neuem erstehen.

Während das alte Kastell (*pagus cleri*) in der Folge die Stiftskirche, Klöster und Königspfalzen umschließt, bildet der *pagus mercatorum* der Neustadt den Sitz der Kaufleute und Gewerken, den Mittelpunkt des Marktverkehrs. In ihm befindet sich auch die Wohnstätte der welschen Händler (Wahlenstraße, *inter latinos*).

Die Bewohner scheiden sich nach der *translatio s. Dionysii* im 11. Jh. in *senatus* und *plebs,* d. h. reich und arm. 1230 stehen den altfreien Vollbürgern die Minderbürger gegenüber; als solche charakterisieren sich die Vogtleute, Zensualen wie diejenigen, welche, ohne von ihren Herren zurückgefordert zu sein, zehn Jahre im Burgfrieden weilen. Auch die Juden zählen zu letzteren. Den Gegensatz zu jenen bilden die *homines,* d. h. die Dienstmannen der Gebieter der Stadt, des Bischofs und Herzogs.

In der Schlichtung von 1281 treten die Ritter, Münzer und Brauer als Gegner der Bürger und Kaufleute auf. Während diese selbst den stattlichsten Teil der Bürgerschaft darstellen, sind die Ritter keineswegs den sog. Patriziern gleichzuachten. Von einem

---

*) Hinsichtlich der bei diesem kurzen Überblick verwerteten Literatur sei auf die S. 3 aufgeführten Werke verwiesen; im besondern seien hier noch hervorgehoben: Arnold 1, 94 f., 380 f., 395 f.; 2, 396 f.; Gengler Abschn. III; Gfrörer; Mayer Manfr.; Rietschel BA., 83 ff.; M. u. St., 36 ff.; Riezler 1, 734; 2, 365, 465 f. usw.; Rosenthal 1, 186 f., 381 f.; Hirsch 1, 27 f., 74 f.; Striedinger 37 ff.; Krenner 10, 529; Fink, Regensburg.

Patriziat, wie z. B. in Nürnberg, wo die hierzu zählenden Geschlechter als allein ratsfähig streng von den übrigen Bürgern bis zum Ausgang der Reichsfreiheit geschieden sind, kann überhaupt in Regensburg nicht gesprochen werden; die im obigen Entscheid aufgeführten Ritter kommen aber, ebenso wie die Münzer und Brauer, als Lehensleute des Bischofs und Herzogs in Betracht. 1233 werden *meliores tam milites quam cives* hervorgehoben; unter den *potentes*, denen gegenüber das Muntmannenverbot ergeht, sind eben jene *meliores* zu verstehen, mögen sie teils zu den Rittern, teils zu den Bürgern zählen. Nach Privileg von 1207 haben alle diejenigen, welche in Regensburg Handel treiben (*sive clericus, s. laicus, s. judeus*), wie alle andern Bürger, die diesen obliegenden Abgaben zu leisten.[1])

Der König ist von vornherein der eigentliche Grundbesitzer der Stadt, wenn auch dieser Güterbestand durch zahlreiche Schenkungen an Stifter und Große mehr und mehr zusammenschmilzt. Häufig weilen die Herrscher des Reiches in der rasch aufblühenden Handelsstadt und halten dort wichtige Tagungen ab; der große Karl wie Ludwig der Deutsche erbauen daselbst stattliche Pfalzen.

Die eigentlichen Stadtherren sind vor 1185 Bischof und Burggraf. Ersterer erfreut sich der Immunitätsrechte im weitesten Sinn, d. h. auch der hohen Gerichtsbarkeit. Daß anfangs nur der Domvogt als Inhaber derselben auftritt, kann nicht die Vermutung rechtfertigen, daß der Bischof überhaupt kein Anrecht hierauf besitzt. Allerdings wird jener 1189 vom König ausdrücklich hiermit belehnt, doch vergabt und versetzt der Bischof frühzeitig das Amt nebst dem Blutbann.

Die Vorrechte des Domvogts wie seine Stellung den andern bischöflichen Vögten gegenüber sind nicht klar ersichtlich; 1127 bezieht er tägliche Abgaben von den ihm Unterstellten. Die Domvogtei selbst ist zeitweise an die Grafen von Bogen, Herzog Heinrich den Stolzen und andere Grafen verlehnt und wird 1245 für immer mit der Regensburger Kirche vereinigt. Des Domvogts Gerichtsrecht beschränkt sich nicht nur auf den *pagus cleri*, noch steht es ihm allein zu; es erstreckt sich vielmehr auf alle Eigen- und Zinsleute der Kirche, mögen sie in irgendwelchem Bezirk der Stadt

[1]) Gemeiner, Über den Ursprung R., Anhang; 1230: Ub. 57, Gengler § 5, 6, 21, 22, 23; 1281: Gem. (Chron.) 1, 414; 1233: Ried 1, 373; Muntmannenverb.: Ub. 57, Gengler § 5, 17; 1207: Ub. 48, Gengler § 4, 4.

angesessen sein, wie auf die Leute der übrigen Stifter daselbst. Es hat keinerlei Berührungspunkte mit der burggräflichen Gerichtsbarkeit, es steht ihr strikt gegenüber und bietet daher zu zahlreichen Streitigkeiten infolge gegenseitiger Übergriffe Anlaß. Des Blutbanns erfreut sich nach Abtreten des Domvogts der bisherige Unterrichter, d. h. der Laienpropst (*praepositus*). Auf das Burggrafenamt steht dem Bischof von Anfang an kein Einfluß zu, ebensowenig als dieses Lehen des Herzogs wird. Außerdem macht der Bischof Rechte auf Zoll, Münze und Abgaben der Handwerker geltend.

Regensburg zählt noch im 11. Jh. zum westlichen Donaugau, wenn auch schon 970 ein *praefectus* aufgeführt wird; auch im 12. Jh. kommt das Gericht, welches der Burggraf bei s. Egidien hält, als Grafschafts-, nicht als Stadtgericht in Betracht, seine *judices* als Grafschaftsschöffen. Der Burggraf ist also lediglich als Gaugraf Träger der städtischen Gerichtsbarkeit. Diese hat mit dem Burggrafenamt an sich nichts zu tun, so daß man mit Fug hier eine Personalunion annimmt. Die Stadt bleibt bei Errichtung des Burggrafentums beim Gau, wenn sie auch diesem gegenüber immerhin eine gewisse Selbständigkeit erringt.

Jene Gaugrafschaft taucht bereits nach dem Unterliegen der Agilolfinger auf, auch die Liupoldinger haben sie bis zu ihrem Sturz in Händen. Als erster Burggraf wird 970 Burkhard genannt, worauf dieses Amt an die Pabonen bzw. Grafen von Steffling fällt. Nach Ableben des letzten männlichen Sprossen im J. 1185 gelangt es als Erbe unter die Botmäßigkeit des Baiernherzogs. Der Burggraf, der die Titel *praefectus urbis, praeses urbanus* und *praetor urbis* führt, übt, abgesehen von seinen militärischen und gerichtlichen Befugnissen, die Aufsicht über die Stadtbefestigung (Speerrecht), den Marktverkehr, Handel, Gewerbe, Münze und Zoll, kurz er genießt die Rechte, welche später zugunsten des Herzogs aufgeführt sind, so z. B. Reichnisse seitens des Handwerks. Hat er vordem alle Einkünfte für den König zu erheben, so fließen sie ihm, seitdem das Amt zum Lehen geworden, allein zu. Nach 1230 ist seiner Funktionen nicht mehr gedacht, ebensowenig der drei echten Dinge, die zu dieser Zeit noch von ihm und dem Domvogt gehalten werden. Bald darnach entsagen sie beide ihrer gerichtlichen Tätigkeit, welche in ihrem gesamten Umfang teils auf den bisherigen Unterrichter und Zentenar der Grafschaft, teils auf den Laienpropst übergeht.

II.

Vor 1185 stehen dem Herzog in Regensburg keine nennenswerten Rechte zu; denn ist sie auch als baierische Hauptstadt zu betrachten, so doch nur in dem Sinne, daß jener in ihr in die Würde seines Amtes eingekleidet wird, die Huldigung der Großen entgegennimmt und Landtage abhält. Ist doch dort keine Pfalz sein Eigen; bei seinem oft kurzen Verweilen residiert er im Königspalast.

Nach Antritt der Erbschaft durch den Herzog, der um 1200 einen Stellvertreter als *praefectus urbis* einsetzt, entstehen Streitigkeiten mit dem Bischof, und zwar nicht nur wegen der zum Burggraftum zählenden Rechte, sondern auch weil jeder der beiden Rivalen, besonders der Bischof, die Herrschaft über die Stadt selbst zu erlangen sucht. Diesem Bestreben wird durch den Vertrag von 1205 ein Ziel gesetzt. Außer beachtenswerten Landfriedensbestimmungen, deren Nachwirkung sich noch in der FriedgerichtsO. von ca. 1350 äußert, ist hierin die Vereinbarung von Interesse, wodurch die gesamte Verwaltung in die Hände der *homines* der beiden Stadtherren gelegt wird. Das Geleit wird von diesen gemeinsam erteilt, die Gefälle von Zoll, Markt, Salz, die Abgaben der Untertanen gemeinschaftlich erhoben, der Bestand der Münze in Regensburg gesichert. Bei Auflauf soll gegenseitig Beistand geleistet werden; sonst steht jedem Herrn der Vollzug seinen eigenen Leuten gegenüber zu, doch nicht ohne Zustimmung (Rat) des andern. Ein neuer Vertrag fällt zum Nachteil des Herzogs aus, der sich bereits von den Bürgern huldigen ließ und sie nun des Eids wieder entbindet. Er unternimmt dann keinen weiteren Versuch mehr zur Beherrung derselben, der Bischof gilt fortan als der eigentliche Gebieter.[2])

Inzwischen wird aber die Selbständigkeit der Bürgerschaft, die nicht länger jenes Joch zu tragen gewillt ist, von seiten des Reiches gehoben. Kann vielleicht schon zur Zeit des Brückenprivilegs (1182) von einem geschlossenen Auftreten gesprochen werden, so ist auch im Philippinum von 1207 von einer *civitas* und *universitas civium* unter Bestätigung früherer Freiheiten die Rede. Ebenso findet sich hier der Hinweis, daß bereits Stadt-

---

[2]) Über die Rechte des Herzogs in Regensburg siehe insbesondere die altbaierischen Salbücher 3, 89; 4, 20; 11, 22, Lit. 322; Freyb. 154; 1205: Ried 1, 289; Quell. u. Er. 5, 4; FrGO.: Freyb. 65 ff.

frieden und doch wohl unter Mitwirkung der Bürger (1230: *in civitate jurata*) erlassen werden, wenn es auch durchaus verfehlt ist, in den *denominati*, welche sich als schlichte Eidhelfer darstellen, Ratsgenannte sehen zu wollen. Es handelt sich nämlich in jenem Privileg um das wichtige Zugeständnis für die Bürger, bei einem in ihrem Hause verübten Verbrechen der Wüstung desselben durch Ein- bzw. Dreihandseid vorzubeugen. Sie erhalten ferner die Vergünstigung, einen Hansgrafen zu wählen, der nur *secundum civilia instituta et ex consensu urbanorum* vorgehen darf. Wer in Regensburg Handel treibt, hat auch die Lasten der Einheimischen zu tragen. Endlich wird zum Vorteil derselben die Ausübung des Grundruhrrechts bei Schiffbruch (später auch die Entwendung bei Brand und Hauseinsturz) wie die Errichtung von Spielhäusern unter Achtandrohung verboten.[3])

Als noch weit bedeutsamer erweist sich dann das Fridericianum von 1230. Abgesehen davon, daß fünf Bestimmungen des früheren Privilegs, zum Teil in etwas veränderter Gestalt, wiederkehren, ist den Bürgern, deren Treue zum Reich hervorgehoben ist, Schutz vor Herausforderung zum gerichtlichen Zweikampf, willkürlicher Heimsuchung und Wegnahme von Gut, Pfändung, Entziehung des Erbes (auch den Stadtherren gegenüber), Verhaftung und Beschlagnahme im Ausland wie vor Belangung durch fremde Gerichte zugesichert.

Erwerb der persönlichen Freiheit soll nach zehnjährigem Aufenthalt erfolgen und ungestörter Güterbesitz nach Ablauf dieser Zeit zum rechtmäßigen erhoben werden. Zugleich finden sich Bestimmungen zugunsten der Inhaber von Leibgedingen wie der fremden Vogt- und Zinsleute; sie können nicht über die herkömmlichen Leistungen hinaus verpflichtet werden. Sodann legt man dem Herzog Beschränkungen bei Abhaltung seines Hoftages auf; er kann gegen Ministerialen der Kirche wie Bürger erst am dritten Tage einschreiten, als Urteilfinder sollen hier nur Mitbürger fungieren. Domvogt und Burggraf dürfen Bürger nur im echten Ding ächten. Diesen wird zudem ein Aufsichtsrecht in Hinsicht auf die Münze und das Braurecht zugestanden. Gegen die *potentes* richtet sich das Muntmannenverbot.[4])

Verschiedene dieser Vorschriften setzen das Bestehen eines Bürgerausschusses voraus, mag dieser auch vornehmlich noch

---

[3]) 1182: Ub. 40; 1207: Ub. 48, Gengler § 4.

[4]) 1230: Ub. 57, Gengler § 5; Freyb. 77.

homines der Stadtherren zu seinen Mitgliedern zählen oder von deren Willen abhängig sein. So wohl auch noch bei der Zustimmung zu Verfügungen des Herzogs und Bischofs in den J. 1211 und 1214, obschon sich die *civitas* bereits eines eignen Siegels erfreut.

Leider ist nicht überliefert, wann die ersten selbständigen Ratsgenannten, *qui dicuntur sedecim,* aus der Wahl des Burgdings hervorgehen, wie auch nicht die Geburtsstunde des äußern oder Genanntenrats, der „Gemeine". Wenn auch sonst der Bischof als der eigentliche Stadtgewaltige gilt, bleibt doch der Gedanke der Zugehörigkeit zum Reich in der Bürgerschaft lebendig. So gebietet 1219 der König dem Bischof, die Stadt dem Reich zu erhalten, während dieser 1233 von *dilecti cives,* 1238 von *universitas civium nostrorum* spricht. Friedrichs II. schwankende Politik neigt sich dem Bischof zu, das Edikt von Ravenna droht die Selbständigkeit der Stadt zu vernichten. Jener wähnt nun, diese völlig unter seine Botmäßigkeit zwingen zu können, da straft der König 1245 den Abtrünnigen durch Widerruf des Edikts, indem er die Bürger mit der Freiheit begnadet: *communia consilia et magistros seu rectores civium vel quoslibet officiales alios libere ordinare.* Da er hierbei das frühere Edikt als den bisherigen Gerechtsamen der Stadt nachteilig erklärt, so ist zu vermuten, daß die Befugnis zu selbständiger Ratswahl schon vorher bestanden hat. [5])

Ein Versuch des Bischofs, dieses Zugeständnis hinfällig zu machen, mißglückt, 1251 gebietet Konrad IV., daß alle Bewohner, auch Geistliche und Juden die zum Schutz der Stadt erlassenen Statuten sorgfältig beobachten sollen. Trotz fünfjährigem Edikt hält jene tapfer beim Kaiser aus; 1255 erkennt der Bischof ihre Selbständigkeit ohne Vorbehalt an. 1256 erfolgt der Beitritt zum rheinischen Bund; im nämlichen Jahr erteilt auch der Herzog einen Schirmbrief. 1259 opfert er die Feste Geiersberg den Bürgern; immerhin mangelt es in der Folge nicht an Fehden mit ihm wie mit dem Bischof und der Geistlichkeit, welch letztere Bündnisse behufs Befreiung von der Besteuerung schließt. 1269 ergeht das wichtige Statut, daß weder der Meister noch sonst ein Ratsmitglied eines andern Eidgenosse sein solle unter Hervorhebung der Rechte des erstern als Friedenstifter bei Ausbruch von Fehden. 1281 bestimmt K. Rudolf unter Zustimmung des Bischofs und Herzogs,

---

[5]) 1211: Ried 1, 302; 1214: Ried 1, 306; 1219: Ried 1, 323; 1233: Ried 1, 372; 1238: Ried 1, 383; 1245: Ried 1, 408.

daß jeder, der sich in Regensburg als Bürger Jahr und Tag des eignen Herdes erfreut, Zollfreiheit genießen solle. 1277, 1294 und 1298 wird das Privileg gegen willkürliche Pfändung bestätigt. Auch die Juden erringen seit 1216 namhafte Freiheiten. Endlich ist der Münzerbriefe von 1292 und 1295 zu gedenken.[6])

III.

Auch das 14. Jh. ist für die Geschichte der Stadtverfassung von hoher Bedeutung; es ist reich an Friedsatzungen und sonstigen Statuten, reich an Freiheiten von seiten der Könige, ja kein anderes steht ihm hierin gleich. In jener Hinsicht sind hervorhebenswert: der Stadtfriede von 1320, der zum ersten Mal die verschiednen Friedbruchsdelikte aufführt und über die Fristen wie die Bürgschaft bei Bußzahlung Anordnungen trifft, von 1328, welcher sich eingehend über das Verfahren in Friedbruchsachen verbreitet und einen Fortschritt der Ratskompetenz dem Friedgericht gegenüber bekundet, ferner der von 1342, aus dem der Bund der Bürger gegen die Auer ersteht, wie von 1351, der die Vorschrift auffrischt, daß Delikte wider Stadt und Rat von diesem allein gestraft werden sollen.

Um diese Zeit kommt auch die umfassende FriedgerichtsO., welche uns einen genauen Einblick in die Behandlung der Friedbruchsfälle eröffnet, zu stande. Auf diese folgt der Stadtfrieden von 1356, der jene ohne Ausnahme vor des Rats Forum zieht. Endlich ist der Kornfriede von 1384 zu erwähnen.[7])

Besonders zahlreich sind die seitens der Stadtbehörde erlassenen Statuten. Hier seien angeführt: das Verbot des Silberbrennens (1303) und Bestimmungen über Safranfälschung, Schlüsselverkauf, die Anzeigepflicht in bezug auf schädliche Leute, das Gebot des Schupfens betrügerischer Becken und Zuhälter (1306). 1380 wird das erste Achtbuch angelegt, 1320 ergehen Satzungen über Schatzsteuer, Ratschatz und Pfändung, sowie in Hinsicht auf Nahrungsmittel-, Gewerbe- und Sittenpolizei. 1330 erfolgt die Wahl der fünf Friedenstifter, 1334 finden sich Weisungen für das Vorgehen

---

[6]) 1251: Ub. 78; 1255: Ried 1, 442; 1256: Ub. 88; 1259: Ried 1, 450; 1269: Ub. 105; 1281: Ub. 131; 1277, 1294, 1298: Ub. 115, 164, 185; 1216: Ub. 50; 1272, 1295, Quell. u. Er. 5, 261 u. 6. 78.

[7]) 1320: Ub. S. 720 f.; 1328: Ub. Nr. 550; 1331: Ub. 616; Freyb. 109; 1342: Ub. 982; 1351: Freyb. 126; FrGO., Freyb. 65 ff.; 1356: Freyb. 141; 1384: Gem. 2, 214.

bei falschen Bezichtigungen und den Fortzug von Bürgern, für die Wahl und Tätigkeit des Rats, Hansgrafen und Meisters, der von nun an von auswärts berufen wird. Um 1350 wird wohl das sog. Stadtrecht zusammengestellt; 1351 und 1352 erläßt man VO. über Ungeld, Heirat und Auswanderung. 1359 werden zahlreiche althergebrachte Rechte von neuem eingeschärft, 1384 die Aufhebung des Braumonopols verfügt. 1390 verkündet man gerichtliche Vorschriften von mancherlei Art, so z. B. über die Rechtsausführung bei Inzichten; 1394 solche über Schadkauf und verbotenes Spiel.[8])

Privilegien, bzw. Bestätigungen von solchen erwirkt die Stadt von seiten des Reichsoberhauptes: gegen die Belangung durch fremde Gerichte, gegen willkürliche Pfändung, gegen Schädigung wegen der Delikte einzelner Bürger, zum Schutz des ungestörten Besitzes nach Jahr und Tag, sowie des bei Schiffbruch, Brand und Hauseinsturz gefährdeten Guts. Dazu tritt das Recht, Räuber und Friedbrecher festzunehmen und nach Stadtrecht zu richten, Ungeld zu erheben, Geistliche und Juden zu besteuern, Delikte gegen Stadt und Rat selbst zu ahnden und allein als Forum für Berufungen gegen die Stadtgerichte zu gelten. Ferner ergeht abermals das Verbot, Muntmannen zu halten, wie einen zum Meister oder Ratsgenossen zu wählen, der eines Fürsten Ratgebe ist. Seit 1347 werden Einzelvergünstigungen selten, die Bestätigung erstreckt sich meist auf alle bisher erteilten Freiheiten. Auch der Förderung des Handels, so durch die Privilegien von 1353 und 1379, sei gedacht, wie der Verfügungen für und wider die Juden.[9])

Dazu treten Fürstenbriefe mancher Art, welche teils aus herzoglichen Schirmbriefen, so besonders für Handwerker und Juden, teils aus Zustimmungen zu kaiserlichen Privilegien bestehen. Sehr wichtig sind sodann die den Regensburger Kaufleuten seitens Österreichs, Böhmens, Kärnthens und Ungarns eingeräumten Vorrechte. Nicht minder beachtenswert scheinen endlich die von Bischof und Herzog erlassenen MünzVO.[10])

---

[8]) 1303: Ub. 217, Freyb. 97; 1306; Freyb. 25, 26, Ub. 728; 1308: Ub. 241; 1320: Freyb. 106 f., Ub. 387; 1330: Ub. 611 (nicht Friedrichter); 1334: Freyb. 116 ff., Ub. 733; 1350: Freyb. 30 ff.; 1351, 1352: Freyb. 130 ff.; 1359: Freyb. 52; 1384: Gem. 2, 210; 1390: Freyb. 63; 1394: Gem. 2, 312.

[9]) Ub. 64 (1239), 115 (1277), 131 (1281), 164 (1294), 185 (1298), 247—249 (1309), 258—260 (1310). 278 (1312), 279 (1313), 307, 310 (1315), 325 (1316), 341 (1317), 456 (1323), 627—633 (1331), 721 (1334), 1028 (1343), 1195 (1347).

[10]) Gengler § 7 u. 8, s. b. Gericht in der Münze u. Juden.

Politisch bedeutsam sind für Regensburg die baierische Landesteilung von 1351, durch welche die dem Herzogtum zustehenden Gerechtsame Albrecht dem Ältern zufallen, der Beitritt zum Konstanzer Landfrieden von 1353 und zum Schwäbischen Bund von 1381, von dem es indes 1396 durch König Wenzel gelöst wird. Auch im 14. Jh. fehlt es an Fehden und Streitigkeiten mit dem Reich, dem Herzog, Bischof und der Geistlichkeit wie an sonstigen inneren Unruhen nicht; es sei nur auf die Händel mit den Auern, Frumolt, Gainkofer, Helmschmidt und Hiltprant, sowie auf die langwierige Schultheißenfehde mit den Zant hingewiesen. Hierüber wie über die mannigfachen Verpfändungen der städtischen Gerichte durch Bischof und Herzog siehe bei Gerichtsverfassung. [11])

IV.

Werfen wir noch einen Blick auf den letzten Zeitraum, so werden im 15. Jh., zumal zu Beginn desselben, verschiedne wichtige Friedsatzungen erlassen; die Könige geizen nicht mit Privilegien, ebenso erfolgt eine Bestätigung sämtlicher Freiheiten durch den Papst. Wie die Stadt in zahlreiche Fehden mit Feinden und Austretern verwickelt wird, so vermag man auch den Streitigkeiten mit der Geistlichkeit kein Ziel zu setzen, wenn auch der Einigungsvertrag von 1484 in mancher Hinsicht einen Wandel zum Bessern schafft. 1481 unternimmt der Kaiser einen Eingriff in die Gerechtsame der Freistadt, indem er Hilfeleistung gegen die Hussiten beansprucht; bald darauf wird dann von anderer Seite die Axt an die Selbstherrlichkeit der Republik gelegt. [12])

Die Stadt glaubte nämlich, daß sie sich nunmehr des sicheren Besitzes der Gerichte, Stadtamhofs wie der Donauinsel für immer erfreuen könnte, als Albrecht IV. bald nach seinem Regierungsantritt jener die Rückgabe der Pfänder zumutete und zwar, da sie ja die Nutzungen derselben so lange genossen, ohne Entgelt. In der Tat beseligte ihn dabei keine geringere Hoffnung, als sich mit der Zeit als Herr der Stadt selbst zu sehen. Als jenes Ansinnen zuerst Abweisung erfuhr, suchte er mit Hilfe des Adeligen Fuchssteiner den Rat durch Drohungen kirre zu machen, woneben er die Bildung einer baierischen Partei in Regensburg betrieb. 1479 glückte ihm der erste wichtige Schritt, indem er anscheinend zum

---

11) Über Auer usw. s. letztes Kapitel.

12) Gengler § 3, Gem. 3, 646 f.; Ried 2, 1064 f.

Vorteil der Stadt die Pfandschaft in einen Kauf umwandelte, sich und seinen Nachfolgern aber ein ewiges Rückkaufsrecht vorbehielt.

Schon des Erfolges gewiß, ward er plötzlich durch eine starke Gegenströmung im Fortschreiten gehemmt; ein Aufruhr der Zünfte brach los, dessen Ergebnis die Verfassungsänderung von 1485 war. Mehrere reichstreue Demokraten traten in die Stadtverwaltung ein, die Zahl der Genannten stieg auf siebzig. Der neue Volksvertrag schloß Bestimmungen über Steuern, Salzkauf, Weinschank und Bürgerrecht in sich; es wurde Sicherung vor willkürlicher Verhaftung gewährleistet, ja Trennung der Justiz von der Verwaltung geplant. Aber damit war keine Lösung aus den finanziellen Nöten erreicht, die Forderung des Herzogs blieb bestehen, der Kaiser begehrte klingende Hilfe und so entschloß man sich denn auf Fuchssteiners Zureden hin, sich in des Herzogs Schutz und Schirm zu begeben. Dieser Vertrag, welcher Regensburg den Charakter der Freistadt beließ, wurde auf fünfzehn Jahre geschlossen.

Als Täuschung erwies sich der Glaube, es würde der Herzog nunmehr auf den Rückkauf des Pfandes verzichten, und so erfolgte denn dieser Lichtmeß 1486, wodurch der Rat jeglichen Einflusses auf das städtische Gerichtswesen verlustig ging. Sein Ansehen sank in dem Maße, in dem das des Herzogs stieg, die Streitigkeiten häuften sich, die Münchner Abgesandten traten immer selbstbewußter auf und so wurde endlich die Bürgerschaft, zumal bald wieder Ebbe im Stadtsäckel herrschte, dahin gebracht, unter Verzicht auf ihre Freiheiten im Juli 1486 dem Herzog als Untertanen zu huldigen. Regensburg wurde nun Hauptstadt des Niederlandes, nicht, wie man hoffte, des Herzogtums; der Viztum wie das Hofgericht siedelten von Straubing dahin über. Das Gerichtswesen lenkte Fuchssteiners rauhe Hand; die Demokraten wurden aus dem Rat gedrängt, Anhänger des Herzogs traten an ihre Stelle. Dieser linderte nicht die Geldnot, wenn er auch dem Rat Wege wies, auf denen sich neue Hilfsquellen erschließen könnten.

Immerhin wäre das Herabsteigen zur schlichten Landstadt für Regensburg mit der Zeit zum Segen geworden; doch man hatte die Rechnung ohne den Kaiser gemacht: Oktober 1491 wurde die Abtrünnige in die Reichsacht erklärt und Markgraf Fr. v. Brandenburg mit deren Vollzug betraut. Albrecht schien, wiewohl ihm im Schwäbischen und Löwlerbund gefährliche Gegner erstanden, anfangs vom Kriegsglück begünstigt; bald aber erlag er trotz des Pfalzgrafen Beistand, da ihn sein Vetter Georg wie Otto von Neumarkt treulos im Stiche ließen. Im Mai 1492 zum Vergleich gezwungen, stellte er die Stadt zu des Königs Handen. Noch in diesem Jahre fielen dann die herzoglichen Rechte kaufweise dem Reich anheim. Nach K. Friedrichs Tod erklärte sich Albrecht abermals bereit, das Schultheißenamt zurückzulösen, doch begegnete er hier dem energischen Protest des Rats. Nach langer Weigerung des Königs glückte es jenem im August 1496, die Gerichtsrechte wie den obern Wörth wieder für die Stadt zu erwerben; dem Herzog verblieb lediglich die bedeutungslose Blutbannleihe. Gleichzeitig wurde ihr ein neuer Burgfrieden verbrieft, innerhalb dessen die alte Selbstherrlichkeit wieder erstehen sollte. [13])

Aber nicht mehr sehen wir fortan die stolze Freistadt vor uns: nach Abstreifen des landstädtischen Charakters, der ihm unter Baierns Zepter zukam, vermochte sich Regensburg nur wieder zur schlichten Reichsstadt zu erheben. Mit eiserner Faust ergriff der Kaiser die Zügel der Regierung des wiedereroberten Gemeinwesens und zwang ihm unter Nützung der Mißwirtschaft des Rats den Reichshauptmann wie die RegimentsO. auf, durch welche die Selbständigkeit der früheren Machthaber große Einbuße erfuhr. Jene wie die StadtO. von 1514, der eine gewaltige Volksempörung vorausging, sollten der Verfassung als Leitsterne für die Folgezeit die Richtung weisen, durch die die sichere Gewähr verbürgt schien, die Stadt für immer dem Reich zu erhalten. [14])

Der Rat.

Sehen wir zu Beginn des 13. Jh. noch die *homines* des Bischofs und Herzogs mit der Verwaltung der Stadt betraut, so mag den Bürgern doch schon früher die Befugnis zugestanden haben, den Frieden innerhalb der Mauern unter Aufsicht der beiden Gewalthaber, d. h. des Bischofs und Burggrafen zu wahren, bei Fehde und Auflauf die Streitlustigen zum Frieden zu zwingen und bei Unbotmäßigkeit zur Ahndung zu bringen. Die zur Erhaltung der Ruhe und Sicherheit der Stadtgemeinde erforderlichen Maßnahmen anzuordnen wie die Strafen für die verschiednen Friedbrüche festzusetzen, war Aufgabe eines Ausschusses, der in der Ver-

---

[13]) s. hier die treffliche Ausführung Striedingers 37 ff.; Lit. 305½, ⅛; 316—320; Gem. 3, 465 f., 625, 695 ff.

[14]) s. bei Reichshauptmann; RegimentsO., Lit. 376; 389, 263, Gem. 4, 41; StadtO., Lit. 380, 1 ff.

sammlung der Bürger, dem von Zeit zu Zeit anberaumten Burgding, anfangs unter Zustimmung der Stadtherren, später selbständig gewählt wurde. Auf diesen Burgdingen wurden dann jene Friedsatzungen immer wieder, eventuell unter Vornahme von Verbesserungen, von neuem beschworen. Daß in der *pax jurata* von 1207 auf eine derartige schon früher bestehende Einrichtung hingewiesen ist, scheint zweifellos. Von einer Jurisdiktion in Friedsachen kann indes vor Erlangung der Selbständigkeit der Republik, d. h. vor 1245 keine Rede sein, da damals die Abwandlung der Friedbrüche jedenfalls dem Friedgericht noch unbeschränkt oblag. Erst später, d. h. nachweisbar seit 1331 unternahm es die Stadtbehörde, Schritt für Schritt die Kompetenz des Friedgerichts immer mehr einzuengen und schließlich ganz illusorisch zu machen.[1])

Jener Friedensausschuß bestand anfangs wohl aus den *meliores tam milites quam cives*. Ob aus diesem oder vielmehr aus dem *judicium civitatis* der eigentliche Rat hervorgegangen ist, ist kaum zu entscheiden. Unter und neben den *homines* wurden eben mit der Zeit Bürger mit der Erledigung der mannigfachen städtischen Angelegenheiten betraut und so auch als Hausgenossen mit der Urteilsfällung im Gericht. Hing zuerst die Dauer ihres Amts allein von der Willkür der Stadtgewaltigen ab, so wurde es dann Recht und Pflicht der Bürger selbst, den Meister und Rat *vel quoslibet officiales alios libere ordinare*. So entstanden die ersten von der Gemeinde Er- oder „Genannten“, frühzeitig sechzehn an der Zahl: *qui dicuntur sedecim*, der innere Rat, der fortan die Geschicke der Freistadt lenken sollte. Als dieser aber den Titel Rat, *consilium* annahm, ging die Bezeichnung „Genannte“ auf den äußern oder größern Rat über, d. h. diejenigen, die zuerst die Bürgerschaft und dann der innere Rat selbst nannte, bzw. auswählte mit der Bestimmung, bei der Beschlußfassung in besonders wichtigen Fällen mitzuwirken.

Über den Charakter dieser Genannten gehen die Ansichten der Gelehrten weit auseinander, und doch entbehrt die Lösung dieser Frage jeder Schwierigkeit, man darf nur nicht zwei ganz verschiedne Arten derselben zusammenwerfen. Schon in den Volksrechten und später zumal in den baierischen und schwäbischen Rechten spielen die *nominati* bei Gelegenheit der Ableistung des Reinigungseids eine gewichtige Rolle. Während nämlich der Eid des Beklagten

---

[1]) 1331: Ub. 616, Freyb. 109; Gengler § 17.

an sich mit beliebigen Helfern geschworen werden konnte, verlangte man zuweilen, um in schweren Fällen der Beiziehung zweifelhaften Gelichters vorzubeugen, daß zu solchen Beiständen in der Eideshilfe nur besonders glaubwürdige Personen erkoren werden, so z. B. in Regensburg Genossen oder Wirte, d. h. angesessene Bürger. Nicht selten stand aber dem Beschuldigten die freie Auswahl überhaupt nicht zu, sondern man rief entweder vom Gericht aus mehrere zum Umstand gehörende vertrauenswürdige Leute mit Namen auf, aus denen dann jener die erforderliche Zahl von Helfern nehmen konnte, oder es wurde seitens des Gerichts oder der Stadt von vornherein eine Reihe hierzu geeigneter Bürger bestimmt. Man glaubte damit die Gewähr zu erlangen, daß keine leichtfertigen Eide geleistet werden. Merkwürdigerweise legte man die Verpflichtung, mit Genannten zu schwören, nur dem Beschuldigten und niemals dem Kläger auf. Sie kamen natürlich auch nicht in Frage, wo kein Reinigungseid denkbar war, bzw. jener übersiebnen konnte. [2])

Diesen mit gerichtlicher Funktion betrauten Genannten standen diejenigen gegenüber, welche in den Städten als Vertreter der Gemeinde dazu berufen waren, den Rat bei der Entscheidung in wichtigen Fällen zu unterstützen, und aus denen mit der Zeit der größere oder Genanntenrat hervorging. Es ist nun als sicher anzunehmen, daß in Regensburg vom Auftreten dieser Ratsgenannten an auch die gerichtlichen dem Kreis der letzteren entnommen wurden. Aus den lediglich als Eidhelfer auftretenden *denominati* des Privilegs von 1207 jedoch die Existenz eines Rats zu jener

[2]) Über die einschlägige Literatur s. Gengler, S. 83, L. Baiuw. Tit. 8, 15: *cum XII sacramentales de suo genere nominatos; cum XXIV*, Tit. 1, 6; Tomaschek, Geschichtsquellen 43: Wiener Freiheitsbr. 1278: *et hoc fiat pro homicidio etc. illi judex civitatis viginti personas honestas denominabit, quorum decem sint pro sua professione seu de suis idoneis convicinis et ex hiis personis quatuor assumat et tunc per juramentum suum et illorum suam probet innocentiam;* Münchner StadtR. Art. 248: *wer angesprochen wirt umb ain manslacht oder ain grozzen untat, diu bei der nacht geschechen ist, wil er sich der bereden, dax sol er tuon mit den genanten mit den naechsten und pesten also, dax der scherg vor gericht aufste und mit lauter stimm nenn 21 an gevaerd und er aux den 21 drei xuo im nemen sol also, dax er selbvierd gericht, dax er der getat unschuldig sei;* Ruprecht v. Freising (1320) II, 17: Bei Streit um Eigen: *man sol im 21 nennen und daraus sol er mit 7 erxiugen, dax er und di es vor im gehabt sein gesexxen xehen jar;* Tomaschek a. O., 83 (1305): Niemand soll sein Gut einem Kloster übergeben *„ix geschehe danne vor dem rat oder vor so erbern lauten, die die genanten da haixxent, die ex fur den rat bringen sulen“.*

Zeit zu konstruieren, geht nicht an; damals konnte noch von keinem Rat, geschweige denn von Ratsgenannten gesprochen werden.

Der innere Rat (*consilium, consules, rectores, mein herren, m. h. der rat*) setzte sich anfangs aus altfreien Geschlechtern wie aus *milites* zusammen. Dabei ist es, wie bemerkt, irrig, die in Regensburg ansässigen Adeligen allein als die *potentes*, gegen die das Muntmannenverbot erging, und als Patrizier zu bezeichnen. In der Stadt wohnten zahlreiche, durch das rasche Aufblühen reich gewordene Bürgerfamilien, welche an Ansehen den Rittern gewiß nicht nachstanden.

Die Wahl des aus sechzehn Mitgliedern (1500: 12) bestehenden innern Rats erfolgte schon frühzeitig durch Kugelung. Wie man diese vornahm, ersehen wir zuerst aus der Wahl der fünf, welche Feindschaft und Aufläufe zerlegen sollten, im J. 1330: „*dax wir als manich chugel haben gemachet, als maniger jezu ist und fürbax järleichen wirt* (d. h. soviel eben Ratsherren zurzeit vorhanden sind), *also dax in derselben chuglein vieren vier zaichen werdent; die schüln vier aide sweren, dax si anderer vier an gevär und an sicherheit under uns dargeben*“. Diese vier wählten dann die fünf Friedenstifter. 1334 wurde hierauf offiziell die Wahl mit Kugeln für den innern Rat angeordnet. Später erfolgte sie mit Hilfe versiegelter Zettel; Schreibunkundigen sprang einer der Stadtschreiber hilfreich bei. [3])

Wie sich die sechzehn Genannten des innern Rats aus der *universitas civium* herausschälten, so war es bei Erweiterung des Geschäftskreises für die Folge nicht denkbar, jeden bedeutsamen Fall, den selbständig zu erledigen der Rat die Verantwortung nicht übernehmen wollte, jener vorzulegen. Er berief daher noch mehrere einflußreiche und verständige Bürger zur Mitwirkung bei der Beschlußfassung. Es waren dies die spätern Genannten oder die „Gemeine“, welche wir in vielen Urkunden nach dem Rat aufgeführt finden. Man stellte von Zeit zu Zeit besondere Genanntenlisten her; es sind hierin wieder neben verschiednen *milites* die altfreien Geschlechter in überwiegender Mehrheit vertreten. Daß diese Genannten mit der Gemeine identisch sind, erweist ein Einblick in solche Beschlüsse, welche unmittelbar auf den Erlaß einer solchen Genanntenliste folgen. Mitunter liest man „*alle die gemeine*“, wohl zum Hinweis, daß nicht nur, wie oft, nur ein Teil der Ge-

---

[3]) 1330: Ub. 611; 1334: Freyb. 119; Lit. 380, 4 (1514).

nannten beigezogen wurde. Ihre Zahl war in der ersten Hälfte des 14. Jh. noch durchaus willkürlich, dann betrug sie von ca. 1360 bis in das 15. Jh.: 45, 1485: 70, 1514: 32.[4])

Dieser äußere, größere oder Genannten-Rat wurde, wie erwähnt, nur bei wichtigem Anlaß einberufen, so bei Erlaß von Friedenssatzungen und andern bedeutenden Gesetzgebungsakten (nicht jedoch der gewöhnlichen Statuten), Wahl des Meisters und der Hausgenossen, Rechtsprechung des gesamten Rats, Stadtverweisung in besondern Fällen, bei Verkäufen, Verschreibungen u. dgl. mehr.

Nach O. von 1514 erfolgt die Wahl in der Weise, daß Hauptmann, Kämmerer, die drei Steuer- und die drei Ungeldherren je drei aus dem bisherigen innern, äußern Rat und der Gemeine wählen, welche dann den Kämmerer und fünfzehn Personen bestimmen, die zusammen den innern Rat bilden sollen. Der Wahltag ist durch den Hauptmann einen Monat vorher anzusetzen; ist dieser verhindert, so hat er sich durch den Schultheiß oder sonst einen ehrbaren Bürger vertreten zu lassen. Keiner darf vor Vollzug der Wahl das Rathaus verlassen, die Erwählten werden sofort beeidigt. Tags darauf wählen Kämmerer und innerer Rat je vier aus dem äußern Rat und der Gemeine; diese kiesen dann die 32 des äußern Rats, wozu auch der Schultheiß gehört. Zwölf des äußern Rats sind *„erber, beleumbte und taugenliche“* Personen des Handwerks.[5])

Nach dieser O. wird der große Rat berufen: bei Steuererhebung, Verkauf von Ewiggeld und Zinsen, Absage durch Feinde, bei Anordnung von Heerzügen, wenn für Kaiser und Reich etwas zu leisten oder „groß zu tun“ begehrt wird, wie bei sonstigen merklichen Geschäften nach Ermessen des innern Rats. In diesen soll keiner aufgenommen werden, der nicht vorher in ersterem gewesen. Jeder des Rats darf nur ein besoldetes Amt bekleiden. Die Wahl der Beamten, wie der Hausgenossen, Steuer- und Ungeldherren erfolgt zuletzt. Daneben besteht noch ein geheimer Ratsausschuß, wohl den Nürnberger „Herrn Ältern“ entsprechend.[6])

---

[4]) s. die Genanntenlisten, Ub. 295, 398, 576, 1127; die in Gengler § 17, 11 aufgeführten acht Herren sind für einen bestimmten Fall beigezogen; diese Zahl kann noch nicht als Regel gelten; 1485, Gem. 3, 692; 1514: Lit. 380, 6.

[5]) Lit. 380, 3, 6.

[6]) Lit. 380, 14, Lit. 389, 287; die 45 werden z. B. berufen: beim Richten über Friedbruchsachen, Freyb. 141 (1356); über einen Totschlag an einem Fronboten (1364), Lit. 372, 55; bei Beschluß über die Wiederaufnahme Verbotener

Man beschließt mit einfacher Majorität, so bereits 1269; 1514 ist der Rat beschlußfähig, wenn Hauptmann oder Kämmerer und mehr als die Hälfte der Ratsgenossen versammelt sind. Der Hauptmann ist dem Rang nach der erste, dann folgen Kämmerer, Schultheiß und der älteste des Rats. Wöchentlich finden drei Ratstage statt, dazu einer für die Erledigung gemeiner Händel. [7])

Wir gelangen nunmehr zur Kompetenz des Rats. Kraft des ihm 1245 verbrieften Rechts erläßt der Rat frühzeitig Verordnungen zur Sicherung der Stadt wie zur Regelung des Verkehrs, Handels und Gewerbes, kurz der Polizei im damaligen Sinn, wozu außerdem die Befugnis zählt, Steuer und Ungeld zu erheben. [8])

Behufs Wahrung des Stadtfriedens ergehen von Seite des Rats und der Gemeine Friedenssatzungen, nicht minder maßt sich jener auch die Strafgewalt über die Friedenstörer an. Bricht eine Fehde aus, so hat gemäß VO. von 1269 der Meister bestrebt zu sein, unter Androhung hoher Bußen zum Frieden zu zwingen. Jeder hat bei Strafe Beistand zu leisten, zumal zur Festnahme Widerspenstiger und solcher, welche bereits den Friedbruch in tätlicher Weise bekundeten. Ist das Zerwürfnis nicht im Keim zu ersticken, so spielen die Ratsgenossen die Vermittlerrolle, prüfen und begleichen die gegenseitigen Ansprüche und binden die sich Befehdenden durch Urfehde; kurz in der Mehrzahl der Fälle dürfte das Friedgericht gar nicht in Wirksamkeit treten. [9])

1269 versöhnt und büßt der Rat bei Widerspenstigkeit nach der „mehrern Menge", 1330 treten fünf Friedenstifter auf. Man will in ihnen die Vorläufer des spätern Fünfergerichts sehen, das indes als Forum für Injurien seiner Kompetenz nach durchaus von jenen verschieden ist. Nach der FrGO. von ca. 1350 handeln und urteilen, soweit der Rat bei Friedbruchsachen eingreift, der Meister und die XXIV. Wir haben es hier gewiß nicht mit einem besondern Friedensausschuß, sondern vielmehr mit einem durch 8 Genannte erweiterten Rat zu tun; denn die hier in Be-

---

(1386), Lit. 297, 26; bei Reinigungseid (Mißhandlung), hier 46 (1394), Lit. 372, 19; beim Erlaß von Gesetzen (Doppelehe betr. um 1360), Lit. 372, 33, bei Wahl der beiden Kämmerer (1452), Lit. 408, 50. Aus ihnen werden zehn zu Hausgenossen erkoren, s. bei Hg; Eid der 45 zu der Stadt Geheim (14. Jh.), Lit. 371, 44.

[7]) Ub. 105; Lit. 380, 9, 11, 7. [8]) Ried 1, 408. [9]) Ub. 105.

tracht kommenden Beschlüsse und Urteile sind so wichtig, daß der Rat die Jurisdiktion kaum andern überlassen hat. 1356 urteilen der Rat und die XLV.[10])

Der Kreis der hier einschlägigen Delikte ist bekanntlich ein stattlicher: Totschlag, Verletzungen aller Art, Heimsuchung, Schelte, Gotteslästerung und Notzucht. Es werden hier vornehmlich Bußen verwirkt, was für den Rat eine ergiebige Einkommensquelle bedeutet. Bei Gotteslästerung erkennen der Meister und die XXIV sogar auf Lähmung der Zunge. Vielleicht vermag durch sie auch die eigentliche Friedbruchstrafe, d. h. die Abschneidung der Hand im Unvermögensfall verhängt zu werden, wiewohl dies an sich dem Blutrichter untersteht.

Bekanntlich ist, seit Rat und Friedgericht in Friedbruchsachen ineinander greifen, das Verfahren ein verschiednes: Bei Totschlag, Wunden, Lähmung, Heimsuchung hat man vor dem Rat mit zwei Genannten zu „bereden", vor Gericht selbsiebent. Abgesehen davon, daß für den, der sich bedeutenden Einflusses erfreut, das erstere Verfahren bequemer scheint, wird für ihn schon deshalb, weil ihm an der Wiedergewinnung der Gunst des Rats vor allem gelegen sein muß, jener Weg vorzuziehen sein. Und wehe dem Bürger, welcher, sofern der Rat den Handel ausdrücklich vor sein Forum ziehen will, das Gericht anruft; jenem stehen genug Mittel zu Gebot, um ihm sein Übelwollen fühlen zu lassen. Durch die FrGO. aber sucht der Rat die Kompetenz des Friedgerichts selbst zu seinem Vorteil umzugestalten. Er entsendet außerdem behufs Wahrung seiner Rechte einen Kämmerer und einen Schreiber in das Friedgericht; der Richter ist sie bei Strafe zu dulden verpflichtet. Endlich richtet er auch bei Willkür und Verstößen, welche durch die Friedensrichter und ihre Leute dem Stadtfrieden *„zu gevär"* geschehen.[11])

Das Vorgehen des Rats betätigt sich bei wirklicher Schadenszufügung in der Weise, daß er den Täter dingfest macht, die Buße ausspricht und ihn dann dem Schultheiß behufs Einforderung seines „alten Rechts" überliefert. Ist hiernach der Rat selbst noch nicht befriedigt, so wandert der Frevler bis zur Tilgung seiner Schuld in das Gefängnis zurück. Leugnet er und kommt es zur Klage, so gelangt die Sache zur Aburteilung vor Rat oder Gericht.[12])

---

[10]) 1330: Ub. 611, Freyb. 65, 142. [11]) Freyb. 65 ff., 77.
[12]) Freyb. 110.

Gemäß Frieden von 1356 nun wollen Rat und XLV überhaupt in allen nicht peinlichen Fällen als Richter fungieren, was geradezu eine Lahmlegung der Jurisdiktion des Friedgerichts bedeutet, da dieses ja bei todeswürdigen Sachen ohnedies nicht zuständig ist. Diesfalls will der Rat wenigstens bestrebt sein, daß nach Schuld und Tat gebessert werde.[13])

Geringfügige Händel erledigt später der Kämmerer allein. Erwähnt sei hier, daß noch ein besonderes Ratsgericht besteht, nämlich behufs Klärung von Irrungen in Geschäften und Erbstreitigkeiten zwischen Geschlechtern und andern reichen Leuten.[14])

Weitgehend ist ferner des Rats Kompetenz in bezug auf Inzichtsachen, die in der Regel vor ihm „nach Stadtrecht" und nicht vor dem Schultheißen und Propst, die doch in erster Linie hierauf Anspruch haben sollten, ihre Erledigung finden.[15])

Als radikales Mittel zur Beseitigung jeglichen Menschenkehrichts erweist sich ferner die Stadtauskehr. Wie sonst, so übt auch hier der Rat das unumschränkte Recht der Stadtverweisung. So ist es ihm hiebei ermöglicht, Gelichter aller Art, Diebe, Räuber, Hehler, Kuppler, Dirnen u. dgl., die weder Kläger noch Richter finden und für die Stadt eine ständige Gefahr und Plage bedeuten, aus den Toren zu weisen. Wer nicht gehorcht, soll als schädlich gelten und behandelt werden. Viele freilich kommen durch Verbürgung ungeahndet davon, manche mögen sich selbsiebent vom Verdachte reinigen; aber sie alle stehen bereits auf der Liste und beim nächsten Purting gelingt es dann vielleicht, sie doch reif für die Auskehr zu erklären.[16])

Steht dem Rat nun hinsichtlich der dem Schultheiß unterworfenen Delikte auch die Verhandlung und Entscheidung nicht zu, so leitet er doch mit Einführung der peinlichen Frage die gesamte Untersuchung, auch in bezug auf die in der Landschaft festgenommenen Missetäter, die nach Stadtrecht gerichtet werden sollen. Ratsgenossen nehmen die Frage vor, formulieren die Fragestücke, ordnen den Grad der Tortur an, soweit hier nicht der Nachrichter selbständig verfährt, hören die Urgicht ab und bezeugen diese am Rechtstag. Sie haben es in der Hand, den einen gelinder, den andern strenger behandeln zu lassen und manche der Gnade des Rats zu empfehlen.[17])

---

[13]) Freyb. 142. [14]) Lit. 384, 12; Lit. 2, 250; dieses wohl nicht vor 1486.
[15]) s. bei Inzichtverf. [16]) s. bei Stadtauskehr.
[17]) s. bei Verf. m. Urgicht, Lit. 399, II, 24; Lit. 408, 166.

Sodann besitzt der Rat kraft Privilegs das Recht, alle Delikte wider Stadt und Rat selbst zu ahnden. Der Bereich derselben ist ein großer, da hierunter auch alle Verstöße wider die RatsVO. fallen. In peinlichen Fällen bedarf er freilich der Mitwirkung des Schultheißen oder Propsts, da diese sich allein des Blutbanns erfreuen. Aus diesem Grund ist auch das Vorgehen gegen Frumolt, der im Ratsgefängnis erwürgt wird, ungesetzlich.[18])

Viele Händel werden endlich durch Hintergang hinter den Rat, d. h. durch Taidigung geschlichtet; denn „die Herrn sehen das Recht nicht gern".[19])

Was seine Stellung zum Schultheißen- und Propstgericht anbetrifft, so gelangen diese infolge der Verpfändung frühzeitig in des Rats Hand und werden so mehr oder minder von dessen Willen abhängig. Der Schultheiß ist dann einer der Bürger, später Mitglied des Rats; er wird von diesem ernannt und abgesetzt. Mancherlei Vorschriften werden ihm von den Stadtvätern erteilt, manche Eingriffe in seine Kompetenz hat er von ihnen zu erdulden. Stets wissen sie ihn dabei mit eiserner Konsequenz in Schranken zu halten. Bürger darf er nur unter gewissen Voraussetzungen festnehmen, sonst nur auf Geheiß des Rats. Es wird übrigens dafür gesorgt, daß der Schultheiß, solange sich das Pfand noch in Händen eines der Bürger befindet, möglichst wenig Einbuße an seinen Gebühren erfährt. Mit der Zeit sinkt er völlig zum bedeutungslosen Frager herab, wie auch seine Hausgenossen lediglich das bestätigen, was vorher in der Ratsversammlung durch die Stadtjuristen entschieden worden ist. Auch der Propstrichter klagt über manchen Willkürakt von seiten der Stadtgewaltigen. Wie die Juden, so sind bekanntlich auch die Geistlichen an die Ratsstatuten gebunden.[20])

Bei Prozessen vor auswärtigen Gerichten nimmt der Rat die Sache ohnedies in seine Hand; so oft es das Interesse der Stadt verlangt, tritt ein Kläger *ex officio*, d. h. meist der Schultheiß oder Kämmerer auf. Ebenso führt, wenn von außen her ein Antrag auf Untersuchung und Richtung erfolgt, der Rat im wesentlichen die Verhandlung.[21])

---

[18]) s. d. Priv. v. 1312, Ub. 278; 1351: Freyb. 126.

[19]) s. bei SchiedsVerf.

[20]) Rat und Kämmerer setzen den Schultheißen ab, Lit. 389, 195, s. a. Gem. 2, 115, 349; 3, 142.

[21]) Gem. 2, 333.

Nicht minder groß ist sein Einfluß auf die Handhabung des Hansgerichts, wie ihm auch die Bestellung des Hansgrafen obliegt. In Hinsicht auf die Münze steht ihm anfangs ein Aufsichtsrecht zu; 1391 wird ihm das Münzrecht völlig überlassen.

Eine große Machtvollkommenheit wird endlich dem Rat durch das Privileg, kraft dessen von allen Gerichten der Stadt nur bei ihm „gedingt" werden darf, zuteil. Er besitzt dadurch die Möglichkeit, ihm mißliebige Urteile umzustoßen. Jeder Bürger, der ungefangen und ungebunden, kann vor den Rat dingen, also nicht mehr der durch den Kläger vorgeführte Missetäter. Mitunter setzt der Rat die Strafe, bzw. Buße fest, sofern der Richter zu hart ist.

Außerdem übt er ein weitgehendes Begnadigungsrecht. Nicht selten wird er übrigens durch Fürbitten Einflußreicher und insbesondere der Geistlichkeit wider seinen Willen veranlaßt, das Recht der Gnade zu üben.[22]).

Nicht unbedeutend sind die Gefälle, welche bei Delikten aller Art in des Rats Tasche fließen. Die Ratsgenossen sollen alle Wandel einnehmen, die Zahlungsunfähigen aber in das Gefängnis legen. Sind auch Richter und Kläger gebessert, so sollen doch noch Meister und Kämmerer der Stadt Recht fordern; übt der Richter Gnade, dann wird die Gebühr für die Stadt durch des Kämmerers Eid bestimmt.[23])

Streng weiß man die Einhaltung der Ratsordnungen zu wahren, streng verfährt der Rat gegen verbrecherische, unbotmäßige und saumselige Genossen. Manche Entsetzung auf Zeit und für immer ist verzeichnet. *„Es sol auch niemant*, bestimmt man 1356, *den andern in dem rat beschuten und versprechen; wer ez darüber tut, den sol der meister oder kammerer ze hant hinfür heizzen gen"* (d. h. wohl aus dem Kollegium ausschließen). Über Delikte wider Stadt und Rat siehe das letzte Kapitel.[24])

Der Bürgermeister.

Nach dem Vergleich von 1205 werden bekanntlich die Lenker des Gemeinwesens noch den *homines* des Bischofs und Herzogs entnommen; falls dann auch sonstige *meliores cives* mit dem Steuer

[22]) Lit. 377, s. Lößl, Das Hansgrafenamt (hist. Ver. 49), Gengler § 24 u. 8; s. bei Gedinge.

[23]) Freyb. 66, 72, 76, 110, 118, Gem. 1, 381; 3, 732.

[24]) Freyb. 82, 115, 143, Ub. 207; Gem. 1, 453; 4, 68.

der noch engbegrenzten Stadtverwaltung betraut werden, hängt dies vom Willen jener Gewalthaber ab. Der Versuch, hierin selbständig zn handeln, wird der Bürgerschaft durch das Edikt von Ravenna vergällt; auch der 1243 auftauchende *magister civium* scheint noch nicht von der Bürger Gnaden zu sein; er steht auch im Folgejahr dem Rang nach hinter den Richtern: die freie Wahl durch die *universitas* der altfreien Geschlechter auf dem Burgding wird erst durch das Privileg von 1245 endgültig verbrieft.

Als Meister der Stadt nimmt er von vornherein eine die Bedeutung des Rats weit überragende Stellung ein; nicht aus dem Rat hervorgangen, wird er ursprünglich auch nicht durch diesen erkoren, wie er auch nicht ihm, sondern nur den Bürgern verantwortlich ist. So stellt er sich ebenso nach außen hin nicht als Vertreter des Rats, sondern der Stadt, der *universitas* dar. Auch ihm wird, wie dem Rat, alljährlich auf dem Burgding gehuldigt.[1])

Auch gemäß Statut von 1334 wird er nicht durch den Rat gewählt; es werden vielmehr zu diesem Zweck in jedem Jahr sämtliche Wirte, die auf des Herrn Leichnam geschworen, und dazu die sog. Vierer, d. h. 52 Handwerker, die immer wieder durch neue ersetzt werden, auf das Rathaus berufen. Die Wahl erfolgt durch Majorität, der Erkorne soll dann für dies Jahr Meister sein. Man gelobt ihm in die Hand, worauf man ihm dann am Burgding mit allen Armen und Reichen schwört. Befindet sich der Gewählte nicht in der Stadt, so führt einstweilen der sog. Frager den Vorsitz, und man huldigt ihm dann sogleich nach seiner Heimkehr wie am darauffolgenden Burgding. Wer den Eid verweigert, der wird vom Rat hiezu gezwungen. Streng ist auch untersagt, während der Wahlzeit eine „Sammung" in einem Haus oder sonstwo abzuhalten oder Ausleute einzuladen.[2])

Anfangs kommt es öfter vor, daß ein Meister sein Amt mehrere Jahre verwaltet; 1287 wird jedoch vereinbart, daß alle Jahre ein neuer gewählt werden solle; dient es der Stadt zu besonderem Vorteil, so kann ein früherer drei Jahre nach seinem Abgang wieder bestellt werden. Doch ermangelt jene Norm nicht der Ausnahmen; gemäß Beschluß von 1333 darf keiner länger als drei Jahre regieren. Aus Anlaß der Willkürherrschaft der Auer

---

[1]) Ried 1, 442; Arnold 1, 384f.; Gengler, S. 86f.

[2]) Freyb. 118f.; Ub. 733, 715; 1315 ein vicemagister, Ub. 312.

verpflichten sich sodann 1334 Rat und Gemeine im offnen Burgding, weder einen Inmann noch einen, der eine Regensburgerin gefreit hat, fortan zum Meister zu nehmen. Man beruft von jetzt an mit Vorliebe fremde Adelige; doch scheint man auch hiebei üble Erfahrungen zu machen, denn 1429 verzichtet man auf den Bürgermeister überhaupt und stellt den Kämmerer an des Rats Spitze.[3])

Was die Verpflichtung des Meisters anlangt, so hat er (1269) wie die Ratsgenossen zu schwören, niemands Eidgenosse zu sein oder als Helfer mit Gelübde, Gut oder als Geisel zu dienen. Wird er dessen überführt, so sühnt er mit 100 ℔ oder man bricht ihm ein Haus von gleichem Wert nieder. Besitzt er weder Geld noch Haus, so schlägt man ihm die Hand ab. Ferner soll er der Stadt treulich raten und helfen, Armen und Reichen ein gleicher Mann (*mitterman*) sein, bei „Gestoß", Unwillen und Zerwürfnis eingreifen und Geheimes verschweigen. In eignen Geschäften darf er die Stadt nur mit des Rats oder Kämmerers Willen verlassen.[4])

An Sold empfängt er 1334 10 fl. und 10 ℔ Hauszins; dabei sind ihm zehn Diener zugesellt, von denen, sofern er sich außer Landes begibt, die Hälfte als Nachtwache zu Haus bleibt. 1364 bezieht er 200 ℔; er hat der Stadt mit sechs berittenen Knechten zu warten; widerfährt ihm Schaden, so kann er von jener Ersatz fordern.[5])

Steht er sonst an der Spitze aller Friedsatzungen und anderer wichtiger Rats- und Gemeindebeschlüsse, so wird uns ein Bild seiner umfassenden Tätigkeit als Hüter des Stadtfriedens in der FrGO. entrollt. Schon 1269 ist auf sein Recht wie seine Pflicht, bei Fehde einzuschreiten, hingewiesen; unter Auferlegung hoher Bußen, ja eventuell Verhängung der Handabschlagung, hat er deren Beilegung mit allen Mitteln herbeizuführen. Zu diesem Zweck haben ihm auch alle bei Strafe Beihilfe zu leisten, sei es, daß die Sturmglocke läutet, sei es, daß der Meister selbst zum Beistand mahnt. Daß die Weigerung als schweres Vergehen gilt, bezeugt auch, daß der Beklagte, sofern er seine Unschuld ausführen will, selbsiebent

---

[3]) 1287: Ub. 144; 1333: Gem. 1, 563; 1334: Ub. 733; Freyb. 116; Gem. 3, 1; Priv. 1312: Er darf keines Fürsten Ratgebe sein, Ub. 278.

[4]) Ub. 105; Verpflichtung, Freyb. 120, Lit. 409½, 64 (darnach schwören Rat u. 45).

[5]) Freyb. 120, Lit. 372, 64.

„gerichten“ muß. Wen der Meister bei Tag oder Nacht infolge seines Eingreifens schädigt, der darf ihm wie seinen Vertretern darum nicht feind sein. Ihm, nicht seinen Knechten, ist es auch allein verstattet, ein gespitztes Schwert zu tragen.[6])

Zumal bei „Anlaufen“ von Ausleuten ist ihm Hilfe zu gewähren. Auf Verlangen hat man ihm das Haus zu öffnen, besonders wenn sich ein Verbotner in ihm verbirgt, den man auch nicht „hinschupfen“ d. h. fortschaffen darf. Wen der Meister bei Nacht ohne Licht trifft, den behält er bis zur Ratssitzung fest, ebenso aufgegriffene Bürgersöhne. Schädliche Leute und Fremde, welche bewaffnet in die Herberge kommen, hat man ihm anzuzeigen, wofür eine Belohnung zugesichert ist.[7])

Bei Zusammentritt des Rats und der Gemeine, insbesondere auch wenn jener als Richter fungiert, leitet er als Frager die Verhandlung, verkündet die Beschlüsse und fertigt die Urteile aus, wie er auch sonst als Stadtoberhaupt infolge seiner vielseitigen Inanspruchnahme im Bereich der gesamten Stadtverwaltung die einflußreichste Rolle spielt. Trotz seiner selbständigen Stellung untersteht er immerhin der strengen Aufsicht des Rats, der ihn bei Vergehen wider die Stadt und andern Übergriffen zu ahnden und zu „urlauben“ vermag. Übt er „unrechte“ Gewalt“, so wird er nicht gelinder als andere Bürger behandelt, und was seine Diener an Bußen verwirken, sollen die Richter einbringen und der Rat fordern. Nimmt der Meister verwirktes Gut nicht in Beschlag, so steht er der Stadt gegenüber für den vollen Schaden ein und hat zudem 10 ℔ zu erlegen. Hingegen werden auch Frevel und Widersetzlichkeit dem Meister gegenüber streng gesühnt.[8])

Der Stadtkämmerer.

Der Kämmerer der Stadt oder des Rats (*chamerär, kamerer*) bekleidet sein wichtiges Amt, seitdem die Gemeinde zur Erhebung und Verrechnung ihrer Gefälle eines ständigen Beamten bedarf. Aus dem J. 1333 besitzen wir den Bericht über eine Abrechnung desselben vor dem Rat, Hansrat, den Richtern und mehreren Kaufleuten wie Handwerkern, die in erster Linie zu der Rechnungsstellung über die Schatzsteuer in das Rathaus berufen wurden:

[6]) FrGO., Freyb. 65; 1269: Ub. 105; Freyb. 74, 109, 110, 141; Gem. 1, 512.
[7]) Lit. 409½, 17; Freyb. 12, 13, 16; Ub. S. 719f.; Gem. 1, 512.
[8]) Freyb. 74, 77.

„darzu hat auch unserer stat chameraer widergerait alles daz, daz im der stat gutes ein worden ist, es sei von zins, wandeln, nachchomen, schatzsteuern und von allem gelt, daz der stat bei im gevallen ist“, worauf er von Notrede und Forderung ledig gesagt wird. Er nimmt auch Arbeitsleistungen entgegen, die statt eines Wandels ausgeführt werden, so z. B. wenn einer aus Unvermögen hiefür eine Mauerzinne baut oder eine Grube gräbt.[1])

Angesichts seiner verantwortungsvollen Tätigkeit nimmt er frühzeitig im Rat eine bedeutsame Stellung ein, wird Vertreter des Meisters und Leiter des innern Rats, bis er sich 1429 an die Spitze der gesamten Stadtverwaltung gesetzt sieht. Er spielt auch eine einflußreiche Rolle bei Erlaß von städtischen Statuten, Friedenssatzungen und sonstigen Beratungen. 1348 spricht der Kämmerer einen, der sein Kind an die Juden verkaufen wollte, nachdem diese vor dem Meister und vier des Rats jenes „an laugen stunden“, als öffentlicher Kläger vor dem Propstgericht an; außerdem findet man ihn als Zeugen in Propst- und Zollgerichtsbriefen, ja sogar als Propstrichter selbst. Später obliegt ihm überhaupt die Aburteilung aller geringfügigen Händel.[2])

Wie der Meister, so ist auch er mit der Wahrung des Stadtfriedens betraut; es sind ihm Zerwürfnisse, Unruhen und was sonst „Schädliches“ vorfällt, anzuzeigen, wie er auch neben dem Meister das Tragen von Waffen verstattet. Ohne seine Genehmigung darf keinem Geleit nach auswärts zugebilligt werden. Gleich dem Richter kann er einem bereits vor Gericht Geladnen erlauben, zum Zweck einer „Notfert“ die Stadt zu verlassen. Wird ein Gelter (Schuldner) flüchtig, ist es ihm mitzuteilen. Ja selbst die Prokuratoren dürfen ohne seine Bewilligung den Burgfrieden nicht überschreiten.[3])

Im 14. Jh. treten übrigens noch besondere Ratskämmerer auf; so nach den ältern Statuten solche, welche dem Rat alle diejenigen anzeigen, die falschen Safran kaufen und verkaufen, wie auch die Schau bei fremden Händlern vornehmen. Mit einer weit wichtigeren Mission sind indes die Kämmerer betraut, welche bei Erledigung der sog. Friedbuchsachen in Aktion treten. Sind Richter und Kläger durch den Totschläger „gestillt“, so sollen der Meister und der Kämmerer, „die von den Bürgern dazu geschafft sind“,

[1]) Ub. 701 u. S. 743.

[2]) Gem. 3, 1; Freyb. 87; Lit. 384, 12.

[3]) Lit. 372, 55; Lit. 380, 71; Lit. 409, 1; Freyb. 62, 30; Lit. 596, 26.

das „Recht“ der Stadt völlig fordern. Übt der Richter bei Raufen usw. Gnade, so steht der Bürger Recht auf der Kämmerer Eid. Schuldet einer eine Friedbuße, so haben jene diese einzuheben; wird Gut vor Gericht verwirkt, so haben sie es in vierzehn Tagen einzufordern. Wer einen Gottschelter anzeigt, dem weisen sie eine Belohnung zu. Bei jeder Tagung des Friedgerichts hat endlich zur Beaufsichtigung desselben ein Kämmerer wie ein Schreiber der Stadt anwesend zu sein; verwehrt dies der Richter, so soll er es büßen.[4])

Es handelt sich hier jedenfalls um städtische Beamte, welche analog den Vorstehern des herzoglichen und des bischöflichen Kammeramts, die damals an die Zant und Reich verpfändet waren, die Rechte des Rats in Friedbruchsachen wahren, bzw. den ihm zufallenden Wandel eintreiben. Außerdem gibt es zu jener Zeit nur einen „Kämmerer von dem Rat“, der angesichts seiner vielseitigen Tätigkeit nicht auch noch den Aufpasser und Ratsexekutor im Friedgericht zu spielen vermag.

Über des letzteren Rechte und Pflichten erfahren wir vor der RatsO. von 1514 nur wenig. Während der 1429 gewählte Kämmerer sich einer zwanzigjährigen Regierungszeit erfreut, wird im Gegensatz hiezu 1453 beschlossen, jährlich den Kämmerer zweimal zu wählen. Er führt auch den Vorsitz im Hansgericht und wirkt 1500 bei der Feststellung der HansgerichtsO. mit.[5])

1514 sehen wir ihn, da ihm seit 1499 der Reichshauptmann im Rang vorgeht, im Rat wieder an die zweite Stelle gerückt. Er wird alle Jahre neu bestellt, als Kandidat kommt nur der in Betracht, der bereits drei Jahre dem innern Rat angehört. Er wird gleichzeitig mit diesem gewählt, worauf er sich am folgenden Tag an der Wahl des äußern Rats beteiligt. Er erhält 12 fl. Sold und eine Gebühr für jede Ratssitzung. Er nimmt, sofern ihn nicht der Hauptmann beansprucht, den Vorsitz ein; sein Vertreter ist anfangs der sog. Frager, später der älteste von den zu seinem Nachfolger qualifizierten Ratsgenossen. Er hält die Umfrage und wahrt die Ordnung; wer den Rat anrufen will, soll sich zuerst an den Kämmerer wenden, der die Sache erst nach Mißraten eines Vergleichsversuchs jenem vorlegt. Es wird ihm überhaupt die Erledigung aller geringfügigen Händel übertragen. Er übt zugleich

---

4) Freyb. 24, 66, 72, 73, 77, 75.

5) Gem. 1, 171; 3, 215; Striedinger 102; Lit. 377, 4.

die Aufsicht über die Führung der Mitglieder des Kollegiums, welche sich von ihm tadeln und strafen lassen müssen. Nach seinem Abgang darf er erst in drei Jahren wieder gewählt werden, es wäre denn „Gebruch“ an einer geeigneten Person.[6])

Im Gegensatz zum städtischen Kämmerer stehen, wie erwähnt, die Inhaber der mit der Verrechnung der bischöflichen und herzoglichen Gefälle betrauten Kammerämter, die das Los der Gerichte bei den verschiednen Verpfändungen teilen und schließlich völlig gegenstandslos werden.[7])

Hier sei auch des Stadtschreibers (*notarius civium*) gedacht. Anfangs ein schlichter Bürger, der in der Kunst des Schreibens bewandert, werden später größere Anforderungen an den Träger dieses wichtigen Amts gestellt. In den verschiednen Bestallungsreversen verspricht er, in allen Rats- und besonders Steuersachen Verschwiegenheit zu wahren und, sofern er vor seinem Ableben aus seiner Stellung scheiden sollte, die Stadt nicht ohne des Rats Willen zu verlassen. Ihm untersteht das gesamte Schreibwerk, so vornehmlich die Fertigung der Ratsprotokolle und andern Verlässe, wie die Einträge in die Stadtbücher. 1528 verpflichtet er sich, einen geschickten Substituten zu halten und alle liegenden Güter, welche er an sich bringen sollte, zu versteuern.[8])

Von höherer Bedeutung getragen sind die Stadtjuristen und heimlichen Ratgeben der Stadt. Hervorragende Namen zieren diese Würde; in den vielen schwierigen Verwicklungen, denen das Gemeinwesen im Innern wie durch äußere Feinde unterworfen ist, werden sie zu Rat gezogen und in wichtiger Mission zum Kaiser, Papst wie an andere Machthaber gesandt. Eine besonders stattliche Verpflichtung eines solchen Stadtadvokaten besitzen wir aus dem J. 1520; man ersieht hieraus, wie aus dem namhaften Sold (200 fl.), daß seine Tätigkeit ziemlich anstrengend und vielseitig ist. Er darf Bürgern nur gegen Fremde Beistand leisten. Der Rat erfreut sich zu dieser Zeit mehrerer; gemäß dem Formular für Abhaltung des peinlichen Rechtstags aus Mitte dieses Jahrhunderts werden die gemeinen Stadtadvokaten und Doctores vor der Fällung des Urteils durch die Hausgenossen um ihr Gutachten befragt.[9])

---

[6]) Lit. 380, 11, 4, 5, 6, 7, 8, 9 usw.; Lit. 376a, 4.

[7]) s. bei GerichtsVerf. Einl.

[8]) Ub. 69; Lit. 380, 12; Lit. 596, 113; Urk. F. 235 (1392 Mai 29), F. 669 (1528: Juli 27).

[9]) Lit. 363, 3; Urk. F. 655 (1520 Mai 23); Lit. 389, 180.

Das Burg- und Wachtgeding.

Das Burgding oder Burggeding (*purtinch, purchting, burtting, purtting, purgding, purkding, burgting, burgeding, burggeding*) heißt die von Zeit zu Zeit stattfindende Versammlung aller vollberechtigten Bürger. Der Tag seines Zusammentritts ist nicht durch Herkommen festgestellt; abgesehen von dringenden Fällen, die die sofortige Beschlußfassung der Bürger fordern, dürfte es alljährlich anberaumt werden. Mit Vorliebe wählt man den Herbst hiezu (Bartholomaei, Martini, Ottmari, Nicolai), einmal den weißen Sonntag.[1])

Das Burgding ist wohl als Fortsetzung der vom Domvogt und Burggrafen abgehaltenen echten Dinge nach Aufgabe ihrer gerichtlichen Tätigkeit anzusehen; anfangs mögen dem Schultheißen und Propst, solange sie noch an der Spitze der Bürgerschaft stehen, auf ihm eine dominierende Stelle zukommen. Aus dem Burgding gehen dann die ersten Genannten, *qui dicuntur sedecim*, d. h. der innere Rat hervor, wie der Genannten- oder äußere Rat, welcher später in den meisten Fällen an des Burgdings Stelle tritt, bzw. dieses ersetzt. Ebenso erfolgt die Wahl der ersten von den Bürgern selbständig erkorenen Meister der Stadt auf dem Burgding. So stellt man auch in der Folge den neugewählten Meister und Rat auf ihm der Bürgerschaft vor, worauf diese jenen den Treueid leistet. Die wichtigeren Stadtgesetze und Beschlüsse, wie Verträge mit Fürsten und Städten, werden auf ihm verkündet und vielfach in ihrer Gültigkeit von der Zustimmung desselben abhängig gemacht.[2])

Von den Stadtfriedenssatzungen heißt es mitunter, daß sie von einem bis zum andern Burgding in Kraft bleiben sollen. So z. B.: „*der gesworn vride an der hantveste um totschlege, notnuft, leme, haimsuchung, wunden sol weren und ander sätze untz auf den nahsten purtinch hinz jar, swenne daz den burgern fueger ze haben*“. Daneben sind VO. über Schatz- und sonstige Steuern, Münzwesen, Judenzinsen u. dgl. zu nennen. Manche, wie z. B. polizeiliche Statuten, werden überhaupt immer wieder auf jenem verlesen. Es betätigt sich demgemäß die Mitwirkung der Bürgerschaft bei der Gesetzgebung vornehmlich auf dem Burgding.[3])

[1]) Lit. 409½, Umschlag u. 29. [2]) Freyb. 121; Gem. 1, 516; 2, 29.
[3]) Freyb. 18; Gem. 2, 289.

Eine besonders wichtige Rolle spielt dieses endlich insofern, als auf ihm die Proskriptionsliste der der Stadtauskehr zu unterwerfenden Personen festgestellt wird. Wer auf dem Burgding wegen irgendwelcher Reate oder sicherheitsgefährlichen Gebahrens gerügt wird und sich von diesem Verdacht nicht selbsiebent (darunter drei Genannte) zu reinigen vermag, der hat die Stadt heimlich oder offen zu verlassen oder wenigstens für seinen zukünftigen tadellosen Wandel offen oder heimlich zu „verborgen". Als Angeber fungieren Bürger oder besonders hiezu beauftragte Zensoren, als welche auch die Wachtmeister in Betracht kommen mögen. Die Auskehr schließt sich unmittelbar an das Burgding an; die Verwiesenen haben noch vor Nacht hinauszuwandern.

Das Burgding spielt noch 1498, wo es sich um die Aufstellung des Reichshauptmanns handelt, eine gewichtige Rolle.[4])

Die Wachtgedinge sind hingegen die Versammlungen der nach Wachten geschiedenen Bürger. Die Teilung der Stadt in acht Wachten oder Quartiere (Westner-, Scherer-, Wildwercher-, Donau-, Wahlen-, Wittwanger-, Pauluser- und OstnerW.), die an sich wohl aus militärischen Gründen erfolgt, erscheint auch vom politischen Standpunkt aus als ungemein praktisch; denn so ist auch die Aufsicht über die Bevölkerung wie die Ausmerzung unbotmäßiger Elemente leichter ermöglicht. Jene unterstehen wieder Wachtmeistern, welche später Wachtherren oder Hauptleute heißen und zugleich dem Rat angehören. Die Oberleitung führen im 16. Jh. die dem innern Rat entnommenen beiden obersten Kriegsherren. Daneben fungieren auch zwei des Rats als Feuer- und Zeugherren.[5])

Das Bestreben, die Bürgerschaft auf solche Weise in engen Schranken zu halten, ist nicht immer von Glück begünstigt; gerade dies Zusammenschließen in kleine Bezirke ruft, zumal bei politisch bewölktem Horizont, ein Einstehen füreinander in wichtigen Fragen hervor. Das Wachthaus bildet hiebei das Verkehrszentrum der Wacht. Mitunter wird die Empörung gegen den Rat von einer einzelnen angefacht, deren Beschluß dann ein Zusammenwirken aller Wachten heraufbeschwört und endlich zum Gesamtwillen der Bürgerschaft erhoben wird. So im großen

---

[4]) Lit. 409½, s. b. Stadtauskehr, Gem. 4, 25.

[5]) Lit. 2, 250; Gem. 2, 252; Lit. 384, 106 ff.; Lit. 380, 50 f.; Gem. 4, 79.

Aufruhr von 1513; aus den Wachten gehen hier die sog. achtzig Regenten hervor.[6])

Auf den Wachten werden ferner, zumal dann, als der Genanntenrat die Rolle des Burgdings in der Hauptsache übernommen, alle Gesetze und Polizeistatute verkündet und von Zeit zu Zeit wieder verlesen wie die Zustimmung zu wichtigen Maßnahmen von den Bürgern erholt. Als solche Erlasse sind, abgesehen von den Friedenssatzungen, vornehmlich die WachtO. selbst wie die Bau- und FeuerO. zu erwähnen. Es kommt vor, daß der Rat die Vertreter sämtlicher Wachten zusammenruft, so 1307 gelegentlich der Fassung von Bestimmungen über gemeinsame Mauern.[7])

Die Wacht stellt sodann bei Aufruhr im Innern wie Bedrohung durch äußere Feinde den Mittelpunkt in militärischer Hinsicht dar. An die Wachtmeister ergehen die Anordnungen des Rats und der Kriegsherren über Berufung der Mannschaft und ihre Verteilung behufs Besetzung der Türme und sonstigen Befestigungswerke. Aber auch die gewöhnliche Bewachung der Stadt in Friedenszeiten geht von der Wacht aus; von dort aus beziehen die Wachtpflichtigen ihren Posten. Der Wachtmeister hat auf genaue Einhaltung der WachtO. zu sehen und bei Säumnis das Wandel einzuziehen. Gemäß O. von 1504 muß jeder Hausbesitzer einen Mann stellen, bzw. Wachtgeld erlegen oder selbst Wachtdienst leisten.[8])

Nicht minder spielt das Wachtding als Wachtrecht, d. h. Gericht eine bedeutsame Rolle, nämlich in Baustreitigkeiten: „*wo einer den andern mit mewrn, zimmern, zewnen, düllen, rinnen, lichten usw. überpauet, überfärt und damit in schaden laitet*". Den Vorsitz führt der Wachtmeister des einschlägigen Quartiers, mitunter auch der Kämmerer oder Unterrichter; als Urteiler fungieren die sog. acht Ächter und einige geschworne Werkmeister. Die Gerichts- wie auch die Kaufbriefe siegelt der Wachtmeister. Das Wachtrecht zu berufen, ist Vorrecht des Schultheißen.[9])

Endlich werden die verschiedensten Vorkommnisse und Gebrechen auf der Wacht besprochen und von ihr aus

---

[6]) Gem. 4, 217, 220; sie machten einen Ausschuß von jeder Wacht 10 Mann täglich bei einem Rat, durfte nichts ohne sie ausgerichtet werden. Nach einigen Jahren statt 80 die 40, Chron. deutscher Städte 15, 17.

[7]) Lit. 384, 28, 30; Lit. 372, 72; Gem. 4, 199.

[8]) Lit. 297, 34; Urk. F. 653, 1518 (Wachtrecht).

[9]) Ub. 234, 236, 712, 729, 816, 1201; Urk. F. 125 (1362 März 18), F. 616 (1490).

Anträge und Beschwerden dem Rat unterbreitet. Nicht minder wird dortselbst eine gewisse Sittenzensur über die Bewohner des Bezirks und die sich in ihm aufhaltenden Fremden geübt. So scheinen vor der Auskehr durch das Burgding behufs Feststellung des gemeingefährlichen Gelichters, dem das Hausrecht gekündigt werden soll, die Wachten befragt zu werden. Heißt es ja auch 1331, daß jeder, der auf dem Wacht- oder Burgding gerügt und besagt wird mit dem Antrag, ihm die Stadt zu verbieten, sich selbsiebent reinigen muß. Es wird also die Rüge schon auf der Wacht, wo man leichter die Stichhaltigkeit ihrer Begründung prüfen kann, als wie in der Versammlung der Gesamtbürgerschaft, vorgenommen werden. Der Wachtmeister hat dafür zu sorgen, daß die Verwiesenen die Stadt verlassen und im Fall der Wiederbetretung festgenommen werden. Ebenso muß er solche, welche Bürgen stellen sollen, vor den Rat berufen. Und noch in mancher Hinsicht bewährt sich der Wachtmeister als Aufsichtsorgan seines Bezirks.[10])

Der Reichshauptmann.

Wegen der durch den Rat herbeigeführten Mißwirtschaft entschließt sich der Kaiser 1498, einen Reichshauptmann aufzustellen. Auf Ermahnung seitens der Kommissäre, dieser Maßnahme zuzustimmen, protestieren Rat und Gemeine hiegegen. Nach und nach fügen sie sich indes doch des Kaisers Gebot. Der Hauptmann v. Rohrbach wird im folgenden Jahr auf drei Jahre ernannt und nimmt seine Residenz im herzoglichen Schloß zu Regensburg. Seiner Verpflichtung nach gelobt er, in Hinsicht auf die Ratsgeheimnisse Verschwiegenheit zu wahren, auf die Handhabung des Rechts zu sehen, die Stadt zu Kriegs- und Friedenszeiten im Namen des Reichs zu schirmen, statthafte Personen und Gewerbsleute in dieselbe zu ziehen und schwierige Fälle dem Erzbischof von Mainz zu unterbreiten. Er sitzt mit dem Kämmerer im Rat und wirkt bei der Beschlußfassung mit. Mit der Zeit dehnt Rohrbach seine Kompetenz auch auf Geistliche und Juden aus; während er erstere beim Kaiser anzuschwärzen sucht, zeigt er sich den Kammerknechten des Reichs sehr geneigt. Seine Stellung wird durch die RegimentsO. von 1500 in noch höherem Maße gefestigt, er nimmt bald darauf den Titel eines kaiserlichen Hauptmanns an.

---

[10]) s. Stadtauskehr, Freyb. 112, Ub. 616; Lit. 409½, 61.

Er stirbt 1511, nachdem er sich, wiewohl man ihm nachsagte, daß durch ihn das gemeine Wesen noch mehr in Verfall geraten sei, durch sein friedfertiges Wesen viele Freunde erworben hatte.[1])

Der Ernennung eines neuen Hauptmanns stehen nicht geringe Schwierigkeiten entgegen; wie früher, so erklärt sich der Rat wegen der schlimmen finanziellen Lage der Stadt außer stand, den Sold zu entrichten. Zudem wird jene durch die Schrecken des Aufruhrs heimgesucht. 1514 gelingt endlich die Aufstellung des Thomas Fuchs als Hauptmann. Nach der gleichzeitigen StadtO. wird er dem Rang nach allen Ratsgenossen vorangestellt; er wirkt bei der Ratswahl mit, ohne ihn darf keine Ratsversammlung berufen werden. Er wird von nun an als das wichtigste Glied der Stadtverfassung betrachtet. Den Juden ist er im Gegensatz zu seinem Vorgänger ziemlich abhold, was seine Stellungnahme im Prozeß des Jahres 1521 erweist. Ein eifriger Anhänger Luthers, fördert er doch aus Politik keineswegs die Ausbreitung der neuen Lehre in der Bürgerschaft.[2])

1539 dringen Kämmerer und Rat eifrig auf Beseitigung des Reichshauptmanns, der alle gute Polizei und die Einigkeit im Rat untergrabe. Es ist dies beim Kaiser insofern von Erfolg gekrönt, als nunmehr die Übertragung der Hauptmannschaft an die Stadt verfügt wird.[3])

---

[1]) Schon 1492 nach Einnahme der Stadt erklärte Graf Eitel von Zollern, daß ihn der Kaiser zum Reichshauptmann ausersehen habe, Gem. 3, 798; 4, 18, 25, 31, 40, 45, 118, 119, 138, 162, 179, 184; Lit. 376a, Gengler § 3, 14; Lit. 305.

[2]) Gem. 4, 185, 187, 189, 207, 250, 412; Lit. 380, 71 (Eid).

[3]) Urk. F. 648 (1514 Mai 10).

Die Gerichtsverfassung.

Ist des Burggrafen und Domvogts wie ihrer Stellung zu den Stadtherren und zur Bürgerschaft bereits gedacht, so ist hier noch die Satzung von 1230, der wir einen schlichten Hinweis auf ihre gerichtliche Tätigkeit danken, ins Auge zu fassen. Es ist hiebei daran festzuhalten, daß der Burggraf nicht in seiner Eigenschaft als Stadtkommandant, sondern vielmehr als Gaugraf in Regensburg das Richteramt ausübt. Er ist der zuständige Richter für den gesamten Gau wie für jede Hundertschaft desselben; bildet diese auch einen besondern Gerichtsbezirk für sich, so vermag doch ein im Gau Angesessener vor jeder beliebigen Hundertschaft im Bereich des letzteren belangt zu werden. Die Abtrennung der Stadt vom Gau unter Aufstellung eines für sie allein bestimmten Zentenars oder Schultheißen bedeutet infolgedessen einen Bruch mit der bisherigen Gauverfassung.[1])

Die drei echten Dinge, an denen alle Gerichtspflichtigen erscheinen müssen, treten bekanntlich seit Karl dem Großen an die Stelle der alle zwei Wochen stattfindenden Dinge, an welche sich bei Bedarf acht Tage später Notdinge anschlossen. Die echten Dinge befassen sich mit der Erledigung der schweren Kriminalfälle und der Prozesse um Erbe und Eigen. Der Graf soll hier selbst als Richter fungieren, doch vermag ihn, wenn nicht ein anderer Bevollmächtigter auftritt, der Schultheiß zu vertreten, wie dieser zugleich als Vollzugsbeamter des Grafen gilt. Im gebotnen Ding ist er der ordnungsmäßige Vertreter desselben, seine Zuständigkeit beschränkt sich hier auf die niedere Gerichtsbarkeit, d. h. Frevel, Schuld und Habe. Mit der Zeit reißt er dann das gesamte Gerichtsrecht samt dem Blutbann an sich, womit des Grafen Richterrolle aus-

---

[1]) Literatur s. bei Stadtverfassung; 1230: Ub. 57, Gengler § 5; Brunner, Rechtsgeschichte 2, 150 ff.

gespielt ist. 1230 ist diese Änderung noch nicht eingetreten, Burggraf und Domvogt richten noch an Stelle des Bischofs und Herzogs; dem Privileg gemäß dürfen sie Bürger nur im echten Dinge ächten.

In jenem ist außerdem die *curia* des Herzogs aufgeführt. Es handelt sich hier um keine speziell für Regensburg bestehende Einrichtung; der Hoftag des Herzogs findet eben dort, wo dieser gerade seine Residenz hält, statt. Er soll gegen Bürger erst am dritten Tag und nur auf das Urteil von Mitbürgern hin vorgehen.[2])

Endlich ist im Privileg noch ein drittes Gericht, nämlich ein *judicium civitatis* hervorgehoben, dessen Deutung bisher merkwürdigerweise große Schwierigkeit bereitet hat.[3]) So bildete es denn den Anlaß, daß einige Gelehrte Regensburg drei Stadtgerichte zusprachen, Gfrörer indes im Gegensatz hiezu nur eines annahm. Dieser bezieht sich hiebei auf einen Ratsbeschluß von 1390, laut dessen aus dem Rat acht und aus den XLV zehn als Hausgenossen, bzw. Urteiler, die „zu dem Rechten" gehen sollen, gewählt werden. Es heißt aber ausdrücklich vor beiden Rechten, d. h. dem Schultheißen- und Propstgericht und diese Gerichte bestehen, was Gfrörer doch schon aus den verschiednen Verpfändungen und Urteilsbriefen derselben hätte entnehmen können, auch in der Folge streng voneinander geschieden weiter, ja auch noch nach der GO. von 1514, wo es heißt, die Hausgenossen sollen, wenn sie vom Propstgericht abgehen, zum Schultheißengericht kommen. Sie werden also, -wie vorher aus den Bürgern, so später aus den Ratsgenossen erkoren und zwar für beide Gerichte; diese selbst aber gehen in ihrer Kompetenz, wie bisher, auseinander. Von einem dritten Stadtgericht aber kann 1230 keine Rede sein und auch später kommen als eigentliche Stadtgerichte nur das Schultheißen- und Propstgericht nebst den dazugehörigen Friedgerichten in Betracht.[4])

Die Lösung dieser kritischen Frage ist sehr einfach. Der Ausdruck *judicium civitatis* findet sich nämlich öfter in Verbriefungen des Reichs und bedeutet dann nichts anderes, als eben das für die Stadt zuständige Gericht. Wenn z. B. Heinrich VII. 1310 die Bürger ermächtigt, *predones, turbatores pacis et homines facinorosos,* d. h. schädliche Leute festzunehmen und *secundum judicium civitatis* (1347: *solich übeltäter nach der stat gericht*) zu richten, so ist unter

[2]) Ub. 57, Gengler § 5, 10, 9. [3]) Ub. 57, Gengler § 5, 3, 8.

[4]) Gengler § 16; Gfrörer 55, Gem. 2, 282; Lit. 297, 56; Lit. 380, 17. Immerhin ist die StGO. von 1514 beiden Gerichten gemeinsam und unter Stadtgericht sind stets beide zu verstehen.

letzterem natürlich das Schultheißengericht zu verstehen. Im nämlichen Jahr bitten die Herzoge den König, die Bürger, *quorum sumus burgravii et burgraviatum eundem, a quo dependent judicia civitatis, a vobis tenemus in feodum,* von der Acht des Hofgerichts zu ledigen. Ebensowenig kann von einem Gericht der Bürger die Rede sein, wenn K. Ludwig 1334 verspricht, Klagen wegen Rechtsverweigerung *ad examen judicum seu judicii civitatis* nach Regensburg zu verweisen.

Ist demnach im Privileg von 1230 gesagt, daß das *invadere domum alicuius civis vel res in ea usurpare sine judicio civitatis* unzulässig sei, so soll damit nur eingeschärft werden, daß ein derartiges Vorgehen erst nach erlangtem Gerichtsurteil möglich ist. Wer in eines Bürgers Haus eindringt und dessen Gut beschlagnahmt, der wird auf Grund einer Forderung hiezu befugt sein. Wenn nun ein Urteil beansprucht wird, so kann das Gericht, von dem jene Ermächtigung ausgeht, nur das Schultheißen- oder Propstgericht sein. Für den vorschriftswidrigen Hausbau käme später das Wachtrecht, das 1230 kaum schon besteht, als Sondergericht in Bausachen in Betracht.

Immerhin ist daran festzuhalten: Daß zu der Zeit, wo noch das Gerichtsrecht in Händen des Burggrafen und Domvogts ruht, ein Gericht der Bürgerschaft besteht, das unter direktem Eingriff in die Jurisdiktion derselben richtet und dann doch auch die hiebei anfallenden Gebühren einzieht, ist undenkbar. Gengler spricht dem Burggrafen selbst den Vorsitz zu. Aber warum sollte dieser noch ein weiteres Forum zulassen in Fällen, die der Schultheiß an sich erledigt? Allerdings tritt ja auch der Rat, soweit Delikte gegen ihn und die Stadt in Frage stehen, als Richter auf; aber 1230, wo er sich zudem noch nicht der Selbständigkeit erfreut, hat er noch nicht das Privileg hiefür erlangt, und auch dann wird er hier niemals als Gericht bezeichnet. Über das spätere Ratsgericht siehe bei Rat. Es ist also jenes dritte Stadtgericht, das seine Existenz nur einer falschen Deutung dankt und auch in der Folgezeit nicht nachweisbar ist, in das Reich der Illusion zu verweisen.[5])

Eine andere Frage ist es, ob die beiden Friedgerichte des Herzogs und Bischofs den Rang besonderer Gerichte einnehmen oder von vornherein nur Anhängsel des Schultheißen- und Propstgerichts bilden. Rietschel sieht im Friedgericht geradezu die Fort-

---

[5]) Ub. 259, 257, 721.

setzung des Burggrafengerichts und zwar hauptsächlich deshalb, weil es noch 1360 als erstes der herzoglichen Gerichte aufgeführt ist. Dies entspricht indes nicht völlig der tatsächlichen Entwicklung. Mag auch der Burggraf nach Abgabe des Blutbanns an seinen Unterrichter das Recht des Vorsitzes bei jenem wichtigen Gericht noch eine Zeitlang aufrecht erhalten, so sind doch das Schultheißen- wie auch das Propstgericht mit Erlangung der Hochgerichtsbarkeit im Ansehen derart gestiegen, daß es nicht wundernimmt, wenn bei den spätern Verpfändungen die Friedgerichte hinter jenen zurückstehen.[6])

Hier sei noch eine andere unhaltbare Anschauung berichtigt, nämlich die, daß die Hausgenossen der Münze mit denen der Gerichte identisch sind, also sowohl als Münzherren wie als Urteilfinder fungieren. Nach Vertrag von 1205 werden Justiz und Verwaltung den *homines* der Stadtherren übertragen und so zählen wohl auch die ersten Gerichtsschöffen — vielleicht deutet die Bezeichnung Hausgenossen darauf hin — zu jenen. Aber keineswegs lange; denn wird schon 1230 dem Herzog geboten, bei Klagen gegen Bürger in der *curia* nur solche als Urteiler zu verwenden, so wird sich bald bei allen Gerichten der Stadt der Grundsatz Bahn gebrochen haben, daß nur Bürger würdig seien, die Schöffenbank zu zieren. Merkwürdig scheint auch, daß der Titel Hausgenosse für die Urteiler erst später in Gebrauch kommt und dann auch in der Folge in Anwendung bleibt.

Das Rathaus wird vordem häufig als Haus oder Dinghaus bezeichnet. Hausgenossen sind aber auch die, welche zusammen in einem Hause wohnen, bzw. zu einem solchen gehören. Sollten sie etwa nicht deshalb so genannt sein, weil sie zusammen in dem Haus oder Dinghaus tätig sind und insbesondere dort gemeinsam gerichtliche Entscheidungen treffen? Jedenfalls spricht kein Grund für die Annahme, daß diese Schöffen gleichzeitig Hausgenossen der Münze sein müssen. Nach dem Brief von 1295 wird den *monetarii* insofern eine gewisse Kompetenz zugesichert, als sie über gewisse in der Münze verübte Delikte selbst urteilen dürfen; Blutsachen aber, d. h. Totschlag und Wunden müssen *ad judices competentes, ad quos de jure pertinet*, verwiesen werden.[7])

---

[6]) Rietschel 93.

[7]) Gengler § 22, s. bei Hausgenossen; dinchhaus, Freyb. 151, Ub. (s. Register); 1295: Quell. u. Er. 78 f., Gengler § 8.

Bei der Landesteilung von 1255 fällt das Burggrafenamt samt dem Gerichtsrecht dem Herzog Ludwig zu und bald beginnt dann die stattliche Reihe der Verpfändungen des Schultheißenamts, Friedgerichts und Kammeramts. 1279 überläßt sie der Herzog dem Bischof für den Loskauf der Feste Roteneck um 150 ℔. Für diesen haben die Bürger Au, Prager, Süß und Gumprecht die Ämter inne. Dann werden sie den Zant verschrieben, die bereits 1291 zu den Gläubigern des Herzogs zählen. 1317 verleiht der Herzog den fünf Söhnen L. Gumprechts für 500 ℔ die Anwartschaft auf die drei Ämter (das SchhA. gilt 10, das FrG. 15, das KA. 40 ℔ ihren Einkünften gemäß) für den Fall, daß jene nach 21 Jahren von Heinrich Zant (1290 Schultheiß) und seinen Brüdern ledig werden. Ist zu dieser Zeit keiner der fünf Leib mehr vorhanden, so erfolgt Heimfall an den Herzog. Ihnen wie ihrem Vater ist die Befugnis eingeräumt, ihr Anrecht an die Bürger zu veräußern. 1325 findet die Erbteilung der drei Zant auch in Hinsicht auf die Ämter statt. 1331 werden sie den Zant auf weitere 14 Jahre verpfändet.

Nachdem K. Ludwig den vergeblichen Versuch unternommen, die Gerichte durch Rücklösung wieder in seine Gewalt zu bekommen, belehnt er 1339 den Sohn Heinrich Zants Albrecht mit dem Blutbann. 1344 veräußern die Gumprecht ihre Anwartschaft an Zant. 1350 verleiht Ludwig der Brandenburger dem Albrecht Zant und dessen Sohn Elbel (Albrecht) die Ämter bis zur Lösung (700 ℔) als Leibgeding.[8])

1358 entsteht die sog. Schultheißenfehde: Der alte Albrecht Zant vermacht im Einverständnis mit dem Rat die Ämter nicht seinem gleichnamigen Sohn, sondern vielmehr seiner Frau Offney wie seiner Tochter. Albrecht lehnt sich infolgedessen gegen den Rat auf, sagt ihm ab, erringt den Beistand des Herzogs und der Ritterschaft und bedräut Regensburg mit Mord und Brand. Auf Anrufen der Bürgerschaft gebietet der Kaiser dem Burggrafen von Nürnberg, die Stadt zu schirmen. Nun wendet sich der Herzog von Albrecht ab und weist Offney an, ihr Recht vor Gericht zu verfechten, wobei er anstatt des Heinrich Zant, Albrechts Oheim, Ott den Woller als Richter bestellt. Dieser spricht die Ämter der Witwe zu, die sie unverweilt der Stadt überläßt. Die Fehde währt

---

[8]) 1279: Ried 1, 560, Ub. 120; 1317: Ub. 330; 1325: Ub. 487; 1331: Ub. 644; 1339: Ub. 830, 870; 1344: Ub. 1089, 1096, 1231; 1350: Ub. 1267.

indes noch bis 1364; erst dann erfolgt der endgültige Verzicht der Zantischen Familie. Die Ämter werden bereits 1360 der Stadt vom Herzog um 1850 ℔, von denen jährlich 60 ℔ abgeschlagen werden sollen, verpfändet und verbleiben ihr bis 1486. Manche wichtige, die Organisation des Schultheißenamts berührende VO. ergeht inzwischen von seiten des Rats.[9]

Bevor wir die bedeutsamen Wandlungen im Gerichtswesen nach Auslösung des Pfands durch den Herzog ins Auge fassen, sei noch ein Blick auf die Verschreibungen des bischöflichen Propstgerichts, Friedgerichts und Kammeramts geworfen.

Schon 1257 verpfändet das Kapitel das Friedgericht nebst Kammeramt und Zoll an die Stadt. 1339 ist von einem Verkauf der Rechte des Propstes Auer am Propstamt an jene die Rede. 1340 versetzt der Bischof das Friedgericht an Gottfried Reich und dessen Vetter für zehn Jahre und verspricht ihnen, den Bann zu leihen. Im nämlichen Jahr wird das Kammeramt an Hermann Reich verschrieben. In Händen dieser Familie befinden sich sowieso zu dieser Zeit die Einkünfte des halben Bistums wie der Ertrag der herzoglichen Steuern. 1347 verpfändet der Bischof Friedgericht und Kammeramt den Reich abermals für zehn Jahre und erteilt 1348 dem Stefan Prunnhofer die Anwartschaft auf das Propstamt, das durch den Vorgänger des Bischofs dem L. Löblein verliehen wurde. 1370 wird dann das Propstgericht dem Ulrich auf Tunau als Leibgeding zugesprochen.[10]

Noch lange erfreuen sich die Reich wie die Familie auf Tunau des Besitzes der Gerichte. 1388 gelangen Friedgericht samt Kammerschatz, dem kleinen Zoll, der Wage und der Galgenhube für 20 Jahre an die Stadt. 1443 erkauft diese das Anrecht am Propstamt von den Tunau. Der Bischof verweigert die Belehnung mit dem Blutbann, wird aber durch den Kaiser hiezu gezwungen. Das Recht des Bischofs findet indes gleichzeitig Bestätigung, wobei das Propstgericht, wie schon 1350, ausdrücklich als Halsgericht bezeichnet wird. 1481 sehen wir es als Leibgeding in Händen des Kilian Trainer. 1487 sucht der Bischof vergebens das Friedgericht wie das Kammeramt wieder ins Leben zu rufen; 1493 verspricht er, fortan nur

---

[9]) Gem. 2, 107 f., Gengler § 2; Urk. F. 112 (1358 Okt. 3), F. 113 (1359 Okt. 22 u. Dez. 3), F. 115 (1360 Feb. 14).

[10]) 1257: Ub. 92; 1339: Ub. 870; 1340: Ub. 902, 903; 1347: Ub. 1204; 1348: Ub. 1206, Janner 3, 32, 202, 210, 232, 242, 263, 278; Lit. 342.

Bürger als Richter der „Tumvogtei" und des Propstgerichts zu ernennen. Nachdem dieses, zumal infolge zahlreicher Übergriffe seitens des Rats und Schultheißen immer mehr an Ansehen eingebüßt hatte, wird es 1571 der Stadt endgültig überlassen.[11])

In Hinblick auf die Veränderungen im Gerichtswesen nach Rückkauf des Pfands seitens des Baiernherzogs ist vor allem der Schlußvertrag vom 13. Juli 1486 von Bedeutung. Die Bestellung des Schultheißen, der von Adel sein soll, wie des Unterrichters und Gerichtschreibers verbleibt der Stadt, die Bestätigung derselben dem Herzog, welchem zugleich die Ernennung der Hausgenossen und Fronboten zukommt. Dieser löhnt auch Richter, Gericht, Schreiber und Züchtiger, wofür ihm alle Vermögensstrafen zufallen. Die Einkünfte des Hansgerichts, mit dessen Beaufsichtigung der Schultheiß betraut wird, wie des Wacht- und Korngedings zieht die Stadt ein. Die Berufung gegen die Entscheidungen der Gerichte ist merkwürdigerweise nicht mehr beim Rat, sondern beim herzoglichen Hofgericht einzulegen. Nachdem sich 1488 ein Viztum in Regensburg niedergelassen hat und das Schultheißenamt in des Fuchssteiners Gewalt gelangte, verliert der Rat jeglichen Einfluß auf das Gerichtswesen.[12])

Nach einer Übersicht aus jener Zeit erfreut sich das Schultheißengericht anscheinend der ihm ursprünglich zukommenden Kompetenz: Es hat Bann und Acht und richtet als das höchste Gericht über Schuld, Inzicht und alle Händel. Das Propstgericht wird allerdings mit ihm nahezu auf gleiche Stufe gestellt. Daneben bestehen noch das (herzogliche) Friedgericht, das Hansgericht, das Korn- und Wachtgeding; das Gericht im Rat hat sich nur mit der Erledigung von Streitigkeiten der Geschlechter und anderer reicher Leute, vornehmlich in Hinsicht auf Erbfälle zu befassen. Das Fünfergericht, ebenfalls ein Ratsgericht mit der Kompetenz für Injuriensachen, entsteht erst im 16. Jh.[13])

Nach Durchkreuzung der Pläne des Herzogs werden diesem durch das Reich das Schultheißenamt samt Friedgericht und Kammeramt, auch das Gefängnis, die Fragstatt wie die Galgenhube und endlich die Gerechtsame über die Juden abgekauft. Ebenso geht

---

[11]) Janner 3, 313, 475; 1481: Urk. (Hochst. Verh. zur Reichsst.) F. 4 (1481 Juni 23); 1487: Gem. 3, 759; 1493: Urk. F. 621 (1493 Jan. 14); 1571: Lit. 304.

[12]) Striedinger 82, 97, 99.

[13]) Lit. 2, 250; O. des FünferG., 1563: Lit. 389, 138.

die Bestellung der Hausgenossen, Fronboten und Gerichtsknechte auf den Kaiser über.[14])

1496 fallen, wie erwähnt, alle Gerichtsrechte wieder an die Stadt, nur die Verleihung des Blutbanns bleibt dem Herzog vorbehalten.[15])

Die infolge der Streitigkeiten mit dem Reichshauptmann ins Leben gerufene RegimentsO. von 1500 ist für das städtische Gerichtswesen und Verfahren weniger bedeutungsvoll, desto tiefer einschneidend sind die Bestimmungen der ausführlichen StadtO. von 1514. Schließt sie doch, abgesehen von einer Neuregelung der Ratsverfassung, eine bis in das Einzelne gehende Ordnung des Schultheißengerichts, auf deren Satzungen wir zurückkommen, in sich.[16])

Der Tag der offiziellen Einführung der Carolina ist nicht verzeichnet, doch bekundet ein Bericht der Widmannischen Chronik von 1534 über die grausame Richtung eines Mörders mit Rädern und Spießen, daß die neue Ära der letztvergangenen in Greueln gewiß nichts nachgab.[17])

Das Schultheißengericht (Amt).

Der Schultheiß geht aus dem vom Burg-, bzw. Gaugrafen für den Stadtbezirk bestellten *centurio* hervor. Erst 1157 tritt ein *Ebo sculteta* auf; allerdings mag auch der im 9. Jh. auftauchende *subvicarius* seinen Funktionen nach einem städtischen Unterichter gleichkommen. Außerdem trifft man die Bezeichnungen *sculthaiz, causidicus, tribunus.* Ist er 1230 noch auf die Ausübung der Niedergerichtsbarkeit beschränkt, so geht später die gesamte Kompetenz des Burggrafen, d. h. wohl auch die für die sog. Friedbuchsfälle, mit dem Blutbann auf ihn über.

Als einflußreichster Beamter steht er 1244 noch an der Spitze des Rats, erst dann tritt er hinter den Meister zurück. 1359 wird ihm vergünstigt, daß er vor allen Leuten gehen solle; 1514 erfreuen sich Hauptmann und Kämmerer höheren Rangs als der Schultheiß.[1])

Die Wahl des Schultheißen erfolgt, wie ja auch die des Rats, frühzeitig durch Kugelung. 1362 heißt es, man mache

---

[14]) Striedinger 202. [15]) Striedinger 203. [16]) 1514: Lit. 380.

[17]) Chron. deutscher Städte 15, 134.

[1]) Ried 1, 191, 235, 246, 294, 306, 307, 361, 383 usw.; Gengler § 16; Freyb. 92; Lit. 371, 57; Lit. 380, 11.

16 Kugeln für den Rat und 32 für die Gemeine und versehe vier derselben mit Zeichen, von denen wieder je zwei mit den andern unter den Rat und die Gemeine, d. h. den innern und äußern Rat, verteilt werden sollen. Die vier, welche die bezeichneten Kugeln erhalten, geben dann wieder vier an, aus denen der Verweser des Gerichts, der aber dem äußern Rat angehören muß, erkoren wird. Auch hier entscheidet der Zufall, d. h. das Los, indem abermals eine der vier Kugeln, die unter die Berufenen ausgeteilt werden, ein Zeichen trägt. Der glückliche Erlanger derselben wird nunmehr Schultheiß und zwar auf zwei Jahre; er darf sich der Wahl bei Strafe von 5 *tt* nicht widersetzen. Nach Ablauf der Amtsdauer muß er abtreten und keiner seiner nächsten Verwandten kann in den nächsten vier Jahren Schultheiß werden. Aber auch während jener zwei Jahre vermag er nicht seiner Würde froh zu werden, denn „*ob er den herren niht fügte, so mügen si in vercheren und ainen andern an seiner stat welen*“.[2])

Nach VO. von 1378 soll es niemand verstattet sein, sich selbst oder mit Hilfe seiner Hausfrau, Erben oder sonstigen Freunde um das Amt zu bewerben. Er ist jederzeit absetzbar, während ihm jährliche Kündigung freisteht. 1391 wird er an Georgi für zwei Jahre gewählt, worauf dann wieder gekündigt werdeu kann. 1427 heißt es, der Rat mag ihm aufsagen, wann er will. Nach StO. von 1514 findet die Wahl des Schultheißen, wie aller Beamten, alljährlich statt und zwar mit Hilfe versiegelter Zettel.[3])

In Hinsicht auf seine Verpflichtung schwört er 1362, daß er das Gericht in allen Sachen „*der stat, lant und läuten trwlichen handl*“, und das Schultheißenamt durch Gott, des Rechten, der Stadt und seiner selbst Ehre willen verwese. 1378: daß er jährlich der Stadt davon diene und gebe, was ihm „*daraufgesetzt*“ wird; 1391: daß er ein gleicher Richter sei, Armen und Reichen, Stadt- und Ausleuten, „*ob ich jeman wolt zu swär sein in dem gericht, waz mich dann mein herrn vom rat darin haizzen tun, das sol ich in gehorsam sein on alle widerred*“. 1457 hat er den Hausgenossen-, den Schultheiß- und Richter-, wie den Rats- und Breitamts-Eid zu leisten.[4])

---

[2]) Urk. F. 125 (1362 Aug. 17).

[3]) Urk. F. 180 (1378 Mai 28), F. 229 (1391 März 27); 1427: Lit. 596, 145; 1514: Lit. 380, 4.

[4]) s. Anm. 2 u. 3; Lit. 408, 165; Namen der Schultheißen, Lit. 304.

Den Blutbann verleiht ihm der Herzog: „*waz daz plut antrifft, da hat niemand den pan umb zu richten, dann der richter selb*“, welcher Satz freilich auch für den Propstrichter Geltung besitzt. Mitunter ist indes die Erlangung des Banns mit Schwierigkeiten verbunden. 1364 sichert es der Herzog zu, daß der Bann der Stadt unentgeltlich verliehen werden solle. 1378 bestimmt man: „*ez sol auch ein schultheiß den pan auztragen an der stat schaden; würde aber im daz ze swär, so mag er daz gericht wider aufgeben*“. 1391 bedingt sich der Schultheiß aus, daß der Rat den Bann „*unverlich*“ in seine Gewalt bringe. Von 1392 an verfügt jener sich selbst zum Empfang desselben nach München, wobei ihm nach Leistung des Eids ein Schwert übergeben und der Bannbrief erteilt wird. 1476, in dem Jahr, in dem der Kaiser anläßlich des Judenhandels den Bann als Oberlehensherr für kurze Zeit aufsagte, verweigert der Herzog nach der Belehnung den Bannbrief, da es „seiner Gewohnheit nicht sei, einen solchen zu geben“. [5])

Und nun einen Blick auf seinen Wirkungskreis!

Er fungiert vor allem als Verweser des Schultheißen-Amts- und Gerichts, dem er als gewaltiger Richter (mit gewaltigem Stab) vorsitzt, sowie als Frager seines Halsgerichts. Ebenso steht er anfangs dem Friedgericht vor, so 1355 und 1391. 1427 hat er mit diesem nichts mehr zu schaffen, 1514 untersteht es einem des innern Rats, 1548 ist es jedoch wieder mit dem Schultheißengericht verbunden.

Im 15. Jh. gehört er dem Propstgericht als Beisitzer an, 1514 präsidiert er demselben. Gleichzeitig ist er Vertreter des Hauptmanns. Auch das Wachtgeding kann er berufen, bei dem er sich indes eventuell durch den Unterrichter vertreten läßt. Um ihm einen gewissen Einfluß auf das Hansgericht einzuräumen, muß seit 1489 gemäß Abkommen mit Baiern der Hansgraf ihn von den Sitzungen seines Gerichts in Kenntnis setzen. Zu dieser Zeit fungiert er auch als Judenrichter. Daß er auch bei Fassung der Ordnungen der Handwerker eine gewisse Rolle spielt, bezeugt seine Mitwirkung bei der Taidigung in dem Handel der Schuhmacher usw. im J. 1244. [6])

---

[5]) Freyb. 55; 1364: Lit. 304. 7; Urk. F. 180 (1378 Mai 28), F. 229 (1391 März 27); 1392: Gem. 3, 129; 1476: Lit. 298½, 369.

[6]) Urk. F. 98 (1355 Dez. 7), F. 229 (1391 März 27); 1427: Lit. 596, 145; 1514: Lit. 380, 22, Urk. F. 692 (1548 Feb. 1); Beisitz am Propstgericht: Urk.

Auf dem Gebiet des Sicherheitswesens kommt ihm, wie dem Meister, große Machtvollkommenheit zu. Er soll schädliches und gemeingefährliches Gelichter festnehmen und *„wen er vacht von pfozzensneidern, puben und solichem volk, von dieben oder swer im sunst gevellich wirt umb wandel"*, von denen soll er dieses und sein Recht nehmen. So darf er ja auch in dem Fall, daß der Meister einen Frevler dingfest macht, keine Einbuße an seinem Recht erleiden. Er hat auch Bürger zu fangen und zu sperren; wenn er auf Antrag eines Klägers hierin etwas verabsäumt, hat er für den Schaden aufzukommen. Freilich soll er jenes womöglich in Gegenwart zweier Hausgenossen betätigen.[7])

Bürgern gegenüber kann er indes nicht so willkürlich verfahren, er unterliegt hier gewissen Beschränkungen. *„Umb deuf oder raub"* darf er den Bürger nur fangen, sofern er ihn *„an der handhaft"* begreift; andernfalls muß er ihn dreimal vorbieten, worauf dieser sich selbsiebent vom Verdacht reinigen kann. Nicht minder steht ihm bei Lähmung, Verwundung und Totschlag, um das Wandel zu erlangen, lediglich das Vorladen frei. Auch hat er den Bürger hiebei vor seinen Feinden zu schützen; dieser hat erst seiner Verpflichtung gerecht zu werden, sofern er *„vor veintschaft fur das recht wol chomen mag"*. Er darf ohne des Rats Zustimmung bei keinem Bürger nach Raub und Diebstahl fahnden. Nimmt er überhaupt bei Festnahme unbefugt Gut an sich, so sühnt er als Straßenräuber. Auch 1359 heißt es, er solle Bürger und Bürgerinnen nicht ohne des Rats Geheiß und Wissen fangen; doch bildet hier natürlich das Ergreifen *„an der handhaft"* ebenfalls eine Ausnahme.[8])

Sicher ist er auch befugt, Streifen zur Niederwerfung des Raubgesindels in der Landschaft zu veranlassen; bei auswärtigen Prozessen wird er nicht selten mit der Vertretung des Rats betraut.[9])

Erfreut er sich anfangs lediglich der Kompetenz über Frevel, Schuld und Habe, so richtet er nach Erlangung des Blutbanns über die todeswürdigen Sachen wie Erbe und Eigen. In krimi-

F. 559 (1469 Juni 17), Lit. 380, 16; Vertr. d. Hauptmanns: Lit. 380, 3; Bez. z. Wachtgeding: Urk. F. 616 (1490); z. Hansgericht: Gem. 3, 733; Judenrichter: Gem. 3, 775; 1244: Freyb. 89, Ub. 69.

[7]) Freyb. 153, 110; Gem. 2, 112.

[8]) Freyb. 78, 110, 78, 79, 74, 152.

[9]) Vollmacht: Urk. F. 169 (1375 März 7 f.).

neller Hinsicht ist er übrigens nicht völlig an die Stelle des Burggrafen getreten, da ja viele der nicht mit dem Leben zu sühnenden Delikte, d. h. die sog. Friedbruchsachen dem Friedgericht unterstehen. Dies alles natürlich wieder nur insoweit, als nicht das Propstgericht und dessen Friedgericht zuständig sind.

Wenn es daher um 1490 heißt, das Schultheißengericht sei das vornehmste Forum der Stadt: *„hat pan und ächt, richtet umb schuld, intzigk und alle händel, nichtz, noch keinen ausgenomen“*, so entstammt dieser Ausspruch der Zeit, in der das Gericht vorübergehend in Händen des Herzogs ruht.[10]) Denn im übrigen scheint derselbe keineswegs mehr zeitgemäß, da das Schultheißenamt, auch was seine Niedergerichtsbarkeit anlangt, inzwischen zugunsten anderer Gerichte sehr beschnitten worden ist. Wohl sitzt der Schultheiß noch in Konkurrenz mit dem Propstrichter, da sich diese beiden eben allein in der Stadt des Blutbanns erfreuen, über die peinlichen Sachen und die nicht zu den Friedbruchsfällen und den Delikten wider Stadt und Rat zählenden Frevel zu Recht. Die Inzichtsachen stehen allerdings anfangs nur ihm und dem Propstrichter zu; gar bald versteht es aber der Rat, dieselben mehr oder minder an sich zu ziehen. Die Friedbruchsachen und dabei selbst die geringfügigen Schmachsachen und Schelte werden im 14. Jh. teils vom Friedgericht, teils vom Rat erledigt. Wohl Anfang des 16. Jh. tritt dann hierin insofern eine Wandlung ein, als dem Schultheißen die Aburteilung der Schmähsachen im Wert von weniger als 200 fl. übertragen wird, während die schwereren dem Fünfergericht, einer Abspaltung des Friedgerichts, anheimfallen.

Auch das Schiedsverfahren reißt der Rat bald an sich, ja er entzieht dem Schultheißen nicht selten peinliche Fälle, wie z. B. manche Tötung, bei welcher der Täter die ihm auferlegte Buße nicht völlig zu erlegen vermag, aber dann infolge Taidigung mit dem Leben davonkommt. Die Jurisdiktion über Stein und Rain (Überfahren, Übergreifen wie sonstige Händel in bezug auf Feld und Flur) übt das Korngeding; Bausachen bereinigt das Wachtgeding, Handelssachen das Hansgericht, Zollsachen das Zollgericht, wichtige Erbfälle u. dgl. das Ratsgericht.

Es ist also die Kompetenz des Schultheißengerichts bereits im 14. Jh. bedeutend eingeengt. Immerhin verbleibt ihm, abgesehen

[10]) Lit. 2, 250.

von den Ungerichtssachen, noch ein stattlicher Geschäftsbereich, vor allem die Prozesse um Erbe und Eigen, soweit nicht dann das Ratsgericht eingreift, sowie sämtliche Schuldsachen, wozu später noch die geringeren Schmähsachen treten. 1339 tadelt der Herzog den Straubinger Viztum, daß er einer Klage gegen Regensburger Bürger um Geldschuld vor seiner Landschranne stattgegeben habe; um Geld dürfe man sie nur belangen, wo sie mit Haus und Hof gesessen sind.[11])

Seinem Gericht steht er als „gewaltiger" Richter vor, seine Amtleute ernennt er selbst, insbesondere die Fronboten. Seit wann er sich eines Beisitzers erfreut, ist nicht nachweisbar; ich finde ihn zuerst 1406 erwähnt, nach der GO. von 1514 scheint er die Rolle eines ständigen Vertreters zu spielen. Unter dem Fuchssteiner tritt ein Unterrichter auf. In der Verhandlung fungiert er als schlichter Frager, auf die Entscheidung selbst übt er keinerlei Einfluß aus, wenn er auch sonst auf Wahrung der Gerichtsordnung zu achten hat. Bei Händeln im Wert von über 5 ℔ bedarf er sieben Hausgenossen.[12])

Schon die ältesten Gerichtsbriefe gewähren uns einen genügenden Einblick in das Verfahren in Schuld- u. dgl. Sachen. Die Parteien reden durch Vorsprecher, welche den Tatbestand kurz darlegen und um Urteil bitten; der Schultheiß fragt dann, was Rechtens sei, worauf die ehrbaren Hausgenossen *„erteilen"*. Die Hausgenossen sind in der Urkunde nicht aufgeführt, dies ist lediglich in den Stadtamhofer Gerichtsbriefen Brauch, wohl aber die bei der Verhandlung anwesenden Personen, die zugleich als Zeugen der Beurkundung dienen. Unter diesen finden sich häufig der Propst, der schon aus persönlichem Interesse, d. h. um Eingriffen in seine Kompetenz vorzubeugen, der Tagung beiwohnt, dann dessen, wie des Schultheißen Fronboten und der Wachtmeister.[13])

Nach der GO. von 1514 soll der Schultheiß mit den zwölf Hausgenossen wöchentlich zweimal zu Recht sitzen; verhandelt kann werden, wenn mindestens sieben derselben vorhanden sind. Das Propstgericht scheint stets unmittelbar vor dem des Schultheißen gehalten zu werden, denn es heißt, daß sich die Haus-

---

[11]) Gem. 2, 15.

[12]) Beisitzer: Lit. 596, 36; Lit. 380, 18; Unterrichter: Urk. F. 616 (1490); Gem. 3, 726; Hausgenossen: Lit. 409½, 15.

[13]) Ub. 318, 375, 545, 652, 655, 764, 771, 964, 966, 1147, 1150, 1151, 1221; Urk. F. 113 (1359 Okt. 22), Stadtamhof: Ub. 379, 657, 1213.

genossen unverweilt von jenem zu diesem begeben sollen. Sie verwirken sonst, wie überhaupt bei Versäumung eines Gerichtstags, eine Buße. Die Ladung erfolgt bei Ortsanwesenden am Tag vor dem Termin. Dingt sich der Kläger zu Recht an, so soll er auch seinen Anspruch sofort geltend machen, der Antworter kann Aufschub bis zum dritten Rechtstag, d. h. auf acht Tage, beanspruchen. Jede Partei darf nur dreimal reden, auch bei Zeugnis und Kundschaft sind die *„tag und zeiten"* zu mäßigen. Stets hat man vor Eröffnung des Urteils nochmals zu versuchen, die Streitteile gütlich zu *„vertragen"*.[14])

In Hinsicht auf des Schultheißen Tätigkeit bei Abhaltung des peinlichen Halsgerichts sei auf das Verfahren mit Urgicht hingewiesen.

Über seine Einkünfte ist aus der Zeit, wo er noch dem Burggrafen untersteht, nichts Näheres überliefert. Die verschiednen Naturalien und sonstigen Reichnisse freilich, die er zum Teil noch im 16. Jh. alljährlich von Klöstern, Handwerkern, Amtleuten bezieht, mögen auf uraltem Herkommen fußen. Während das Amt mit Friedgericht und Kammeramt an einzelne Bürger verpfändet ist, erhalten diese keinen festen Sold, sondern sie sind auf den Ertrag ihrer Pfänder angewiesen.

Nachdem endlich der Schultheiß Beamter des Rats geworden, ist sein Gehalt sehr wandelbar. So liest man 1391: 20 *tt*, 1457: 12 *tt*, 1497: 32 fl., 1500: 38 fl., später 100 fl. Daneben sind ihm noch das Siegelgeld zugesprochen, das Aufbotgeld der Juden, wie Vergütungen für die von ihm bekleideten Nebenämter (Friedrichter usw.). Außerdem fließen ihm noch mancherlei Gebühren zu. Bei Raub und Diebstahl hat er bekanntlich das Recht auf den Fürfang. Die beim Verbrecher vorgefundene entwendete Habe hat er dem Eigentümer zurückzustellen, sofern dieser mit peinlichem Recht vorgeht. Unterläßt er dies, so wird er jener erst nach Abfindung des Richters habhaft. Endlich fällt dem Gericht zur Hälfte zu, was ein der Tortur unterworfener Gefangener mit sich führt.[15])

Der Gerichtschreiber des Schultheißenamts wird anfangs für dieses allein, später zugleich für das Propstgericht bestellt.

---

[14]) Lit. 380, 16 f.; Lit. 384, 160 f.

[15]) Freyb. 45, 150, 153; Gem. 1, 381, 486; 2, 236; Lit. 384, 196; Lit. 408, 75; Jur. I Nr. 5, 2 (StadtA.); Lit. 297, 75; Urk. F. 692 (1548 Feb. 1).

Er ist auf Widerruf ernannt, verspricht alle erforderlichen Schriftsätze und Einträge zu fertigen, dem Schultheißen gehorsam zu sein, außerhalb des Gerichts nichts in das Gerichtsbuch zu schreiben, noch andern Abschriften daraus zu erteilen, wie die „Geheim" des Gerichts treulich zu verschweigen.[16])

Das Propstgericht (Amt).

Nach Verzicht des Domvogts auf die Ausübung seines Gerichtsrechts wird der bisher als Unterrichter fungierende Laienpropst oder Propstrichter mit dem Blutbann und der hohen Gerichtsbarkeit begabt.

Der seit 1157 auftretende Propst wird anfangs den *homines* des Bischofs, später den Bürgern entnommen. Seit der Verpfändung des Gerichts an die Stadt zählt er zum Rat. So erwirkt dieser auch 1493, daß der Bischof fortan einen Bürger zum Propstrichter ernennt; 1550 bietet die Aufstellung eines durch die Stadt Verbannten Anlaß zu langjährigen Streitigkeiten.[1])

Der Propst bezieht anfangs nur Abgaben von Stiftern, Handwerkern und Juden. Dazu steht eine Hube (Galgenhube) im Burgfeld in seinem Nutzgenuß. 1443 verzichtet er dem Bischof gegenüber auf verschiedne zu seinem Amt gehörige Rechte.[2])

Die Urteiler des Gerichts sollen Bürger sein, was gemäß der Einschärfung dieses Gebots durch den Kaiser im J. 1492 nicht immer beachtet zu werden scheint. 1394 findet sich der Eintrag: *„her Ulreich der probst an der zeit der stat kamerer ward hawsgenozz fur das probstgericht."* Nun waltet dieser U. auf Thunau des Propstamts von 1378—1394, nach ihm sein Bruder Martin. Er übernimmt also wohl direkt nach seinem Abtreten als Richter die Rolle eines Urteilers am gleichen Gericht. Beim Richten über Sachen im Wert von über 5 ℔ bedarf er sieben Hausgenossen. Vor der Verpfändung des Gerichts ist ihm ein besonderer Schreiber beigegeben; später bestellt man für beide Stadtgerichte einen gemeinsamen Schreibkundigen. Was den Propstknecht anlangt, so

---

[16]) Freyb. 75; Lit. 596, 267; Lit. 380, 20; am peinl. Rechtstag, Lit. 409, 180; Abschied (Abfindung mit 200 fl.), Urk. F. 631 (1499 Juni 17).

[1]) Urk. F. 621 (1493 Jan. 14); Lit. 304; Namen, ibid.

[2]) Urk. (Hochstift Verh. z. Reichsst.) F. 4 (16. Jh. u. 1443); Henkersmahl: Gem. 4, 101.

bezieht dieser noch 1525 neben einem bestimmten Sold Abgaben von Stiftern und Handwerkern.[3])

Die Kompetenz des Propstgerichts erstreckt sich nicht schlechthin auf alle, welche auf bischöflichem Grund und Boden angesessen sind, sondern lediglich auf die Angehörigen der Kirche, der sieben Stifter wie fremder Kirchen. Sie ist weit beschränkter als die des ursprünglichen Burggrafengerichts; 1492 unterstehen ihr noch 37 Familien.[4])

In sachlicher Hinsicht entspricht die Zuständigkeit so ziemlich der des Schultheißengerichts. So urteilt es einerseits über Erbe, Eigen, Schuld und Habe, wobei besonders Vermächtnisse, Teilungen, Käufe und Vergantungen hervorgehoben sind. Anderseits unterstehen ihm geistliche Sachen, nicht jedoch persönliche Klagen gegen Geistliche, da jene nicht vor einem Laien erledigt werden dürfen. Von besonderem Interesse ist sodann seine Rolle als Halsgericht, als das es in kaiserlichen Bestätigungen ausdrücklich bezeichnet wird. Auch die einschlägigen Inzichtsachen mögen ursprünglich vor dieses Forum gehören, bis hierin, wie beim Schultheißengericht, durch den Rat Abbruch geschieht. Endlich fertigt der Propstrichter Urfehden aus.[5])

Das Gericht wird vor dem Rathaus abgehalten, der Vollzug der Todesstrafen, zumal des Henkens und Ertränkens, erfolgt auf der steinernen Donaubrücke zunächst dem mittleren Turm. Als Henker fungieren vordem Fronboten und Schergen, seit 1357 der städtische Haher. Die Berufung (das Gedinge) muß seit 1315 bei dem Rat eingelegt werden. Der Schultheiß führt vielfach den Beisitz und ist hier und da neben Hausgenossen und Fronboten unter den Zeugen aufgeführt; doch ist seine Anwesenheit nicht erforderlich.[6])

Über die Verpfändungen des Gerichts wie des bischöflichen Friedgerichts und Kammeramts, welche beide mit der Zeit als Anhängsel des erstern behandelt werden, wurde früher berichtet. 1571 wird es bekanntlich der Stadt für immer überlassen.[7])

---

[3]) Janner 3, 609; Lit. 297, 70; Lit. 596, 267; Urk. (Hochst. Verh. z. Reichsst.) F. 4 (1525 Okt. 17).

[4]) Bezirk: Lit. 398, 24 (1431); Urk. (Hochst. Verh. z. Reichsst.) F. 3 (um 1350); Lit. 407, 49; Freyb. 56 (die sieben Stifter); Janner 3, 610).

[5]) Lit. 2, 250; Lit. 407, 47 f.; Vergantung, Lit. 389, 66; über Juden, Gem. 3, 457 (Kalman), Freyb. 87; Gem. 3, 580; s. auch die Gerichtsbriefe des Ub.: 196, 344, 452, 474, 500, 544, 917; Urk. F. 74 (1343 Juli 10); Lit. 407, 48.

[6]) Lit. 389, 246; Urk. F. 107 (1357 März 14); 1315: Ub. 307.

[7]) 1571: Lit. 304.

Das Friedgericht.

Wie die Wahrung des Stadtfriedens die vornehmste Sorge der Gewalthaber und des Rats bildet, so ist auch das Friedgericht als das wichtigste Forum Regensburgs zu betrachten, weshalb es bei Verbriefungen früherer Zeit dem Schultheißenamt vorangestellt wird. Immerhin dürften Schultheiß- und Propstgericht, seit sich deren Inhaber des Blutbanns erfreuen, jenem an Rang vorgehen. Die Behauptung, daß im Friedgericht geradezu die Fortexistenz des Burggrafengerichts zu erblicken ist, ist nur insofern haltbar, als der Burggraf vielleicht nach Abgabe des Blutbanns an den Schultheißen sich noch den Vorsitz am Friedgericht vorbehielt. [1]) Es ist übrigens zweifelhaft, ob die erste Hegung desselben weit in die Zeit vor Belehnung der Wittelsbacher zurückreicht; es dürfte vielmehr erst dann, als der selbständig gewordene Rat mit der Geltendmachung seiner Jurisdiktionsbefugnisse zur Sühnung der Frevler wider den Stadtfrieden begann, von seiten des Herzogs und Bischofs errichtet worden sein.

Die Kompetenz des Friedgerichts erstreckt sich weiter, als sein schlichter Name vermuten läßt. Nicht nur Friedbrüche unterstehen seiner Aburteilung. Es befaßt sich gleichsam mit einer mittleren Gerichtsbarkeit, da ja sowohl die an das Leben gehenden Fälle wie die gewöhnlichen Schuldsachen und verschiedne Frevel dem Schultheißen und Propst anheimfallen. Es erledigt auch Delikte, welche, wie z. B. Totschlag, an sich zur Zuständigkeit der letzteren gehören, freilich nur dann, wenn jener bei Zahlungsfähigkeit des Täters mit Geld gesühnt wird oder der Beschuldigte die Ausführung der Notwehr oder Unschuld unternimmt, denn: was das Blut anbetrifft, hat niemand den Bann als der Richter, d. h. Schultheiß und Propst. Dazu treten manche Fälle peinlichen Charakters, welche die Strafe der Hand, des Ohrs und der Zunge nach sich ziehen. Aber noch in anderer Hinsicht greift es in den Bereich der hohen Gerichtsbarkeit ein; ich erinnere an die Aburteilung von Raub und Diebstahl, welche gelegentlich einer gewalttätigen Handlung, so z. B. Heimsuchung, verübt wurden. Auch hier muß aber bei Todeswürdigkeit Überweisung an den Blutrichter erfolgen. [2]) Falls freilich dieser den Vorsitz führt, kann man jener entraten.

---

[1]) Rietschel 93; Gengler § 16, 33.

[2]) Freyb. 65—77, 66, 77, 70, Gengler § 14.

Kein Wunder, daß der Rat in dem Bestreben, die Befugnisse der obersten Gewalthaber zu schmälern und an sich zu ziehen, auf Grund seines Rechts, den Stadtfrieden zu sichern, hier vor allem einsetzte und nach und nach alle Fälle, welche an sich dem Friedgericht zustanden, selbst abwandelte, bzw. es dem Geschädigten anheimstellte, die Klage vor ihm oder dem Richter zu erheben. Stand die Wahl frei, so wandte sich der Kläger aus guten Gründen in der Regel an den Rat. Diese Übergriffe gelangen leicht und ohne Einspruch, nachdem sich das Gericht als Pfandbesitz in den Händen Einheimischer befand.

Die FrGO. huldigt bereits diesem neuen Prinzip. Schade, daß die ursprünglichen Satzungen zu Verlust geraten sind; die O. ist derart von Kompetenzbefugnissen des Rats durchsetzt, daß hiedurch der Wert des Gerichts für den Fall der Rücklösung des Pfands ziemlich herabgesetzt scheint.

Schon die Abfassung der Ordnung geschah einseitig, d. h. durch Meister und Rat. Sie soll für zwei Jahre in Geltung bleiben; der Rat behält sich das Recht vor, sie zu bessern und zu ändern. Sie blieb in ihren Grundzügen maßgebend für die Folgezeit, wenn es auch an Zusätzen nicht fehlte, welche des Rats Kompetenz erweiterten.[3])

Es seien nun kurz die einschlägigen Fälle, deren nähere Besprechung im strafrechtlichen Teil erfolgt, gestreift und die Verteilung wie das Ineinandergreifen der Befugnisse des Richters und Rats beleuchtet. Hinsichtlich des Rechtsgangs sei auf das Anklageverfahren verwiesen. Hier sei nur bemerkt, daß der Kläger vor dem Friedgericht wie dem Rat stets den Vor- oder Widereid zu leisten hat und der Sieg desselben meist von dem Mißlingen des Reinigungseids des Beschuldigten mit und ohne Helfer abhängt. Sofern eine Gewalttat verübt wird, werden der Geschädigte wie der Täter unter Androhung hoher Buße und eventuell des Verlusts der Hand zu Klage und Antwort gezwungen. Wer sich des Frevlers annimmt, der soll auch für ihn büßen.[4])

Was den Friedbruch selbst anlangt, bei dem die Klage stets vor Gericht zu erheben ist, so ist auch dessen gedacht, der sich nach Friedensgelöbnis nicht von seinen unbotmäßigen Helfern trennt, wie dessen, der dem Handfrieden widersagt „*e des tags,*

[3]) Freyb. 65. [4]) Freyb. 76.

als er genomen ist". Auch in diesen beiden Fällen sühnt der Frevler als Friedbrech, d. h. bei Unvermögen mit der Hand.[5])

Von den sonstigen Friedbruchsachen, d. h. Gewalttätigkeiten aller Art, stehen Totschlag, Lähmung, Verwundung und Heimsuchung in erster Reihe. Schon von alters her können sie sowohl von dem Rat, als dem Gericht abgeurteilt werden; der Beschuldigte hat bei Leugnen vor jenem mit zwei Genannten, vor diesem selbsiebent zu gerichten. Das Gerichten vor dem Rat wird besonders durch die dem Friedgericht höchst nachteilige Satzung von 1331 eingeschärft. In unserer FrGO. aber ist jener Standpunkt insofern überwunden, als hier die Rechtfertigung bei obigen Reaten, wie auch bei der Notzucht, sofern die Überfallene nicht zu übersiebnen vermag, nunmehr vor dem Friedgericht ebenfalls mit zwei Ratsgenannten stattfindet. Der Voreid soll, abgesehen von der Verwundung, seit 1331 selbdritt erfolgen; bei dieser durch den Kläger allein. Letztere Vorschrift ist von der FrGO. nicht übernommen worden: bei Totschlag geschieht er selbdritt, bei Heimsuchung und Notzucht selbander, bei Lähmung und Wunden auf einfache Weise.[6])

Hier sei jedoch bemerkt: Der Rat entsagte damit keineswegs seiner eignen Kompetenz; daß aber auch die Einführung der Genannten beim Friedgericht nicht für immer gelang, geht aus einem Urteilsbrief von 1355 hervor, wonach ein wegen Totschlags Beschuldigter selbsiebent seine Unschuld vor dem Friedgericht ausführte.[7])

Ferner ist noch folgender Unterschied beachtenswert: Das Schlagen eines Bürgers durch einen „Gäumann" und umgekehrt wird durch den Rat abgewandelt, während man bei nächtlichem Unfug (durch Abbrechen und Schlagen der Leute um Gut) vor dem Richter mit zwei Genannten gerichtet. Ebenso findet bei einfacher Blutrunst wie Raufen und Schlagen die Verhandlung (selbsiebent) vor Gericht statt; treten jedoch bei Raufen und Schlagen *„erberge leute"* als Opfer auf, so richten wieder Meister und XXIV auf ihren Eid.[8])

---

[5]) Freyb. 75.

[6]) Freyb. 80, 110, 66, 67, 68, 71; Ub. 616. Die FrGO. muß ihrer ganzen Fassung nach der Zeit entstammen, wo noch die Friedrichter selbst und nicht die Stadt (1359) Pfandinhaber waren.

[7]) Urk. F. 98 (1355 Dez. 7). Bezüglich der Kompetenz des Rats, Ub. S. 745 (*hat gerihtt mit G. und M.* [FrG.], *h. g. vor meinen herren* [1340!]), 749, 751 usw.

[8]) Freyb. 66, 67, 72.

Anlangend den Totschlag (*manslacht*), bei dem an sich Bußen an Kläger, Stadt, Richter und Hausgenossen fallen, steht bei Ausführung der Notwehr nur dem Richter eine Buße zu, bei Unschuld aber geht der Bezichtigte völlig frei aus. Mangelt es dem Überführten an Mitteln, so stellt man ihm noch eine Frist von 42 Tagen, dann kostet es ihm den Hals. Sind lediglich Kläger und Richter „gestillt", was zu bezeugen ist, so sollen Meister und Kämmerer noch der Stadt Recht fordern. Bei Lähmung *„sei ein lemp wider die andern"* (früher stand Handverlust darauf); bei Verwundung, die zwei Hausgenossen und ein Fronbote beschauen, straft man dann an Haut und Haar. [9])

In Hinblick auf die Heimsuchung gerichtet man auch bei Mutwillen in andern Häusern, insbesondere Leithäusern, mit zwei Genannten, bei Jagen in fremde Häuser indes selbsiebent vor Gericht. Über die Untat in und von einem Haus aus, wobei dieses durch Eineid vor Wüstung gerettet wird, siehe beim Inzichtverfahren. [10])

Bezüglich der Notzucht bekundet sich folgender Unterschied: Stillt der Täter die Klage durch Heirat oder Gut, so entschlüpft er mit einer Buße an Stadt, Richter und Hausgenossen, andernfalls überwindet ihn die Verletzte vor Gericht mit sieben, die den Waffenheiz gehört haben, und führt hiedurch seine Richtung herbei. Vermag sie dies nicht, so gerichtet er vor Gericht mit sieben, daß sie (14 Tage) unbezwungen mit ihm zu Bett, Straße und Kirche gegangen, worauf er ebenfalls nur Buße verwirkt (bei Unvermögen Handverlust). War jedoch die Notnunft sehr „groß", so entscheidet trotz des Gerichtens der Rat; jedoch darf der Beklagte bei Geltendmachung seiner Unschuld diese mit zwei Genannten vor Gericht ausführen. [11])

Außerdem ist der Genannten nochmals gedacht, nämlich bei Friedbruch; hier ist ausdrücklich das Gericht für kompetent erklärt. Der Richter allein ist auch beim Tragen verbotner Messer erwähnt, woneben der Rat der Stadt Recht beansprucht. Auch bei Beschuldigen *„umb aufgetragen trinchen und essen"* berichtet man mit sechs Wirten vor Gericht. [12])

Ebenso bei Schelten, während Frevelreden vor dem Rat von diesem gestraft werden. Merkwürdigerweise auch im Fall der

---

[9]) Freyb. 66, 71. [10]) Freyb. 68, 69. [11]) Freyb. 67.
[12]) Freyb. 75, 70, 72.

Gotteslästerung, für die an sich das geistliche Gericht zuständig wäre, und zwar verhängt er nach Überwindung mit zwei oder mehr Lähmung der Zunge. Geschieht eine offene Rede in der Stadt, die gewiß, so nehmen Richter und Stadt ihr Recht, wenn auch keine Klage erfolgt; ist sie jedoch offenbar, indes nicht gewiß, so entscheidet der Rat auf Eid. Nicht minder, wenn einer einen Biedermann zur Tat reizt und dieser sich darauf vor dem Rat ausredet.[13])

Von Interesse sind endlich einige Bestimmungen der FrGO. über willkürliche Festnahme. Wer einen *„vacht“* in der Stadt, gilt als Ächter; ist er Bürger, so unterwindet man sich bei Flucht seines Guts. Wer ihn haust, sühnt als *„selbschol“*. Seinen Schuldner aber darf man fangen; hier wird strafbar, wer daran hindert. Meister und Richter wie ihre Leute sollen keine unrechte Gewalt zufügen, bei Festnahme soll dieser Genannte beiziehen. Eignet er sich hierbei Gut an, so richtet man ihn als Straßenräuber. Verwirktes Gut soll er den Kämmerern überliefern: auch den Meister bedroht man mit Strafe, sofern er solches nicht beschlagnahmt.[14])

Bei Raub oder Diebstahl, die wohl gelegentlich einer Gewalttat verübt sind, gerichtet man, wenn der Wert der Sache unter 6 sh. 12 ₰ beträgt, mit sechs Wirten, darüber mit zwei Genannten, beides vor Gericht. Stellt sich die Tat als todeswürdig dar, so muß eventuell Überweisung an den Blutrichter erfolgen. Bei Meineid und falschem Zeugnis (vor den Bürgern und den Richtern!) überwindet man vor Gericht mit sieben glaubhaftigen Leuten. Zu einer Buße verpflichtet ist auch der, der sich in Haft geschworen und dies Gelöbnis brach.[15])

Als meineidig gelten ferner Richter und Fronboten, welche von Delikten Kunde erhalten und sie dem Meister und Kämmerer verschweigen. Was überhaupt von den Richtern des Friedens der Stadt *„zu gevär“* geschieht, das haben sie nach Entscheid des Rats zu büßen; zu ihrer Beaufsichtigung befinden sich stets ein Kämmerer und ein Ratsschreiber als Beisitzer im Gericht. Gelangt eine Klage wegen Raufens, Schlagens, Scheltens, Auftragens und Zehrens vor

---

[13]) Freyb. 72, 77, 76, 77. [14]) Freyb. 68, 69, 74.

[15]) Freyb. 70, 75, 68, 69; bei Meineid und wohl auch bei falschem Zeugnis fällt eine Buße an das geistliche Gericht, Freyb. 75.

den Richter und übt er Gnade, so steht der Bürger Recht auf der Kämmerer Eid *„nach ihrer bescheidenheit“*.[16])

Man ersieht hieraus mit Deutlichkeit, wie sehr sich die Stadtväter das Pfand zunutze machten; abgesehen von der politischen Bedeutung ihres Vorgehens glitten bedeutende Einkünfte in die Stadtkasse, wobei immerhin dem Richter sein Recht blieb. Aber sie unternahmen noch einen weitern Schritt, der die Existenz des Friedgerichts durchaus in Frage stellte. Im Stadtfrieden von 1356 heißt es nämlich: *„wer der wär, der wider den frid und sicherheit ihtes handelet oder tet, ez wer mit todslegen, zerwerfnux oder anderer ungetat, den sol und wil man uf der stat darumb an leib und gut pezzern und unverzogenlich darzutun, daz hinz im gericht werde. und sollen daz der rat und die XLV tun und a u c h g e l e i c h r i c h t e r sein, ez si dann, ob ez ieman an daz leben gieng oder ein peinlich getat, di der geleich wer, dorumb sullen di XLV sambt der stat rat d o z u r a t e n u n d t u n, d a z d e r g e p e z z e r t w i r d, darnach di schuld und tat an gevär.“* Außerdem soll dem Helfer weder Friede gewährt, noch Freiung und Fürbitte helfen. Bei diesen peinlichen Sachen vermögen aber Rat und XLV ebensowenig, als das Friedgericht, dem weder Schultheiß noch Propst vorsteht, zu richten. So ist denn auch der Totschläger, der nicht die Mittel zu seiner Rettung besitzt und daher den Tod zu gewärtigen hat, dem Blutrichter zu überliefern. Bei sonstigem Totschlag, so auch im Fall der Ergreifung, entscheiden gemäß VO. von 1356 ebenfalls Rat und XLV.[17])

Solche Urteile des Rats bei Ableib sind mehrere verzeichnet. So 1364 bei Tötung eines Bürgers im Frieden. Auf den Eid, mit dem der Frieden beschworen, wird bestimmt: Der Täter hat eine Buße an Rat, Richter und Kläger zu erlegen, der „Fehe“ und den Freunden „abzunehmen“ nach der XLVer Rat und dann bis zur Zahlung im Gefängnis zu bleiben. Keinerlei Fürbitte ist hiebei verstattet, noch ein weiterer Rechtsweg. 1362 heißt es, der Täter soll so lange außen bleiben, bis er den Freunden und der Seele Genüge geleistet, und dann noch ein Jahr.[18])

Während das bischöfliche Friedgericht frühzeitig seine Wirksamkeit eingestellt haben muß, lebte das herzogliche, als es 1360 völlig der Stadt anheimfiel, wohl von neuem auf. 1390 wird wenigstens angeordnet, daß bei ihm *„an offem rechten“*, wie vor

---

[16]) Freyb. 76, 77, 75, 72. [17]) Freyb. 142. [18]) Lit. 372, 55, 56.

dem Schultheißenamt gerichtet werden solle; wem zu Rechten gekündet ist, mag sich durch Eineid davon *„genemmen“*.[19])

Um 1490 richtet es über Schlagen, Raufen, Schelte, Schmähungen, Beulen, Wunden, Lähmung u. dgl. Händel; es ist also seine Kompetenz bedeutend eingeschränkt, wie dies auch mehr seiner ursprünglichen Bestimmung entspricht. Ebenso 1528.[20])

Werfen wir nun noch einen Blick auf die Strafen der FrGO., so erweist sich, wenigstens bei Unvermögen des Täters, noch in mancher Hinsicht das Walten des Talionsprinzips. So bei Totschlag (ein Tod wider den andern), Lähmung und Verwundung. Als sonstige Leibesstrafen sind diesfalls angedroht: Abhauen der Hand (bei Friedbruch, Heimsuchung, Meineid), des Ohrs (bei Messertragen), der Zunge (bei falschem Zeugnis *„zung an das hackel“* und Gotteslästerung — Lähmung der Zunge). Häufig ist die Strafe an Haut und Haar. Als Eidhelfer treten Genannte, Wirte und sonst glaubhafte Leute auf, Zeugen nur bei Friedbruch. Einmal ist freilich von einem Wahrheitsbeweis des Richters bei Festnahme die Rede.[21])

Solange die beiden Friedgerichte noch unverpfändet waren, führten wohl Schultheiß und Propstrichter den Vorsitz. 1355 findet man noch den Schultheißen als Richter vor, ebenso 1391, nicht mehr 1427. 1514 wird der Richter aus dem innern Rat gewählt; 1548 tritt wieder der Schultheiß als solcher auf (*dieweil auch das fridgericht itzo in das schultheißgericht geschlagen ist*).[22])

Die Urteiler werden den Hausgenossen entnommen. Über ihre Zahl wird in früherer Zeit nichts berichtet; 1514 und 1528 besteht das Gericht aus einem Richter und sechs Beisitzern. Im Wundenbuch tritt des öftern ein Friedscherge auf.[23])

Sonstige Gerichte.

Das Hansgrafen-Amt und -Gericht. Der zuerst 1184 aufgeführte Hansgraf wird gemäß dem Philippinum und dem

---

[19]) s. bei Anklageverfahren; Freyb. 63.

[20]) Lit. 2, 250; Jur. Nr. 1, 11 (StadtA.).

[21]) Freyb. 66, 71, 75, 68, 75, 70, 68, 77, 74.

[22]) Urk. F. 98 (1355 Dez. 7), F. 232 (1391 Juni 16); Lit. 596, 145; Lit. 380, 22; Urk. F. 692 (1548 Feb. 1). Über die Verpfändungen s. S. 42.

[23]) Lit. 380, 22; Jur. Nr. 1, 11 (StadtA.); Ub. S. 754, 756, 761.

Lichtenberger Schied als Leiter des Außenhandels von den Bürgern und dann den Marktfahrern selbst erkoren. Er ist mit der Führung und Vertretung derselben in der Fremde wie mit dem Schutz ihrer Vorrechte betraut; er erhebt Bußen bei leichter Vergehung und steht für seine Landsleute in Kriminalfällen vor fremden Gerichten ein. Außerdem schlichtet er Streitigkeiten mit auswärtigen Handelsleuten. In der Heimat stehen ihm indes keinerlei Strafbefugnisse zu; er ist, wenn ihm auch die Aufsicht über den Marktverkehr übertragen wird, völlig vom Willen des Rats abhängig. 1311 entsteht der Hanserat, ein Handelsamt zur Förderung des Warenvertriebs im Ausland; der Hansgraf nimmt nun nicht mehr am Auszug teil, doch vertritt er in der Fremde als Rechtsprecher die einheimischen Kaufleute. Ist er frühzeitig Mitglied des Stadtrats, so wird er seit dem 15. Jh. den Ratsgenossen entnommen.[1])

Mit Mitte des 14. Jh. tritt das Hansgrafenamt als wohleingerichtete Behörde auf. Dem Hansgraf sind zwölf Beisitzer zugeordnet; sie vermögen ziemlich selbständig vorzugehen, wenn auch der Rat über die wichtigsten Fälle informiert werden muß. Ebenso steht gegen ihre Entscheidung Berufung beim Rat zu. Da nun alle Klagen und Beschwerden in Handelssachen vor dieses Forum gebracht und erledigt werden, wird ihm der Name Hansgericht beigelegt. Mit der Zeit erweitern sich die Kompetenzbefugnisse immer mehr: außer der Überwachung des Handels wie der Marktpolizei wird ihm auch die Aufsicht und Gerichtsbarkeit in gewerblichen Angelegenheiten nebst den einschlägigen Injuriensachen zugewiesen, bis es sich endlich der Polizeigewalt im weitesten Sinn erfreut.

Die Stürme des Jahres 1486 überdauert es, wie auch die Übergriffe des Schultheißen, der ihm den Garaus zu machen droht. Sehr wichtig ist die königliche O. des Hansgerichts vom J. 1500, worin auch angeordnet wird, daß fortan auf dem Stadthaus ein Hansbuch aufliegen solle, damit ein Rat bei Beschwerden der Hanse in ihm das Recht und Unrecht finden könne. Übertritt der Hansgraf die O., so wird er von Rat und Kämmerer gestraft; erlangt er bei Handhabung derselben von seiten der Hansherren (Beisitzer) keine Folge, so wird sie der Rat erzwingen. Nunmehr ist auch

---

[1]) Lößl, Das Hansgrafenamt (hist. Ver. 49), 13, 26, 39, 36; Plato, Ursprung des H.; Gengler § 24.

dem Hauptmann eine Mitwirkung bei der Wahl der Gerichtsmitglieder zugebilligt. Die Aufhebung erfolgt erst im J. 1811. [2])

Das Gericht der Münze. Frühzeitig tritt in Regensburg eine Hausgenossenschaft auf, deren Münzgerechtsame als Lehen des Bischofs und Herzogs erscheint, von welchen sie mit mancherlei Privilegien begabt wird. So sichern sie ihr 1272 die Erbfolge ihrer männlichen Nachkommen zu und versprechen, sie nicht zur Aufnahme eines ihr Mißliebigen zu zwingen. Später fällt der Gumprechtschen Familie der Löwenanteil an den Einkünften zu. Nach Vertrag der Münzherren von 1316 geloben sie, allen Gewinn aus dem Münzwerk, der Schmiede und dem Wechsel zu teilen. Vier Schmiede besorgen die Anfertigung der Münzen, vier der Herren, darunter zwei Gumprecht, führen die Geschäfte und treffen die alle bindenden Verfügungen. Wichtig ist auch der Gesellschaftsvertrag von 1345. [3])

1323 erwirkt der Bürgermeister Ortlieb Gumprecht einen Ratsbeschluß, wodurch es den Bürgern verboten wird, „hinder der March" zu wechseln, zu kaufen und zu verkaufen, *„es sei dann, dax ex ein man versenden well oder ze verburchen bedarf"*. Wer der Mißachtung dieser Satzung bezichtigt ist, muß sich mit seinem Eid benehmen oder dem Münzmeister Buße zahlen.

Im übrigen unterstehen die Münzer der Botmäßigkeit des Herzogs und Bischofs, sie prüfen die echte und richten über die falsche Münze, d. h. sie vernichten die Falsifikate und stellen Antrag auf Bestrafung des habhaften Fälschers. Nach Privileg von 1230 ist es indes dem Rat verstattet, dreimal jährlich in der Münze zum Rechten zu sehen. 1255 stellt der Herzog in einem Münzstreit mit dem Bischof die Bürger als Schiedsrichter auf. [4])

Was nun die gerichtliche Kompetenz der Münze selbst anlangt, so ist hiefür vor allem das herzogliche Privileg von 1295 bedeutsam. Nachdem den Hausgenossen abermals das Recht zugesichert ist, ihr Gewerbe auf Kind und Kindeskind vererben zu dürfen, heißt es, daß sie für kranke Pfennige nicht haftbar sein sollen und über unrechtes Gelöt und Gewicht, und was sonst an Unfug und Unzucht unter den Münzern in der Münze und im Wechsel vorfällt, *„in dem geding"* Urteil finden dürfen. Wer in

[2]) Lößl 55 ff., 60, 64, 77, 82; Lit. 377 (die ausf. Ordnung v. 1500), Lößl 90 ff.; Hansgraf Vorsitz bei Au und Ortliebs Verbannung, 1326, Ub. 517, Gem. 1, 535.

[3]) Gengler § 36; 1272: Ub. 107; 1316: Ub. 320; 1345: Ub. 1118.

[4]) 1323: Ub. 449; 1230: Ub. 57, Gengler § 5, 11; 1255: Ub. 86.

diesen Räumen weilt, den schirmt des Herzogs Friede. Fällt auch, was an den Tod oder das Blut *„zicht"*, dem ordentlichen Richter, d. h. dem Schultheißen oder Propst anheim, so steht doch dem Herzog wegen der begangenen Gewalttat noch ein besonderer Anspruch zu. Über alle übrigen Sachen (*exceptis tantum causis vel casibus sanguinis, puta homicidii aut vulnerum*) richtet er im Geding *iuxta monetariorum sententiam.* Ähnlich nach der Bestätigung von 1339.

Von besonderem Interesse aber scheinen die Rechte und Pflichten der Münzmeister und Hausgenossen im Fall eines wirklichen Münzdelikts. Begreifen sie einen mit einem *„saiger"* (Wage) und einer Schrotschere, so sind die Richter der Fürsten, d. h. des Herzogs und Bischofs *„gewaltig leibs und guts"*. Der zuständige Richter richtet dann dem Münzmeister und den Hausgenossen *„als volg und urtail sait"*; d. h. diese treten als Kläger und „Überwinder" auf, das Urteil fällen die gewöhnlichen Urteiler des Gerichts. *„Ist dax man ex wan (nur) mit einem saiger begreift, dorumb mag nymand nicht geschaden, wann wax pfening bei im begriffen werdent, die er ausgesaigt hat, dieselben pfening sullen die münzmaister vordern und zelen."*

Wird ein Fälscher mit falschen Regensburger Pfennigen betreten, so sollen ihn die Münzmeister dem kompetenten Richter überliefern: *„fur wellen fürsten richter der velscher gehört. derselb munzmaister dex fürsten sol in bechlagen vor dem richter und der ander munzmaister und die hawsgenossen sullen in uberwinden mit der schedleich"* (mit der schädlichen Sache, der Handhafte). Ebenso, wenn ein Bürger oder Gast falsches Geld an den Wechsel bringt, es müßte denn sein, daß es nicht Regensburger Pfennige sind: *„mit dem habend die munzmaister und hawsgenossen nicht ze schaffen, ob si wellent"*.

Irrt einer den Wechsler *„seins wechsels mit zured oder winkchen, das geverd gehaissen mag, dax schedleich dem hausgenossen und der münz"*, darüber haben die Münzmeister nach der Hausgenossen Rat zu entscheiden oder den Fall den Fürsten vorzulegen. Nicht minder sind Münzmeister und Hausgenossen bei wörtlichen und tätlichen Injurien im Wechsel kompetent, es handelt sich denn um eine große *„heftige"* Tat, die an das Leben geht oder *„plutfussig"* ist.

1358 werden zwei Münzknechte durch den Meister vor dem Schultheißen oder Propstrichter angeklagt, *„dax si dem bischof,* *herzogen, der stat, den munzern und lant und lewten ir munz gevelscht hieten*". Er überwindet ihn hierauf selbviert und „*damit ward im ertailt, das man si prennen solt*". Siehe im übrigen bei Münzfälschung.[5])

1286 ist auch das Einstehen der Münzherren bei Delikten der Münzer (*in swez smitte sie werchen*) festgesetzt, es müßte sich denn jener „*selbzwelfte gerihten siner genozze, daz er an der geschiht mit worten und werchen unschuldich sei*". 1395, d. h. zu der Zeit, wo bereits die Stadt unter Zustimmung der Fürsten die Münzen selbst schlagen ließ, wird anläßlich des Auftauchens einer „bösen" Münze vereinbart, daß, wenn jene oder die Stadt einen offensichtlichen Betrug des Münzmeisters nicht ahnden, diesem das Münzrecht für zehn Jahre zu entziehen sei.[6])

Das Korngeding oder Bauerngericht ist zuständig für die Huben, Peunten, Äcker und Wiesen der Klöster, Bürger und Bauern im Bereich des Burgfriedens und richtet, sofern einer sich „*mit stainen, rainen, ackern, graben, schneiden*" usw. übergreift. Der Vorsitzende ist der Kornpropst. Allem Anschein nach ist es eine Abspaltung des Propstgerichts, über seinen Ursprung nichts weiteres bekannt.[7])

Das Fünfergericht ist als spätere Abzweigung des Friedgerichts zu betrachten. Den Ursprung desselben von den 1330 gewählten fünf Friedenstiftern herzuleiten, ist verfehlt, die Kompetenz beider durchaus verschieden. Zudem gehören noch nach der FrGO. (um 1350) sämtliche Injurien vor das Friedgericht. Das Fünfergericht erinnert in vieler Hinsicht an das Nürnberger Gericht gleichen Namens und ist diesem vielleicht nachgebildet. Freilich richtet letzteres nicht nur über Schmähsachen und Schelte, sondern auch über Verwundungen und sonstige Händel.[8])

In Regensburg werden die Injurien vor fünf des innern Rats erledigt und zwar anfangs nur die im Wert von 200 fl., wobei die geringern durch das Stadtgericht abgewandelt werden, später alle ohne Ausnahme. Nach der O. von 1563 muß behufs Ersparung von Kosten mündlich verhandelt werden, worauf ohne Zulassung

---

[5]) 1295: Ried 1, 688; 1339: Freyb. 122; Gem. Nachlaß, Kart. 1, 324; 1358: Freyb. 85.

[6]) 1286: Ub. 138; 1595: Gem. 2, 324.

[7]) Lit. 2, 250; Gem. Nachl. 1492.

[8]) Lit. 384, 163; Lit. 389, 138; 1330: Ub. 611; Freyb. 72; s. mein Nürnb. Kriminalrecht, 207.

einer Berufung endgültig zu entscheiden ist. Bei Leugnen des Beschuldigten obliegt dem Kläger der Beweis, wiewohl jenem der Nachweis seiner Schuldlosigkeit keineswegs versagt ist. Widerruf des letztern behufs Vermeidung der Verurteilung soll nur in besonders schweren Fällen zulässig sein.[9])

An Regensburg waren auch die Herrschaft Donaustauf wie die Vorstadt Stadtamhof mit den dortigen Gerichten verpfändet. Das Reichslehen zu Donaustauf wurde von den Herzogen 1381 an Bischof Dietrich verschrieben, von dessen Erben 1383 an die Stadt. 1424 gebot Kaiser Sigismund jener, dem Herzog Heinrich die Rücklösung zu gestatten; doch hintertrieb dies der Bischof, ja er erwirkte, daß ihm Donaustauf selbst zufiel. Er wie die Stadt mußten hiebei dem Herzog eine Abfindung gewähren. Da jedoch Bischof und Kapitel der Mittel zur Auslösung ermangelten, erfolgte 1428 eine neue Verpfändung an Regensburg; 1429 wurde der Bischof mit den Reichslehen zu Donaustauf belehnt. 1486 löste sie Herzog Albrecht zurück. Als dann Regensburg wieder Reichsstadt wurde, behielt jener die Herrschaft, die Bischöfe mußten aber von nun an in der Kapitulation geloben, auf die Wiedererlangung Donaustaufs bedacht zu sein. 1494 erteilte ihm Albrecht ein Privileg. Erst 1715 fiel es endgültig an das Hochstift. Solange Regensburg die Herrschaft als Pfand innehatte, besaß es auch damit die Gerichtsbarkeit in peinlichen und bürgerlichen Sachen. Dem Pfleger oblag die Erledigung der geringern Fälle, die größern blieben dem Rat vorbehalten. Den Blutbann verlieh bis 1486 der Bischof.[10])

Die Vorstadt und Vogtei am Hof wurde 1408 von den Herzogen der Stadt zu rechter Pfandschaft überlassen. Es zählten die drei Gerichtsschrannen zu am Hof, Winzer und Reinhausen hiezu. Es wurde hiebei ausbedungen, daß alle Klagen und Gedinge in den Stadtrat gelangen sollen. Der Rat ernannte den Richter und stellte ihn dem Herzog vor, der ihm dann den Bann verlieh. Gemäß den Bestallungsreversen hatte der Richter in Stadtamhof zu wohnen und einen reißigen Knecht zu halten; ihm floß ein Teil der Wandel

---

[9]) Lit. 389, 138.

[10]) Hist. Ver. 2, 390 f., 402, 404, 406, 408, 410, 413, 422; Janner 3, 58, 116, 393, 483; Richterbestallung 1448: auf ein Jahr, selbander gewappnet mit zweien Maiden, Wohnung in D., 20 ℔ Sold, Holzbezug, Anrecht an Siegelgeld und Wandel, Urk. F. 473 (1448 Feb. 2); die Richtung der drei Landsdiebe, 1439 s. Verfahren mit Urgicht, Urk. F. 435 (1439 Mai 20), Gem. 3, 95; der Rat läßt 1478 eine Diebin in D. festnehmen und nach R. bringen behufs Feststellung des Besitzstands, Gem. 3, 615.

zu. Er durfte niemand ohne des Rats Willen vor die Schranne fordern und nur mit des Kämmerers Zustimmung Geleit erteilen. In seiner Abwesenheit richtete ein Anwalt des Rats, der auch bei der Abrechnung zugegen war. Mit offnen Feinden sollte er sich nicht einlassen; erfuhr er diesfalls Schaden, so hatte der Rat nicht hiefür einzustehen. Ferner sollte er verhüten, daß die am Hof in der Stadt Bürgerrecht „fahren". 1486 löste Albrecht die Vorstadt zurück; er beließ den Bezirk vorerst bei Regensburg, erst 1492 wurde er für immer von diesem abgetrennt. [11])

Die Hausgenossen.

Mochten auch die als Urteiler auftretenden Hausgenossen vordem den *homines* des Bischofs und Herzogs entnommen worden sein, so entbehrt doch die Behauptung, daß sie mit den Münzergenossen identisch waren, jeglicher Begründung. Vielleicht führten sie ihren Namen nach der Stätte, wo das Gericht gehalten wurde, d. h. nach dem Dinghaus, das man schlechthin auch als das „Haus" bezeichnete. Jedenfalls wählte man frühzeitig nur Bürger zu Urteilfindern. [1])

Gelegentlich der Verpfändung von 1360 erklärt Herzog Ludwig, daß ihm auch fernerhin die Bestellung der Hausgenossen und Fronboten zustehen solle und zwar in Hinsicht auf Schultheißen-, Friedgericht und Kammeramt. Im Gegensatz hiezu ernannte der Bischof die Hausgenossen des Propstgerichts: *„es sol nymant volg noch urteil geben, denn die hausgenossen, die die fursten setzent."* Daß dies aber Bürger sein mußten, erweist der Satz von 1359: *„ez sol auch niemand anders vor dem gericht in unserer stat volg und urtail geben, dann die mit unsrer stat tragent und unser burger sind"*; 1360: *swaz man auch hinz den burgern zu Regensburg zu clagen hat, da schol niemant dhain urtail ubergeben, dann die gesworn hausgenossen."* Geht aber ein Bürger gegen einen Ausmann vor, so soll kein Bürger urteilen. [2])

Später werden sie dem innern und äußern Rat entnommen, 1391 beschließen Rat und XLV, *„darumb das armen und reichen ein slehtz recht widervarn"*, Hausgenossen zu setzen und zwar acht aus

[11]) Gem. 2, 379; 3, 255; Bestallungen: Urk. F. 465 (1446 Mai 16); Lit. 409, 1; Lit. 408, 274, 164; Lit. 409, 17 (*die gesworen der drei schrannen*); über die Jurisdiktion des Spitals daselbst, Urk. F. 259 (1396).

[1]) Gengler § 22, 29 f.

[2]) 1360: Lit. 296, 40; Freyb. 79; 1359: Freyb. 152.

dem Rat und zehn aus den XLV. Sie schwören für ein ganzes Jahr, zu dem Rechten zu gehen. 1394 werden der bisherige Kämmerer Hausgenosse an dem Propstgericht, sowie vier des Rats Hausgenossen für beide Gerichte, von den XLV aber fünf; endlich bestellte man einen, der bisher Hausgenosse am Propstgericht war, für das Schultheißengericht. Es war hiebei untersagt, sich gegen die Berufung zu „sperren". [3])

Anlangend ihre Verpflichtung, so geloben sie, das Recht zu suchen und zu erteilen, wie sie ihr Sinn leitet (nach Gewissen und höchstem Verständnis), dem Armen als dem Reichen, dem Gast als dem Bürger („nit ansehen weder Liebe noch Gunst") und durch keines *„gevars"* willen von dem Rechten zu sein. [4])

Sonst ist bestimmt, daß man bei einem Streitwert von über 5 ℔ bei dem Schultheißen- und Propstgericht sieben Urteiler haben müsse; am Friedgericht genügen sechs. Mitunter kommt es freilich vor, daß der gesamte Rat das Urteil fällt, wie im Fall Chölner, der 1394 beansprucht, daß das Recht mit Rittern und Knechten besetzt werden solle. [5])

Gemäß StGO. von 1514 soll der Schultheiß mit zwölf, mindestens aber sieben Hausgenossen alle Wochen zweimal zu Recht sitzen. Die Hausgenossen sollen sich, sowie sie vom Propstgericht abgehen, sofort zum Schultheißengericht verfügen und sich hierin bei Strafe nicht versäumen. Sie sind ferner bei der Untersuchung beschäftigt, bei Vernehmung von Zeugen wie bei Kundschaft. Nach späterer O. haben die Hausgenossen in Sachen bis zu 12 fl., sofern keine schriftliche Klage eingereicht ist, „mündlich und schleunig" zu verhören und, wo möglich, mit Bewilligung der Parteien gütlich zu vergleichen. Mißlingt dies, so sollen sie Erkundigung einziehen und den Handel nach ihrem besten Verständnis endgültig entscheiden. Im Fall eines höhern Betrags ist die Sache dem Gericht zu überweisen, aber auch hier sollen es die Hausgenossen zuerst mit dem Vergleich versuchen. Bei Säumnis unterliegen sie verschiednen Bußen. [6])

Vor dem Halsgericht treten sie auch als Vorsprechen auf; bekanntlich werden hier verschiedne Urteile, so die sog. Fronurteile, durch des Klägers Vorsprechen gefällt. [7])

---

[3]) Lit. 297, 56, 70. [4]) Lit. 297. 56; Lit. 380, 16.

[5]) Freyb. 152, 40; Lit. 409½, 15; Lit. 380, 23; Gem. 2, 314 f.; Lit. 297, 71.

[6]) Lit. 380, 16 f.; Lit. 384, 160 f.

[7]) Urk. F. 435 (1439 Mai 20); Freyb. 57, 60, s. Leum Verf. u. Verf. auf Urgicht.

5*

Hausgenossen schätzen ferner die Handhafte bei Diebstahl und Raub, mit dem Fronboten beschauen sie fließende Wunden; in Schuldsachen öffnen sie, wo nötig, des Gelters Schloß und setzen ihm den Stuhl vor die Türe. Sie dienen ferner als Anweiser, beim Dingen „gen Rat" bedarf man zweier Hausgenossen.[8])

Sie beziehen keinen festen Sold, wohl aber bestimmte Gebühren; nach der FrGO. ist ihnen ein Teil der Totschlagsbuße zugesprochen. Auch bei Urteilschelten steht ihnen in Rücksicht auf die hier zugefügte Kränkung eine Buße zu. Sie erfreuen sich einer sehr angesehenen Stellung, sie haben, wie Richter und Rat, erst nach der dritten Ladung vor Gericht zu erscheinen. Bei Begehung von Delikten, so auch Widersetzlichkeit gegen den Rat werden sie für immer oder unbestimmte Zeit für unfähig erklärt, als Urteiler zu fungieren oder sonstwie vor Gericht aufzutreten.[9])

Der Vorsprech.

Die Vorsprechen, Fürsprecher, Fürleger, Fürsteller, später Prokuratoren werden anfangs den Bürgern, dann den Hausgenossen entnommen; man bestellt sie mitunter gleichzeitig für beide Gerichte. Ende des 14. Jh. gibt es bereits vier geschworne Vorsprechen.

Von Interesse ist hier das Verfahren gegen Hans den Chölner im J. 1394. Derselbe hatte die Stadt wegen nicht bewilligten Geleits vor dem Landgericht Hirschberg verklagt, wurde aber vor den Regensburger Schultheißen gewiesen. Vor *„erbe̊rchleich"* besetzter Schranne erklärte er, er habe etliche Vorsprechen vom Land herein geworben, die nicht gekommen wären, er bitte, ihm sein Wort selbst sprechen zu lassen. Nach Umfrage erteilten jedoch Rat und Hausgenossen, daß sich keiner von ihnen entsinnen könne, daß je einer selbst vor ihrem Gericht sein Wort geführt, noch fremde Vorsprechen benützt habe. Als er hierauf seinem Stand gemäß Wappengenossen begehrte, bedeuteten sie ihm, daß sie ihm die Vorsprechen, die ihrer Stadt Recht und Freiheit entsprechen und von denen er einen nach Wunsch auswählen könnte, zur Verfügung gestellt hätten und mehr nicht schuldig seien.[1])

Nach ihrer Verpflichtungsformel versprechen sie im 15. Jh., ihre Sache mit *„rechten, ganzen, treuen und besten ver-*

---

[8]) Freyb. 81, 71, 35, 45, 79. [9]) Freyb. 65, 53, 45, 62, 31; Ub. 207.

[1]) Zu beiden Gerichten, Lit. 596, 26; Chölner, Lit. 296, 86; Lit. 297, 71; Gem. 2, 314.

ständnus" vorzubringen und hierin keinerlei „*unwarhait, falsch oder unrecht*", wie auch kein „*furgeding oder furwort*", wodurch ihre Unparteilichkeit in Frage gestellt werden könnte, zu gebrauchen. Sie dürfen „*haimlichait, hilf und were*", die sie von den Leuten erfahren oder sonst erkundet haben, nicht zum Schaden der Partei offenbaren. Ihnen steht nicht das Recht der Auswahl zu: wer sie zuerst ersucht — reich oder arm, Bürger oder Gast — dem sollen sie das Wort reden und ihn in Hinsicht auf den Lohn nicht beschweren. Sie dürfen sich dann der Sache ohne redliche Ursache nicht entschlagen, sondern haben bis zu deren Ausgang dienstbar zu sein.

Werden sie um Recht oder Urteil gefragt, so sollen sie nach bestem Verständnis urteilen und rechtsprechen ohne Rücksicht auf Miete, Leid, Gunst und Furcht. Nur bei ehafter Not oder Erlaubnis des Schultheißen können sie eine Tagung des Gerichts versäumen. Sie haben stets dem Stadtrecht gemäß zu handeln, auswärts nur mit des Kämmerers Zustimmung und niemals zum Nachteil der Bürger. Der Rat vermag sie jederzeit zu „urlauben", d. h. zu entlassen, worauf sie dann immerhin in Streitfällen ein freundlich Recht zu Regensburg suchen sollen. [2])

Im 16. Jh. verpflichten sie sich ferner, sich der lateinischen und andern unbekannten, wie der Schimpf-, Spott- und Schmachwörter zu enthalten und nicht ohne Genehmigung über das Gerichtsbuch zu „*laufen*". Wünscht jemand mehrere Prokuratoren, so bedarf er der Erlaubnis des Schultheißen. [3])

Hiebei seien auch einige Vorschriften der ältesten Statuten angeführt: Der Vorsprech darf Anklage und Eid so oft, als nötig, wiederholen; doch nicht verkehren und verändern, sonst wird ihm ein Bruch in dem Rechten. Leugnet einer auf die Klage hin und erklärt er sich zum Schwur bereit, so soll doch des Klägers Vorsprech sich nochmals über die Klage äußern, wie des andern Vorsprech über den Eid. Wenn zwei Vorsprechen ein Urteil „*an einander gehelent*", ist man der Frage an der Schranne überhoben. Wird einem Geistlichen, einer Witwe usw. ein Anweiser zur Seite gestellt und ist dieser ein Hausgenosse, so erwirkt der Vorsprech mit Urteil, daß jener ein solches heischt. Ist der gewählte Vorsprech abwesend oder krank, so kann die Partei, sofern es sich um eine große Sache handelt, acht Tage Aufschub beanspruchen. [4])

---

[2]) Lit. 321, 3; Lit. 596, 265. [3]) Lit. 380, 20; Lit. 596, 26.

[4]) Freyb. 54, 55, 41, 63.

Eine besonders einflußreiche Rolle kommt dem Vorsprechen des Klägers beim peinlichen Halsgericht zu; hier fällt er die wichtigsten Entscheidungen, so insbesondere die beiden sog. Fronurteile.[5])

Die Vorsprechen scheinen übrigens in Regensburg nicht besser gewesen zu sein, als anderswo; so wird auch in der StadtO. von 1514 Klage geführt, daß sie *„durch list und geverde mit unnutzen und uberflussigen reden die recht und partheien umbziehen"*, und sie eidlich angehalten, fortan von solchem *„zug"* abzustehen. Sie sollen nicht öfter als dreimal reden und sodann die Sache beschließen und zu Recht setzen. In den ältern Statuten wird der Vorsprech gewarnt, seiner Partei Geheimnisse zu verraten und zu mißbrauchen: *„wann dem vorsprechen ist als dem peichtinger, die man etliche sach muß wissen lan, die man ze wandel hat von dem rechten"*. Hat aber der Vorsprech *„paidenthalben"* Gut genommen und wurde der Kläger infolgedessen sachfällig, so vermag dieser Genugtuung für den ihm zugefügten Schaden zu fordern. Beträgt dieser über 1 ℔, so Klagt er auf Ersatz mit zweien, die es gehört oder gesehen, daß jener Gut vom Gegner nahm und *„er in versaumpt durch guten willen"*. Der Überwundene wird außerdem für meineidig erklärt und darf nicht mehr als Vorsprech auftreten. Handelt es sich um mehr als 10 ℔, so muß man mit sieben Zeugen übersagen; der Frevler geht dann der Zunge verlustig, die er jedoch mit 10 ℔ an den Richter und doppeltem Schadenersatz zu lösen vermag. Geschieht jedoch der Partei Unrecht und wehrt sie sich trotz des Vorsprechen Warnung nicht, so ist dieser außer Haftung.[6])

1302 wird H. der Setzer, der die Bürger zum Kampf vor das Hofgericht geladen, für zwei Jahre als Vorsprech und Urteiler entsetzt. 1478 straft der Kämmerer drei Vorsprechen wegen *„ungfertig wort"* vor Gericht.[7])

Ein Anwalt wird erst im 15. Jh. erwähnt. Dem vom Rat ernannten Stadtadvokaten ist es, wie bemerkt, gemäß Bestallung von 1520 untersagt, einem Bürger gegen einen andern Rat zu erteilen und sonst Beistand zu leisten; jedoch darf er dies in oder außerhalb der Stadt, sofern der Gegner ein Fremder ist.[8])

---

[5]) Freyb. 56, 57, 58, 60; Urk. F. 435 (1439 Mai 20); Jur. I Nr. 5, 4 (StadtA.).

[6]) Lit. 380, 20; Freyb. 38 (Beichtiger); Freyb. 63.

[7]) Ub. 207; Lit. 596, 391.

[8]) Jur. I Nr. 1, 5 (StadtA.); Urk. F. 655 (1520 Mai 23).

Der Fronbote.

Fronboten ernennen der Schultheiß und Propst für ihre Ämter; aber auch der Rat bedient sich solcher, da sich z. B. die Kämmerer eigner Fronboten erfreuen. In einem Gerichtsbrief von 1300 sind vier Fronboten als Zeugen aufgeführt. Die des Schultheißen- und Propstgerichts haben anfangs, wie die Schergen, Nachrichterdienste leisten müssen; dies wird, damit die Ämter *„desto ehrlicher"* mit Fronboten besetzt werden, 1334 abgestellt und der städtische Haher mit jener Funktion betraut.[1])

Seiner Verpflichtung nach hat der Fronbote dem Schultheiß (Propst, Rat) gefolgig zu sein, alle strafbaren Händel vorzubringen, nichts zu verschweigen und zu unterdrücken und dem Gericht wie der Stadt in allen Sachen fleißig zu dienen. Unterläßt er es, ein in der Stadt oder im Burgfrieden verübtes Delikt dem Kämmerer oder den Richtern anzuzeigen, so büßt er als Meineidiger mit 1 ℔. Er hat jedem, der seiner begehrt, Armen und Reichen, um Lohn zu dienen, dem Rat auch auswärts und darf weder wider diesen noch einen Bürger außerhalb des Stadtgebiets das Wort sprechen. So oft er gefragt wird, soll er sagen und urteilen bei seinem Eid, zu wem und wohin er auch bestellt wird.[2])

Was seine Wirksamkeit betrifft, so ist das Vorbieten oder Laden seine vornehmste Pflicht. Einen Bürger hat er bei Klagen von über $^1/_2$ ℔ selbst vorzubieten und zwar bei Tag in dessen Gegenwart oder zu Haus und Hof und alle *„anpot, pot, chündung und teyding"* zu versuchen. Er hat hiebei den Grund der Ladung anzugeben. Er soll nicht *„Tag"* geben, sondern *„fürbieten"*. Er erledigt seinen Auftrag in förmlicher Weise, den Stab in der Hand, während ihm das Tragen von Waffen untersagt ist. Angehörige des Rats, Richter und Hausgenossen genießen das Vorrecht auf dreimalige Ladung. Vor Gericht bestätigt jener sodann auf Eid die Ausführung der Ladung wie die Verkündigung des Rechtstags. Der Bürger vermag dies durch Eineid zu entkräften.[3])

Der Fronbote belegt ferner des Schuldners Gut mit Arrest und setzt ihm den Stuhl vor die Tür; bei der Abrechnung hat

---

[1]) Ub. 73 (*preco* als Zeuge), 196, 304, 500, 652, 724, 870, 1150 f., 1221; 1334: Ub. 724.

[2]) Urk. F. 229 (1391 März 27), F. 382 (1428 Dez. 5); Lit. 596, 175; Lit. 380, 22.

[3]) Freyb. 30 f., 39, 79, 80; Jur. I Nr. 1, 164 (StadtA.); Lit. 384, 192, 165.

er anwesend zu sein, wobei seiner Aussage unbedingt Glauben zu schenken ist. Er scheint auch als Vorspreche aufzutreten, denn es heißt: *„spricht ein fronbote dax wort gein einen hawsgnoßen, ex pringt der hawsgnoß pei dem rechten mit der urtail hindurch, dax dex fronboten urtail nicht chraft hat über ein weisung; versweigt ex aber der hawsgnoß untx dax darüber geurtailt wirt, so hat dex fronboten urtail als völligew chraft als dex hawsgnoßen."* Im übrigen steht ihm nicht das Recht zu, Urteil zu finden. Auch soll man mit ihm nicht dingen. Leistet ein Geistlicher in einer weltlichen Sache vor seiner *„maisterschaft"* den Schwur, so wohnen dieser Eidesabnahme zwei Hausgenossen und ein Fronbote bei. Endlich beschaut er mit jenen fließende Wunden und schätzt die Handhafte auf Fronrecht.[4])

Die Fronboten erhalten einen bestimmten Lohn wie einen Anteil an den Gebühren. Nach ihrer Entlassung steht ihren Familien kein Anspruch auf Versorgung zu. Er ist als amtlicher Angeber wenig beliebt und mancherlei Gefahren ausgesetzt; 1362 wird einer, der einen Fronboten nach Friedgebot getötet, schwerer Ahndung unterworfen. Man liest mitunter Büttel und Knecht (Hansbüttel, Propstknecht), welche sich in ihrer Tätigkeit wohl wenig vom Fronboten unterscheiden.[5])

Auch des Schergen ist mitunter gedacht; so findet er sich 1334 und 1357 in den VO. des Herzogs und Bischofs vor, wonach er wie der Fronbote nicht mehr bei Richtungen verwendet werden soll. In Baiern ist er bekanntlich im Gegensatz zum Büttel nur in Strafsachen tätig. Nach Regensburger Stadtrecht vollzieht er die Verbrennung des Mordbrenners; dem Straßenräuber schlägt er mit Schlegel und Barte unter den Lederlauben das Haupt ab. Außerdem gibt es besondere Judenschergen.[6])

Eine undankbare Mission wird zuweilen den auf Kundschaft und Ladung hinausgesandten Boten zuteil. So kommt es vor, daß diese schuldlosen Übermittler des Ratswillens gefangen, ja ge-

---

[4]) Freyb. 45, 54, 35, 41, 79.

[5]) Freyb. 60, 62, 45; Tötung von Fronboten, Gem. 2, 125 u. 4, 46; Propstknecht: Urk. (Hochst. Verh. z. Reichsst.) F. 4 (1525 Okt. 17); Jur. I Nr. 5, 4 (StadtA).

[6]) Ub. 304. S. 756; Freyb. 80, 81; Judenscherge: Freyb. 40, Ub. 379; Rechte und Einkünfte: Ub. 201; Friedscherge: Ub. S. 754, 756, 761; Schergenbank: UB. 1150; *„ex schol auch dhein scherig in dhains herren noch edelmanns haus nicht zu schaffen haben, der sein haus umbsust hinlät"*, Freyb. 155.

foltert werden; 1385 steckt der erboste Herzog einen solchen in das Loch, und gar häufig bleiben die Burg oder das Haus derer, denen sie eine Botschaft zu überbringen haben, verschlossen.[7])

Nicht zu verwechseln hiemit sind die Scheinboten, welche als bevollmächtigte Vertreter der Parteien, so z. B. bei Schuldklagen oder Geltendmachung ehafter Not, die jene am Erscheinen hindert, vor Rat oder Gericht auftreten. Wird ein Totschlag (*manslacht*) verübt, heißt es in der FrGO., sollen *„die richter und die lewt oder ir scheinpoten die läut, die den schaden tunt, vahen und vesten und von der vanchnuzz nicht lassen, uncz dem clager usw. gepessert wirt"*. Scheinbote ist hier jeder im Auftrag des Klägers Handelnde.[8])

Nachrichter und Lebe.

Im Anhang des FrGB. lesen wir, daß Brenner, Mörder und Straßenräuber von den Schergen gerichtet werden sollen. 1334 erklärt nun K. Ludwig, daß das Schultheißenamt bisher großen Mangel an Fronboten und Schergen gehabt habe, da diese *„verschult läut und übeltetig selber redern, haupten und prennen musten"*, und verfügt, daß in Zukunft, damit jenes desto ehrlicher mit Fronboten besetzt werde, stets der städtische „Haher" mit der Richtung betraut werde. Eine völlig hiemit übereinstimmende Verordnung erläßt 1357 der Bischof in Hinsicht auf das Propstgericht. Es geht daraus hervor, daß sich zu jener Zeit die Stadt selbst bereits eines offiziellen Nachrichters erfreute.[1])

Der Nachrichter oder Haher — einmal trifft man auch die Bezeichnungen Züchtiger und freier Mann — ist wohl meist kein Einheimischer, sondern oft weither (Salzburg, Mainz) verschrieben. Er genießt einen bestimmten Sold und erhält anscheinend bei jeder Richtung bestimmte Gebühren. Er darf ohne Ratserlaubnis nicht aus der Stadt ziehen, noch auswärts „arbeiten"; wird er völlig „geurlaubt", so hat er etwaige Ansprüche vor dem Regensburger Stadtgericht geltend zu machen. Seine Verpflichtung, welche der Schultheiß besiegelt, beschwört er mit einem gelehrten Eid. Mitunter beruft man auch für Einzelfälle unter hohen Kosten Nachrichter aus benachbarten Städten. Abgesehen von seiner

---

[7]) Lit. 297, 111; Gem. 2, 221. [8]) Freyb. 38, 65.

[1]) Freyb. 80, 81; Ub. 724; Urk. F. 107 (1357 März 14). Der Herzog erlaubt einem Bürger, den Nachrichter zu behausen *„on notred und gebresten"*, Ub. 436.

Stellung als Vollzugsorgan kommt ihm beim Verfahren am peinlichen Rechtstag keine weitere Rolle zu, da ja auch die Strafe nicht, wie bei manch anderem Gericht, von ihm, sondern von dem Vorsprechen ausgesprochen und dann vom Gericht bestätigt wird. Jedenfalls ist er auch mit dem Vollzug der Leibesstrafen betraut.[2])

Über den Henkersknecht, der, wie in Nürnberg und Würzburg, Lebe heißt, wird nur selten berichtet. Er wird auch Zusteer oder Anklager genannt, woraus hervorgeht, daß er auch hier als Stadtkläger zur Erhebung der öffentlichen Klage verpflichtet ist. 1456 wird er aus der Stadt gejagt *„von unfertiger wort und weise wegen, darumb er vor oft gestrafft wax und nichtz half"*. Man scheint also auch in Regensburg sehr fragwürdige Gesellen als Leben bestellt zu haben. 1459 warf ein Bürgerssohn dem Züchtiger einen Stein in die Stube, als dieser mit den Seinen bei Tische saß; er sprach, er habe den Wurf dem Zusteer zugedacht. Man verbietet ihm die Stadt für ein Jahr, und dann soll er ohne besondere Erlaubnis des Rats nicht heimkehren. Es werden also Kränkungen des Nachrichters ziemlich streng geahndet.[3])

Die Richtung der Missetäter findet vordem in der Stadt, d. h. vor dem Rathaus oder auf andern öffentlichen Plätzen, diejenige der vom Propstgericht Verurteilten, wie erwähnt, auf der Donaubrücke statt; nach den Satzungen des FrGB. richten die Schergen die Räuber mit Schlegel und Barte unter der Lederlaube. Bei v. Walderdorff ist eine Richtbank auf dem Hunnenplatz vor der Stadt angeführt, wo 955 nach der Schlacht auf dem Lechfeld die gefangenen Feinde gerichtet worden sein sollen. Seit 1503 dient der Rabenstein vor dem Jakobstor als Richtplatz; von da an werden auch die Gerichteten nicht mehr im Domfreithof, sondern bei s. Lazarus eingescharrt. Die Todeskandidaten zu providieren und zum Hochgericht zu geleiten, obliegt der Dompfarrei.[4])

---

[2]) Bestallungen: Urk. F. 346 (1418), F. 376 (1426, 1427), F. 405 (1433), F. 416 (1435), F. 420 (1436), F. 477 (1449), F. 491 (1452), F. 495 (1453), F. 505 (1455); Lit. 596, 393 (1478).

[3]) Lit. 408, 126, 130; 1318 kommt ein Ch. Leo als Zeuge vor, Ub. 347; s. a. mein Nürnberger KriminalVerf. 43 ff. (Ztschr. f. d. ges. StrW. 12, 243 ff.) und Würzburger Zenten 2, 546 f.

[4]) Gem. 4, 115; Gumpelzhaimer 1, 592; v. Walderdorff 454; Freyb. 81; Janner 3, 457.

Das Strafverfahren.

Das Anklageverfahren.

Im Regensburger Recht ist der Grundsatz, daß dem Kläger das erste Beweisrecht zukommt[1]), d. h. daß ihm bei Leugnen des Gegners die Befugnis zur Seite steht, die Wahrheit seiner Klagbehauptung zu erweisen, auf ein verhältnismäßig enges Gebiet begrenzt; meist ist es vielmehr der Beklagte, der sich jener Vergünstigung erfreut, durch deren Geltendmachung sein Sieg verbürgt und ein weiterer Angriff des Klägers endgültig abgeschnitten ist. Also selbst in Fällen, in denen der Kläger jene Befugnis ausüben wollte und könnte, ist er gezwungen, die Entscheidung vom Gelingen oder Mißlingen des Reinigungseids abhängig zu machen. Besonderes Risiko bringt dies für ihn, wenn dieser als Einhandseid geleistet wird; ist hiegegen dem Beklagten, wie bei verschiednen schwereren Delikten, die Beibringung einer geringern oder größern Anzahl von Helfern oder gar Genannten zur Pflicht gesetzt, so ist bei Stichhaltigkeit der Klagbehauptung die Gefahr keine so bedenkliche, indem es eben dem Beschuldigten dann schwer fallen wird, die erforderliche Beihilfe zu erlangen.

Die Fälle, in denen dem Kläger nicht nur das erste, sondern auch das ausschließliche Beweisrecht zusteht, sind vor allem diejenigen, in denen er einen mit der Handhafte betroffenen Verbrecher gebunden und gefangen vor Gericht zu bringen vermag. Auch die handhafte Tat ist zu Anfang des 14. Jh. bereits ihrer früheren Bedeutung entkleidet. Der Missetäter braucht nicht mehr bei der Tat, d. h. bei Ausführung derselben oder auf der Flucht nach dieser ergriffen zu sein; es ist gleichgültig, ob das Gerüfte erhoben und die Klage noch vor Nacht geltend gemacht wurde. Die Eidgenossen müssen ferner nicht den Charakter von Schrei-

---

[1]) Löning, Reinigungseid bei Ungerichtskl. 12 f.

mannen besitzen, es genügen gewöhnliche Helfer; es reicht, um die Überwindung zu ermöglichen, völlig hin, wenn der Kläger des Rechtsfeinds habhaft geworden und bei ihm die Handhafte vorgefunden worden ist. [2])

Der Handhafte ist vor allem gedacht bei der Überführung des Mordbrenners und Mörders. [3]) Bei ersterem soll man den Brand in die Schranne bringen und beschwören, daß jener die Tat „hellich", d. h. heimlich verübt hat, worauf es dann noch zweier Helfer bedarf, welche bekräftigen, daß der Eid rein und nicht mein ist. Ebenso gestaltet sich die Übersagung bei Mord, nur daß hier der Kläger zu bereden hat, daß jener in der Stadt, im Burgfrieden oder im Land geschehen ist. Über die Behandlung der Brand- und Mordfälle, die jener Voraussetzungen entbehren, schweigt das Regensburger Recht; nach Analogie des Reichs- und baierischen Rechts dürfte bei Mangel an der Handhafte Übersiebnung Platz greifen.

Bei Diebstahl wird, sofern der Dieb mit der Handhafte begriffen ist, letztere durch zwei Hausgenossen und den Fronboten auf Eid und zu Fronrecht geschätzt, und beträgt diese mehr als 6 sh. 12 ₰, so soll der Kläger schwören, daß ihm *„das gut verstolen sei und sein dieweil gewesen sei und noch heut sein sei"*, und dies durch drei Helfer bestätigt werden. Mangelt es jedoch an der Handhafte, so hat der Kläger den Dieb zu übersiebnen. Ist auch dies nicht möglich, so hat der leugnende Beklagte vierzehn Tage später mit sechs Wirten *„und seine hand die siebente"* zu gerichten; *„mag er das nicht chunen, so sol man ihn hahen"*. [4])

Ist der nicht auf der Tat Ertappte ein Bürger, so darf er bei Diebstahl und Raub vom Richter nicht festgenommen werden; nach dreimaligem Vorbieten darf er sich selbsiebent reinigen. Verdächtigt ihn indes ein Bürger oder Gast des Diebstahls, so kann er seine Unschuld nach Stadtrecht ausführen, was ihm freilich der Kläger, sofern er selbst Bürger, durch Übersiebnen verlegen kann. Der Gast muß ihm jedoch jenes zubilligen, wie auch ihm diese Vergünstigung zuteil werden kann, wenn der Kläger nicht „mit dem rechten" gegen ihn vorgehen will. Siehe hierüber beim Inzichtverfahren. [5])

Vor dem Friedgericht hat man bei Raub und Diebstahl unter 6 sh. 12 ₰ mit sechs Wirten, bei höherem Wert mit zwei Genannten

---

[2]) s. a. Löning, a. a. O. 178 f. [3]) Freyb. 80. [4]) Freyb. 81, 83.
[5]) Freyb. 47.

zu gerichten; es scheint, daß sich diese Satzung nur auf Entwendungen bei Gelegenheit eines Friedbruchdelikts (Heimsuchung usw.) bezieht.[6])

Was den Straßenraub anlangt, so ist hier der Handhafte überhaupt nicht gedacht; es genügt Gefangennahme und Beredung mit drei Helfern. Bezüglich des Bürgers siehe oben.[7])

In Hinblick auf den Falschmünzer steht nur ein praktischer Fall von 1358 zur Verfügung. Da er jedoch ausdrücklich in das FrGB. aufgenommen ist, spiegelt sich wohl in ihm das allgemein übliche Verfahren wieder. Hiernach werden zwei verbrecherische Münzerknechte durch den Münzmeister und drei Helfer übersagt. Auf die Handhafte ist nicht Bezug genommen, wiewohl man bei diesem Delikt der Vorlage der gefälschten Stücke oder der durch den Täter hergestellten Prägeformen nicht zu entraten vermag.[8])

Um nun noch die übrigen Fälle, in denen dem Kläger das erste Beweisrecht zusteht, anzuführen, so überwindet er den ungetreuen Vorsprechen, der sich zum Schaden seiner Partei mit 1—10 ℔ bestechen ließ, mit zwei ehrbaren Mannen, die gesehen und gehört, daß jener Gut genommen, bei über 10 ℔ mit sieben.[9]) Den Gotteslästerer übersagt man mit zwei oder mehr vor dem Meister und den XXIV; von einer sinnlichen Wahrnehmung der Scheltworte durch die Helfer ist hier wohl nicht die Rede. Sieben glaubhaftiger Leute bedarf es ferner bei Meineid, der an Leib oder an Gut geht, und bei falschem Zeugnis. In beiden Fällen hat der Überführte nur 10 ℔ und Schadenersatz zu leisten, im Unvermögensfall jedoch die Hand, bzw. die Zunge neben Abschlagung von Haut und Haar.[10]) Erwähnt sei hier auch das Erweisen mit Sieben auf den moltigen Mund behufs Konstatierung der Schuld eines Toten.[11])

Sieben Zeugen bedarf es, wie erwähnt, gegen den mit über 10 ℔ bestochenen Vorsprechen, sowie im Leumundsverfahren gegen den landschädlichen Mann.[12]) Als Schreimannen charakterisieren sich endlich die Helfer bei Notzucht, die den Waffenheiz gehört haben müssen. Die Bemerkung, daß die Klägerin hier auch den Voreid zu leisten habe, bezieht sich nicht hierauf, sondern auf

---

[6]) Freyb. 70. [7]) Freyb. 81, 78.
[8]) Freyb. 85; s. hier übrigens die Bestimmungen beim „Gericht der Münze".
[9]) Freyb. 63. [10]) Freyb. 77, 75, 68. [11]) Freyb. 48, 49; Gem. 3, 126.
[12]) Freyb. 64, 57 f.

das Gerichten des Beschuldigten mit Sieben für den Fall, daß jener der Beweis mit den Schreimannen nicht gelingt.[13])

Hiemit aber sind die Fälle des schrankenlosen Beweisrechts des Klägers erschöpft.

Demgegenüber sind die Fälle, in denen dem Beklagten der Reinigungseid zusteht, weit zahlreicher. Beweisrecht und Beweislast besitzt hier der Beklagte, gleichviel, ob der Kläger durch einen mehr oder minder begründeten Verdacht zum Angriff veranlaßt wurde oder von der Schuld des Gegners völlig überzeugt ist, ob er bereit und im stande war, den Beweis anzutreten, oder ob er gleichsam auf dem Weg der Eideszuschiebung den Ausgang des Streits vom Willen des Beklagten abhängig machen wollte. Dies ist alles nebensächlich, die Entscheidung hängt von vornherein allein vom Gelingen des Reinigungseids ab.

Daß hier ein Irrtum in Hinsicht auf die Beweiszuteilung ausgeschlossen ist, geht daraus hervor, daß in der überwiegenden Mehrzahl der Fälle, d. h. in den dem Votum des Friedgerichts, bzw. Rats unterstehenden Händeln der Kläger bei Vorbringen seiner Beschuldigung den Vor- oder Widereid zu leisten hat, daß es *„an mutwille geschehe"*.[14])

Wagt er nun, sein Vorgehen bereuend, diesem Gebot nicht nachzukommen, so soll er schwören, *„das er in gar unschuldig wiß"*; er riskiert aber dann, daß er sich die Ahndung (Wandel) zuzieht, um die er *„vor seinen scholen angesprochen"* hat. Ihn trifft eben die Sühne der falschen Anschuldigung ebenso, als wenn sich der Gegner nach formell richtig erhobener Klage von dem Vorwurf freigeschworen hätte. Es ist also dann unter Umständen ratsamer, wenn der Kläger einen andern Ausweg wählt, d. h. den Voreid überhaupt verweigert. Das Wandel wird diesfalls nach Ermessen des Gerichts festgesetzt. Ich glaube nicht, daß er sich bei solcher Weigerung die nämliche oder gar eine größere Buße zuzieht. Sein Schweigen kann nicht ohne weiteres als Trotz aufgefaßt werden: Wagt er auch den Voreid nicht, so ist doch sein Verdacht immerhin so beträchtlich, daß er sich zu einer Unschuldserklärung nicht entschließen kann.

Der Voreid bildet hiernach eine unerläßliche Notwendigkeit; versagt hier der Kläger, so wird er sachfällig, der Gegner ist zu keinerlei Rechtfertigung, geschweige denn zu einem Schwur ver-

---

[13]) Freyb. 67. [14]) Freyb. 76, s. a. Löning, a. a. O. 302 ff.

pflichtet. Andernfalls kann er sich jedoch diesem nicht mehr entziehen, er muß sich von dem Klagvorwurf reinigen oder sich dem Strafantrag ohne weiteres unterwerfen.[15])

Wie nun der Reinigungseid allein oder mit Helfern zu leisten ist, so muß man auch dem Voreid bei schwerwiegender Bezichtigung selbander oder selbdritt gerecht werden. Das Regensburger Recht geht aber noch weiter. Mitunter nämlich ist durch Mißlingen des Reinigungseids des Klägers Sieg noch nicht verbürgt, es obliegt ihm vielmehr dann noch eine besondere Beweispflicht.[16])

Da bei diesen Friedensdelikten ein zuweilen ziemlich beträchtlicher Bußbetrag in die Kasse der Stadt wie des Richters gleitet, abgesehen davon, daß bei Duldung solcher Frevel eine Gefährdung der allgemeinen Sicherheit zu gewärtigen ist, so wird derjenige, dem ein gewalttätiger Angriff widerfährt, geradezu gezwungen, Klage zu erheben. Er soll ein Recht fordern und seine Freunde sollen ihm vor Gericht dazu behilflich sein. Will aber der, der selbst gewalttätig vorging, weder Recht heischen, noch nehmen, so riskiert er bei dreimaliger Mahnung Festnahme und bis zu 50 *tt* Buße. Vermag er nicht zu zahlen, so schlägt man ihm die Hand ab; entflieht er, so darf er die Stadt nie mehr betreten.[16]) Obliegt also schon dem, der eine Gewalttat zu erdulden hatte, die Pflicht zur Klage, so um so mehr, d. h. unter Androhung der Friedbruchstrafe, demjenigen, der eine solche beging, da er Selbstrache übte, statt den Rechtsweg zu beschreiten. Andere Fälle, bei denen zur Klage genötigt werden kann, sind nicht erwähnt.

In Hinsicht auf den Reinigungseid scheint eine Scheidung insofern geraten, als das Verfahren bei den Inzichtfällen nach Stadtrecht manche Verschiedenheit aufweist und diese daher gesondert behandelt werden müssen. Mitunter kann man freilich schwer entscheiden, welche Kategorie in Frage kommt. Immerhin darf man alle Inzichten, welche von vornherein nur vor dem Rat erledigt werden sollten und tatsächlich vor ihm entkräftet wurden, als Inzichtsachen nach Stadtrecht bezeichnen.[17])

Der schlichte Reinigungseid umfaßt auch bei offizieller Klage ein ziemlich stattliches Gebiet, so daß hierüber nicht erschöpfend berichtet zu werden vermag; er greift eben Platz, sofern keine höhern Anforderungen an den Beklagten in Hinsicht auf seine Rechtfertigung gestellt werden.

---

[15]) Freyb. 75 (*umb vrid*). [16]) Freyb. 73. [17]) s. bei InzichtVerf.

Insbesondere genügt der Eineid, wenn Verfehlungen harmloseren Charakters gegen die StadtO. vorliegen, so Ungeldhinterziehung, ferner Ungehorsam, wenn die kleine Glocke geläutet wurde, um dem Meister Beistand bei Festnahme, Auflauf u. dgl. zu verschaffen (RE.: *daz er der glochken nicht gehort*), oder der Richter bei dem Eid, mit ihm zu gehen, mahnte (*daz er sein nicht vernommen*), wenn der Fronbote den Bürger vor eines der Gerichte geladen, bzw. dreimal vorgeboten hat (*daz ez in nicht sei chunt getan*), bei Pfändung (*ob ein fronpot nicht gesagt hiet zu irer gagen*).[18]) Sodann, wenn man beschuldigt wurde, einen vom Gericht Verfolgten gehaust oder bei Abforderung nicht ausgeliefert zu haben, oder eine gestohlene Sache unter $^1/_2$ ℔ Wert wissentlich gekauft zu haben (*daz er chain frais daran nicht geweßt hab*). In diesem Fall schwört der Beklagte, da der Kläger die Sache mit dem Rechten verfangen, vor Gericht; bei der gewöhnlichen Bezichtigung wegen Diebstahls unter $^1/_2$ ℔ findet die Reinigung dem Stadtrecht gemäß statt. Vor dem Friedgericht ledigt man sich endlich von dem Vorwurf (Voreid des Klägers), daß man wider eines andern Willen etwas von dem Markt getragen.[19])

Bei schwerer Beschuldigung nun bedarf es der Beihilfe anderer; die Lage des Beklagten ist insofern keine erquickliche, als nicht jeder Beliebige als Helfer auftreten kann. Es sind häufig Wirte, d. h. angesessene Bürger, oder Genossen verlangt; der Bürger kann daher nur ihm gleichberechtigte Männer, d. h. eben Bürger, die sorgfältig die Berechtigung des Angeschuldigten zum Reinigungseid prüfen werden, in die Schranken führen. Noch schlimmer ist es, wenn die Helfer aus den Genannten genommen werden müssen; diese werden sich noch weniger gewinnen lassen, für eine zweifelhafte Sache einzutreten. Es ist daher zuweilen für den Kläger gar nicht so bedenklich, auf sein Beweisrecht verzichten zu müssen; ja er besitzt, wenn er überhaupt gar keinen Beweis anzubieten hat, sondern nur begründeten Verdacht hegt, dadurch daß der Gegner auf den Voreid hin Farbe bekennen muß, eine ganz treffliche Handhabe, jenen in die Enge zu treiben und zu Fall zu bringen.

Bei dem Reinigungseid mit Helfern handelt es sich vornehmlich um Fälle, welche dem Friedgericht unterstehen. Wir

---

[18]) Freyb. 129, 109, 70, 149, 30; Lit. 409½, 15.

[19]) Freyb. 73, 46, 47, 73.

haben indes schon bei Besprechung der FrGO. hervorgehoben, welch tiefgreifende Änderungen durch Meister und Rat veranlaßt worden sind.[20]) Findet demgemäß in der Folgezeit der Reinigungseid mit zwei Genannten statt, so kommen als Forum das Friedgericht oder dieses und der Rat in Betracht.

Der Beklagte schwört selbdritt: Vor Stadt (Schultheißen- oder Propst-)Gericht: bei Kauf von *„deuf“*, die besser als $^1/_2$ ℔ (unter $^1/_2$ ℔ Eineid). Vor dem Rat: bei Verwundung und Lähmung, daß der Verletzte ein *„gäman“* ist (worauf jener von den Bürgern nicht geahndet wird); daß einer sein Haus oder sonstiges Erbe und Eigen nicht einem Fremden *„durch fluchtsal“* gegeben; daß er kein verbotnes Wams getragen; daß er, da er mit einem vor den Rat ging, keine Ehrung verlangte; bei Holzfürkauf; bei Verstößen wider die HochzeitsO.[21])

mit zwei Genannten: bei Wunden (vor Rat, seit FrGO. auch vor Friedgericht); ferner ebenso, jedoch nach Voreid des Klägers selbander: bei nächtlicher Gewalttat wie bei Raub und Diebstahl über 6 sh. 12 ₰ (Friedgericht); nach Voreid selbdritt: bei Totschlag, Notzucht, Heimsuchung, Lähmung (vor Rat, seit FrGO. auch vor Gericht; es genügt hier bei Heimsuchung der Voreid selbander). Bei Totschlag, Lähmung und Wunden wird nicht nur Unschuld, sondern auch Notwehr auf jene Weise ausgeführt.[22])

selbsiebent: bei Blutrunst, Blutschlägen, Raufen, Schlagen (Friedgericht), bei (fließenden) Wunden, Lähmung, Totschlag, Heimsuchung (Friedgericht, seit FrGO. mit zwei Genannten), bei Scheltworten wie Raub und Diebstahl unter 6 sh. 12 ₰ (Friedgericht). Die Helfer müssen stets Wirte sein.[23]) Sodann: bei Beschuldigung wegen aufgetragnen Essens und Trinkens (Wirte; Friedgericht); sofern einer bei Angriff auf den Meister nicht zu Hilfe kam und bei Hausen eines Verbotnen oder eines, der der Stadt Wandel schuldet (Genossen; Rat). Nach Voreid des Klägers selb-

---

[20]) s. bei Friedgericht; Freyb. 65 f.

[21]) Freyb. 46, 111, 18, 15, 106, 11, 20; *gämann*, Gaumann, Bewohner der die Stadt umgebenden Landschaft.

[22]) Freyb. 71, 67, 70, 80, 68, 66.

[23]) Freyb. 71, 80, 72, 70; mit sieben das Gerichten des Totschlags über maltigen Mund, Freyb. 49, s. a. Strafausschließung, Anm. 1. Über die Behandlung des Raubs und Diebstahls vor dem Stadtgericht s. S. 78.

dritt glaubhaftiger Männer: bei Jagen in andere Häuser (Friedgericht).[24])

selbsiebent, darunter drei Genannte: bei Rüge vor dem Wachtding, Burgding und anderer Rügsolung (Rat).[25])

selbzehnt: bei Anwendung falscher Zeichen beim Silberbrennen (Genossen; Rat).[26])

selbzwölft: Vor Stadtgericht: gemäß Privileg von 1230 bei dem Vorrecht des Bürgers, den Klagbeweis mit Zweikampf durch Reinigungseid selbzwölft ehrbarer Leute zu verlegen. Vor Rat: bei Besitzen, Kaufen und Verkaufen falschen Safrans; bei Werben gegen die Schatzsteuer; bei dem Vorwurf, während der Wahl des Meisters eine Versammlung veranlaßt zu haben; bei „Einladen" von Ausleuten (stets Genossen).[27]) Ferner gemäß einigen Stadtfriedsatzungen, welche im Widerspruch zur allgemeinen Norm von drakonischer Schärfe beseelt sind: bei persönlichem Verkehr (Reden) mit Verbotnen und Hausen von solchen wie bei Bruch des sog. Bierfriedens von 1281 (Genossen).[28])

Ein Beispiel dafür, daß der Kläger, trotzdem er den Beweis geführt, doch noch durch den Beklagten zurückgewiesen zu werden vermag, ist das Verfahren bei Friedbruch. Hier schwört der Kläger mit einem seiner Genossen und dem, der den Frieden vermittelt hat, daß dieser zerbrochen sei (ohne Voreid); hiegegen kann der Beschuldigte mit zwei der Genannten vor dem Friedgericht *„umb vrid berichten"* und entgeht dadurch der Buße, bzw. dem Verlust der Hand.[29])

Charakteristisch ist der bereits früher berührte praktische Fall von 1355, da sich in ihm das Verfahren vor Gericht trefflich widerspiegelt. Lassen wir hier dem Richter selbst das Wort: *„Ich Albrecht der Zant schulteizz vergich offenbar, daz fur mich chom, da ich saz an offnem fridgericht, her Ot und fraw Elspet, K. d. L. witib, und namen in pedenthalben vorsprechen und pat di E. gerichtz hintz O. umb einen totslach, den er tan scholt haben an irm wirt. da sach O., er wär unschuldich an dem totslach, als si in peschuldigt hiet und pat vragen, waz recht wär. do vragt ich, da ertailten di erbergen hausgenossen, gericht ir der O. mit sehs wirten und sein hant di sibent, daz er unschuldig wär, als si in peschuldigt hiet,*

[24]) Freyb. 70, 13, 12, 69. [25]) Freyb. 112. [26]) Freyb. 97.
[27]) Ub. 57; Freyb. 24, 104, 120, 120. [28]) Gem. 1, 429; Ub. 151, 128.
[29]) Freyb. 75.

darnach geschäch, waz recht wär. da wolt er ir ez erlich gericht haben mit erbergen läuten, di er fur dax gericht pracht het, da ward di E. wol inne, dax der O. unschuldich wär und überhub in des gerichtx. darnach pat im der O. ein urtail laxxen werden, seind in di E. des gerichtx überhoben hiet und spräch auch für irn sun und allen irn freunten, wann si für in gesprochen, umb den vorgen. totslach und umb all sach nu wol xe durchslächt ledich sein. und ich gab im der gerichten sach in einen brief, dax gab im alles volg und urtail als recht wax. der gerichten sach sind xeugen usw." Die Reinigung mit sechs Wirten steht hier, wie gesagt, im Widerspruch mit der FrGO.; hiernach müßten zwei Genannte als Helfer auftreten.[80])

Wie erwähnt, vermag nur in Friedbruchsachen der Verletzte zur Klage gezwungen zu werden. Bei Versagen desselben in andern Fällen hilft sich der Rat mit Stadtverweisung. So noch mehrfach im 15. Jh.: 1418 wird bei einer mit offner Wahrheit erfunden, daß sie große „*deuphait und untrew*" verübt; da aber der Geschädigte „*durch got und seiner sel hail willen von der clag getreten*", wird sie für immer im Umkreis von zwölf Meilen von der Stadt verbannt. 1456 verweist der Rat eine Diebin wider Willen der Klägerin, die dem Recht nachgehen wollte. 1488 weigern sich die Freunde eines Erschlagenen, einen Mörder und Dieb zu rechtfertigen unter dem Vorgeben, „*das es bei irem vermugen nit sei*". 1424 wird zwei flüchtigen Verbrechern die Stadt verschlossen, da sich der Kläger zu Recht erbot.[81])

Wer schädliche Leute zu Gefängnis bringt und „*den doch nicht nach will khomen*", zahlt Buße; in der Regel wird ja aber der überlieferte Missetäter ohne Erlegung einer Bürgschaft gar nicht angenommen oder doch bald wieder freigelassen. Eventuell nimmt man dann auch den Kläger fest oder dieser legt sich freiwillig zu ihm. Dem Kläger steht vielfach ein Anrecht auf die zu erlegende Buße wie ein Anspruch auf Schadensersatz bei Verletzungen zu. Wenn der Kläger der „*dewf*" mit dem Recht nachkommt zum Tod oder einem „*anmail*" (Brandmal), so erhält er das entwendete Gut zurück; verweigert der Richter die Rückgabe, so soll ihm die Stadt jenes wieder verschaffen.[82])

---

[80]) Urk. F. 98 (1355 Dez. 7), s. bei Friedgericht.

[81]) Urk. F. 310 (1418 Jan. 21); Lit. 408, 125; Lit. 2, 231 f.; Lit. 398, 7.

[82]) *wer auch solch schädlich leut zu vänkhnuß bringt und den doch nicht nach will khomen mit den rechten, der geb 5* ℔ *an die statt, treff er aber ein an*

Leider ist kein Fall verzeichnet, bei dem ein Richter von Amtswegen vorgeht, noch der Lebe als öffentlicher Kläger auftritt. Bei Einschreiten des Rats klagt für ihn der Kämmerer oder ein besonderer Anwalt.[33])

Daneben spielt die Rüge in Regensburg eine gewichtige Rolle; von einer Abschaffung, wie in Oberbaiern, ist keine Rede. Zumal in den Burg- und Wachtdingen werden zahllose Verdächtige und Sünder gerügt, um dann, sofern sie sich von dem Vorwurf selbsiebent (darunter drei Genannte) nicht zu reinigen vermögen, bei der Auskehr aus der Stadt geworfen zu werden.[34]) Diese Vorschrift besteht für den Bürger; wie wenig gesichert muß da erst das Aufenthaltsrecht des Gastes sein. Strikte Normen, wie bei der Klage, liegen in Hinsicht auf die Rüge nicht vor, und der auf seine Sicherheit ängstlich bedachte Rat mag jeder irgendwie glaubhaften Einflüsterung ein williges Ohr leihen.

Verpflichteten sich einerseits die Ratsgenossen, sich gegenseitig alles, was ihnen als der Stadt schädlich gemeldet wird, mitzuteilen, so enthalten die beschwornen Stadtfrieden und sonstige verwandte Satzungen anderseits häufig die Mahnung an die Bürger, jeden Auflauf, Zerwürfnisse wie verbrecherische Anschläge dem Meister, Kämmerer oder Rat zur Anzeige zu bringen.[35]) Ebenso wird jeder, den die Untersuchungsgefangenen in der gütlichen und peinlichen Frage als Helfershelfer oder sonstwie als schädliche Leute bezeichnen, *„auf wen sie verjehen und rügent"*, im Achtbuch seinem Namen, Verbrechen und seiner besondern Kennzeichen nach einverleibt, damit man bei seiner Habhaftwerdung die Richtigkeit jener Behauptung auf der Folter zu erproben vermag. Für die Verewigung von Rügen und Anzeigen sind ferner besondere Folianten angelegt; ihr Inhalt bietet manches Interesse, mochte auch jedes

mail (trägt der schädliche Mann ein Brandmal), *2 Ø*, Lit. 596, 106; Bürgen lassen sich mit dem Verbrecher einlegen, Urk. F. 493 (1452); einer legt sich zu einem Dieb, *„solt den uberwunden haben, dessen er überhebt worden, gibt ein urphed"*, Lit. 596, 94 (1415); einer wird gefangen, da er seine Gattin mißhandelte, aber, da diese keine Bürgen stellte, wieder freigelassen, Lit. 298½, 249 (1469); Anteil an Buße, Freyb. 111, 66, 70; Ersatz für Wunden, Freyb. 78, Lit. 297, 75; wenn Kläger zu hart, entscheidet Rat, Lit. 297, 56 (1391); s. a. die interessante Klage und Antwort (Ringler) bei Totschlag.

[33]) Freyb. 88; Gem. 3, 333 (1460).

[34]) Freyb. 112.

[35]) Lit. 372, 55 (1384); welcher jedoch etwas von Hörensagen meldet und nicht beweist, wird gestraft (RatsO. 1455), Lit. 408, 139.

vage Gerücht und böswillige Verleumdung als der Aufnahme würdig erklärt worden sein.[86])

Zur Anzeige von Verdächtigen sind bestimmte Gewerbe ausdrücklich verpflichtet: so haben Gastwirte bedenkliche Reißige, jene wie die Bader Verwundete, Unterkäufel Verkäufer von gefälschten und gestohlnen Waren den Sicherheitsorganen kundzugeben. Bei den Schustern, Zimmerleuten und Schreinern soll der Meister jeden „*gebresten und valsch*" nach seiner Genossen Rat ausfindig machen und bessern. Wer sich nicht fügt, den hat er mit des Richters Fronboten zu rügen und vorzubieten.[87]).

Für die Aufdeckung gewisser Delikte wird sogar eine Belohnung zugesichert, so bei Diebstahl während eines Brandes, bei Spiel und Gotteslästerung, beim Tragen untersagter Waffen und Ansichtigwerden von Verbotnen im Stadtbezirk.[88])

Noch bedarf es eines Rückblicks auf die im Anklageverfahren auftretenden Zeugen. Wie hervorgehoben, beansprucht man von den Helfern mitunter mehr als die Eigenschaft von Wirten und Genossen, mehr als Glaubhaftigkeit. So benötigt der Kläger zum Nachweis, daß der Vorspreche sich zu des erstern Nachteil vom Gegner bestechen ließ, zweier ehrbarer Leute, die es gehört und gesehen, sieben Zeugen jedoch bei einem Schaden von über 10 ℔. Bei der Klage wegen Friedbruchs verlangt man die Beschaffung dessen, der den Frieden zustande gebracht hat. Den Notzüchter überwindet man mit sieben Zeugen, bzw. Schreileuten, die den Waffenheiz gehört haben.[89])

Man darf jedoch diesen Zeugen keineswegs den Charakter moderner Zeugen beilegen, das Entscheidende bei ihnen ist immer ihre Helferqualität. Beanspruchte man freilich, daß der Zeuge selbst gesehen und gehört, d. h. bei der Tat gegenwärtig gewesen ist, dann vermag der falsche Zeuge eventuell vom Gegner belangt zu werden. Sonst aber ist es gleichgültig, auf welchem Weg er sein Wissen gewonnen hat, sei es auch nur durch Hörensagen, d. h. durch Vermittlung Dritter, ja die Überzeugung von der Schuld kann

---

[86]) Lit. 398, 1 f. (1418); die Tortur nimmt frühzeitig ihren Einzug in Regensburg, s. bei Verfahren mit Urgicht.

[87]) Freyb. 16; Lit. 384, 41; Lit. 380, 71 (1514); Lit. 373, 5 (14. Jh.); Freyb. 90.

[88]) Belohnung, Freyb. 23; Lit. 409½, 10 (1401); Freyb. 77, 13, 12.

[89]) Freyb. 63, 75, 67.

auf dem schwachen Stützpunkt der fama publica, dem bösen Leumund fußen.[40])

Sie werden ja vor der Eidesleistung keinem Verhör unterworfen, um zu erkunden, auf welche Weise sie Kenntnis von dem Tatbestand erlangten; es bleibt also dem Gewissen des einzelnen überlassen, ob er sich zum Schwur berechtigt dünkt. Ich möchte hier auf das gleichzeitige baierische Verfahren verweisen. 1428 klagt der Herzog über unbillige Weisung und Zeugnis, durch die die armen Leute bisher in großen Schaden geraten seien. Er verlangt fortan wirkliche Tatzeugen, jedoch abgesehen von den Fällen, in denen man wegen schädlicher Sachen den Leib *„angewinnt"*.[41]) Es scheint also gerade bei diesen nicht so genau darauf anzukommen, daß die Zeugen bei der Tat selbst gegenwärtig waren, sondern auch zu genügen, daß sie auf andere Weise „objektive" Wahrheit geschöpft haben. Und dies nicht ohne Grund: Verbrechen werden doch in der Regel heimlich verübt, wie sollen hier also der baierischen Vorschrift gemäß bei Ungerichten die erforderlichen sieben vollgültigen Zeugen beigebracht werden. Einen gewissen Zwang vermag der Beweispflichtige auf die vorgebotnen Zeugen zu üben. So hat sich z. B. beim gutgläubigen Kauf einer gestohlnen Ware der Beklagte selbdritt zu bereden; sind nun die beiden Helfer über Wald und Mark, so bewilligt man ihm eine längere Frist nebst drei *„zwang und geleit"*, um dieselben herbeizuschaffen.[42])

Anderer Qualität erfreuen sich die Zeugen, welche der Rat auf Grund seines Inquisitionsrechts, das er sich in Hinsicht auf alle Händel der Bürger und Fremden anmaßt, vor sich beruft. Hierüber beim Verfahren mit Urgicht, da die einschlägigen Quellen dem 15. Jh. angehören. Erwähnt sei hier jedoch, daß beim Vorgehen des Rats gegen Frumolt 1317 an 600 Zeugen und auch sehr viele im Prozeß gegen Auer vernommen werden.[43])

Ferner sei hier auch der Schau gedacht, womit von Amtswegen vor allem die Hausgenossen betraut sind. So besichtigen zwei derselben mit dem Fronboten fließende Wunden. Bei Diebstahl muß der Bestohlne selbst unter Eid bereden, wie teuer *„die deuf"* sei; ist aber der Täter mit der Handhafte begriffen und vor die Schranne gebracht, so schätzen zwei Hausgenossen mit dem

---

[40]) s. h. auch meinen Aufs. in Zschr. f. d. ges. StrW. XXXII, 185 f.

[41]) Auer, Münchner Stadtrecht, A. 514.

[42]) Freyb. 46.

[43]) Lit. 296, 141; Urk. F. 37 (1326 Dez. 13).

Fronboten auf ihren Eid und zu Fronrecht. Bei Verwundungen werden natürlich auch Ärzte und Balbierer beigezogen, wie sie ja ohnehin Verletzte, welche sich bei ihnen verbinden lassen, beim Rat zur Anzeige bringen müssen. Bei Notzucht werden Hebammen berufen, wie sonst Frauen bei Kränkung der weiblichen Ehre.[44])

1456 liest man, daß vier Krämer mit zweien der Hanse als Schauer in der Stadt umhergesandt wurden, um allen Hüttrauch aufzuheben und bei Strafe an Leib und Gut zu verbieten, daß andere als die geschwornen Apotheker denselben feilhalten dürfen. Wie in Nürnberg, so besteht auch in Regensburg eine besondere Safranschau; falscher Safran wird den Flammen überliefert, der Verkäufer mit 10 ℔ bestraft. 1305 heißt es, die geschwornen Kramer sollen vornehmlich bei den fremden Händlern Nachschau halten; sollten diese das gefälschte Gewürz nicht sogleich weiterführen, so ist es zu verbrennen.[45])

Der Kuriosität wegen sei erwähnt, daß sich die Regensburger, wie 1483 die Würzburger, um 1371 eines Geistes, d. h. einer unsichtbaren Frau, Liserl genannt, erfreuten, welche auch der Rat in vielen und zumal politischen Angelegenheiten befragte. Sie soll sich zuweilen in ihren Entscheidungen geirrt haben, mitunter half ihr der Zufall, meint der Chronist.[46])

Noch einen Blick auf den gerichtlichen Zweikampf. Diesem wird durch Privileg von 1230, kraft dessen man den zum Zweikampf herausgeforderten Bürger, sofern er durch Schwur mit elf ehrbaren Mannen die Beschuldigung zurückzuweisen vermag, von der Ansprache ledigt, der Todesstoß erteilt. Um vor auswärtigen Kampfklagen gefeit zu sein, ist der Rat eifrig auf die Erwirkung von Privilegien behufs Freiung von fremden Gerichten bedacht. 1302 werden Cratzer und Setzer, welche Bürger *„hintze hof uf den champf“* geladen, zu 100 ℔ verurteilt; außerdem dürfen sie mehrere Jahre nicht als Ratsherren, Urteiler und Vorsprechen fungieren und weder Harnische noch sonstige Waffen tragen. 1331 äußerte R. der Löbel, der sich vor dem Rat verfrevelt hatte, wer dies dem Meister gesagt hat, der hat gelogen und dies wolle er wahr machen mit seinem Schild und Kolben. Er wird aus dem Rat und der Hanse gestoßen, zudem ergeht an ihn wie seine Knechte

---

[44]) Freyb. 71, 47, 81; s. bei Rüge, Lit. 298½, 278.

[45]) Lit. 408, 165; Gem. 1, 462; Freyb. 24; s. a. die Schau der Wollwirker, 1300, Freyb. 96.

[46]) Gem. 2, 160.

und Kinder für fünf Jahre das Verbot, Schwert und Messer zu tragen.[47])

Von Ordalien ist sonst nur einmal die Kaltwasserprobe aufgeführt, nämlich in dem Fall des Privilegs von 1207, gemäß dem der Besitzer eines Hauses, in welchem ein Verbrechen verübt oder ein Ächter aufgenommen worden, jenes durch Reinigungseid vor Wüstung zu retten vermag. Während eines beschwornen Friedens, und sofern der Kläger bereits gerichtlich vorgegangen ist, hat der Eid selbdritt zu geschehen, oder der Bezichtigte hat sich dem Kaltwasserordal zu unterwerfen. Bei der Wiederholung der Satzung im Privileg von 1230 ist des Ordals nicht mehr gedacht.[48])

[47]) Ub. 57, 207; Ub. 618. [48]) Ub. 48.

Das Inzichtverfahren.

Für Verdacht, Bezichtigung sind die Ausdrücke: *belaymung, lewnt, unleunt, zicknus, zikchnus, inzigk, intzigk, inzicht* gebräuchlich. Inzicht bedeutet dabei sowohl die Bezichtigung als den Gegenstand derselben. Die vertzickten Leute stehen im Gegensatz zu den schädlichen Leuten, d. h. den wirklichen Verbrechern.

Der Bezichtigte bietet, um sich zu reinigen, „sein Recht", worauf man ihn zu diesem „kommen" läßt; er „nimmt sich" dann von dem Verdacht mit Eiden (*und den henden, di di sach helfen gerichten*) oder Helfern und „gerichtet dafür".

Die Ausführung dieses Rechts sollte an sich vor dem Rechten, d. h. vor dem Schultheißen- oder Propstgericht geschehen, doch wußte der Rat frühzeitig die Inzichtfälle vor sein Forum zu ziehen. Gemäß Friedbrief von 1331 heißt es: *„wir sein auch alle überein-chomen, daz wir ainen jeglichen unsern purger und purgerin zu der stat recht chomen schullen lazzen umb ein jeglich sache, dew unser p. u. p. gerichten mugen nach der stat rechten. swer hie zw furbas unser purger niht mer sein will und urlaub nimpt von der stat rat, wurd der von des rates wegen oder von ieman unserer purger ihtes beschuldigt oder geziegen in dem nehsten jar nach seiner auzfart, daz sol in der stat rat zu wizzen tun an der stat brief. und mach oder wil er sich dann hie vor unserm rat davon nehmen nach unser stat recht, daz sol man von im nemen und sol er furbas ledich sein aller ansprache, ez wer dann, daz ainer den andern gelten scholt, da dulte umb, swas recht sei."* [1])

Die letzte Bestimmung hatte für ihn den Nachteil, daß er, wenn er sich auf Grund einer Verdächtigung zu Recht stellte, vor etwaigen, bei der Ausfahrt „vergessenen" Gläubigern keineswegs

---

[1]) Lit. 2, 250; Freyb. 112.

gefeit war. Er tat übrigens meist gut daran, von jener Vergünstigung Gebrauch zu machen; denn ermöglichte es ihm diese, das Gerücht im Keim zu ersticken, so riskierte er bei Weigerung, daß der Rat die Stadt oder den Herrn, in dessen Gebiet er übergesiedelt war, von der Inzicht in Kenntnis setzte und eventuell zur Festnahme des Beschuldigten aufforderte.

Die Ausführung wurde nur dem verstattet, der der Tat nicht völlig überwiesen werden konnte, dennoch aber in mehr oder minder bedenklichem Verdacht stand, sei es, daß bereits eine Anzeige oder Rüge gegen ihn erfolgte oder zu besorgen war. In diesem Fall trat der von so üblem Leumund Umgarnte freiwillig vor den Richter oder Rat und erbot sich zur Reinigung, mochte er auch, da er dem Landfrieden nicht mehr traute, schon geflohen sein oder sich in einer Freistatt geborgen haben. Er wird dann freilich, sofern er seines Erfolgs nicht gewiß, dafür besorgt sein, vorher sicheres Geleit zum und vom Rechten zu erwirken. Aber auch der wegen schweren Gerüchts bereits Festgenommene vermag noch zum „Recht“ zugelassen zu werden. Dies in der Regel, wenn jener ein Bürger ist. So hoffen die Freunde des Frumolt, der sich 1339 freiwillig dem Rat stellte, daß man ihn als Bürger das „Stadtrecht“ nicht verweigern werde; trotzdem legt ihn jener auf die Folter und läßt ihn nach erpreßtem Geständnis erwürgen.

Die Hauptsache war, daß die Bezichtigung noch nicht insoweit Gegenstand des ordentlichen Verfahrens geworden ist, daß ein Kläger auf sein eignes Risiko hin und unter Beweisanerbieten, bzw. Aufforderung des Beschuldigten zum Gegenbeweis die Sache zu verfolgen unternahm. Der dann von diesem geleistete Reinigungseid ist nicht mit dem wegen bloßer Inzicht ausgeführten Recht auf gleiche Stufe zu stellen. Selbstverständlich konnte auch der bei handhafter Tat Ergriffene und der dem Gericht gebunden und gefangen vorgeführte Missetäter, den der Kläger zu übersagen im Begriff stand, nicht mehr auf jene Rechtswohltat Anspruch machen.

Wurde, sofern ein Verbrechen in Frage stand, ein Bürger vom Rat offiziell zur Reinigung aufgefordert, so mußte er dem Gebot unweigerlich Folge leisten; denn zauderte er hiebei, so war sein Schicksal so gut wie besiegelt. Freilich bestand ohnedies für jeden, der sich zum Recht erbot, die Gefahr, daß, ehe er noch die Hand zum Schwur erhob, ein Kläger gegen ihn auftreten konnte, der die Wahrheit der Bezichtigung zu erweisen erklärte oder (vor 1230) zum Kampf herausforderte. Nach baierischem Recht mußte in jenem Fall der Inzichter dem Kläger gebunden überliefert werden.[2])

Inwieweit der Eineid zur Reinigung ausreichte, läßt sich aus den ältern Bestimmungen nicht ersehen; je nach dem Grund und der Schwere des Verdachts begnügte man sich mit jenem oder es wurde ein solcher mit einer geringern oder größern Anzahl Helfer (bis zu zwölf) beansprucht.

Nach älterem Stadtrecht galt wenigstens für den Bürger, wenn der Sachwert bei Schädigung bis zu 1/2 ℔ (120 ₰) betrug, bei Inzicht der Einhandseid für ausreichend, während er, wenn jener 1/2 ℔ überstieg, sechs Helfer bedurfte. So vornehmlich bei Diebstahl. „*Zeicht ein burger*“, heißt es, „*einen andern burger, er hab im verstoln oder er wolt im verstoln haben* (Versuch!) *bei dem tag und ist ez hinder 1/2 ℔, er nymt sich ab mit sein ains aid davon, ist es aber über 1/2 ℔, so mus er gerichten mit sechs wirten und sein hant dy sibent; wil er* (der Kläger) *in aber nicht zu der stat recht chommen lassen, so mag er in wol übersibenten. und wann er gerecht wil werden, so sol im sein vorsprech seins anchlager tawfnam haissen nennen und der gerecht wil werden, der pit im urtail lassen werden; ob mer hent mit im aufhielten, dann dy sechs, ez sull im unenkalten sein.*“ Bei „*nachtdeuf*“ bedarf er stets sechs Helfer. Mißglückt ihm die Entkräftung der Inzicht, so ist er verloren.[3])

Nach der nächsten Satzung greift dieses Verfahren nun auch bei anderer „*frais*“ Platz, „*daz dem burger an den hals trifft*“; der Gast muß hiebei als Kläger 15 ℔, der Bürger nur 10 ℔ verbürgen, „*daz er dem rechten gein im nachchäm. und doch mus ein gast ainen burger gerecht lan werden nach der stat rechten, aber ein burger chumt einen gast umb dewf und umb frais nach mit dem rechten* (d. h. auf dem Weg des ordentlichen Verfahrens), *ez sei dy anchlag gros oder chlein, daz er in zu der stat rechten* (Ausführung der Inzicht) *nicht chomen leit, dann er well daz recht gern von im aufnemmen*“. Es steht ihm also frei, dem Gast die Reinigung nach Stadtrecht zu gestatten oder ihm durch Übersiebnen den Garaus zu machen. Zu ersterem wird er sich immer dann entschließen, wenn es ihm selbst an Helfern gebricht und er zugleich hoffen darf, daß sich der Gast in der gleichen ungünstigen Lage befindet.

---

[2]) Oberbaier. LandR., A. 67. [3]) Freyb. 47.

Anders bekanntlich im ordentlichen Verfahren: Auch dem gebunden vorgeführten Dieb steht hier der Reinigungseid selbsiebent zu, aber nur dann, wenn der Kläger der Handhafte oder Helfer ermangelt. Der Bürger, sofern er nicht handhafter Täter, wird durch den Richter vorgeladen und rechtfertigt sich dann (nicht nach Stadtrecht) selbsiebent. Vermag er dies nicht, verfällt er dem Strang oder Schwert. Freilich wird er, günstiger daran als der dingfest gemachte Fremde, in jenem Fall rechtzeitig das Weite suchen.

1390 wird nun, wenn auch nur für den Bürger, bestimmt, daß er bei jeder Inzicht hinter $1/2$ *tt* durch Einhandseid, sonst selbsiebent nach der Stadt Recht gerichten soll; der Gegner aber hat hiebei (wie gemäß FrGO.) den Voreid zu leisten, „daß er weder aus Neid, Haß oder aus Feindschaft handle". Das wesentlich Neue an dieser Norm ist der geforderte Voreid. Die Stellung des Inzichters hat sich hiemit gebessert; es soll dadurch insbesondere vorgebeugt werden, daß man Bürger mutwilligerweise zur Reinigung zwingt. [4])

Bei Diebstahl eines männlichen Hundes (*prakch*) wird der Bezichtigte *„gerecht mit sein ains aid; ist es aber ein müterl, so hat ez chein recht"*. [5])

Ebenso löst sich gemäß dem österreichischen Privileg von 1192 der Regensburger Kaufmann von der Inzicht, sofern kein Kläger gegen ihn auftritt, ferner nach Satzung von 1269 der Bürgermeister oder Ratsgenosse, den man wegen Eidgenossenschaft ansprach. Nach UngeldO. von 1351 soll der, welcher gegen sie „wirbt", nach der Stadt Ehre und Notdurft gebessert werden, es sei denn, daß er sich nach Stadtrecht *„davon genemen mochte"*. [6])

Besonders instruktiv ist der Fall des Privilegs von 1207 (1230), wonach ein Bürger förmlich belangt wird, weil in seinem Haus eine Tötung oder ein anderes Ungericht verübt oder ein Geächteter gehaust worden ist, was schon an sich die Wüstung des Hauses nach sich ziehen sollte. Hier vermag er sein Haus zu retten, wenn er durch Einhandseid, während eines beschwornen Friedens aber und sofern der Kläger bereits den Rechtsweg beschritten hat, selbdritt (mit zwei Genannten) seine Schuldlosigkeit beschwört oder sich dem Kaltwasserordal unterwirft (dieses 1230 nicht mehr üblich).

---

[4]) Freyb. 63. [5]) Freyb. 47.
[6]) Ub. 44; Gem. 1, 283, 298; Freyb. 129.

Man will also jenen drakonischen Rechtsbrauch aus der Welt schaffen, wenn auch nur unter der Voraussetzung, daß der Hauseigentümer in gar keiner Beziehung zur Untat steht.[7])

Wir haben es hier mit einem reinen Inzichtfall zu tun; das ordentliche Verfahren bleibt gegen ihn ausgeschlossen, wenn er geschworen hat. Daß das Ungericht im Haus geschehen (*si verum esset*), steht außer Frage, ebenso aber auch, daß ein andrer als Täter in Betracht kommt, bzw. nicht festzustellen ist, denn sonst würde man den Bürger keineswegs zum schlichten Reinigungseid zulassen. Für ihn gilt es nur, sein Haus zu retten, das an sich ohne Rücksicht auf seine Schuld dem Boden gleichgemacht werden muß, und jenes erreicht er eben dadurch, daß er mit seinem Eid den Verdacht, daß er irgendwie dem Verbrecher durch Rat und Tat Vorschub geleistet, zum Schweigen bringt. In Hinsicht auf den Ächter, den er angeblich hauste, könnte er nur dann schwören, sofern jener das Haus überhaupt nicht betreten oder der Bürger ihm zwar Unterschlupf gewährt hat, aber ohne Kenntnis der Ächtung.

Obige Satzung erfreut sich laut FrGO. auch noch im 14. Jh. des alten Ansehens: „*wer den andern zicht, das er in sein haus oder daraus beraubt oder geslagen sei oder achter oder verpoten gehalten hab, der sol sein haus bereden mit seinen zwain vingern; mag er das nicht getun, so ste an enes stat, umb dew er angesprochen ist.*“[8])

Nach einer städtischen Satzung von 1286 kann bei Bezichtigung der Falschmünzerei der Herr, dem die Schmiede oder das Haus, in dem die Falsifikate gefertigt sein sollen, gehört, selbzwölft gerichten, „*dax er an der geschicht mit worten und werchen unschuldich sei*“.[9])

Bei dem Judenmord im J. 1332 „*entreden*“ sich vier Sporer, als der Teilnahme verdächtig vom Rat zur Rede gesetzt, jeder selbacht seiner Genossen und mit vier der Genannten, daß sie an der Tat mit Worten und Werken „*an gevär und ubel list*“ schuldig seien. Ebenso reinigt sich 1362 einer selbzwölft seiner Genossen „*umb der inzicht, dax er den wolt ermürrt haben*“.[10])

---

[7]) Ub. 48, 57; Gengler § 4, 2; 5, 2; Löning, Reinigungseid, 90.

[8]) Freyb. 68; bezüglich des Ächters s. a. Lfr. 1235 (noch mit sieben Helfern), 1281 und Schwsp. 131 (durch Eineid).

[9]) Gem. 1, 423. [10]) Gem. 1, 560; Lit. 372, 56.

. 1357 heißt es, daß einer, der mit Austretern eine verbotne Gesellschaft gegründet haben soll, für jene die Schatzsteuer entrichten müßte, es sei denn, daß er sich von jenem Verdacht mit seinem Eid *„genemen möchte“*. 1362 leistet der Vetter eines Getöteten Urfehde, daß er der Bezichtigten, die sich von der Inzicht gereinigt hätten, guter Freund worden sei. [11])

1394 klagt ein Ratsgenosse vor dem Rat, daß die Knechte seines mit ihm wegen eines Baus im Streit befindlichen Kollegen seinen Maurer, als er an jenem arbeitete, mit Schwertern überfallen und niedergeschlagen hätten, wiewohl vorher Friede geboten war. Der Gegner erklärte, daß dies ohne sein Wissen und Wort geschehen sei und *„wolt darzu tun, was recht wär“*.

Der Rat gebot ihm nun, die Knechte auszuliefern, die *„vor offem rat der tat an laugen stunden“* und zugleich die Behauptung ihres Herrn bestätigten. Dieser gerichtet auch am gleichen Tag vor dem Rat und den XLVI mit seinem starken Eid und *„stund der aid also, das das slahen, das ewer chnecht dem mawrer getan habent, geschehen sei an ewer wizzen und wort und das ir unschuldig daran seit mit rat und tat, mit vingerzaichen und allen sachen on gever und das ir ewern chnechten den frid, den ewch mein herren gepoten heten, mit gever nicht verswigen habt, daz pitt ew gott“* usw. Hierauf wird das Urteil über die Knechte gefällt, das auf Gefängnis und Verweisung lautet. [12])

1417 geriet einer in Haft *„von etwas red wegen, wie ich gesellschaft hiet mit awsläuten, daron si* (der Rat) *und die iren zu grozzen verderblichen schaden komen mochten. daz stund ich in lawgen und pot darumb mein recht. da liezzen si mich von iren gnaden zu meinem rechten komen nach der stat recht, als man solich sach gerichten sol.“* 1459 beschuldigte eine Frau einen Bürger einer *„intzigk, der si zu im nicht hat pringen mügen, dawider der K. sein recht poten hat“*. Der Rat schlichtet die Sache in der Güte und zwingt jene zur Abbitte, da sie den K. *„getzigkt und im daran ungütlich geton hat“*. [13])

Mit Einführung der Tortur, welche ja selbst vornehmlich auf Grund von Inzichten, d. h. Anzeigen und Indizien veranlaßt wurde und bei begründetem Verdacht die nötigen Machtmittel besaß, um Verstockte zum Geständnis zu bringen, ließ man den

---

[11]) Urk. F. 107 (1357 Feb. 27), F. 123 (1362 Sept. 15).
[12]) Lit. 372, 9. [13]) Urk. F. 339 (1417 Dez. 24); Lit. 408, 169.

Reinigungseid bei schweren Verbrechen nicht mehr zu, sondern man setzte den Gefangenen entweder in Freiheit oder man belegte ihn mit einer Verdachtstrafe, d. h. man verwies ihn für immer unter scharfer Strafandrohung für den Fall der Rückkehr.

Aus dem 15. und Anfang des 16. Jh. sind nur noch zwei Fälle anzuführen, welche eine Mißhandlung und eine Verleumdung betreffen. Im erstern (1473) wird ein Bürger bezichtigt, seinen Knechten bei einem Überfall Vorschub geleistet zu haben, worauf er zu Gott und den Heiligen schwört (*gerichtt*), *„das er dieselben nacht kain wissen von den dingen gehabt pis erst des morgnetz und die knecht niht geschoben und weder schuld, rat noch tat an den dingen hab“*. Das andere Beispiel, eine Appellationssache von 1517, ist insofern bemerkenswert, als hier bei *„inzigk“* nach Stadtrecht der Verdächtigte an drei Terminen vor Gericht stand und die ihm bekannte Gegnerin aufforderte, daß sie *„solich bezigkung zu ime bringen und war machen wolte“*. Sie wird deshalb zum offnen Widerruf unter vollem Ersatz seiner Kosten und Schäden verurteilt.[14])

Sonst läßt man die Verdächtigen, denen gegenüber die Untersuchung (*vorsch*) ergebnislos verlief, entweder frei und nimmt dabei eine Urfehde von ihnen (*da bisher kein eigenschaft gefunden*), eventuell unter der Auflage, sich auf Aufforderung hin wieder zu stellen. Seltsam ist ein Entscheid, da zwei vor dem Rat ihre „Entschuldigung erzählten“: *„mein herrn“*, heißt es, *„horen geren, daz si unschuldig sein, dapei lassen si es sten und si würden nit aus sorgen glassen und paten nit darumben“*. Bei einem andern beschließt man, ihn noch längere Zeit bis auf weitere Kundschaft liegen zu lassen; einem gestattet man, ein- und auszugehen, doch solle er die Stätte meiden, wo er verargwohnt wurde. Sodann liest man ein und zwei Jahre Verbannung, bei merklicher Inzicht endlich ewige Verweisung. Einen, den man wegen Inzicht und Unzucht eingelegt, jagt man hinaus unter dem Anerbieten, ihn bei Rückkehr als schädlich richten zu wollen.[15])

Einer hat in der Freiung einen Maulschlag verübt, *„darzu gent ander laut auf in, darin sich unser herrn erfaren wellen und im ist gesagt, er sull seinen pfennig andern enden zeren“*. Einem ge-

[14]) Urk. F. 572 (1473 Jan. 18), F. 653 (1517 Feb. 10).

[15]) Urk. F. 450 (1442 Nov. 5); Lit. 298½, 241, 242; Lit. 596, 162; Ub. 959; Lit. 596, 26; merkliche Inzicht, in Stadt nicht mehr kommen, Lit. 596, 90; meist nahm man Urfehden mit strengen Auflagen, s. bei Urfehde.

währt man (1470), um sich von der „*intzigk*“ zu reinigen, eine längere Frist.[16])

1452 benannte ein Mordbrenner in der Frage einen gewissen Kurz als seinen Anstifter; die Kläger bestürmten hierauf den Rat, ihm den Prozeß zu machen. Der Kämmerer protestierte hiegegen, daß K., der ein „*gelewnter gesell und der frümm lewt angehört*“, auf eines Übeltäters Sage hin in das Gefängnis kommen soll. Da jene jedoch nicht nachgaben, begehrte man 10 *tt* Bürgschaft und daß sich einer der Kläger zu K. gefangen lege. 1462 läßt sich hiegegen eine Verleumdete mit ihrem Verfolger bis zum Austrag der Sache eintürmen.[17])

---

[16]) Lit. 298½, 263, 255; auf Wiederstellung, Urk. F. 433 (1439 Juli 21).
[17]) Urk. F. 493 (1452); Lit. 408, 131.

Die Stadtauskehr *).

Frühzeitig suchte sich die Stadt vom Reich die Befugnis zu erwirken, Placker und sonstige „Betrüber“ des Friedens innerhalb der Mauern und im Landgebiet niederzuwerfen und der Vernichtung zu weihen. Beziehen sich diese Privilegien vornehmlich auf wirkliche schädliche Leute, d. h. Übeltäter, so wenden wir uns jetzt zu jenem harmlosern, aber subsistenzlosen und daher nicht minder gemeingefährlichen Gelichter, das, selten imstande, sein Dasein auf ehrliche Weise durchzukämpfen, zumal auf dem Gebiet des Diebstahls und Trugs große Kunstfertigkeit betätigte und mit dem selbst die mächtigsten und in Hinsicht auf Sicherheitsorgane trefflich ausgerüsteten Republiken des Mittelalters einen ebenso hartnäckigen wie ohnmächtigen Krieg zu führen gezwungen waren.

Schon in den Friedenssatzungen aus dem Beginn des 14. Jh. ist darauf Bedacht genommen, der Überhandnahme jener verwegnen Gesellen einen nachhaltigen Damm entgegenzustellen. Nach Statut von 1306 werden ferner alle Ruffiane (Zuhälter) verboten; wer überredet wird, daß er ein Ruffian sei, den soll man von der Schupfen werfen in die Patzenhüll. Gemäß Stadtrecht hat der Schultheiß Gewalt, *„wen er vacht von pfozzensneidern, puben und solichem volk, von dieben und swer im sunst gevellich wirt, zu wandeln und domit zu handeln, alz ez vor her ist chomen“.* [1])

Von einer wirklichen Stadtauskehr, wie sie in Augsburg den Gallenleuten gegenüber geübt wurde, künden uns erst die Aufzeichnungen über die Purttinge von 1401—1407. Allerdings mahnt schon eine Bestimmung von 1331 daran: *„swelich unser purger in*

---

*) Dieses Kapitel ist zum größten Teil bereits veröffentlicht in meinem Übersiebnen der schädlichen Leute in Süddeutschland, S. 76 f.

[1]) Freyb. 25, 153 (Lit. 372, 28; Lit. 297, 35).

den wachtingen, vor dem purgting oder in anderer rügsolung, swa man die het, gerügt oder besagt wurde, als vast und als oft, dax man in dew stat verpieten scholt oder wolt, dieselben sol der stat rat, der danne ist, zu rede setzen, umb swelich sache sie furchommen sint, swer dann under in die sache, di auf in get, gerichten mach selbsibent, do drie der genannten under sint, der ist ledich umb diselben sache".[2]) Man scheint also schon damals, besonders auch bei den ständigen Versammlungen der Bürgerschaft, d. h. den Wachtdingen eine Musterung vorgenommen und die Ausweisung unverbesserlicher und gemeinschädlicher Bürger verfügt zu haben. Um so strenger verfuhr man gegen Fremde, zumal solche, welche durch unehrliches, diebisches und betrügerisches Gebaren ihren gesellschaftsfeindlichen Charakter bereits hinreichend bekundet hatten.

Leider ist uns nicht überliefert, auf welche Weise die Anzeige oder Rüge jener Übelbeleumundeten stattfand. Zweifellos vermochte jeder Bürger die Aufnahme der von ihm Bezichtigten in die Proskriptionsliste bei Angabe stichhaltiger Gründe zu fordern; außerdem mochten besonders vertrauenswürdige Zensoren durch den Rat mit der Aufspürung solch verdächtiger Gesellen beauftragt sein. Freilich war man derer, gegen die man vom Hausrecht Gebrauch machte, keineswegs durchaus habhaft; ihre Namen wurden öffentlich verkündet und sie hatten dann eben die Folgen ihres trotzigen Verweilens, auch wenn sie vielleicht von der ihnen zuteil gewordenen Ehrung zu spät Kenntnis erlangten, selbst zu tragen. Mitunter kennzeichnet man sie ohne Angabe ihres Namens, da man diesen eben auf der „Wacht" nicht feststellen konnte; andere läßt man durch den Wachtmeister vorfordern.

Es waren tatsächlich die Wachtversammlungen, in denen die Bürger der einzelnen Bezirke zusammentraten, besonders geeignet, die Namen der der Auskehr würdigen, in den verschiednen Wachten befindlichen Einheimischen und Fremden festzustellen, also nicht nur für das Purting vorbereitend zu wirken, sondern geradezu die Hauptarbeit für dieses zu erledigen und das Material für die Liste im wesentlichen zu liefern. Es war auch für den Angeber bequemer, hier unter der Hand seinen Einfluß zum Nachteil eines Mitbürgers oder Fremden geltend zu machen, als diesen vor dem Purting als gemeinschädlich zu rügen.

---

[2]) Lit. 409½; Freyb. 112.

Denn wußte dieser den Vorwurf selbsiebent zurückzuweisen, so zog sich der Angreifer die Strafe der falschen Anschuldigung zu. Fremden gegenüber war freilich nicht so viel Federlesens nötig; erfreuten sich diese nicht besonderer Gönner, so fiel es ihnen schwer, sechs Helfer aufzubringen; an „verdächtigen Enden" betroffene, von der Hermandad dingfest gemachte Streuner ließ man ohnedies nicht zum Reinigungseid zu. Es sind übrigens viele Namen durchstrichen. Wohl handelt es sich hier meist um solche, welche Bürgen stellten oder von deren Ausweisung man völlig absah; denn die wirklich Verbotnen durften, damit man sie bei unerlaubter Rückkehr zur Rechenschaft ziehen konnte, im Verzeichnis nicht gelöscht werden. Andere sind hiegegen immer wieder aufgeführt, da man sie eben bei jedem Purting, gleichviel, ob sie sich tatsächlich wieder in der Stadt befanden oder nicht, aufs neue auswies.

Daß die Auskehr der offen Verwiesenen, wie die der Gallenleute in Augsburg, vollzogen wurde, d. h. jene gemeinsam unter dem Geläute aller Glocken hinausgetrieben wurden, ist nicht wahrscheinlich. Die so Gezeichneten waren nur verpflichtet, noch vor Ablauf des Purtingstags zum Tore hinauszuwandern: *„alle di verpoten sind, di sullen aus vor nachtz. was man ir darüber begriff, di wolt man fur schedleich halten. und wer auch in andern steten und gerichten verpoten ist, der sol hie auch verpoten sein, der wellent mein herrn on ir urlaub hie nicht wissen, es sein frawn oder man."* *„swem deu stat verpoten ist"*, heißt es an anderer Stelle, *„der sol den montage vor vesper uz der stat, begriffet man in fürbaz hinne, so leget man in uf den turn und swer gar uz verpoten ist, der sol in den purchvrid niht chomen oder er muz daz ander iar ouch dort uzze sin."* [3])

An sich könnte man hieraus schließen, daß die Verweisung nur für ein Jahr ausgesprochen sein sollte, doch wird dies wieder hinfällig durch folgendes, wohl bei jedem Purting erlassene Gebot: *„wer verpoten ist haimleich oder offenleich, die sullen hewr auch allew verpoten sein"*. Es wird also ohne Rücksicht darauf, daß sich der eine oder andere während des letzten Jahrs infolge bessern Verhaltens ein Anrecht auf mildere Behandlung erworben, bei jedem Ding neben der neuen die alte Liste verlesen und so die Möglich-

---

[3]) Lit. 409½, 33; *Juliana, thet sie des nicht, soll man hintz ir richten als einen schedlichen weib,* Lit. 596, 137.

keit der Heimkehr für immer abgeschnitten. Solche nun, welche dem Verweisungsgebot zum Trotz in der Stadt verbleiben, droht man mit Turm, an Leib und Gut zu ahnden und als schädlich zu behandeln. Hiermit ist ein evidenter Nachweis gegeben, daß die gewöhnlichen Landfahrer und Streuner, auch wenn sie sich derart geberden, daß man ihnen die Tore weist, keineswegs zu den schädlichen Leuten zählen. Der schädliche Mann ist der wirkliche Übeltäter, gegen den peinliches Verfahren gerechtfertigt ist. Wie man nun nicht selten gegen einen Urfehdbrecher, d. h. den unbefugt zurückkehrenden Verbannten, peinlich vorgeht, ihm die Schwurfinger abschlägt oder die ihm von vornherein angedrohte Strafe vollzieht, so erklärt man hier, den an sich harmlosen Strolch für den Fall seines ungehorsamen Verbleibens als schädlich behandeln, bzw. wie einen Verbrecher unschädlich machen zu wollen. Man huldigt eben mit Recht der Anschauung, daß man von einem solch verwegnen Gesellen das Schlimmste zu gewärtigen hat.[4])

Es gibt nun neben den offen Verwiesenen heimlich Verbotne, d. h. solche, welche man wohl verweist, doch nicht durch öffentliche Verrufung brandmarken will. Darunter befinden sich auch viele, welche, ihr Schicksal sicher voraussehend, vorzeitig flüchtig gehen; ihre Namen werden ebenso verzeichnet, sie dürfen keinesfalls ohne besondre Erlaubnis des Rats das Weichbild wieder betreten.[5])

Eine weitere Gattung bilden diejenigen, welche zwar in der Stadt verbleiben dürfen, aber nur unter der Bedingung, daß sie „verborgen", d. h. Bürgen für ihr ferneres Wohlverhalten stellen. Nach älterer Satzung hat man zum Verborgen acht Tage Frist *„und umb swelhie getat swer gerüget ixt, damit verleuset er und mit anderx nicht und muex auch darumbe porgen setzen. und swer nicht verporgen mach, der muex gar hinaux."* 1410 heißt es indes: *„wer verporgen sol, chom morgen nach mittag auf dax rathaus und pring sein porgen mit im oder ge aux der stat und sei verpoten (als) all die andern. ex sind auch ettleich man und weib, dy man nicht offenlich nennen wil; wann man dy vodert, di sullen auch verporgen."* Letztere sind die, welche heimlich verborgen; sie werden mitunter durch den Wachtmeister vor den Rat zitiert.[6])

---

[4]) Lit. 409½, 39, 11. [5]) ibid. 33, 40.

[6]) ibid. 34, 55; *sol der wachtmaister vodern und verporgen lassen,* 61.

Die Bürgschaftssumme beträgt meist 3 ℔; als Bürgen fungieren die nächsten Verwandten (*porg sein aidem und hat der Salman hant und fuez gesetzt*). Oder es borgt der Herr oder sonst ein, mitunter angesehener Mann. Nicht selten heißt es auch: *„porg ihr haus"*; eine, der man mit dem Frauenhaus droht, verbürgt sich mit 3 ℔, einem Meßbuch, Gürtel und sechs Messer. Einmal liest man: *„M. hat nicht verporgt und versprochen, si will sich zu einem erbern dienst ziehen und fruntleich halten durch des techantz pet willen."* [7])

Verboten sind ferner auch solche, welche seitens anderer Städte ausgewiesen wurden: *„das si auch on urlaub herein nicht chomen sullen"*. [8])

Hinsichtlich der Ausgewiesenen treffen wir auf sehr originelle Gaunerarten und -namen. Was erstere anlangt, sind hier anzuführen: Ruffiane, Virharter, Pfossensneider, Gotzschwirer, Spieler (Handspieler), Pulion, Totschläger (*auch umb mörtleiche tat*), Diebe, Beutelschneider, Hausdiebe, Hehler (*nemen ein, waz di ehehalten stelen*), unendlich Leut (Mensch), gämliche Leute und Genspeiner, Hurenmeister; Zauberinnen, Ehebrecherinnen, Schlafweiber, Pfaffinnen, Pfaffenkellnerinnen, Aufmacherinnen, die heimlich Zugänge und Hurenmarkt halten, gemeine Weiber u. dgl. mehr. Auch von Namen eine kleine Blütenlese: „Eytelpös, Hänsel Leibloz, Plutig Hänsel, Chalpfresser, Albel Schemerl, der Rötel, Cuntz Unrue, Heintz auf dem Stäblein, Saurüssel, Chüfresser, Futzipfel, Anderl Chätzel, Peter mit der Saw, Votzentokeler, der schilede Michel, Hans mit dem clein frewlein, der rote Fridlein, Hefdenstrit, Scherfpäutel, Dietel Strauch in das Grap, Räpplin, Heinzil uf der Stelzen, Smaltzmaul, Mistfues, Niemantsgnos" und von Damen: „Ann Karrnhengstin, die rotzig Els, die Guffe, die swartze Chünl, die trunkchen und valb Mürl, Marl Airynsmaltz, die Chempin". [9])

Von Interesse ist die Anführung mehrerer Totschläger; trotzdem diese sich mit der Freundschaft ihrer Opfer und der Stadt abgefunden, erteilt man ihnen doch als unheimlichen Gesellen den Laufpaß. Auch mochte ihre Anwesenheit in der Stadt trotz der Versöhnung immer wieder Anlaß zu Unruhen und zum Wiederaufflammen der alten Familienfehde bieten. Sehr groß ist das Kontingent der Kupplerinnen, Aufmacherinnen und gemeinen Dirnen,

---

[7]) ibid. 34, 35, 36, 39 usw., s. hier auch bei Bürgschaft.

[8]) ibid. 21.

[9]) ibid. 29, 30, 32 usw.; Lit. 297, 35; Lit. 372, 91 usw.; Ub. S. 730.

was ein bedenkliches Licht auf den damaligen Sittenzustand wirft. Letzteren wird nicht selten die Wahl gestellt, zum Tore hinaus oder in das gemeine Frauenhaus zu wandern. Von den Betrügern, denen man das Hausrecht aufsagt, ist insbesondere einer beachtenswert, der sich für einen Geweihten ausgab, Messen las und Sakramente spendete, die Siegel von den Urkunden riß und neue Geber- (Geburts)briefe ausstellte, wie die Leute anbettelte *„das man im gab pfenig oder pferd oder claider, wan er ein pueß umb einen todslag mit dem almusen thun muest“*. Einer, der übrigens dann gerichtet wird, *„fur sein tochter in den dorfern umb an einer keten und wu si in ein haus kume“*, so sprach er, *„si sei unsinig und geturre heraus nicht gene, man geb ir dan ain silbres opfer, das hab si also gelobet“*. Und sonst werden mancherlei Verkleidungen wie Finten gewählt, um Mitleid zu erwecken und neben dem Bettel dem Diebstahl und Trug fröhnen zu können.[10])

Nicht minder jagt man solche hinaus, welche sich nur noch eines Ohrs oder einer Hand erfreuen oder nachts ohne Licht und dazu etwa gar bewaffnet auf der Gasse betroffen werden. Ja wenn man einen gar in solcher Verfassung im „Tännl“ aufgreift, den erklärt man mit Recht für einen, der einen verbrecherischen Anschlag plant, d. h. für schädlich. Einer hatte *„geferliche geng und umbschleich gethan bei der stat purktorn“*, ein anderer war *„in den turn zu Weichsantpeter gestigen, deshalb in dem nichts guts zu versteen ist“*. Sodann sind auch an sich schuldlose Eheweiber und Gespielinnen (Hübscherinnen) von Verbannten und Gerichteten zu nennen.[11])

Wir haben es also, wie gesagt, bei der Mehrzahl der am Purting Ausgewiesenen keineswegs mit eigentlich schädlichen Leuten zu tun; nur in den Fällen, wo eine wirklich peinlich strafwürdige Tat in Frage steht oder aus dem Gebaren der Verdächtigen ohne weiteres auf eine verbrecherische Absicht (Verweilen bei Nacht mit Waffen im Wald) geschlossen werden muß, ist das Epitheton „schädlich“ gebraucht. Ebenso droht man mit Recht, diejenigen, welche nach der Ausweisung trotzig in der Stadt verbleiben, als schädliche Leute behandeln zu wollen, schon deshalb, weil kein besseres Mittel zu Gebote stand, um die Verrufung vollzugskräftig zu gestalten.

[10]) Lit. 398, II, 28, 27, III, 24.

[11]) Lit. 398, 15; Lit. 408, 129; Freyb. 15, 13; Lit. 372, 16; Urk. F. 459 (1445); Lit. 297, 34; Urk. F. 510 (1457); Lit. 297, 76.

Übrigens konnte diese Stadtauskehr, da sie eben große Schattenseiten aufwies, nur als sehr fragwürdiger Notbehelf gelten. Gelang es wohl hiedurch, die Stadt zeitweise von einem großen Teil des ihre Sicherheit gefährdenden Gelichters zu befreien, so erstanden ihr doch draußen um so mehr Feinde und das sie umschließende Landgebiet wurde geradezu zum Staubfang von Verbrechern und Gaunern. Es bedurfte dann eben wieder kostspieliger Streifzüge der Söldner, um diese Ausgestoßenen nach manch schwerer Raubtat dingfest zu machen und als wirkliche schädliche Leute richten zu können. Aber sei es auch, daß viele der Verjagten die Nähe dieser ungastlichen Stätte mieden und ihr Glück in andern Städten versuchten, so konnte sich für die Stadt selbst jener ideale Zustand angesichts des regen Handelsverkehrs, der täglich wieder Abenteurer anzog, doch nur sehr kurzer Dauer rühmen.

Es ist daher auch nach dem Jahre 1410 keine eigentliche Stadtauskehr mehr nachweisbar. Wohl werden noch Verweisungen verfügt, aber daneben in besserer Einsicht die Bestrafung von Delinquenten jeglicher Art von Amts wegen energischer betrieben und mit ihnen Gefängnisse und Türme bevölkert. Außerdem versteht man es dann, mit der Handhabung der Folter immer mehr vertraut, gar manchem wegen vielleicht geringen Reates Eingelochten ein Geständnis in Hinsicht auf seine frühere „Schädlichkeit" zu entlocken und damit leicht die Anwartschaft auf Beförderung in das Jenseits zu eröffnen.

Was die Bettler anlangt, welche natürlich ebensowenig zu den schädlichen Leuten zählen, so sucht man wohl die fremden Preßhaften, d. h. die Aussiechen möglichst fernzuhalten; auch sollen Auswärtige keine Bettelzeichen, die sie zum Nehmen von Almosen berechtigen, gereicht werden. Die einheimischen aber sind geradezu organisiert, sie unterstehen der Aufsicht der Bettelmeister und ihrer Knechte, der Bettelrichter; die Strafgewalt üben die obersten Bettelmeister, *„doch groß fäll und missehandlung in allweg der oberkait furgesetzt und vorbehalten"*. Gebettelt darf nur vor den Türen werden, das Betreten der Häuser ist bei Leib und Gut verboten; Kranke und Aussätzige müssen sich auf Friedhöfen oder vor den Kirchen, abgesondert von andern Bettlern, aufstellen und *„ir graussam krankheit oder gebrechen ziemblichen verpergen"*.[12])

[12]) Gem. 1, 462; Lit. 297, 35; Lit. 298½, 394; Lit. 380, 73.

Das Leumundsverfahren.

Im Anschluß an das älteste Stadtrecht sind zwei Halsgerichtsformulare aufgezeichnet, dem 14. Jh. entstammend, von denen vornehmlich das zweite, als das zweifellos ältere des sich in vieler Hinsicht ähnelnden Brüderpaars, als sehr beachtenswert erscheint. Das eine, auf das wir im nächsten Abschnitt nochmals zurückkommen, nimmt die Überführung die Missetäters auf Grund der von ihm abgelegten Urgicht zum Vorwurf, das andere befaßt sich mit seiner Übersagung durch Leumundszeugen. [1])

Vor allem dürfte es sich bei beiden um ein Offizialverfahren handeln, wenn auch das Auftreten eines Privatklägers keineswegs ausgeschlossen ist. Die Herrn Andre und Lienhart klagen nicht zu eignem Vorteil: *„ex ist hern Andre (L.)“*, heißt es, *„gesagt worden, ex sein zwen twüngenlich in ewer vänknuß chommen und pracht worden“;* im ersten werden zwei Beschuldigte aufgeführt, im andern einer, der sich von vornherein als Landschädlicher darstellt. Abgesehen von dem Schultheißen, der als schlichter Frager fungiert, leitet des Klägers Vorspreche die eigentliche Verhandlung. Von ihm und nicht den Hausgenossen gehen die wichtigsten Urteile *„bei dem aid, dem er den rechten gesworn“* aus; nach einem etwas spätern Formular nämlich das Votum, welches die Bezeugung der Urgicht anordnet, wie die beiden sogenannten Fronurteile: das Todesurteil und das Straferkenntnis. Diese müssen natürlich noch seitens des Gerichts bestätigt werden. Nach dem spätern Formular geschieht dies in der Weise, daß die Vorsprechen und Hausgenossen auf ihren Eid wie unter Hinweis auf die Urgicht und deren Bezeugung befragt werden, *„was todt er verschuldt hab“*. [2])

---

[1]) Freyb. 56 ff. [2]) Jur. I, Nr. 5, 4 (StadtA.).

Die Einleitung der beiden Formulare ist fast gleichlautend; der Vorspreche dingt sich für den Kläger an *„alle seine recht, ob ich in mit ichtew saumt, er mög mich mit einem andern verchern, alz reht ist“*. Er veranlaßt sodann ein Urteil gegen die Beschuldigten, die *„twüngenlich“*, d. h. gebunden und gefangen vor die Schranne gebracht werden, worauf man sie auffordert, ebenfalls einen Vorsprechen zu wählen. Die Art des Verbrechens ist nicht näher bezeichnet, wenn man auch nach dem Inhalt des Endurteils auf Diebe schließen darf. Mag nun aber auch bei dem Landschädlichen des zweiten Formulars stets auf Strang erkannt worden sein, so haben wir es in Hinsicht auf das erste nur mit einem Beispiel zu tun; seinem Bekenntnis gemäß wurde jeder mit der ihm zukommenden Strafe bedacht.

Nunmehr verfolgen die Formulare verschiedene Bahnen. Nach dem erstern bittet der Vorspreche Gerichts gegen die zwei Gefangenen, da sie vor den *„herren den gesworn* (d. h. den mit der Untersuchung betrauten Ratsherrn) *dax erchant habent, damit sy den tod wol verdient“*, bzw. eine zur Richtung ausreichende Urgicht abgelegt haben. Man verstattet ihnen eine Unterredung mit dem Vorsprechen hinter der Schranne — eine inhaltslose Formalität, denn es heißt ja hiernach: *„mit der red sullen sy nicht lawgen“*, da sie ja beide bereits ihre Schuld eingestanden haben. Hierüber legen sodann die „Geschwornen“ ein Zeugnis ab. Schließlich fällt der Vorspreche das Urteil, die beiden *„an plutigew hant mit dem strang an der luft zwischen himel und erd“* zu richten, was natürlich noch von dessen Bankgenossen bestätigt werden muß.

Das andere Formular stellt sich dar als *„urtail gein dem man nach dem halß sol reden und sol si übersibenten“*. Nachdem hier dem Armen ein Vorsprech zugeteilt worden, soll man ihn bereden, seinen Taufnamen zu nennen. Dieser soll ihm heut, meint des Klägers Vorsprech, zu Gewinn und Verlust werden und bittet Gerichts, *„hintz dem pernger, dax im* (dem Kläger) *dax wars wissen ist, dax der pernger in dem lewnten herchomen ist, dax er dem land und der straß und der stat ein schedlich man ist, dex hat her lienhart* (der Kläger) *guten zewkch und pitt ew, dax ir darumb fragt“*. Auch ihm verstattet man ein Gespräch hinter der Schranne; auch er darf aber nicht der *„red lawgen“*. Herr Lienhart läßt vielmehr fragen, *„wie er ex mit seinem zewg hintz dem pernger pringen sull“*. Es ergeht das Urteil: *„mug her lienhart dax erzewgen mit siben, der jeglicher dax reht darnach tu mit seinem aid, dax in dax* *wars wissent ist, daz der pernger in der lewnten herchomen sei usw., darnach werd hintz im gerichtt, waz recht sei*".

Die Zeugenvernehmung erfolgt in der Weise, daß einer derselben des Klägers Behauptung wiederholt, worauf dann alle sieben beschwören, daß sie die „*sag von dheiner besundern veintschaft, myet und guts wegen nicht getan haben, nur durch der rechten notdurft willen dez landez, der straß und der statt*". Der Eid geschieht unter Erhebung der Hand und der beiden Schwurfinger, sie, bzw. der Arm dürfen während der Abhör nicht gesenkt werden. Er wird nicht vom Vorsprechen des Klägers erteilt, sondern durch den Amtmann, der das, „*merer ambt*" hat, während der des „*mynnern ambts*" den Armen „*gar vast*" hält, damit dieser den Schwur nicht zu verhindern oder zu stören vermag.

Ich habe bereits früher ausgeführt, daß wir es hier mit einem von dem gewöhnlichen Übersagen schädlicher Leute verschiednen Verfahren zu tun haben. Es fehlt vor allem der Hinweis auf eine bestimmte Verbrechensart, es treten vielmehr Zeugen auf, denen es „*wars wissent ist, daz pernger in der lewnten herchomen sei*".

Wir haben es zweifellos mit einem Verfahren auf Leumund zu tun.[3]) Werfen wir zur Klärung der Frage vorerst einen Blick auf Nürnberg. Dieses erwirkte 1320 von Kaiser Ludwig das Privileg „*daz si einen jegelichen schedelichen man, der in ir unde in daz gerithez gevanchnisse zu Nürnberg kumet, mit bosem leumunde uberkumen mogen und den leip abegewinnnen mugen*" — und zwar lediglich auf Beschluß des Rats hin. Es handelt sich hiebei nicht um Gemeinschädlichkeit an sich, sondern wir haben es mit einem schädlichen Mann, d. h. Missetäter zu tun, den die Ratsgenossen „auf ihren Eid" auf Grund der ihnen zur Verfügung stehenden Beweismittel als solchen festgestellt haben und zwar gemäß dem Wortlaut des Formulars, in dem es heißt, daß der „*verleumunte man im* (dem Kläger), *dem land und der stat mit seinem leümut so schedlich gewesen*". Von welcher Art die Beweisfaktoren waren, ob der Verbrecher bei handhafter Tat gefangen, ob Helfer oder Zeugen zu seiner Überwindung vorhanden oder der Rat auf Grund seines Inquisitionsrechts (Kundschaft, Briefe, Indizien) jene Überzeugung gewann, ist ohne Belang. Ihm kam es ja lediglich darauf an, einen nach seiner Ansicht Todeswürdigen, unabhängig von der Willkür des Reichsrichters wie dem Glück oder Mißgeschick

---

[3]) Zenten d. Hst. Würzburg II, 479 f.

eines Privatklägers, aus der Welt zu schaffen und hiebei die Jurisdiktion des erstern mit der Zeit völlig illusorisch zu machen.[4])

Anders nach Münchner Stadtrecht. Dort wird das Übersiebnen der schädlichen Leute, d. h. das Übersagen mit sieben Mannen, *„di ez für war wizzen, daz er der getat schuldich sei"*; eingeführt, da *„sogetan leut oft gevangen werden, daz man sie an der hantgetat nicht begreift und daz man auf sie nicht zu schieben hat"*. Wie sollte man aber bei fremden schädlichen Leuten verfahren, die man in der Stadt oder im Landgebiet festgenommen, die durch die *communis opinio* als Diebs- und Raubgesellen verschrieen und als solche bereits im Stadtbuch wie in Briefen anderer Städte verzeichnet waren und gegen die man doch nicht die nötigen Sieben, die eine bestimmte Untat bezeugten, aufzubringen vermochte? Man entschloß sich, ihnen lediglich in Rücksicht auf die Notorietät ihrer verbrecherischen Tätigkeit den Garaus zu machen: *„auf ainen offenen rauber oder auf einen vermaerten (berüchtigten) übeltäter mügen siben man swern, daz si wol vernomen haben an den steten, da die leut zu ainander choment, daz er dem land als schedleich sei, daz man durch recht dem land über in richten sol"*.[5])

Damit haben wir auch den Schlüssel zur Deutung des Regensburger Formulars gefunden. Auch Regensburg hatte ja kraft Privilegs die Befugnis, fremde schädliche Leute innerhalb seiner Mauern wie in der Landschaft dingfest zu machen und nach der Stadt Rechten zu richten.

Was nun das ordnungsmäßige Verfahren anbetrifft, so bedurfte es bei Mord und Brand zur Überwindung der Handhafte; bei Diebstahl vermochte man wohl mit Helfern zu übersiebnen, bei Raub genügten sogar vier, aber stets mußte eine bestimmte Tat in Frage stehen oder, wie es heißt, *„derselb* (Kläger) *scholl bereden mit dem aid, das er den raub getan hab und wo er in getan hab"*.

Angesichts dieser Schranken mußte also die Justiz solch schweren Jungen gegenüber, die dank ihrer Verschlagenheit und der Beihilfe ihrer Genossen den positiven Nachweis ihrer Täterschaft, wie ihn das alte Verfahren forderte, unmöglich zu machen

---

[4]) Nürnb. Kriminalverf. 35 (Zschr. f. d. ges. StrW. 12, 238) u. 153 (Zschr. 545), Zenten d. Hst. W. 467 f.

[5]) Münchner StadtR. 249; daß es sich auch für Regensburg wohl nur um fremde, zumal in der Landschaft aufgegriffene schädliche Leute handelt, geht schon daraus hervor, daß nur der Schultheiß, nicht auch der Propst als Richter auftritt. Für Einheimische kommt also das Formular kaum in Betracht.

wußten, durchaus versagen. Man geriet daher auf den nämlichen Ausweg, wie die Münchner, man richtete auf Leumund, wobei die Notorietät der verbrecherischen Tätigkeit der Gefangenen zur Verurteilung ausreichend schien, ohne daß man jedoch der bisherigen formellen Übersagung völlig entraten wollte. Es ist hier nur ein Vorgehen von Amts wegen denkbar; die Leumundszeugen schwören nicht im Interesse eines Privatklägers, sondern *„nur durch der rechten notdurft dez landez, der straß und der statt"*. Damit ist diese Ausnahme von dem sonstigen Übersiebnen schädlicher Leute vollkommen klargestellt.

Wir gelangen hiedurch noch zu einem weitern Schluß. Wie Nürnberg, so haben noch mehrere andere Territorien und Städte und hauptsächlich deshalb, weil oft die sieben Helfer nicht aufzubringen waren und dadurch schwere Missetäter dem verdienten Lohn entschlüpften, das Privileg erwirkt, mit der alten Form zu brechen und auf Grund umfassender Beweisaufnahme (*inquisitio*) die Todeswürdigkeit festzustellen. Wohl mochte auch in München und Regensburg der Rat vorerst den Fall gründlich untersuchen; aber sein Votum reichte nicht hin, es mußte sich vielmehr, weil das Reich wie der Herzog eine Schmälerung ihrer Gerichtsherrlichkeit nicht zugaben, noch eine Übersagung vor dem ordentlichen Richter daranschließen.

Dies Formular rühmt sich zweifellos höhern Alters, als dasjenige, nach dem auf Grund der Urgicht gerichtet wird. Daß dieses aber im Stadtbuch an erster Stelle steht, ist leicht zu enträtseln. An sich wurde das Übersagen obsolet, als das Geständnis zur *regina probationum* geworden war. In der Übergangsperiode aber, in der man mit der Folter noch nicht so banausisch verfuhr, daß man durch Anwendung der schwersten Grade auch dem hartgesottensten Sünder das Bekenntnis entlockte, glaubte man jenes Verfahren auf Leumund noch nicht völlig entbehren zu können. Und so erließ man die neue Ordnung, fügte ihr aber, genau so wie in Nürnberg [6]), um es für den Notfall heranziehen zu können, das alte Formular an. Bemerkt sei noch, daß bei diesem Verfahren auf Leumund der Todeskandidat in Nürnberg, wohl in Rücksicht auf die „edlen" Ritter, denen nicht selten dessen Rolle aufgezwungen wurde, mit dem Schwert, in Regensburg jedoch mit dem Strang gerichtet wurde.

[6]) Nürnb. Kriminalverf. 153 (545).

Das Verfahren mit Urgicht.

Die peinliche Frage ruht wohl seit Einführung der Folter in Regensburg in Händen des Rats. Berichtet man aus früherer Zeit, daß jene durch Ratsherrn und Amtleute geleitet wird, so ist durch RatsO. von 1514 bestimmt, daß stets der älteste und jüngste des Rats mit der Untersuchung eines Missetäters bis zu dessen Verurteilung und Richtung betraut sein sollen, worauf dann der nächstälteste und jüngste an die Reihe kommen. Vor diesen wird auch mit Rechtskraft die Urgicht abgelegt, die von ihnen am Rechtstag bezeugt werden muß. Um sie vor Angriffen der Freunde des Gerichteten zu feien, ergeht der Erlaß, daß sie nicht wegen ihrer Befragung, die die Verurteilung des Gefolterten herbeigeführt hat, zur Rechenschaft gezogen werden dürfen. [1])

Die Folterkammer befindet sich im Rathaus; was der Torquierte an sich trägt, soll nach VO. von 1387 halb dem Gericht, halb den Knechten zufallen. Selbstverständlich bezieht sich dies nur auf solche, welche von der Folter zur Richtstatt schreiten. [2])

Da wir der Fragestücke und Protokolle ermangeln, sind wir in Hinsicht auf das hiebei geübte Verfahren auf wenige Notizen angewiesen. Man scheint hiernach bei der Tortur ziemlich willkürlich vorzugehen und auch noch im 15. Jh. keinem bestimmten System zu huldigen. Ja, man quält, um ein Geständnis zu erzwingen, die Inquisiten auf das unbarmherzigste. Foltergrade sind nicht aufgeführt; ausgiebiger Gebrauch scheint mit dem Aufziehen unter Anhängen von Steinen gemacht zu werden. Auch Feuertortur ist erwähnt. Nicht, wie in Nürnberg, wird seitens des Rats die Fassung der Fragestücke sorgfältig erwogen; die beiden Fragherrn

---

1) Lit. 380, 10; Lit. 399, 24; Gem. 3, 268; Freyb. 57,

2) v. Walderdorff 517; Gem. 3, 733, 855; 2, 236.

scheinen ziemlich unbeschränkt handeln zu dürfen, während der Nachrichter als Peiniger sonst das Seinige zur Herbeiführung des gewünschten Erfolges leistet.

Das meiste, was in jener Hinsicht überliefert ist, bezieht sich auf die Tortur von Ratsherrn oder solcher, welche sich gegen Stadt und Rat vergingen. So wird 1339 über die Folterung Frumolts berichtet, den sich der Rat auf hinterlistige Weise in die Hände gespielt hat; 1472 über die Erlbachs: Die herzoglichen Räte, besonders Dr. Mayr, verlangen lakonisch, daß man ihn frage, nötige und töte; seinen Angehörigen sei es nützlicher, wenn er in der Folter stirbt oder in einem Sack ertränkt wird, als daß man ihn öffentlich richtet. Der Rat widerspricht, er wolle ihn behandeln, wie es der menschlichen Natur erleidenlich wäre. Trotzdem wird er dann dreimal ledig und achtmal mit Steinen aufgezogen und geschupft und hierauf auf der Leiter gebrannt. Die Räte fordern, um seinen Tod herbeizuführen, noch die Befragung mit den Schuhen, doch wird ihnen dies standhaft verweigert.[3])

Im Prozeß gegen die Ratsherrn im J. 1492 wird einer sechs-, ein anderer vierzehnmal aufgezogen; man verläßt ihn, während er an der Rolle hängt, unter dem höhnischen Zuruf: daß du verzappeltest! Andere werden im Hemd mit auf dem Rücken gebundenen Händen dem peinlichen Richter vorgestellt und mit der Folter bedroht. Ein Greis erdichtet das abenteuerlichste Geständnis, um nicht in der Marter zu erliegen. Während des Aufruhrs im J. 1513 werden an dreißig Bürger gemartert.[4])

1476 bezichtigt man den Rat, daß von siebzehn gefangenen Juden etliche auf der Folter gestorben seien. 1441 zieht man eine Diebshelferin mit steinernen Gewichten empor, der ihr günstig gesinnte Zenger ruft ihr zu: Tötest du dich selber, kann ich dir nicht helfen; erkennst du nicht, stirbst du nicht; erkennst du, mußt du sterben; es wäre aber besser, du bliebest in der Folter![5]) Man ersieht hieraus wieder, daß es in den meisten Fällen lediglich darauf ankommt, ob der Inquisit die nötige Körperkraft besitzt, die ihm auferlegte Folterqual zu überstehen. Einem Schwächling wird es dann kaum glücken, seine Unschuld zu erhärten. „Nerven“ gibt es freilich damals noch nicht, ebensowenig während der Epoche der Hexenprozesse, denn sonst wäre die geradezu heldenhafte Zähig-

[3]) s. letztes Kapitel; Gem. 3, 503.
[4]) Gem. 3, 807 f.; 4, 228.
[5]) Gem. 3, 567 f.; Urk. F. 579 (1476 Sept. 2); Gem. 3, 114 f.

keit mancher Opfer unbegreiflich. Ein nicht „sinniger" Pfaffensohn stellt sich angeblich tot, *„daz man im graben het, und ward, alz man in ausfüren wolt, wider lebend"*. Über das Gebaren gegen Kranke ist nichts ersichtlich; nur Schwangere verschont man mit der Tortur.

Was die Zeit ihrer Einführung anlangt, so bedient man sich ihrer jedenfalls schon zu Beginn des 14. Jh.; das früheste Beispiel gehört dem J. 1338 an.[6]) Es ist der Rat, der kraft seines Inquisitionsrechts zuerst zur Anwendung dieses bequemen und praktischen Beweismittels schreitet, während wohl vor dem Schultheiß- und Propstgericht das alte Anklageprinzip noch längere Zeit das herrschende ist. 1467 bekennt ein Dieb, als man ihm den Strang um den Hals legt, einen „Mordschlag"; von einer Berücksichtigung dieses Geständnisses, bzw. Verschärfung der Todesstrafe wird abgesehen.[7]) Urgichten sind in großer Anzahl überliefert, die meisten der auf Grund derselben in das Jenseits Beförderten werden, nicht nur zur Erpressung ihrer eignen Missetaten, sondern auch behufs Eruierung ihrer Spießgesellen, mit der Folter nähere Bekanntschaft gemacht haben. Beachtenswert ist hier insbesondere das sog. „Bekenntnisbuch".[8])

Einen genauen Einblick in die Behandlung der Zeugen gewähren uns sodann die interessanten „Gezeugenbücher".[9]) Wie erwähnt, zwingt der Rat kraft seines Inquisitionsrechts von jeher Bürger und sonstige Stadtinsassen zur Erkundung von Ungerichten, Freveln und andern Rechtshändeln vor sein Forum. Wir haben es hier teils mit wirklichen Wahrheitszeugen zu tun, welche über die fraglichen Vorgänge auf Grund eigner Wahrnehmung mehr oder minder unterrichtet sind, teils fußt ihr Wissen auf Hörensagen; denn auch solche Aussagen sind mitunter von Bedeutung, ist ja dadurch häufig die Möglichkeit eröffnet, der ursprünglichen Quelle weiter nachzuforschen. Der Rat ist hiebei an keine Form gebunden, er hat unbeschränkte Gewalt, alle seinem Willen dienstbar zu machen, dabei erholt er Kundschaft von Sachkundigen, sendet Boten und Briefe über Land und in andere Territorien und Städte.

---

[6]) Gem. 2, 13 (Frumolt); v. Walderdorff (517) führt mehrere noch vorhandene Folterwerkzeuge an, nämlich den gespickten Hasen, die Streckbank, die schlimme Liesel, den Jungfrauenschoß, die Rutschbahn und den spanischen Esel.

[7]) Lit. 399, 108. [8]) Lit. 399; Lit. 398½.

[9]) Jur. I, Nr. 2 u. 3 (StadtA.).

In Hinblick auf die Gezeugenbücher scheinen die Untersuchungen sehr sorgfältig geführt zu sein, die Aussagen der Zeugen sind mitunter sehr ausführlich und klar. Die Voraussetzungen zur Zeugnisfähigkeit ergeben sich aus der Erklärung eines Vorgeladnen: *„er sei eelicher geburt, er wer in kainer verlewmung, darumb er sich im rechten forchten muß, er saget nicht von haß, veintschaft, freundschaft, myet oder gab wegen, im wer von seiner sag nichts versprochen und er het sich mit seinem mitzeugen nicht unterredt. er wer auch nicht unterwisen, was und wie er sagen solt."* Dabei wird der Zeuge vor falscher Aussage gewarnt. Niemand darf in des *„andern gewalt gezeugen"*. [10])

Diesen Zeugen entsprechen die seit dem 15. Jh. vor den städtischen Gerichten auftretenden und befragten Personen. Das Verhör findet hier durch zwei Hausgenossen in Gegenwart des Gerichtschreibers statt. Wenn in einer Sache keine weitern Weisungsartikel formuliert sind, werden die gemeinen Fragestücke, d. h. die Fragen, welche in der Regel bei einem bestimmten Delikt gestellt zu werden pflegen, vorgehalten.

Nach Niederschrift wird den Zeugen die Aussage vorgelesen und sie befragt, ob sie irgendwelche Änderungen beantragen wollen. Die Hausgenossen haben dann dieselben, *„wo sy anderst lesen konnen"*, zu prüfen und das Schriftstück zu versiegeln. Die Eröffnung hat erst in der Versammlung der Hausgenossen zu erfolgen; jenes geht dann unter ihnen von Hand zu Hand. Die Zeugen werden übrigens stets streng vor Meineid verwarnt und darauf hingewiesen, daß ihre Äußerungen den Parteien vermittelt werden. [11])

Über die Befragung der Sachkundigen (Ärzte, Apotheker, Handwerksleute usw.) erteilen ebenfalls die Gezeugenbücher Auskunft; einmal zieht man vier Meister einzeln zu Rat, worauf sie dann ein gemeinsames Votum abgeben müssen. [12])

Ist nun durch Zeugen, Kundschaft und unter Verwertung des sonstigen Rüstzeugs der Inquisition wie insbesondere der Folter die Schuld klargelegt und das Geständnis erpreßt, so hat der Todeskandidat diese Urgicht „frei und ungebunden" nochmals vor zwei Ratsherrn und dem Schreiber zu bestätigen, worauf der Rat die

---

[10]) Jur. I, Nr. 3, 98 (StadtA.).
[11]) Lit. 384, 173 f.
[12]) Jur. I, Nr. 3, 9 u. 10 (StadtA.).

Ansetzung des peinlichen Rechtstags beschließt. Trotz des Siegs des neuen Prinzips bricht man an diesem noch nicht mit dem alten Anklageverfahren, Schultheiß und Vorsprechen frönen dem alten Frag- und Antwortspiel. Den Armen steht ein Gespräch hinter der Schranne frei, doch ist dies zwecklos, denn die Verteidigung ist ihnen von vornherein abgeschnitten: *„mit der red süllen sy nicht lawgen, dez zewht sich her Andre (an) mein herren dy gesworn, dax sy paid dez vor in erchant habent, damit sy den tod wol verdient habent"*. Auf die Bezeugung durch die beiden Ratsherrn hin wird dann das Todesvotum gefällt. Im übrigen ist das Formular bereits besprochen.[13])

Es dürfte indes von Interesse sein, noch auf ein anderes Formular aus jener Zeit hinzuweisen, um so mehr, als aus den Fragen, mit denen sich der Richter andingt, hervorgeht, daß sicher ein älteres Vorbild als Vorlage diente, das wohl seinerzeit für das gewöhnliche Übersiebnen abgefaßt wurde. Zudem erweisen die verschiednen Urteile deutlich, welch bedeutsame Rolle dem Vorsprechen des Klägers im alten Verfahren zukam:

„Zu merken, wie vil urtail am halsgericht zu Regensburg.

erstlich, so wegert anklager, diweil der in fronvest kumen umb mißtat, das der herfür gefuert werd, ob solchs nicht willich weschech, wegert des rechtens zu fragen, fragt schulthes des anklagers vorsprechen pei aid.

die ander, wan der herfür gepracht und der arm ains vorsprechen wegert, der im durch den schulthes zugeben, doch kainen andern, dan der an di schran gesworen sei. alsdan ding im der schulthes sein urtail aus, also ob man mit dem hochwird. sacrament ging, ein auflauf erhueb usw., das er müg aufsten, wider nydersitzen und richten, so lang dem anklager im strengen recht genügen weschee. frag des anklagers vorsprechen, ob ers thun müg und zu rechter zeit, gemelt des rechten auf sein aid.

die dritt, so setz anklager sein klag, umb was handlung er einkomen sei, und wegert di urgicht zu verlesen und di herrn erkennen dorauf und, ob solches nit pilllichen weschehe, setz anklager zu recht, so fragt schulthes des klagers vorspreche pei aid, das wird erkendt. dan lest schulthes di urgicht verlesen und vodert di herrn,

[13]) Freyb. 56 f., s. bei Leumundsverf.

di darpei gewest, auf, spricht ine zu auf irn eid, damit si mein herrn verpflicht sind, ob ers also, wie verlesen, frei wekendt hab. also nimbt im der arm ain wedacht mit meinen herrn erbern rat und thuet darauf sein verantwortung, umb genad und parmherzigkait piettend.

die vierten, so wegert anklager auf di urgicht seiner wekandtnus und misstat, ob er dordurch das leben verworcht hab, so fragt schulthes des anklagers vorsprechen der fronurtail auf sein aid, der erkendt, das er den tod verschuldt hab.

die fünft, so fragt anklager an den schulthes, mit was tod der arm gericht sol werden, fragt schulthes des klagers vorsprech der andern fronurtail auf sein aid des rechtens, der erkendt zu recht, das er dem freien man geantwort werd, und richt und was totz er sterben soll.

ain schulthes sitz pei ainem erbern rat und den hausgenossen in der ratstuben pei den haimlichen rechten und hort zu, so fragt ain kamrer ainen jedwerden vorsprechen und hausgenossen auf sein aid, auf die urgicht und der herrn sag, so pei der wekandtnus gewest, so di verhort, was tod er verschuldt hab." [14])

Der Vorspreche fällt also nicht nur die beiden Fronurteile über Schuld und Strafe, wobei er indes die Entscheidung über die Todesstrafe dem freien Mann, d. h. dem Nachrichter überläßt, sondern der Richter fragt ihn auch über seine eigne Berechtigung zum Dingen und verfügt auf dessen Anordnung hin die Vorführung des Armen wie die Verlesung der Urgicht. Die Hausgenossen bestätigen lediglich und zwar gemeinsam mit den Vorsprechen die Todesstrafe.

Und nun noch einen Blick in die Zeit, wo die Carolina bereits ihr Herrscheramt angetreten. Hier zerfällt der Rechtstag in einen geheimen und einen öffentlichen Akt. Nachdem über das Los des Armen schon einige Tage vorher entschieden und ihm nochmals feierlich die Urgicht abgehört worden ist, versammelt sich der ganze Rat mit den Stadtjuristen in der Gerichtsstube. Nach Verlesung der Urgicht fragt der Kämmerer bei den Doktoren herum, auf deren Entscheid hin der Schultheiß bei den Hausgenossen. Jeder stimmt für Tod. Dann verliest der Gerichtsschreiber das vorher abgefaßte Urteil, das vom Schultheißen versiegelt wird.

---

[14]) Jur. I, Nr. 5, 4 (StadtA.).

Nunmehr begibt man sich behufs Abhaltung des öffentlichen Gerichts in den Rathaussaal. Bei jenem tritt dann die Anklageform, wenn auch verkümmert und bedeutungslos, wieder in ihre alten Rechte. Der mit dem Schwert umgürtete Schultheiß nimmt den Stab in die Hand, vor ihm liegt die Carolina und die städtische PolizeiO. Des Klägers Fürsprech stellt die Besetzungsfrage; sind sieben Hausgenossen vorhanden, so erklärt der Schultheiß, ich bin gesessen, wie peinlichen Rechtens Recht ist. Er dingt sich hierauf an, der Arme wird vorgeführt und auf des Fürsprechen Bitte gebunden und verwahrt; auch erhält er seinen Beistand. Der Schultheiß bedingt sich aus, daß er, sofern auch eine Störung der Tagung eintreten sollte, so oft wieder richten darf, bis dem Kläger und strengen Recht Genüge geschehen ist. Der Stadtanwalt erhebt sodann die öffentliche Klage und begehrt die Verlesung der Urgicht; ebenso ein etwa vorhandener Privatkläger. Nach Bezeugung der Urgicht bittet der Kläger um die beiden Fronurteile über Schuld und Strafe, welche nun durch die Hausgenossen gefällt werden, worauf der Arme dem Nachrichter überliefert und durch Schultheiß und Stadtsöldner zur Richtstatt geleitet wird.[15])

Über das Urteil wird in früherer Zeit dem Kläger auf Verlangen ein Gerichtsbrief ausgefertigt und zu seinem Schutz stets vor der Richtung des Missetäters das Friedgebot ausgerufen.

Um noch einige praktische Fälle anzuziehen, so besitzen wir aus dem J. 1439 ein ausführliches Urteil, wornach drei „rechte" Landsdiebe *„das dan wissenlichen ward"* auf ihre Urgicht hin gerichtet wurden; *„nach inhalt der zetel* (Fragestücke) *und gesworen sag haben sy all drei den tod wol verdient"*. Wer sich diesen zu rächen vermißt, soll ihn ebenfalls erleiden. Daß das Vorbringen des Klägers durch den Mund seines Vorsprechen stets in ausführlicher Weise erfolgt, erweist der Prozeß des Juden Kalman im J. 1470; hier erteilen bereits die Hausgenossen des Propstgerichts das Urteil auf Frage des Vorsprechen, nicht mehr dieser selbst.

Beachtenswert ist ferner das Verfahren gegen den auf Veranlassung des Herzogs gerichteten Erlbach im J. 1472; man gewinnt hiebei Einblick in das Gebaren bei der strengen Frage, die merkwürdigerweise den Feinden des Inquisiten anheimgegeben ist.

---

[15]) Lit. 389, 180.

Daß dies öfter der Brauch, bezeugt ein Fall von 1460. wo der Rat Kunde erhielt, daß ein von ihm verfolgter Mörder zu Bruck dingfest gemacht worden sei. Er sucht beim Herzog um einen Rechtstag nach, sendet dann drei Beamte und einen Vorsprechen, diesen als Vertreter des Armen, und zwölf Fußknechte dahin, zahlt dem Richter den Fürfang, d. h. die Gebühr für die Festnahme und läßt den Mörder inquirieren und richten. Schließlich wird die gesamte Schar gefangen gelegt und gelangt erst nach Abordnung von Gesandten an den Herzog wieder in Freiheit.[16])

[16]) Urk. F. 435 (1439 Mai 20); Gem. 3, 95, 456, 507, 333, s. a. 4, 76, 214, 239, 443; über die Richtstatt s. bei Nachrichter.

Das Schiedsverfahren.

Die Taidigung erfreute sich als liebliche Richtung zumal im spätern Mittelalter eines stattlichen Anwendungsgebiets; erkor man ja doch von jeher gern diesen Mittelweg zwischen Übung der Privatrache und gerichtlichem Austrag. Manche blutige Familienfehde wurde auf solche Weise rasch und zur Befriedigung beider Parteien für immer zum Schweigen gebracht. War an sich jeder Bürger verpflichtet, bei Zerwürfnissen *„schiedenthalben"* einzugreifen, so bestrebten sich Meister und Rat nicht minder, Friedenstörer zu Paaren zu treiben und den widerlichen Handel auf dem Weg des Schiedsspruchs aus der Welt zu schaffen.

Und auf Grund dieses Rechts, jede Gefährdung des Stadtfriedens im Keim zu ersticken, maßte sich der Rat bald die Befugnis an, Bürger und sonstige Inwohner bei jeglicher Zwistigkeit vor sich zu berufen und durch sanft überredende Bitte wie unerbittlichen Zwang zur Versöhnung zu bringen. Und die Vorgeforderten taten gut daran, sich willig zu fügen. Wie oft heißt es: Die Herren wollten das Recht nicht, deshalb nahm man einen Hintergang hinter sie.

Freilich wurde dadurch der Kompetenz des Schultheißen und des Propstes viel Abbruch getan; wie die Inzicht, so kam ihnen ursprünglich auch die Taidigung in den ihnen unterstehenden Fällen zu, eine wichtige Einnahmequelle wurde ihnen durch solche Eingriffe verstopft. Aber vielleicht war es dem Rat weniger um eine Schädigung der letztern zu tun: Oft war die Urfehde leichter durch Vermittlung des Rats zu erzielen, als durch den strengen Entscheid des Gerichts, der wohl dem Geschädigten die ihm zukommende Genugtuung erwirkte, nicht aber genügenden Schutz gegen weitere Feindseligkeiten bot. Nicht selten wäre ferner der Täter, wie z. B. bei Totschlag im Unvermögensfall, auf offizielle Klage hin unrettbar dem Schwerte verfallen, wenn nicht der Kläger wie auch der Rat dank der Taidigung sich mit geringerer Buße und Entschädigung begnügt hätten. Ferner vermochte es die Stadtbehörde dadurch zu verhüten, daß ein hochgeachteter Bürger durch einen mißliebigen bei Geltendmachung des strengen Rechts eine empfindliche Niederlage erfuhr. Endlich mochte es nicht an Streitigkeiten mangeln, deren Kundbarmachung dem Rat selbst wenig zur Ehre gereichte, bei denen es daher geraten war, sie in aller Stille zu erledigen.

1459 hat die H. den K. P. einer *„intzigk"* beschuldigt, *„der si zu im nicht hat pringen mügen, dawider der K. sein recht poten hat; sind si paiderseit der sach zu der gütikait hinter den rate gegangen"*. Dieser stiftet zuerst Frieden, wer ihn bricht, der soll an Leib und Gut gestraft werden; dann hat die H. Abbitte zu leisten: *„dax si vom K. nicht anders wiß, dann gut, und in pitten durch gots willen, ir dax zu vergeben"*.

Von den verschiednen Taidigungen bei Totschlag, bei denen außer Buße und Wergeld auch Wallfahrten und Seelmessen angeordnet werden, ist die wegen eines Kinds um 1380 bemerkenswert, wobei der Rat und der Täter je vier Schiedsleute ernennen, der Vater aber als Obmann dient. Der Schuldige gelobt hier, zehn Jahre nicht mehr Ratsmitglied zu sein, noch Schwert und Messer zu tragen, keine Freistatt zu betreten, kein Bündnis einzugehen und endlich allen, *„di mir wider gangen, genzlich und liepleich freunt zu sein"*.[1])

Mitunter enthalten die Taidigungsbriefe lediglich den Grund der Anrufung der Stadtväter und das Gelöbnis, sich dem Strafausspruch derselben unweigerlich fügen zu wollen. So 1356, wo zwei Bürger verschiedne Händel mit verdachtem Mut und gutem Willen den *„lib herren ze schiedung"* überlassen, diese *„trwlich und an alles gevär"* zu halten geloben und zur Bekräftigung dessen den Brief mit ihren Insiegeln übergeben. 1432 unternehmen die Erben eines Steuerhinterziehers einen Hintergang hinter den Rat und erklären, sich an dessen Entscheidung halten zu wollen. Häufig werden ferner die Verfehdeten offiziell vor den Rat gefordert und zum Vergleich gezwungen; so in einem Streit wegen einer Spielschuld im J. 1368. Hervorzuheben ist, daß vielfach auf die eingehende Prüfung der Sache unter Verhörung von Zeugen Bezug genommen ist, so daß der Handel durch den Schiedsspruch des

---

[1]) Lit. 408, 169; Lit. 296, 145b.

Rats nicht selten gründlicher erledigt werden mag, als mit Eid und Helfern vor Gericht. Eine wenig ehrenvolle Rolle spielt der Rat bei der Taidigung mit Frumolt und seinen Genossen im J. 1339, der dann rettungslos der Rache seiner Widersacher zum Opfer fällt.[2])

Selbstverständlich kommt auch dem Schultheißen ein umfassendes Taidigungsrecht in den ihm unterstehenden Fällen zu. Von Interesse ist ein Beispiel von 1363, wo jener mit einem Kürschner um 50 *tt* *„abgedingt und getaedingt hat"*. Dieser schwur zuerst, jenem, seinen Gesellen und Helfern fortan keinen Schaden (*mit worten, werken, haimlich, offenlich, an alle gevär*) zufügen zu wollen: *„darumb han ich in gesichert seinen leip und sein gut ungeverlichen für mich und alle die, der ich gewaltig pin. also, ob er oder sein hab fürbaz iender von unser dhainem begriffen oder bekümmert würd, so suln wir in ze hant ledig lazzen an allen sinen schaden."*[3])

Taidigen mit Feinden der Stadt ist verboten, ebenso eine heimliche Richtung bei Verwundungen und in sonstigen Fällen, wo Gefahr besteht, daß den Bürgern wie dem Gericht die ihnen zustehende Gebühr entzogen werden könnte. Im übrigen ist Taidigung sogar geboten, so vor allem in Schuldsachen; aber auch außerdem heißt es: *„es soll allweg ain schulthaiß und beisitzer vor eroffnung der urtail ersuechen, die partheien gutlich zu vertragen; wo aber die gütigkeit nicht mocht gefunden werden, alsdann mit urtail dorumb sprechen."*[4])

Freilich ist die Taidigung nicht immer von Erfolg bekrönt, so namentlich wenn Ritter und andere Befehder, welche der Stadt schwere Opfer kosten, in Frage stehen. Hier zieht letztere nicht selten den kürzern.[5])

---

[2]) Urk. F. 103 (1356 Feb. 14), F. 400 (1432 Okt. 29), F. 144 (1368 Aug. 9), F. 43; s. a. eine Taidigung vom J. 1323; wer des Friedbruchs überführt wird, sühnt mit Leib und Gut. Ub. 462.

[3]) Urk. F. 143 (1363 Aug. 19).

[4]) *mein herrn pietent, das all unser burger irn mairn und hindersazze ernstlich verpieten, das si mit den veinten umb dhein gelt nicht abteydingen sullen. welher das tät, den wellent m. h. selber heissen abprennen und darzu selb an leib und gut pessern, und welher abgeteydingt hiet, der sol darwider absagen und nicht zaln,* Lit. 297, 36 (1388); Lit. 384, 41; Freyb. 61, 54, 32—34; Lit. 380, 18; Jur. I, Nr. 1, 5 (StadtA.). Taidigung mit Verbrechern untersagt gem. Landfr. 1369, 1374.

[5]) s. hier auch die Taidigung Ottos des Velbers mit bischöflichen Räten, Raub und Totschlag betreffend. Er wird abgefunden, Ried 2, 818 (1321).

Die Berufung (Gedinge).

Das Schelten des Urteils ist untersagt: *„spricht einer an offner schrann, im sei nicht ein rechts recht widergangen“*, der büßt dem Richter wie jedem am Votum beteiligten Hausgenossen mit 3 ℔ 60 ₰.[1])

Bei Berufung gegen ein Urteil aber hängt des Streites Ausgang völlig vom Gutdünken des Rats ab. Es wurde ihm dadurch auch die Machtvollkommenheit verliehen, jede Kränkung eines Bürgers durch die städtischen Gerichte wieder wett zu machen. Außerdem vermochte er zu verhindern, daß seitens des Gerichts vor Fällung der Entscheidung bei fremden Gerichten und Städten Rats erholt wird.

1312 bestätigt K. Heinrich das Privileg, *quod a sentenciis tam interlocutoriis, quam diffinitivis iudicum tam episcopi, quam ducis appellatur ad magistrum et consules civitatis,* wonach also gegen Urteile allerlei Art, Zwischen- (Beweis-) und Endurteile (*dy mit unterred geschehent und die sach auf ein end pringent*) lediglich der Rat um Hilfe angegangen werden darf. Ähnlich K. Ludwigs Privileg von 1315: *„daz nyemant von kainerlai urtail, dy gegeben wirt durch ir richter, dy da recht zu sprechen habent innerhalb der mawr, nicht verrer gedingen mag, dann allain für iren rate“*, ein Recht, an dem der Rat, wie am Verbot des Ladens vor fremde Gerichte mit aller Energie festhält. Überhaupt maßt er sich die Befugnis an, die Richter, sofern sie, zumal bei Anfertigung von Bußen, zu rigoros vorgehen, zu maßregeln; *„ob ich jeman wolt zu swär sein in dem gericht“*, heißt es 1391 in des Schultheißen Gumprecht Bestallung, *„waz mich dann mein herrn vom rat haizzen tun, das sol ich in gehorsam sein on alle widerred“*.[2])

---

[1]) Freyb. 53.

[2]) Ub. 278, 307; Urk. F. 83 (1347), F. 232 (1391 Juni 26); Lit. 296, 64 (1355).

„Wann zwen purger mit einander zu rechten habent, die mügent wol der urtail gedingen fur der stat rat; wer der urtail dingen wil, der muß haben zwen hausgenossen.“ [3]) In Hinsicht auf die ehedem dem Friedgericht allein unterstehenden Fälle, d. h. die sog. Friedbruchsachen, ist bei denjenigen, die vor dem Friedrichter abgewandelt werden, das Dingen an den Rat natürlich stets möglich, während bei denen, die der Rat selbst erledigt, da ja ein Appellieren an Kaiser und Reich untersagt ist, ein weiterer Rechtszug ausgeschlossen ist.

Steht *„deuf“* in Frage, so ist das Dingen nur solchen zugestanden, welche ungebunden und ungefangen vor die Schranne kommen.[4]) So ist denn auch in peinlichen Fällen, die an das Leben gehen, dieses Rechtsmittel nach Ausspruch des Todesurteils unzulässig; hier kann der Rat allein durch Ausübung seines Begnadigungsrechts den Vollzug desselben verhindern.

Später ist die Appellation vierzehn Tage nach dem Urteil beim Rat schriftlich einzureichen; wer dies früher vornimmt, verliert jedes Anrecht hierauf. Nach weiteren zwei Wochen muß dann der Rat im Besitz der Akten sein; ist das Stadtgericht in der Erledigung der Sache säumig, so darf der Appellant nach Ablauf derselben Frist beim Rat mahnen.[5])

---

[3]) Freyb. 79. [4]) Lit. 297, 34. [5]) Lit. 380, 18; Lit. 384, 178, 16.

Acht.

An die alte Friedlosigkeit gemahnend, findet sich die Androhung der Acht anstatt bestimmter Strafen vornehmlich in den frühesten Privilegien vor, so 1207 und 1230 gegen den, der ein theatrum ludi errichtet, der in friedengefährdender Weise Muntmannen wirbt oder der Bürger Gut raubt und schiffbrüchige Waren an sich nimmt. Domvogt und Burggraf dürfen nur auf Erkenntnis ihres echten Dings hin Bürger ächten. Wer ferner Ächter haust, dem wird nach altem Rechtsgrundsatz das Haus gewüstet, seit 1207 kann sich der dessen bezichtigte Bürger durch Eineid, während eines beschwornen Friedens mit zwei Eidhelfern oder durch Unterwerfung unter das Wasserordal (1230 fällt dieses weg) ledigen und vor jener drakonischen Maßnahme retten. [1])

Wie sich die Bürger durch königliche Freiheiten vor der Belangung durch fremde Gerichte sichern, so wird diesen auch die Ächtung von solchen untersagt. Immerhin werden Stadt und Rat nicht selten vom Herrscher des Reichs wie fremden Gerichten geächtet, was mitunter hohe Geldopfer heischt. Endlich verhängt die Stadt selbst in zahllosen Fällen die Acht, so gegen solche, welche, vor das Stadtgericht zitiert, ungehorsam ausbleiben oder flüchtig werden, welche Bürger unbefugt festnehmen oder vor ein fremdes Forum laden. In mehreren Urfehden werden diejenigen, welche wider das Verbot zurückkehren oder bestimmte Auflagen nicht erfüllen, als Ächter und übersagte Leute erklärt, die dann bei Wiederergreifung ohne weiteres Urteil gerichtet werden sollen. [2])

---

[1]) Ub. 48, 57, 629.

[2]) Lösung der Stadt von der Acht des Nürnberger Landgerichts, Urk. F. 137 (1366 Okt. 13) und Lit. 363, 125 (1439); Lösung aus der Acht durch Kaiser Maximilian, Urk. F. 626 (1495 Juni 20); Ächtung eines, der vor fremde Gerichte geladen, Ub. 277 (1316); Ächter, wer den andern unbefugt in der Stadt festnimmt, Freyb. 68; übersagter Mann, wenn aus Gefängnis geht, Lit. 372, 54 (1369).

Die Achterklärungen sind in zahlreichen Stadtbüchern verewigt, welche zugleich die Namen und Taten von Verbrechern und Feinden Regensburgs wie anderer Städte in sich schließen, damit *„ire poshait und übeltät nicht vergessen werd, domit di pösen kräuter aus den guten gejeten, hingeworfen und verderbet werden“*. Das erste derartige Stadtbuch wurde 1308 durch Ratsbeschluß angelegt.[3])

Urfehde.

Während ursprünglich die Urfehde von den sich Befehdenden nach Taidigung und Sühne geschworen wird, um damit Feindseligkeiten endgültig zum Schweigen zu bringen, wird sie außerdem bis in späte Zeit von Delinquenten jeglicher Art bei ihrer Entlassung aus dem Gefängnis abgefordert, sei es daß hierauf überhaupt keine Maßregelung eintritt oder der Gelobende unverweilt zum Tor hinauswandern muß. Aber auch der vielleicht nach langer Haft und strenger Folter als unschuldig erkannte Freigelassene wird hiezu verpflichtet, sei es auch nur, um sich zu sichern, daß jener für die erlittene Unbill keine gerechte Rache übt. Der Inhalt der Urfehden ist mitunter sehr umfangreich, die hiebei gemachten Versprechungen sehr mannigfaltig, so daß es dem Schwörenden häufig schwer fallen mag, sie alle im Gedächtnis zu behalten. Kein Wunder, daß dann nicht selten die ganze Urfehde in den Wind geschlagen wird.

Auch in Regensburg wird die schlechte (schlichte) Urfehde von der förmlichen unterschieden, bei welch letzterer mitunter ein sorgfältig ausgeklügelter, „gelehrter“ Eid unter Beiziehung von Zeugen und Bürgen auferlegt wird. Diesfalls bringt man die Urfehde nicht selten in Schrift, d. h. entweder durch Anfertigung eines besondern Dokuments unter Aufführung von Zeugen und Beigabe von Siegeln oder durch Eintragung in das Acht- oder Urfehdbuch. Bei Juden kommt hier die Selbstverfluchung vor unter Auflegung der Hände auf die Bücher Mosis. Hier und da heißt es, daß der Missetäter einen Gefängnis- oder Galgenbrief ausgestellt habe, auf Grund dessen er bei nochmaliger Verfehlung mit ausgiebiger Gefängnishaft bedacht oder aufgeknüpft werden soll.

---

3) Lit. 372, 1; Lit. 398; Lit. 409½; Gem. 1, 466; *K. W. ist widerumb ausgetan, stet in der verzeichnus des rats handpuchs von deuf wegen,* Lit. 408, 132; Ub. 241 (1308).

Mitunter schwören mehrere miteinander, einmal eine ganze Gemeinde. [1])

Was die Versprechungen der Verurfehdeten anlangt, so kennt man hiefür lediglich bei der schlichten Urfehde ein bestimmtes Formular, sonst werden jene den jeweiligen Verhältnissen angepaßt. Sie betreffen vor allem die Erfüllung von Verpflichtungen, so: dem Gegner den Schaden zu ersetzen, auswärtige Forderungen zu begleichen, Weib und Kind freundlich zu halten, sein Vermögen richtig zu verwalten und seiner Frau hiefür Bürgen zu stellen. Ferner eine bestimmte Strafe zu erdulden: Buße zu zahlen, der Stadt Dienste zu leisten, Zinnen zu mauern, am Graben zu arbeiten, die Stadt zu meiden, nach Böhmen (England, Frankreich, Preußen, Rhodus) zu wandern, in den Turm zu gehen, an Leib und Gut leiden zu wollen und dem Rat zu überlassen, welche Strafe er verhängt. Endlich will man noch besondern Auflagen gerecht werden, wie: sich den Nürnbergern zu stellen, wenn sie es fordern, sich bei Ansprüchen an Rat und Gericht, an das Chorgericht oder Kapitel zu wenden, den Rat bei Auflauf zu warnen. Ein gefährlicher Droher gibt der Stadt Freundschaft! [2])

Daneben treten Verzichtleistungen und zwar: Der Verzicht auf Rache seinen Feinden wie der Gemeinde gegenüber, auf Ansprüche, die er ungerechtfertigterweise erhoben, zehn Jahre weder als Ratsherr, noch als Richter, Urteiler zu fungieren, alle „Gewerb und Hantierung" für ein Jahr zu meiden, nicht zu seinen Werkgenossen bei einer Schau oder einem Kauf zu gehen, in keine Freiung, Schutz, Bündnis sich zu verfügen, keine Freiheit zu erwerben, Wein- und Leithäuser, unendliche Stätten, Würfel, Kugelspiel zu meiden, nach Bierglocke nicht auf die Straße zu gehen,

---

[1]) Schlechte Urfehde, Lit. 596, 32; Galgenbrief, Lit. 408, 126; Gefängnisbrief. Lit. 398, 10; gelehrter Eid, Lit. 296, 94; Zeugen, ibid.; Jude Selbstverfluchung, Lit. 408, 29, Urk. F. 576 (1475 Aug. 4); Judenmeister gibt Eid, Lit. 408, 34; Siegler (Propst), Ub. 959; fünf zugleich, Urk. F. 478 (1449 Mai 2); im Beisein Wissender (1447), Gem. 3, 171.

[2]) Verpflichtungen: Bürgen (Leisten) s. bei Bürgschaft, Lit. 596, 276; die gesamte Freundschaft bürgt, Urk. F. 441 (1440 Jan. 22); Urk. (bisch. Arch.) F. 44 (1437); Lit. 372, 68; Dienste leisten (mit 24 Spießen, 1393), Lit. 296, 95; Buße zahlen, ibid., an Leib und Gut, ibid. 138, 141; Zinnen mauern, Lit. 372, 32; Lit. 297, 66; am Graben arbeiten, Lit. 409½, 65; bei Auflauf warnen, Lit. 296, 145 b; Schaden abtun, Lit. 596, 23: zahlen, was kauft, ibid.; Stadt meiden, Lit. 296, 165; Lit. 408, 126; Lit. 398, 25; Urk. F. 441 (1440 Dez. 1); wenn zu klagen, nur vor Rat und Gericht, Lit. 596, 102; Lit. 363, 268 usw.

kein Messer, Schwert (zugleich mit seinen Dienern) bei sich zu führen, seiner Frau Kleinodien nicht zu verkaufen, nichts mehr mit dem Täter zu schaffen zu haben. Er erklärt sich auch damit einverstanden, daß keine Hilfe und Fürbitte ihm mehr nützen, daß er weder Friede noch Geleit genießen soll. Endlich trifft man die Bitte, ihn am Leben zu lassen oder wieder in die Stadt kommen zu dürfen.[3])

Wer sein Gelöbnis mißachtet, insbesondere unbefugterweise zurückkehrt oder Feindseligkeiten wider die Stadt begeht, den trifft die Strafe des Urfehdbrechers. Mitunter deutet man auf eine derartige Sühne bereits in der Urfehde hin. Wird einer, der wegen einer Missetat gerichtet werden sollte, zur Verbannung begnadigt, so droht man für den Fall der Rückkehr, über ihn die ihm ursprünglich zukommende Strafe verhängen zu wollen. Vielfach erklärt sich der Schwörende damit einverstanden, bei Urfehdbruch Strafe an Leib und Gut, Gefängnis, Verbannung (oder, wie ihn eben der Rat ahnden will) erdulden zu wollen. Es scheint eine derartige Zusicherung eigentlich überflüssig, da ja auch ohne diese der Rat den Eidbrüchigen empfindlich strafen kann und wird. Man darf aber nicht vergessen, daß die in den Urfehden angedrohte Strafe meist diejenige ist, die er an sich schon wegen seiner Tat hätte erdulden sollen, so daß die Urfehde in diesem Fall den Charakter eines bedingten Endurteils besitzt. Nicht selten heißt es, daß der Gelobende bei Bruch als meineidiger, übersagter, schädlicher Mann gelten wolle, womit dem Rat bei der Strafauswahl völlig freie Hand gegeben ist.[4])

Bei besonders unsichern Kantonisten, bei denen zu gewärtigen, daß sie trotz des Schwurs die Feindseligkeiten wieder beginnen

---

[3]) Verzichtleistungen: auf Ansprüche, Lit. 296, 138; auf Rache, allen Freund sein, ibid.; Lit. 296, 145; Lit. 372, 56; Ub. 785, 1079; nicht mehr mit dem Täter verkehren, Lit. 409½, 41; auf anderer Beistand und Fürbitte, Ub. 207; Lit. 596, 26; kein Schwert und Messer tragen, Lit. 296, 145b; Lit. 372, 87; Lit. 596, 101; zehn Jahre von Rat und Gericht, Lit. 296, 145b; Lit. 372, 32; in keine Freiung gehen und keines Schutz anrufen, kein Bündnis schließen, Lit. 372, 87; Weinhäuser, Hurenhäuser, unendliche Stätten, Spiel meiden, nach Bierglocke nicht auf Straße gehen; nicht mehr zu einer Schau oder einem Kauf seiner Werkgenossen kommen, alle Gewerbe und Hantierungen meiden u. dgl. m.

[4]) Androhungen bei Urfehdbruch: kein Fried und Geleit, Lit. 296, 165; Lit. 596, 137; Strafe an Leib und Gut, Lit. 297, 33; Gem. 3, 146; Verwirkung des Lebens, Urk. F. 466 (1446 Nov. 15); nach der Tat, Lit. 596, 135; für immer verbannt, Lit. 596, 130; als meineidig gestraft, Lit. 596, 169; als schädlicher Mann, ibid., 276; als übersagter Mann, Lit. 296, 165; Lit. 596, 23, 142; Urk. F. 94 (1353), Gefängnisstrafe Ub. 752.

oder ihrer verbrecherischen Tätigkeit huldigen werden, fordert man obendrein die Stellung von Bürgen. Letztere werden mitunter verpflichtet, den Meineidigen sofort dingfest zu machen und dem Rat zu überliefern. [5])

Ursprünglich scheint der Urfehdbrecher mit der Friedbruchsühne (Handverlust) bedacht worden zu sein, die auch dem unbefugt aus der Verbannung Zurückkehrenden blühte. Es werden jedoch stets weit härtere Strafen verhängt, da eben in der Regel auf die in der Urfehde angedrohte Ahndung Rücksicht genommen wird. So lesen wir: Enthauptung, ewige oder zehnjährige Verbannung mit Güterverzicht wie zehnjähriges Gefängnis. Einem, dem für ein Jahr die Ausübung eines Gewerbes in der Stadt untersagt worden war und der dies nicht beachtete, wird jene für vier Jahre verboten. Buße und Verbannung trifft den, der mit einem Urfehdbrecher in Verkehr tritt. [6])

Bürgschaft.

Vor allem ist hier das *„verporgen“* bei der Generalmusterung am Purting von Interesse. Wer nicht aus der Stadt hinausgejagt wird, muß für sein künftiges Wohlverhalten Bürgen stellen. Die hiezu Verurteilten, deren Namen man entweder öffentlich ausruft oder „heimlich auffordert“, müssen sich tags darauf mit ihren Bürgen auf dem Rathaus einfinden. Vermögen sie dies nicht, so ist Verweisung ihr Los.

Die Bürgschaftssumme beträgt, wie erwähnt, meist 3 ℔; als Bürgen treten häufig nahe Verwandte auf, bei den Dirnen, die ein stattliches Kontingent hiebei ausmachen, nicht selten ihre Liebhaber. Einmal liest man für Verbürgen *„uberwett“*. Wer ein Haus besitzt und zumal in diesem bedenklichem Gelichter Unterschlupf gestattet, verbürgt mit diesem; zuweilen setzt man verschiedne Gegenstände als Pfand ein. Abgesehen von den Bürgen und der Summe, für deren Zahlung sie einstehen, werden die Gelöbnisse der Gerügten, mitunter auch Zeugen im Stadtbuch verzeichnet. Einer setzt zur

---

[5]) s. bei Bürgschaft.

[6]) Enthaupten, Lit. 399, 169; Handverlust, Freyb. 78; für immer verweisen, Lit. 408, 124; Lit. 596, 267; Urk. F. 390 (1430 Aug. 14); zehn Jahr Verbannung und Güterverlust, Urk. F. 459 (1445 Mai 14); Gefängnis, Gem. 1, 415, 463; s. a. d. Urfehde des Conr. v. Stolzenfels (1269); bei Bruch geht er des Falkensteins und anderer bisch. Lehen verlustig, Ried 1, 536.

Verbürgung noch Hand und Fuß; den Bürgen wird Regreß an Leib und Gut ihrer Schützlinge zugesichert. Einer Dirne läßt man die Wahl zwischen der Verbürgung und der Einschaffung in das gemeine Frauenhaus; einer schenkt man das Verbürgen, da sie sich erboten, in einen ehrbaren Dienst zu treten. Eine Verwiesene darf auf Fürbitte hin nach Setzung von Bürgen in der Stadt verkehren, wenn auch nicht ständig wohnen. Bei Bruch des Versprechens wird mitunter auf ewige Verweisung erkannt, und die Bürgen werden in jedem Fall zur sofortigen Zahlung aufgefordert.[1])

Diese Maßnahme ist äußerst praktisch; es wird hiedurch eine lediglich bedingte Verurteilung ausgesprochen und damit dem vom richtigen Wege Abgewichenen die Möglichkeit eröffnet, ohne Ehrenminderung und Verlust der Heimat wieder ein gemeinnütziger Bürger und Insasse zu werden. Es handelt sich meist um Einheimische, da besonders mittellose Zugewanderte kaum Bürgen auftreiben werden, ferner um geringere Reate, nicht selten nur um einen ausschweifenden, verschwenderischen Lebenswandel. Von einem leichten Makel sind sie freilich immerhin betroffen, zudem im Stadtbuch verzeichnet; am nächsten Purting wird es sich dann endgültig zeigen, ob sie reif zur Auskehr sind.

Daneben spielt die Bürgschaft in Urfehden eine bedeutsame Rolle. Man verbürgt sich hier z. B., keine Rache an der Stadt und dem Kläger zu üben, jene nicht mehr zu betreten, sich auf Verlangen wieder zu stellen, Buße und Ersatz zu leisten und sonstige lästige Auflagen zu erfüllen. So auch in Fällen, wo ein Ehegatte den andern übel behandelt, für Zusicherung besseren Benehmens oder eines Vermögensbetrags bei notwendiger Trennung. Eine, die ihrem Mann Geld entwendete, wird, statt gerichtet zu werden, für immer des Gebiets verwiesen; sie gelobt, niemals zurückzukehren, und setzt hiefür Bürgen und Selbstschuldner. Einer mißhandelte seine Frau und wurde auf ihre Veranlassung hin festgenommen. Da sie aber nicht klagen und Bürgen stellen wollte, läßt man ihn nach langer Gefangenschaft gegen Bürgschaft frei. Ein Mann wird eingelocht, da seine Frau, für die er sich verbürgt, das Gelöbnis nicht gehalten.[2])

---

[1]) s. bei Stadtauskehr; Lit. 409½. an versch. O.; Freyb. 76, 75, 77, 80; Freyb. 26; Gem. 1, 463.

[2]) s. bei Urfehde; Lit. 371, 33; Lit. 596, 40, 111, 112, 18, 127, 130, 162; Urk. F. 441 (1440 Jan. 22); Lit. 298½, 249; Lit. 596, 130; Urk. F. 138 (1366 Juni 27).

Sonst ist Verbürgung bei allen Verbrechen denkbar, sofern infolge Fürbitte Ledigung von der Strafe oder Milderung derselben und insbesondere Verweisung eintreten. Die Höhe der Bürgschaftssumme ist sehr verschieden. Vielfach haben auch die Bürgen mit Knechten und Pferden geiselsweise in einem Regensburger Gasthaus zu „leisten“. Von wichtigeren Fällen ist noch der der Auer (1343) zu erwähnen, welche ihren Bürgen Burgen verschreiben müssen. Bei Gainkofer (1344) verbürgen sich Grafen, Ritter wie deren Freundschaft, ähnlich (1440) bei Sattelboger. Für Frumolt (1339) haften die Bürgen noch nach dessen schimpflicher Richtung.[3])

Sehr häufig verbürgt man sich ferner für Schuldner und solche, die vom Gericht zur Leistung von Bußen verurteilt wurden. Bei Friedbruchsachen wird für das letzte Drittel des Wandels die Frist von einem Jahr gewährt; wer verbürgen will, soll auf Aufforderung hin selbdritt, d. h. mit zwei Bürgen vor dem Rat erscheinen. Nach der spätern StGO. hat bei Verurteilung zur Buße der Fremde im Gegensatz zum Einheimischen sofort zu verbürgen. Endlich stellt man Bürgen, wenn man einen festgenommenen schädlichen Mann zu überwinden verspricht. Bei Rücktritt, so namentlich, wenn die Helfer versagen, geht man der eingelegten oder von den Bürgen zugesagten Summe verlustig.

1431 wird einem die Stadt für ein Jahr verboten, da er einem armen Mann, d. h. hier wohl einem Schuldner, *„sein recht zu porgen verwarloset hat“*.[4])

---

[3]) Gem. 2, 37, 41; 3, 97; 2, 19; s. Delikte wider die Obrigkeit.

[4]) Freyb. 36, 48, 49; Lit. 298, 5; Freyb. 17; Lit. 384, 182; Urk. F. 493 (1453); Lit. 596, 106, 144.

Das Strafrecht.

Allgemeiner Teil.

Das Verbrechen.

Der Verbrecher heißt schädlicher Mann, so auch im ältesten Halsgerichtsformular (in den spätern der Arme); wer schädliche Leute in das Gefängnis bringt und nicht richten will, verwirkt 5 ℔. Das Hausen solcher ist bei Buße und Verweisung untersagt.

Der schädlichen Leute ist des öftern in den gegen sie gerichteten Privilegien gedacht. So 1315; 1331 liest man *turbatores pacis et homines facinorosi,* 1347 *betrüber des frieds und schedlich menschen.* Daß der Totschläger als nicht minder schädlich gilt, zeigt, daß man ihm anläßlich des Turniers im J. 1408 neben dem Mörder, Brenner, Räuber und Dieb den Einlaß verweigert. Als schädlich soll ferner derjenige behandelt werden, der, aus irgendwelchem Grund verwiesen, dies Gebot mißachtet und trotzig in den Mauern bleibt, wer, zumal heimlich, im „Tännl" geht oder — was in früherer Zeit straflos war — bei Gelegenheit einer Feuersbrunst eine fremde Sache an sich nimmt.[1])

Außerdem droht man, besonders in Urfehden, als schädliche Leute richten zu wollen: einen, der sein Weib mißhandelte, sowie einen Totschläger mit seinen Knechten (1362). Man verweist diese für immer: *„wo man di ankumt, di wil man fur schedlich leut haben; ob si daruber herinriten, sol man si anvallen für schedlich*

[1]) Freyb. 58; Lit. 596, 106; Freyb. 25; Urk. F. 421 (1436 Aug. 14); 1315: Lit. 363, 89 (lat.: Ub. 310); 1331: Ub. 630; 1347: Lit. 363, 32 (lat.: Ub. 1200); Gem. 2, 380; Lit. 409½, 33, s. bei Stadtauskehr; Lit. 409½, 33; Lit. 297, 34; Freyb. 23.

leut". Ferner wegen eines schädlichen Schreibens (1344), wegen unbilliger Frevel gegen die Freiung des Spitals (1404), wegen Nötigung und anderer „*belaymung*" (1443), wegen „*briefs und aidprechen*" (1446), wegen Diebstahls (1458). Eine Apothekerin, die infolge Spiels und unehrbaren Lebens in das Gefängnis geriet, läßt man 1425 frei; sollte sie ihrer Urfehde nicht gerecht werden, soll man „*hintz ir richten als einen schedlichen weib*".

Wie der am Purting Verwiesene an sich nicht als schädlich gilt, sondern nur, wenn er die Stadt nicht verläßt, so sollen auch jene der peinlichen Sühne nur unterworfen werden, wenn zu ihrer Verfehlung der Urfehdbruch als erschwerend hinzutritt. Man ersieht übrigens aus jenen Beispielen, daß auch in Regensburg schädlich lediglich verbrecherisch bedeutet; in den städtischen Satzungen werden zudem Diebe und Räuber niemals mit dem Epitheton schädlich bedacht. Mitunter macht man jemand „*um schädlich sach*" dingfest, 1405 verweist man Knechte, die einen bei Nacht *väring und schädlich* geschlagen haben. [2])

Übersagt findet man teils in Verbindung mit schädlich, ferner bei Totschlag, Ehebruch, Bedrohung eines Pfarrers und einem, der sich für einen Priester ausgab und terminierte. 1455 verweist man H. Helbling wegen Giftmordversuchs; bei unbefugter Rückkehr will er als ein *veher*, meineidiger, treuloser, übersagter Mann sühnen. Wer mit zweien übersagt ist, gilt als veher Mann (*faidosus*). Übeltätig wird vor dem 16. Jh. selten gebraucht, einmal einem Ehebrecher gegenüber. Zuweilen liest man schol und selbschol (schuldig); wer einen Ächter haust, über den soll man richten, wie über den selbscholen. Am meisten ist endlich der Verbrecher nach der von ihm begangenen Tat (Morder, Rauber, Chetzer) benannt. [3]).

Für Verbrechen verwendet man: „*tat, getat, untat, ungetat, schuld und tat, geschicht, schaden* (so bei Totschlag), *unbillich, unfür*

[2]) Lit. 596, 276; Lit. 372, 68; Ub. 1079; Lit. 596, 26; Urk. F. 453 (1443 Juli 2); F. 451 (1443 Juni 23); Lit. 596, 267; ibid. 137; Urk. F. 166 (1374 Mai 5); Lit. 409½, 55.

[3]) Urk. F. 453 (1443 Juli 2); Lit. 296, 165; Lit. 596, 168; Urk. F. 292 (1403 März 8), F. 162 (1372 Mai 26), F. 504 (1455 März 19); 1475 schwört ein Jude, bei Urfehdbruch als „*veher, verachter, mainaidiger, sigelbruchiger, untüchtiger, erloser, verschmechter, judenpennyger jude*" gelten zu wollen, F. 576 (1475 Aug. 4); übersagter, *veher*, schädlicher Mann, Urk. F. 453 (1443 Juli 2); übeltätig, Lit. 596, 289; Freyb. 69, 68.

und unerber sach. Geschicht deutet einmal auf einen gewalttätigen Angriff hin: *„ist das ein geschicht in der stat geschicht, wem dew wydervert, der sol darumb ain recht vodern; wer da gewalt furet und rechtens nicht envodert, dem sol man es anpieten“.* Aber auch: *„ist das ein geschicht geschicht von den richtern des frydes oder irn lewten, das der stat zu gevär geschicht.“* Hier handelt es sich überhaupt um eine gesetzwidrige Handlung.[4])

Frais ist bei schweren Delikten üblich: *„umb dewf und frays wird niemand ein anweiser erlaubt“.* Im Gegensatz hiezu unfraidig: *„so sol si ainen aid swirn, daz si mit der hab unflüchtig und unfraidig sei.“* Auch „Grausen“ sei hier erwähnt: *„swer jeman grausen von dem andern sagt.“* Gever, gevaer erfreut sich verschiedner Bedeutung: Es entspricht teils der Gefahr, so wenn einer seine Eidhelfer nicht *on gever* beizubringen vermag oder etwas der Stadt *zu gevär geschicht*, teils dem arglistigen Vorgehen, worüber Näheres bei Vorsatz. Endlich steht es für Gewere; *„der soll nutz und gever pringen“.*[5])

Die Bezeichnung „handhafte Tat“ kommt nicht vor, dafür „an wahrer Tat“, „Handtat“ oder „mit Untat begriffen“. Die Tat ist ferner *offentat*, die gewiß oder ungewiß, oder nicht *offentat.* Bei beiden strebt man darnach, daß sie *„werlich erfunden“* oder der Täter mit Wahrheit überwunden wird. Das Klagen um *„chunt und gewissen“* spielt zumal bei den Fällen des „moltigen Munds“ eine Rolle.[6])

---

[4]) wahre Tat, Urk. F. 429 (1438 Dez. 15); *hantat*, F. 467 (1446 März 14); mit Untat begriffen, Lit. 408, 126; *offentat*, Freyb. 76, *geschicht*, Freyb. 73, 77. Häufig ist gesagt, man wolle etwas für eine Untat halten, was der schädlichen Sache gleichkommt, so wenn einer den weißen Brüdern hilft oder als *„swertfürb“* geschliffene Waffen hergibt, Freyb. 24, 14.

[5]) *frais, fraidig*, Freyb. 41, 46, 149, 118; *gever*, Freyb. 46, 68, 69, 77, 79.

[6]) s. Anm. 4; *werlich, mit wahrheit*, Urk. F. 465 (1446 März 4); Freyb. 70, 94, 96; *kund und gewiß*, Freyb. 48, 76; s. bei Anklageverfahren; bezüglich des moltigen Munds bei Strafausschließung, Anm. 1.

Der verbrecherische Wille.

Die Zurechnungsfähigkeit.

Jugend. Kann ein Knabe, der noch in vogtbarem Alter steht, nur durch seinen Vormund handeln, während ihm, wenn er zu seinen Jahren gekommen ist, kein Anweiser mehr erlaubt wird, so scheint die Vorschrift, daß *„umb dewf und frays"* überhaupt kein Anweiser zugebilligt ist, allgemeine Bedeutung zu besitzen. Wir sehen wenigstens im Fall Egk einen Knaben selbständig vor dem Rat als peinlichen Kläger auftreten: da er das mit seinem Gut nicht vermag, wolle er es mit seinem Leib verbürgen.[1])

In Hinblick auf die Strafmündigkeit entbehren wir bestimmter Normen. Jedenfalls wird auch der noch binnen seinen Jahren Stehende wie ein Volljähriger zur Rechenschaft gezogen, sofern aus seiner Handlungsweise zu entnehmen, daß er sich der Schwere seiner Tat völlig bewußt war. Das übrige hängt dann von seiner sozialen Stellung ab. Ist er ein Habenichts, so schafft man ihn, wenn man nicht peinlich gegen ihn vorgeht, wenigstens aus der Stadt. Ist er dagegen eines angesehenen Bürgers Sohn, so kann er sich manchen Unfug gestatten; auch bei schweren Verletzungen wird es ihm leicht fallen, die Bußen aufzubringen, durch deren Erlegung er der Leibesstrafe entschlüpft. Dazu dürfte, wie allerorten, bei straffälligen Kindern von der Rute ausgiebig Gebrauch gemacht werden, sei es durch den Vater oder Vormund, eventuell auf Geheiß des Rats, oder öffentlich durch den Büttel. So heißt es, daß Kinder, welche um Geld spielen, durch Stadtknechte und Wachtbüttel festgenommen und nach Wegnahme ihrer Pfennige vor dem Rathaus nach Erkenntnis des Rats gezüchtigt werden sollen. Noch weniger Federlesen macht man mit jungen Dieben, die man von vornherein für unverbesserlich hält. 1433 wird eines Münchner Bürgers Tochter *„von deuf und abtragens wegen"*, damit sie den Tod wohl verdient, angesichts ihrer Jugend auf Fürbitte hin für ewig verwiesen. Endlich teilen schuldlose Kinder vielfach das Los ihrer Eltern; man wirft sie mit diesen in den Turm oder gibt sie der Verbannung preis. Wer hiegegen

---

[1]) Das unvogtbare Kind kann nur durch den Vormund handeln, Gem. Nachlaß, Kart. XI, 11; der Fall Egk, ibid., 18.

sonst ein Kind aus der Stadt bringt, riskiert Strafe an Leib und Gut. [2])

Um junge Bürger vom Schuldenmachen abzuhalten, besteht das Verbot, daß auf Habe oder Erbteil derselben nicht geborgt werden darf. Wer sich hiezu herbeiläßt, muß nicht nur den Schaden tragen, sondern ebensoviel, als er geborgt, der Stadt als Buße erlegen. Nicht minder sühnt der Goldschmied mit Leib und Gut, wenn er sich verleiten läßt, einem Bürgerssohn ohne des Vaters oder der Freundschaft Willen ein Siegel zu fertigen. [3])

Geisteskrankheit. Eine unsinnige Person, welche getötet hat, soll man ertränken. 1457 „begriff" man eines Pfaffen Sohn der *„nit wol synig"* mit *„mördlicher were"*; nach seiner Drohung wollte er damit sein Weib und ihren angeblichen Verführer vernichten. Nach der (peinlichen) Frage lag er wie tot, *„daz man im graben het und ward, alz man in ausfüren wolt, wider lebend"*. Er wird des Stadtgebiets für immer verwiesen. [4])

Die rechtswidrige Absicht.

Vorsatz und Fahrlässigkeit.

Das arglistige, vorsätzliche Handeln bekundet vor allem *„gever, gevaer"*: *„ist, das jemant in ein leithaus get zu gever und mit verdachtem muet"*; wie man bei Heimsuchung unterscheidet, ob sie *mit gever oder mit bescheidenheit* begangen wurde. Bei Ableistung des Reinigungseids schwört man, daß man unschuldig *an gevär* sei (*on wissen und wort on geverd*). [1]) In Urfehden gelobt man, das Auferlegte treulich *on geverd* zu vollführen und des Gegners guter Freund *on gevär* zu werden. Man ahndet den, der *värlich* mit einem umgeht oder ihm kein *unvärlich* Recht widerfahren läßt. Im Kalumnieneid versichert man, die Sache nicht *geverlich* verziehen zu wollen. Man verweist drei Knechte, da sie einen *väring, schädlich und mortlichen* bei Nacht geschlagen haben. [2])

---

[2]) Lit. 384, 42; Urk. F. 406 (1433 Feb. 20), s. Stadtverweisung; Lit. 372, 30.

[3]) Freyb. 150.

[4]) Freyb. 55; Lit. 408, 126; Freyb. 86.

[1]) Freyb. 69, 68; Lit. 372, 2, 19.

[2]) Ub. 959; Lit. 296, 145; 297, 60; Jur. I, Nr. 9, 1 (StadtA.); Lit. 409½, 55; s. a. bei Verbrechen.

Sehr gebräuchlich ist ferner *„frevelich"*. So, wenn einer *frevenlich* Mandate abreißt, *frävelich* wider den Frieden handelt, den Eid *frevelich* überfährt, der Frau die Schlüssel *frävelich* vom Leib nimmt, als Verbotner *frävenlich* in die Stadt reitet oder einen solchen *„frävenlichen beschutt* (beschützt) *mit werender hand"*.[3])

Sodann sind zu nennen „unbillig, unverschuldet, unverdient". So, wenn Betrüger unbillig und fälschlich den Leuten Geld abfordern, wenn man einen *„unverschulter sach"* tötet, wie Scheltbriefe *„unverschulter ding"* an das Haus schlägt oder *„unverdienter sache"* Unzucht (Unfug) an der Hausfrau übt.[4])

Nicht minder zählt „heimlich" hieher. So, wenn einer heimlich verbotne Orte betritt, im *„tännl"* heimlich umherschleicht, als Amtmann den Leuten heimlich Geld abnimmt, das Messer verhohlen in der Tasche trägt und *„hellich"* brandstiftet.[5])

Zuweilen erhöht sich die Strafe, wenn zu einem an sich harmloseren Frevel besondere Bösartigkeit und Überlegung treten: *„swer sich mit dem andern zeredet und geschiehet an derselben stat icht von derselben zewerfnusse, daz schol man büzzen nach dem alten recht, laufet aber einer heim und legt sich an* (waffnet sich) *und wil ieman lastern und slahen und mit sammenunge uber in laufet, der muz 30 ℔. geben."*[6]) *„Furbedachtlieh"* tritt erst im 15. Jh. auf.[7])

Erklärt einer zu seiner Entschuldigung, er habe sich nur vergessen, so darf man in der Regel auf absichtliches Handeln schließen. So, wenn sich einer *„im ohmamt"* oder bei Angabe der Schatzsteuer vergessen hat.[8])

„Mutwillig" steht im Gegensatz zum „verdachten Mut" und deutet höchstens auf grobe Fahrlässigkeit. Nach der FrGO. muß jeder Kläger den Voreid leisten, daß er *„nicht an mutwille"*, d. h.

---

[3]) Lit. 596, 185; Ub. 806; Urk. F. 416 (1435 Juni 2), F. 504 (1455 April 29); Lit. 372, 68; frevelhaftes Ausbleiben (Hansgericht), Lit. 373, 109; das Weinverbot *fräflich* überfahren, Lit. 408, 124; verwirktes Gut mit Frevel behalten, Freyb. 77.

[4]) Urk. F. 460 (1445 Aug. 11); Lit. 409½, 69; Urk. F. 466 (1446 Jan. 25), F. 504 (1455 April 29).

[5]) Lit. 398, 1; Lit. 297, 34; Lit. 596, 169; Freyb. 15, 80; das Tragen verholner Messer, s. a. Lfr. 1281 u. 1300.

[6]) Freyb. 17.

[7]) *furbedachtlich und fravellich in stat begangene mortliche, laidige geschicht,* Urk. F. 441 (1440 Jan. 22).

[8]) Lit. 596, 24; Urk. F. 349 (1419 Juni 2).

nach bestem Wissen und Gewissen vorgehe.[9]) Fahrlässig handelt auch, wer etwas „versitzt", so: schädliche Leute festzunehmen oder dem Meister Beistand zu leisten. Der Vorspreche, der seine Partei *„versaumpt hat durch guten willen"*, d. h. absichtlich und zum Vorteil des Gegners, sühnt als Meineidiger.[10])

Sonst findet sich selten ein Hinweis, daß nur fahrlässiges Verschulden vorliegt. Immerhin werden, da vordem zwischen Zufall und Fahrlässigkeit keine strenge Grenze gezogen war, fahrlässige Beschädigungen meist als „Ungefährwerk" behandelt worden sein. Bei Totschlag, Leme usw. konnte der Beschuldigte Notwehr und Unschuld ausführen; letztere aber mochte stets derjenige geltend machen, der aus „Ungeschick oder Unglück" Urheber einer derartigen Verletzung war. Wenn auch die FrGO. anscheinend feste Bußsätze aufweist, so muß man sich doch vor der Annahme hüten, daß sie dabei auch einem starren Objektivismus, der nur die Tat und nicht den Willen hiezu in Rücksicht zieht, huldigte. Dem würden die Einträge des Wundenbuchs durchaus widerstreiten, denn jene bekunden nur zu deutlich, welch weiter Spielraum der Milde eingeräumt war. Freilich mochte dies nicht selten im Gegensatz zum Votum der Urteilfinder der Gnade des Richters und der Stadt zu danken sein.[11]) Ich möchte hier übrigens auch noch auf die bei Totschlag angeführte Rechtfertigung des U. Ringler (1401) verweisen. Trotzdem es doch ausreichend wäre, daß er vorgibt, er habe aus Notwehr gehandelt, nachdem nicht nur der Angriff gegen seinen Bruder, sondern auch die Heimsuchung *„mit mutwillen gar ungütlich geschehen"*, hält er außerdem die Ausflucht für erforderlich, daß er den Totschlag leider getan, *„wan er desselben tags daz dem wein waz gewesen"*.[12])

Der Versuch.

Hier kommen vor allem die sog. Versuchsdelikte in Betracht, wie das Hüten, bzw. Wegwarten (ein Jahr Verbannung) und Überlaufen (Gefängnis). Wer Schwert oder Messer zückt, sühnt mit 5 ℔ oder einem Jahr Verbannung; wer Mordmesser in der

---

9) Lit. 596, 126; Freyb. 76.
10) Freyb. 13; Lit. 372, 68; Freyb. 64.
11) Freyb. 66; s. bei Leibesverletzungen; Freyb. 72.
12) s. bei Totschlag, Lit. 409½, 68.

Hose oder sonst verborgen trägt, mit 10 *tt* oder der Hand. Wer offen oder heimlich im „Tännl" oder nachts ohne Licht auf der Straße geht, den will man für schädlich halten.[1])

Sonst sehe ich den Versuch, abgesehen von dem Mordanschlag auf König Konrad im J. 1250 und dem Verkauf eines Kindes an die Juden im J. 1343, vor dem 15. Jh. nicht hervorgehoben. Daß gemäß dem ältern Stadtrecht der Versuch wenigstens bei Diebstahl der Vollendung noch völlig gleichgestellt ist, geht aus der Satzung hervor, wonach, sofern ein Bürger den andern *„zeicht, er hab im verstoln oder er wolt im verstoln haben"*, der Kläger den Gegner bei über 1/2 *tt* Wert zum Stadtrecht bzw. Reinigungseid (selbsiebent) kommen lassen oder ohne weiteres übersiebnen kann. Es ist demnach der Versuch ebenso todeswürdig wie die vollendete Tat.[2])

Für die Folgezeit gilt ewige Verweisung als die reguläre Strafe; so bei einem, der *„mördlich erstochen wollt haben"*, bei Mordbrand, Vergiftung des Ehegatten, Notzucht, bei dem Unternehmen, der Stadt Schaden zuzufügen, und meist bei Diebstahl, abgesehen von der Ergreifung an der Handtat. Hiezu wird auch ein geistlicher Entführer verurteilt, bei einem andern liest man ein Jahr; ebenso bei gewöhnlicher Verwundung. Auf diese Strafe wird endlich bei einem, der eine Frau mißhandelte und berauben wollte, erkannt.[3])

Die Notwehr.

Wer bei Mannschlacht, Blutrunst und Lähmung die Notwehr mit zwei Genannten ausführt, der ist ledig von Kläger und Stadt, büßt jedoch dem Richter nach dem alten Frieden. Ebenso bei Raufen und Schlagen, doch bedarf es hier sechs Wirte als Helfer. Während also der, welcher seine Unschuld mit zwei Genannten verficht, frei ausgeht, ist der in Notwehr Tötende oder Verletzende an sich nicht bußlos. Haben wir es hier kaum mit einer Nach-

---

[1]) Hüten, Verwarten, Urk. F. 454 (1443 Juli 6); Lit. 399, II, 134; Überlaufen, Lit. 297, 66; s. Fehde und Friede, Gem. 1, 514; Freyb. 70; Lit. 297, 34.

[2]) Gem. 1, 358; Freyb. 87, 47.

[3]) Urk. F. 418 (1436 Nov. 12); Mordbrand, F. 593 (1479 Nov. 12); Vergiftung, F. 289 (1402 Okt. 23); Notzucht, F. 456 (1444 Feb. 3); Schaden an Stadt, F. 437 (1439 Okt. 21); Diebstahl, Freyb. 47; Lit. 596, 135; Entführung, ibid.; Urk. (bisch. Arch.) F. 45 (1439); Verwundung, Urk. F. 478 (1449 Mai 2); Raub, F. 433 (1439 Feb. 9).

wirkung des alten Grundsatzes zu tun, wonach es lediglich auf den Erfolg der Tat ankam und also auch von dem in Notwehr Tötenden das Wergeld geheischt wurde, so brachte man doch jenem Entschuldigungsgrund stets ein offensichtliches Mißtrauen entgegen. So wurde 1378 einem Bürger, der außerhalb der Stadt einen in Notwehr niedergeschlagen, erst auf Fürbitte des Herzogs und der Witwe des Getöteten (?) in Regensburg aus- und einzugehen verstattet. Man darf eben nicht vergessen, daß die Notwehr vielfach sehr schwer nachweisbar war und meist von den Tätern geltend gemacht wurde.[1])

Straflos ist jedoch die Verletzung in Notwehr bei Festnahme eines schädlichen Manns, oder wenn jemand bestrebt war, „*schiedenthalben*" Streitende auseinanderzubringen. Endlich enthalten mitunter Verbannungsurteile ausdrücklich die Mahnung, daß der Verwiesene, sofern er der Stadt oder einem der Bürger irgendwie Unbilden zufügt, bei Schädigung durch die Gekränkten keinerlei Genugtuung erfahren solle. So 1312 bei einem, der Angehörige der Stadt vor fremde Gerichte geladen: „*ob er ainen unsern purger slüge oder wundet, swaz im von den widerfert an sinem libe und guet, des schol nieman dehein engeltnusse haben noch dehein vintschaft darumb tragen weder von sinen freunden noch von anders nieman.*"[2])

Die Teilnahme.

Anstiftung und Beihilfe.

In früherer Zeit wird der Anstifter wenig vom Täter unterschieden, ja wir finden Satzungen, in denen ersterer mit höherer Ahndung bedroht ist. Dazu kommt, daß nach zahlreichen VO. jeder, der irgendwie an der Tat beteiligt ist, ebenso haften soll wie der, der sie tatsächlich verübt. Es ist selbstverständlich, daß hier in den Kreis der Strafwürdigen nicht nur der Helfer und Begünstiger, sondern auch der Anstifter einbezogen ist und daher auf weitere Unterscheidung derselben verzichtet wird. So steht auch von vornherein der Hehler dem Stehler gleich, der nicht immer nur Begünstiger ist, sondern vielfach durch Zusicherung der Abnahme der Beute gegen Entgelt geradezu zur Tat verleitet.

---

[1]) Freyb. 65, 71, 72; Lit. 372, 76; vgl. Schwsp. L. 314, III.

[2]) Freyb. 111; Lit. 372, 35; Ub. 277.

Eine Bestimmung, nach der das Reizen zur Tat wenigstens für den Verüber die Strafe mildert oder ausschließt, enthält die FrGO.: Wer einen Biedermann reizt und ihn *„darzu pringet mit seiner raizhait und unzuchten“*, vermag dies jener vor dem Meister und den XXIV zu bereden, *„das er es mit unzuchten an in pracht hab, ob er im* (d. h. für ihn) *icht thue“*, so steht es bei diesen, ob sie ihn büßen wollen oder nicht. Von einer Bestrafung des Anstifters ist indes nicht weiter die Rede.[1])

1382 wird eine für ewig verwiesen *„umb das, das sy gemacht hat, das ir man erstochen ist worden“*. Bei unbefugter Rückkehr will man sie ohne Widerrede in einen Sack stoßen und ertränken; ähnlich 1468 eine, die einige Gesellen beredet, ihrem Mann nach Beraubung *„alle viere“* abzuschlagen. Ein Verführer schlimmster Sorte ist auch der Jude Mosse, der (1473) „böse Gift“ zu bereiten lehrte, und *„wer sollich gift in getrank oder andern neusset, der muß sterben“*. Er wird wie ein Vergifter behandelt, d. h. *„umb sein übeltat“* mit dem Brand gerichtet.[2])

Zumal in Friedenssatzungen, zu deren strikter Einhaltung sich ein großer Teil der Bürger eidlich und mit Unterschrift verpflichtet, wie auch bei Ächtung und Verbannung von Stadtfeinden wird jeder, der irgendwie dem Friedbrecher Beihilfe oder „Fürschub“ leistet, mit der Strafe des „Selbscholen“ bedroht. Ist ferner zwischen zweien die Fehde beigelegt, einer der Helfer will aber keineswegs Ruhe geben, so soll sich seine Partei, die den Frieden gelobt hat, von ihm scheiden. Leistet sie ihm jedoch Beistand, so gilt der Friede als zerbrochen, und man soll über sie wie über einen Friedbrecher richten.

Von sonstigen VO. seien noch hervorgehoben: Diejenigen, welche eine verbotne Ehe schließen, gehen ihres Erbes und Guts verlustig; wer aber mit Wort oder Werk Beihilfe hiezu leistet, soll auf zehn Jahre verbannt sein, eventuell behandelt man ihn als schädlichen Mann. Wer zur Hinterziehung der Schatzsteuer hilft, der sühnt, wie der Täter, mit Leib und Gut.[3])

1467 richtet man Vater und Sohn, die bei einem Totschlag geholfen. 1418 *„bessert“* man einen, der bei einem solchen gewesen. Eine Apothekerin, welche neben andrer *„unfur“* wohl auch

---

1) Freyb. 76.
2) Lit. 297, 110; Lit. 399, II, 144; Lit. 399, 157; Urk. F. 493 (1452).
3) s. Friede und Fehde; Freyb. 75, 135, 104.

dem Gatten nach dem Leben getrachtet, schafft man 1425 für ein Jahr auf den Turm und behält sich weitere Ahndung vor; ihrer Helferin wird jedoch die Stadt für immer verboten. Wer für Diebe *„aufgelugt, verhutt und verwardt“* hat, steht diesen an Strafwürdigkeit gleich; einer wird *„von inzicht wegen“*, daß er zum Stehlen geholfen, nur verwiesen. Eine Räubershelferin wird nach Folterung gerichtet; einer, der einen Juden plündern half, aus der Stadt gejagt. Ein Notar, der 1436 Konzilbriefe freventlich abzureißen geraten und geholfen, wird mit seiner Frau hinausgejagt, sie sollen binnen Jahresfrist ihr Haus verkaufen. Eine, welche ihre Freundin gelehrt, einen Klagebrief wider einen Pfarrer wegen angeblicher Verführung zu fertigen, wird mit dieser „ausgetan“.[4])

Die Genossen und Helfer spielen in den häufigen Fehden des 13. und 14. Jh. eine gewichtige Rolle; zur Rechenschaft gezogen werden sie jedoch nur bei wirklichem Friedbruch. Nach dem Friedbrief von 1331 haftet bei Totschlag, Notnunft, Heimsuchung, Lähmung und Wunden der Herr für den Knecht, der mit ihm geht und handelt, *„ob dax ist, dax der herre e swert xuchet, e der chnecht“*. 1394 verfuhren zwei Knechte übel mit einem Bürger, der vordem mit ihrem Gebieter verfeindet war. Dieser lieferte sie aus und schwur vor dem Rat und den XLVI einen starken Eid, daß die Tat geschehen ohne sein Wissen und Wort, daß er unschuldig sei *„mit rat und tat, mit vingerxaichen und allen sachen on gever“* und daß er den Knechten das Friedgebot des Rats nicht absichtlich verschwiegen habe. Er wurde hiedurch der Strafe ledig.[5])

In den „Bekenntnisbüchern“ der Folgezeit wird viel über Diebs- und Räuberbanden und deren Untaten berichtet. Wird einer der Zugehörigkeit zu einem solchen Bund überwiesen, so ist er dem Henker verfallen; deshalb enthalten die Urgichten nicht selten die Versicherung, daß die Tat ohne Beihilfe andrer verübt worden sei. 1418 wird einem böser Gesellschaft wegen die Stadt auf zehn Meilen verboten: *„man woll zu im auf leib und leben gericht haben“*. Auch sonst aber mangelt es angesichts der zahlreichen Empörungen in der Stadt nicht an Komplotten und andern mehr oder minder staatsgefährlichen Bündnissen.[6])

---

[4]) Lit. 399, 99 (1467); Lit. 596, 107 (1418); ibid. 137 (1425); Lit. 399, II, 134; Lit. 398, 8 (1424); Gem. 3, 99 (1440); Lit. 596, 185; Lit. 298½, 273 (1470).

[5]) Freyb. 111; Lit. 372, 19.

[6]) Lit. 399 an vielen St.; Urk. F. 344 (1418 April 24); s. Delikte wider Stadt und Rat.

Begünstigung.

Angesichts des mangelhaften Sicherheitswesens ist der Rat auf die Mitwirkung seiner Bürger bei Festnahme und Verfolgung von Verbrechern angewiesen, und demgemäß ist auch jede Unterstützung solcher durch Hausen und Hofen (Tränken, Ätzen) wie Maßnahmen, die ihre Flucht ermöglichen und erleichtern, mit strenger Strafe bedroht.

Wer sich um einen, der in der Stadt Gewalt und Leid zugefügt, annimmt, heißt es in der FrGO., der muß für dessen Schuld büßen, ebenso wenn er den Flüchtling in seinem Haus aufnimmt und bei Ankunft von Gerichtsleuten nicht festnehmen läßt, bzw. ihm forthilft. Aber auch sonst darf er ihn nicht länger als eine Nacht bei sich behalten. Nach einer andern Satzung soll der Widerstand schon dadurch, daß der Kläger oder seine Genossen Einlaß fordern, gebrochen werden. Das Haus des „*erbergen*“ Mannes gewährt hiernach selbst dem Totschläger Unterschlupf und Aussicht auf Rettung, „*e daz geschrai chom von dem chlager oder seinen freunden oder e daz gericht oder meine herrn vom rat chomen und denselben vodren*“.[1])

Wer verboten ist und die Stadt nicht zur festgesetzten Zeit verläßt, der soll als schädlich gelten. Das Behalten eines solchen zieht eine Buße von 5 ℔ nach sich; öffnet er dem Meister nicht und „*schupfet*“ jenen hin und vermag er sich nicht selbsiebent zu entreden, so muß er, sofern er des „Gutes“ ermangelt, ein Jahr aus der Stadt sein. Diese Bestimmung wird noch in besondern Fällen, d. h. wenn es sich um die Verbannung von Stadtfeinden handelt, verschärft. So 1290, als Ortlieb der Setzer und sein Knecht auf ewig verboten werden: Kehren diese unbefugt zurück, so sollen sie in keinem Haus Zuflucht finden. Wer sie trotzdem behält, der büßt mit 100 ℔ oder „*man breche in diu häuser auf di erde. swer ouch in disem burchfrid mit in iht raunet oder redet, ez si frowe oder man, der soll 30 ℔ geben oder fünf jar auz der stat sin, ern geriht ez dann selbdritte siner genozzen.*“ Bei der Verweisung des Straubinger im J. 1312 heißt es 100 ℔ oder die Hand.[2])

---

[1]) Freyb. 12, 68, 73; Lit. 372, 33.

[2]) Lit. 409½, 33; Freyb. 12; Ub. 151 (1290), 277 (1312); *das wir etlich frawen, den die stat verboten, gehaimet und mit denselben geessen und trunken haben*, Urk. F. 501 (1454 Dez. 20).

Wer Ächter haust, über den soll man richten wie über den *„selbscholen“*. Wer einen Gäumann, der einen andern geschlagen, haust und behält, der büßt mit 5 ℔; wer ihm zu essen, trinken oder kaufen gibt, mit 1 ℔. Sofern der Wirt einen Gast, der seinen Harnisch nicht auszieht, verköstigt und sein Roß einstellt, der hat 60 ₰ zu entrichten, er entredet sich denn selbdritt. 1 ℔ erlegen der Weinschenk und seine Auftrager, wenn sie einen Ruffian, einen, der *„verholneu messer“* trägt oder sonst der Stadt schädlich ist, behalten und mit Speise und Trank versehen.[3])

Bürger, welche Urlaub von der Stadt nahmen oder sonst „mit Frevel von ihr fuhren“, müssen, sofern sie nach Regensburg kommen, mit ihren Knechten und Rossen beim Gastgeben zehren. Welcher Freund sie beherbergt oder sie hiezu einlädt, büßt mit 1 ℔; wer ihr Handelsgenosse wird, muß alle Schatzsteuer, die sie „versessen“ haben oder sonst noch schulden, für sie bezahlen. Das Einladen von Ausleuten ist mit 30 ℔ untersagt; bei Unvermöglichkeit riskiert der Frevler zehn Jahre Verbannung. Man will die Stadt hiedurch nicht nur von allerlei Gelichter freihalten, sondern auch von wirklichen Feinden und Hofleuten, über die man klagt, daß sie sich heimlich einlegen und den Bürgern Unbill zufügen.[4])

Ebenso ist das Hausen und Unterstützen der weißen Brüder untersagt. Wer für sie zimmert und mauert, büßt mit 5 ℔ oder fünf Jahren; wer ihnen ein Haus verkauft, mit 100 ℔ oder zehn Jahren. Und dies soll zudem als Untat gelten. 1388 wird wegen Aufnahme eines Mönchs und eines Begharden schwere Strafe verhängt. Ebenso muß der, welcher der Obrigkeit einen Schuldner der Stadt entzieht und ihm Vorschub leistet, für diesen einstehen, sofern er sich nicht selbsiebent zu gerichten vermag.[5])

Mit Strafe an Leib und Gut oder Ausweisung werden die Inhaber von heimlichen Herbergen, in Klöstern, Pfaffenhäusern und anderswo, *„do nit offentlich und gewönliche herbergen sein“*, die *„heimliche zugeng und hurenmarkt“* halten, uneheliche und unehrliche Leute hausen, bedroht.[6])

Diebe soll man nicht heimen, wohl aber soll man sie so lange festhalten, bis des Rats oder Gerichts Knechte herbeikommen. Des

---

[3]) Ub. 48 (1207); Gengler § 4, 2; Ub. 151; Freyb. 73; Gem. 2, 59; Freyb. 14, 15, 25.

[4]) Urk. F. 107 (1357 Feb. 27); Gem. 2, 101; Freyb. 120, 82, 15.

[5]) Freyb. 24; Gem. 1, 462; 2, 248; Freyb. 12.

[6]) Lit. 596, 107; Lit. 398, 1; Lit. 409½, 34.

Totschlägers ist oben gedacht; 1431 wird eine, die einen Mörder gehaust, ein Jahr verbannt. 1374 schwört der Emmeramer Abt, daß die Beschuldigung, er hause einen Mörder, unwahr sei; der Schwur ist falsch, trotzdem muß der Rat wegen gewaltsamer Festnahme des Missetäters, den kein Asyl schirmen soll, Abbitte leisten. Als Begünstigung gilt es auch, wenn Eltern das Fluchen und Lästern ihrer Kinder und des Gesindes dulden. Sie riskieren die Strafe des Strangs. [7])

Aber auch die Heirat mit verbotnen Stadtfeinden und Verbrechern kann verhängnisvoll werden. Als man 1358 Fr. den Hiltprant mit den Seinen verweist, heißt es: Wer sich *„mit im oder seinen eriben mit freuntschaft und heirat sommet heimlich oder offenlich"*, der soll 200 ℔ an die Stadt geben oder zehn Jahr dieselbe meiden. [8])

Was die Reinigung dessen, der des verbotnen Hausens bezichtigt wurde, anlangt, so genügt hier an sich der Eineid und während des geschwornen Friedens der Eid selbdritt, d. h. mit zwei Genannten. Nach den ältesten Statuten treffen wir jedoch für den Fall, daß einer einen Verbotnen behalten und dem Meister nicht geöffnet haben soll, den Siebnereid. Im Urteil wider O. den Setzer (1290) muß sich der des Hausens Verdächtigte selbzwölft reinigen. [9])

---

[7]) Lit. 297, 75; Gem. 2, 428; Lit. 596, 162 (1431); Lit. 297, 11; Gem. 2, 173 (1374); Lit. 384, 55.

[8]) Urk. F. 111 (1358 März 13).

[9]) Ub. 48 (1207), 57 (1230); Gengler § 4, 2 u. 5, 2; Ub. 151 (1290).

Die Strafe.

Während wir von der Zeit an, wo uns Regensburger Satzungen zur Verfügung stehen, die Ungerichte, zu denen der Totschlag nicht zu rechnen, mit absoluter Kapitalstrafe bedacht sehen, waltet im übrigen ein zum Teil sehr bedingtes Kompositionssystem. Es macht sich nämlich hiebei das Wiedervergeltungsprinzip insofern fühlbar, als bei Unvermöglichkeit des Täters Leibes- und Lebensstrafen Platz greifen. Wenn stets Gleichheit vor dem Gesetz gepredigt und zugesichert wird, daß die Wandel von Armen wie Reichen erhoben werden sollen, so bewahrheitet sich dies lediglich in der Weise, als man gegen den Armen, trotzdem er der Mittel ermangelt, ebenso unnachsichtlich verfährt.

Kann der Bemittelte, das Fehdeverbot mißachtend, an seinem Widersacher ohne Bedenken Rache üben, da er eben bei Tötung desselben Geld für Blut zu reichen vermag, so verwettet der Arme, sofern ihm solch „Unglück" begegnet und er sich nicht rechtzeitig durch Flucht zu retten vermag, den Hals. Und so schlummert denn in den Strafsatzungen der Stadtfrieden, wiewohl sie in erster Linie auf Buße abzielen, zumeist das Talionsprinzip, das zum Erwachen gelangt, sofern es an materiellen Gütern gebricht. Wer ein *„manslacht"* verübt, sühnt mit 28 *tt*, *„hat er des gutes nicht,* so sei *„ein tod wider den andern"*, bei Lähmung *„ein lemp wider die andern"*. Bei Friedbruch, Heimsuchung, Meineid, Hausen Verbotner, Halten von Muntmannen verwirkt man die Hand, bei Messertragen das Ohr, bei falschem Zeugnis die Zunge (während den Gottschelter die Zungenlähmung von vornherein trifft), bei Zufügung fließender Wunden und verschiednen andern Vergehen Strafe an Haut und Haar. Sonst soll bei Nichtzahlung des Wandels Gefängnis eintreten, es sei denn, daß sich der Rat die Art der Ahndung besonders vorbehält. Die Androhung der Talion erfolgt bekanntlich auch bei der Friedewirkung auf der Richtstatt, indem derjenige, welcher den Vollzug des Todesurteils zu vereiteln sucht oder Rache an dem Kläger übt, die nämliche Sühne wie der der Vernichtung geweihte Missetäter erdulden soll.[1])

In Hinblick auf „unbillige“ Taten, welche bisher nicht berücksichtigt wurden und *„der man aller nicht genennen mach“*, so will sie der Rat büßen und bessern nach dem Eid, den er der Stadt geschworen hat. Welche Besserung dann den Schuldigen auferlegt wird, die soll man vor dem Vollzug „verschreiben“ unter der Stadt Insiegel, damit jene fortan für arm und reich zur allgemeinen Norm erhoben wird.[2])

Beachtenswert ist auch der Grundsatz der doppelten Bestrafung bei vielen Friedbruchsachen. Nachdem hier nämlich der Rat selbsttätig eingreift, beansprucht er auch Bußen für sich, wiewohl daneben das „alte“ Recht des Richters unverkümmert bleiben soll.[3])

Nicht ohne Interesse ist ein Schreiben des Rats an Nürnberg (um 1360), das für einen Totschläger die Wiedererlangung des Bürgerrechts in Regensburg erwirken wollte. Jener zeigt sich an sich nicht abgeneigt, verlangt aber vorher die Erlegung der gesetzlichen Strafe: *„wan deu handelung geschehen ist, dieweil der W. unser purger waz und ee daz er ewer purger je wurd, und sullen auch mit im auzzerthalb unser stat mit im niht rehten umb unser wandel, reht und gewonheit. alle erberg stet habent wol di reht, daz si ir purger pezzernt umb sölhe missetat. da verdenchet uns selben an und günnet uns unser burger ze straffen nach unsrer stat gewonheit und reht. wan ir daz wol wizzen mügt, daz der W. so erberg freunt bei uns hat, daz wir ungern ihtes an in muten, dann daz unsrer stat reht ist. volfürt er die pezzerung der ungetat, di zu dem totslag werd angelaet, der zwainzig zinn sint ze maurn, so mag er unser stat wol gehaben als ander chaufleut. wolt aber er wider unser purger werden, so müst er dann volfürn, daz unsrer stat reht und gewonheit ist.“*

Der Delinquent erlangt also, woran ihm am meisten gelegen sein mag, das Aufenthaltsrecht in der Stadt zu Handelszwecken,

---

[1]) Freyb. 111; Gem. 1, 562; Freyb. 66, 71, 75, 68, 75, 70, 68, 77, 74; Ub. 277; Urk. F. 435 (1439 Mai 20); bezüglich Talion s. a. Schwsp. 79/III, 176, 201, oberbaier. LR. 164, Münch. StR. 331; bei falscher Anschuldigung, l. Baiuw. 11, 6, Schwsp. 350, I, oberbaier. LR. 60 f.; bei Rache für den Gerichteten, Lfr. 1330.

[2]) Freyb. 111. [3]) Freyb. 65 ff., 110.

wiewohl er nur einem Teil der Totschlagsühne gerecht wird. Der Unterschied zwischen reich und arm bekundet sich ja auch sonst in der Weise, als der Reiche als „wohlgefreundet“ leichter Fürbitter und für den Fall des Reinigungseids Helfer erlangt, die es ihm ermöglichen, den Hals aus der Schlinge zu ziehen.[4])

Wenig Gerechtigkeitsliebe verrät auch der Rat in einem Schreiben an Herzog Albrecht im J. 1487, d. h. zu der Zeit, wo jenem jeder Einfluß auf die städtische Jurisdiktion entzogen war. Ein Bürgerssohn war in eine Schlafkammer eingebrochen und wurde dort beim Öffnen einer Truhe ergriffen: Man solle ihn des Lebens fristen, beansprucht der Rat, *„nachdem doch nach strenger frag* **ander** *misshandlung an im nit erfunden sein, er von nymant deshalb beclagt, ain junge person und gueter freuntschaft, auch nichts von im entpfrembdt ist worden“.*[5])

Fälle von Retorsion, d. h. daß der Rat gegen Angehörige eines Landes, in dem die Regensburger besonders rücksichtslos behandelt wurden, ungerecht verfuhr, sind nicht verzeichnet; dies wird indes 1391 einem baierischen Pfleger vorgeworfen.[6])

[4]) Lit. 296, 153. [5]) Lit. 412, 41. [6]) Gem. 2, 280.

Die einzelnen Strafmittel.

Die Todesstrafen.

Enthaupten. Nach dem Stadtrecht die Sühne des Räubers; sie erfolgt nach einer alten Satzung *„under der lederlauben mit slegel und parten und das sullen die schergen thun“.* [1]) Wir ersehen hieraus, daß zu Regensburg im 13. Jh. noch die ursprünglichste Art des Vollzugs in Brauch war; gemäß sächsischem Recht soll der König mit einer goldnen Barte (Beil) gerichtet werden. [2])

Ferner greift die Enthauptung bei Totschlag Platz und zwar in dem Fall, daß der Schuldige weder Wergeld noch Gewette zu zahlen vermag. Man verstattet ihm diesfalls noch dreimal vierzehn Tage Frist: *„geit er ir dann nicht, so get es im an den hals“.* [3]) Angesichts der milden Beurteilung, welcher sich jenes Delikt erfreut, und der vielen Freistätten, die dem dort Geborgenen sicheres Geleit oder Entkommen verbürgen, findet man derartige Bestrafungen in früherer Zeit nicht oft. 1467 werden freilich sogar zwei (Vater und Sohn) gerichtet, wiewohl sie bei einem Totschlag (*in rixa?*) nur Beihilfe geleistet. 1469 enthauptet man einen Mörder, der seinem Widersacher den Weg vertrat und ihn mit einem Knüttel niederschlug. Da er durch den Überfallenen selbst schwer verwundet worden, gab er sich anfangs für den Angegriffenen aus, gestand aber endlich im Spital, daß er gehofft, jener trage Geld bei sich, Nach damaligen Grundsätzen hätte er an sich Anwartschaft auf das Rad erworben. [4])

Originell ist 1456 die Aussage eines Gefangenen, der einen Mord dadurch rechtfertigt, daß er gezwungen worden sei, für Feinde der Stadt als Henker zu dienen. Sie seien gelegen in der Halde bei der Kürn: *„also ist einer kom von Regensburg, den haben*

---

[1]) Freyb. 55, 81. [2]) Sächs. Weichbild cap. 9. [3]) Freyb. 66, 78.
[4]) Lit. 399, 99; Lit. 298, 249; bei Rauferei, Lit. 399, 176.

si gefangen und also hat in der Claws gefragt, wann er wer. do hat Cl. zu seinen gesellen gesprochen, des ist mein veint ainer von Regensburg und da sprach er zu mir, geet und haw im den kopf ab oder las dir den deinen abhauen. do kniet ich nider und wolt mir mein kopf selber abhauen lassen und do zucket mich der Schmid auf und ich must im (dem von Regensburg) den kopf abhauen." [5])

Mit dem Schwert richtet man ferner Feinde der Stadt, 1467 einen Falschmünzer, 1469 einen Urfehdbrecher. Endlich begnadigt man manchen Dieb zu dieser „ehrlichen" Strafe. [6])

Hängen. Das Hahen „*an plutigeu hant mit dem strang an der luft zwischen himel und erd*" gebührt dem Dieb, der eine Sache im Wert von 6 sh. 12 ₰ entwendete, sofern die Tat bei Tag geschah; 12 ₰ genügen bei einem Diebstahl bei Nacht oder in der Badstube. Dasselbe Los ereilt den, der bei Nacht mehr als 12 ₰ verspielt. Bei schwerem Diebstahl gelangt statt des Strangs die eiserne Kette zur Anwendung, so 1446 einem Kirchendieb gegenüber, der Geld aus Opferstöcken entführte. [7])

1475 wird der als Dieb überführte Jude Mosse verurteilt, daß man ihn „*mit den fussen aussen an den galgen henken und einen hunt zu ihn hahen*" solle, ein grausamer Tod. Man gönnt ihm nicht einmal den schimpflichen Strang; er endet durch Schlagfluß, wobei er noch der Peinigung durch den mit ihm lebendig aufgeknüpften Hund ausgesetzt ist. Der Empörer Frumolt wird 1339 aufgehängt und erwürgt; der Vollzug geschah, wie es heißt, rasch und unerbittlich. [8])

Rädern. Das Radbrechen ist die reguläre Strafe des Mörders, in Regensburg meist mit Ausschleifen zur Richtstatt verknüpft. Man richtet ihn nach dem Stadtrecht „*mit der slaipfen und dem rad und alle weg wol, wie spat es an dem tag ist*". Steht mit der Tat Diebstahl in Verbindung, so setzt man einen Galgen auf das Rad. 1474 wird einer infolge einer grausigen Mordtat an einer Schwangern auf einem Karren vom Bischofshof bis zum Emmeramtor gefahren, dort mit glühenden Zangen gebrannt, dann bis an die Richtstatt geschleift, gerädert und an einen auf das Rad gesteckten Galgen gehängt. [9])

---

[5]) Lit. 399, II, 42. [6]) Lit. 399, 136, 169.

[7]) Freyb. 47, 47, 81, 55; Lit. 297, 27; Lit. 399, 91, 113.

[8]) Lit. 399, 163; Gem. 2, 18 f.; den Strang riskieren auch solche, die das Lästern und Fluchen ihrer Kinder und Ehehalten gestatten, s. Begünstigung.

[9]) Freyb. 55, 80; Lit. 399, 156, 159.

Verbrennen. *„Man sol einen chetzer oder prenner prennen“*, gebietet das Stadtrecht. Es finden sich verschiedne Fälle vor, wo diese spiegelnde Strafe Brennern gegenüber zur Anwendung gelangt; 1458 äschert man eine Frau ein, welche gelehrt und geheißen, Feuer zu legen, also lediglich hiezu angestiftet hat. 1475 verbrennt man einen Juden, der nach öfterer Taufe eine Hostie mit dem Hufnagel durchstieß, 1466 einen, der am Karfreitag auf ein Kruzifix feuerte.[10] 1475 verurteilt man einen Sodomiten hiezu, 1474 einen Juden, der um Geld „böse Gift“ zu machen gelehrt. Endlich werden zwar nicht, wie in Nürnberg, die Safranfälscher selbst, wohl aber der nicht gerechte Safran, auch wenn man des Verbrechers nicht habhaft ist, dem Feuer geweiht.[11]

Das Inölsieden (Versieden) wird gegen Falschmünzer verhängt.[12]

Lebendigbegraben. Man soll eine Mörderin oder Diebin über 6 sh. 12 ₰ lebendig begraben und einen Stecken durch sie schlagen. Merkwürdigerweise hält sich zu Regensburg, trotzdem doch dort die „Bequemlichkeit“ des Wassers vorhanden, diese grausame Todesart Weibern gegenüber sehr lange. 1467 wird eine, welche fünfzehn Jahre vorher ihre Schwiegereltern vergiftet, lebendig begraben und „verschutt“.[13]

Sehr häufig vollzieht man hiegegen das Ertränken bei Männern; nach dem Stadtrecht soll es freilich nur verfügt werden, sofern eine unsinnige Person einen Totschlag verübt. Um 1356 beschließt sodann der Rat, daß einer, der *„ein elich weib nam und vor aine hiet“*, also ein Bigamist, *„er sei wolgefreunt oder ungefreunt“*, in einen Sack gestoßen werden soll. 1466 hatte sich einer jenes Vergnügen in mehreren Städten verschafft, da erwischt ihn seine richtige Hausfrau und überliefert ihn ohne Erbarmen dem Richter und der Donau. Kurz vorher ertränkt man einen Falschspieler.[14]

Auch bei Religionsdelikten ist diese Strafe üblich, so 1474 einem Juden gegenüber, der sich zweimal taufen ließ *„darumb*

---

[10]) Freyb. 55, 80; Lit. 399, 170, 92, II, 30; Gem. 3, 408.

[11]) Lit. 399, 165; Gem. 3, 533; Lit. 399, 157; Freyb. 24.

[12]) Freyb. 55, 85; Gem. 2, 283.

[13]) Freyb. 55; Lit. 399, 106, 95, II, 116; Gem. 2, 283.

[14]) Freyb. 55; Lit. 372, 33; Gem. 2, 102; Lit. 399, 90 (nach Gem. 3, 407 mit fünf Weibern), 83; *man hat vill leut haimlich bei der nacht ertrenckt*, 1532 bei Gelegenheit des Reichstags, Chron. deutsch. St. 15, 113.

das im vil gelt werden solte". 1470 fällt man, da der Jude Kalman nach der Taufe abtrünnig geworden und die Bürger „geistlich und weltlich geblendet hat", das Urteil, ihn dem freien Mann zu übergeben, daß ihn dieser in den *„wack"* des Wassers versenke und darinnen blende, bis er vom Leben komme zum Tode. 1434 ertränkt man einen Hussiten. Auch solche, welche sich in Frevelreden gegen Rat und Geistlichkeit ergehen, riskieren diese Strafe. Bei Erlbach schlägt man 1472 diese Richtungsart vor, d. h. man will den Feind des Herzogs entweder in der Folter sterben lassen oder in einem Sack versenken; man entschließt sich aber endlich doch zur öffentlichen Enthauptung.[15])

1532 ertränkt man eine Diebin, 1482 droht man einer für ewig Verwiesnen, die zur Ermordung ihres Gatten angestiftet hatte, sie bei unbefugter Rückkehr *„in einen sakch zu stozzen on widerred".* 1387 wirft man einen Handwerker, der mit einer Dirne im Kohlendunst erstickte, als des Friedhofs unwürdig mit dieser in die Donau. Nach einem Bericht über das Propstgericht scheint übrigens das Ertränken von jenem häufig in vielen Fällen verhängt worden zu sein und zwar von dem mittlern Turm der steinernen Brücke aus. Es sei hier auch eines Vorfalls aus dem J. 1521 gedacht, wo eine Brennerin, welche in Persenbeug, nachdem sie in einem Sack durch den Stock des Nachrichters unter die Flut gedrückt worden, sich losriß und unter schrecklichem Schreien nach Ipps schwamm. Dort rettete man sie, worauf sie nach Regensburg floh und den Rat derart durch Unschuldsbeteuerungen betörte, daß dieser eine Votivtafel zur Verherrlichung jenes Wunders errichten ließ. Die Folge davon war ein energischer Protest der in ihrer Ehre gekränkten P.[16])

Vierteilen. 1519 wird der ehemalige Stadtrichter und Ratsälteste Smaller wegen seines ehrvergessenen Handelns verurteilt, daß er auf einen Tisch gelegt und gevierteilt werden solle, jedoch schließlich zum Schwert begnadigt.[17])

Die Leibesstrafen.

Körperliche Züchtigung. In den ältesten Statuten liest man häufig die Mahnung, Frevlern Haut und Haar abzuschlagen, zumal wenn sie die Pfennige nicht besitzen, um der ihnen zu-

[15]) Lit. 399, 158; Gem. 3, 457, 56; 2, 283, 239; 3, 503.
[16]) Lit. 297, 110, 37; Lit. 304; Gem. 4, 442.
[17]) Gem. 4, 363.

diktierten Buße gerecht zu werden, so bei Verwundung, Raufen, Schlagen, wie auch bei falschem Zeugnis. So soll man auch dem, der 72 ₰ gestohlen, *„hawt und har abslahen bei der dewpsawl“*.

Im übrigen würde es ermüden, hier alle die Fälle aufzuzählen, bei denen die Rute in Wirksamkeit tritt. Zumal bei den niedern Reaten des Trotzes und Übermuts, Lug, Trug, Diebstahl und sonstiger Übervorteilung; hier vielfach mit Verweisung verbunden und gleichsam als erste Weihe für den Galgen betrachtet, ist sie von mehr oder minder gutem Effekt gekrönt und erfreut sich außerordentlicher Beliebtheit. 1518 wird ein Judenehepaar, das an einer christlichen Schuldnerin unbarmherzige Selbsthilfe übte, er mit Ruten gestrichen, sie mit „dem Becken“ ausgepaukt und für immer aus dem Gebiet geschafft. Häufig wird ohne nähere Bezeichnung Strafe an Leib und Gut angedroht, so bei Siegelfälschung oder wenn einer *„offenlich an der unstät sitzet“.*[1])

Handabschlagen. Dies die alte Friedbruchstrafe bei tätlicher Vergehung; vielfach freilich nur, wenn der Schuldige unvermögend, die Lösungssumme zu erlegen. So schlägt man dem, den man mit einem *„mortmezzer begreift“*, die Hand ab, die er mit 10 lb. zu ledigen vermag, nicht minder dem Zornwütigen, der in eines andern Haus rauft, schlägt und wundet (hier bei Nichterlegung von 30 lb.). Sonst genügt in Regensburg nicht die einfache Verletzung zum Ausspruch dieser Friedbruchsühne, sondern es muß eine wirkliche Lähmung vorliegen, und auch dann geht der Zahlungsfähige frei aus. Im Unvermögensfall trifft diese Strafe auch den, der heimgesucht, den Notzüchter, der nachweist, daß die Überfallene ihm verziehen, und darum mit einer Buße entschlüpfte, wie den, der Gewalt übte und nicht zu Recht stehen will.[2])

Nach der Satzung von 1269 müssen Bürgermeister und Ratsgenossen bei der Wahl schwören, daß sie keines Fremden Eidgenossen seien; wer dies Gebot mißachtet, büßt mit 100 ℔: *„hat er heuser, der breche man als vil, als der pfenninge wert, hat er aber weder pfenninge noch haeuser, so slah man im ab die hant fur daz wandel.“* Das gleiche Los ereilt den, der wider den vom Meister im Namen der Stadt gebotnen Frieden handelt. Ferner trifft man

[1]) Freyb. 55, 68, 71—74, 78; Gem. 4, 342; Freyb. 16; Lit. $409\frac{1}{2}$, 20; *strich man in vierzehn tagen 18 bürger mit ruten aus, iro vill zu todt,* 1513, Chron. deutsch. St. 15, 21.

[2]) Freyb. 15, 67, 68, 70, 73, 75, 78.

die Strafe bei Falschspiel und auch sonst bei Fälschung, so nach dem bekannten Statut über Tuchbereitung von 1314.[3])

Der Schwurfinger entledigt man in späterer Zeit (anstatt der Hand) Meineidige und Urfehdbrecher; einen, der gotteslästerliche Schwüre ausstößt, beraubt man der Zunge und Finger.[4])

Augenausbrechen. Dies findet man in erster Linie bei nicht todeswürdigem Verrat wie bei Befehdung und Drohreden gegen den Rat. 1466 sticht man einem Stadtknecht, der weibliche Gefangene mißbrauchte, die Augen aus. Merkwürdigerweise greift es nach dem Stadtrecht vornehmlich bei Notzucht Platz, während doch sonst nach allgemeiner Rechtsanschaunng der Ehrenräuber mit dem Hals sühnt. Auch in der FrGO. heißt es nur: *„man richt es hin zu dem leib"*. Nicht minder bricht man rückfälligen Dieben und andern schwerbezichtigten gemeingefährlichen Subjekten unter ewiger Verweisung die Augen aus. Einem betrügerischen Schatzgräber soll 1524 nach Urteil und Recht das Gesicht genommen werden; hiezu bereits auf dem Pranger ausgestellt, stößt er Schmähungen gegen die Stadtväter aus. Man holt ihn schleunigst herab und legt ihm nach drei Tagen das Haupt vor die Füße. Das an andern Orten übliche Blenden mit glühendem Eisen kommt in Regensburg nur einmal vor.[5])

Ohrenabschneiden. Auch dies findet sich bei schwerem (Kirchen-) und rückfälligem Diebstahl wie Betrügereien und wird hier ohne Rücksicht auch Frauen gegenüber ausgesprochen. Nach dem Stadtrecht steht es auch auf dem Tragen verbotner Messer.[6])

Zungenausreißen: *„Man sol einen gotschelter oder einen, der einen valschen aid swirt, dy zung an einen haken das den nakch ausziehen."* Der Satzung gemäß wird auch diese Strafe häufig exekutiert und zwar *„an der saeul, da der hak innstet, da man di zung ansleht nechst an der schergpank an der lederlauben"*. Die ausgerissene Zunge wird also dort zugleich als abscheuliches Exempel zur Schau an die Säule geheftet. Nach FrGO. steht auf Gotteslästerung Lähmung der Zunge, und zwar ist es der Rat, der hier das Urteil fällt. Der mit sieben überwundne falsche Zeuge hat

[3]) Lit. 371, 69; Gem. 1, 398, 483, Ub. 105; Urk. F. 344 (1418 Juni 11).

[4]) Gem. 2, 283; 3, 408, s. bei Urfehde.

[5]) Gem. 1, 79; Lit. 399, 166; Gem. 4, 438; Lit. 399, 91; Freyb. 55; Lit. 372, 91; Gem. 4, 525; 3, 459 (1470).

[6]) Freyb. 70; Lit. 399, 107; Gem. 3, 408; 4, 444 f.

10 ℔ für den Meineid und Schadenersatz an den Benachteiligten zu leisten: *„hab er des gutes nicht, so slach man im haut und har ab und die zung an das hackel.“* [7])

Brandmarken. Wer als Dieb mit der Handhafte ergriffen wird, der gewärtigt den Galgen; ist jedoch der Wert des Gestohlnen geringer als 6 sh. 12 ₰, *„so sol man in durch die zend prennen und bei der deupseul anslahen“*. Außerdem bedenkt man hiemit Kuppler und Ehebrecher. [8])

Reißen mit glühenden Zangen als Schärfung der Todesstrafe siehe bei Rädern.

Die Freiheitsstrafen.

Gefängnishaft wird in Regensburg sehr frühzeitig nicht nur zu Untersuchungszwecken, sondern auch als Strafe verhängt. So droht man auch bei der altherkömmlichen Massenausweisung mehreren für den Fall des Ungehorsams den Turm an. Ebenso soll der, dem die Entrichtung eines Wandels gefristet worden, wenn er trotzdem seiner Pflicht nicht gerecht wird, für immer auf dem Turm liegen. Nicht minder bestimmt ein ehrwürdiges Statut, daß einer, der wider die Gesetze zum Schaden der Stadt bei einem fremden Herrn wirbt, zehn Jahre verbannt sein soll. Kehrt er vorher unbefugt zurück, so wandert er für ebenso lange in den Turm. [1])

Als Haftort dienen verschiedne Türme, welche, je nachdem sie nach ihrer baulichen Beschaffenheit mehr oder minder die Fluchtgefahr ausschließen und geringere oder größere Wohnlichkeit aufweisen, für schwerere oder leichtere Delinquenten verwendet werden.

Ein sehr fester und dabei nicht sehr behaglich eingerichteter Kerker scheint der im Gießübel zu sein, in den Feinde der Stadt, Urfehdbrecher, Totschläger u. dgl. geworfen werden. Auch Eingemauerte, d. h. für ewig Gefangene schließt er in sich. Auf Totschlag stehen zehn Jahre Gießübel; 1420 sitzt ein Adliger ein Jahr auf ihm und wird dann für immer verbannt. 1391 schafft man einen in die Stube auf den Gießübel und sein Weib und Kind

[7]) Freyb. 68, 55, 77; Ub. 1075; Gem. 2, 282; 3, 408.

[8]) Freyb. 81; Lit. 389, 238.

[1]) Lit. 409½; Lit. 372, 29; Gem. 1, 463; Freyb. 26; wer Wandel nicht leistet, Turm, Freyb. 17, 119; bei Urfehdbruch zehn Jahre, Gem. 1, 415; Ub. 128; Gem. 1, 463; Ub. S. 729; Freyb. 26.

„oben auf den poden“. 1369 legt man in ihn zwei fremde Zöllner, verdammt sie zu Wasser und Brot und schlägt sie, damit die Bürger vor ihnen völlig sicher seien, in den Stock. Ist ein besonders ausbruchslustiger, angesehener Verbrecher, der sich großen Anhangs in der Stadt erfreut, auf jenem untergebracht, so sorgt der Rat für scharfe Bewachung. So bleibt der Gießübel, während der zu ewigem Gefängnis verurteilte Gainkofer in ihm schmachtet, stets mit Wächtern besetzt.[2])

DerReading Marktturm bei dem Rathaus beherbergt solche, welche sich durch frevelhafte Reden und sonstigen Trotz gegen die Stadtväter vergingen oder Friedbruchsdelikte verübten, bzw. im Frieden gewundet hatten. So findet man auch Ratsherrn unter seinen Bewohnern. 1394 wird einer derselben noch zu besserer Verwahrung in einem „versperrten Gemach“ des Turms eingeschlossen.[3])

Ähnlich verhält es sich mit dem Turm am Fischmarkt. 1466 sperrt man einen, der den Rat vor der Feme belangte, in ihn für so lange, bis er erbeten wird. Sonst handelt es sich ebenfalls meist um Friedbruchsachen; 1469 bezieht ihn ein Frevler, der einer von ihm mißhandelten Jüdin nicht Abbitte leisten wollte.[4])

Ein weiteres Gefängnis befindet sich im Wasserturm des Prebrunner Tors. Eine stattliche Anzahl angesehener Personen büßen wegen mehr oder minder harmloser, den Stadtfrieden gefährdender Reate in dem *„wazzerhaus“*.[5])

Als besonders sicher gilt die Unterkunft im Rathaus selbst. Dies scheint zumal bei Aufrührern und unbotmäßigen Ratsgenossen empfehlenswert. 1502 weigert sich einer dieser, die Kollegen in hergebrachter Weise zum Fastnachtstanz einzuladen. Zur Rede gesetzt, beleidigt er obendrein den Kämmerer. Er wird in ein Gewölbe unter dem Rathaus und dann lediglich der sehr großen Kälte wegen auf den Marktturm gelegt, dessen Wärter streng geboten wird, ihm weder Papier noch irgend ein Getränke zu verabreichen. In jenen unterirdischen Gelassen schmachten

[2]) Lit. 372, 88; Lit. 398, 2 (1420); Lit. 297, 52 (1391); Lit. 872, 54 (1369); Gem. 2, 26 (1341); Urfehde, bei Wiederergreifung Gießübel, Ub. 752 (1335); ein Totschläger soll, nachdem er dem Kläger und der Seele genuggetan, noch ein Jahr auf dem G. liegen, Lit. 372, 56 (1364); bei Krankheit vom G. entledigt, ibid. (1362).

[3]) Lit. 596, 94; Urk. F. 129 (1364 Juli 28); Lit. 408, 95; Lit. 297, 14 (1394).

[4]) Lit. 596, 291 (1466); Lit. 372, 56 (1362); Lit. 297, 137 (Ende des 14. Jh.).

[5]) *auf dax wazzerhaus zu Prenprunn*, Lit. 297, 66 (1394); Gem. 2, 283 (1391); Gem. 4, 76 (1503).

endlich die schweren, zum Teil dem Tod entgegensehenden Untersuchungsgefangenen, die Folter feiert in ihnen traurige Triumphe. Wenn es mitunter heißt, daß der Bischof einen *„in meiner herren vanchnuzz“* gab, so ist natürlich hierunter nicht ohne weiteres das Rathaus, sondern ein beliebiges Haftlokal der Stadt zu verstehen.[6])

Einmal ist auch von einem Ketzerturm die Rede. Hier und da ist erwähnt, daß man Unzüchter und Raufbolde in das Narrenhaus gesteckt; es ist dies ein am Rathaus angebrachter Käfig. Ein eignes Gefängnis besitzt übrigens auch das Stadtamhofer Spital; rühmt sich ja doch diese Vorstadt nicht minder eines Halsgerichts, das sie 1396 anläßlich eines starken Zerwürfnisses mit Regensburg zu retten sucht.[7])

1476 läßt man alle Gefängnisse der Stadt öffnen, nachdem man diese bezichtigt, daß in ihnen siebzehn Juden *„durch marter vom leben zum tod kumen sein“*. Die Schuldlosigkeit des Rats aber rechtfertigt sich glänzend; die Kommissäre erklären, sie hätten sie sämtlich am Leben getroffen *„die dann alle mit frischer, lauter stimme mit uns geredt haben“*. Besonders vertrauenerweckend dürften übrigens die Regensburger Verließe trotzdem nicht gewesen sein.[8])

Fälle von ewigem Gefängnis oder sog. Einmauerung sind mehrere verzeichnet. Ein Privileg, wie in Nürnberg, wonach sich Bürger bei Verurteilung zum Tod jenes erbitten dürfen, ist für Regensburg nicht nachweisbar. Selten wird von vornherein hiezu verurteilt, wie dies 1354 bei einem Mörder geschieht, der durch den Kaiser losgebeten wird; häufiger erkennt man hierauf, wenn dem Todeskandidaten infolge Fürbittens der Gang zur Richtstatt erspart bleibt. 1339 fällt man über O. Gainkofer das Todesvotum, da er den Sturz des Rats herbeiführen wollte. Da kommt „alle Pfaffheit“ mit den Reliquien des heiligen Erhard auf das Rathaus, um jenen zu retten; man entschließt sich infolgedessen, ihn für immer im Gießübel zu sichern. Das nämliche Manöver mit sankt Erhards Haupt nimmt man 1492 bei einer Gattenmörderin vor; es wird hierauf erteilt, *„daz man sie vermauren solt in einen*

---

[6]) Gem. 2, 23 (1340); Gem. 4, 68 (1502), s. bei Tortur; *meiner herren vankchnuzz*; Lit. 297, 9 (1370).

[7]) K., Lit. 596½. 77; Gumpelzhaimer 1, 423; N. nach Walderdorff 507, 1506 errichtet; es scheint mehr den Charakter eines Prangers gehabt zu haben; Gem. 4, 167 (1510); Spitalgef., Urk. F. 259 (1396).

[8]) Urk. F. 579 (1476 Sept. 2); Gem. 3, 566 ff.

ewigen charcher, ir lebtag darin zu beleiben und ze pussen an alle ledigung". 1356 wird einer, der auf einen Brief ein falsches „*insigel geleimt*", auf Fürbitte seiner „erbergen" Freunde begnadigt, im Gießübel zu „faulen". 1439 wird ein Mönch von sankt Jakob, der viel gestohlen, zu ewigem Gefängnis verdammt, der Bischof läßt ihn ohne Wissen des Rats und ohne Urfehde frei.

Immerhin erfreuen sich die Bürger nach der StO. von 1514 gewisser Vorrechte. Man darf sie in keinen Kerker werfen, in dem schwere Missetäter auf Leib und Leben liegen. Es werden daher Kämmerer und Rat verpflichtet, etliche Türme für die Bürger „zurichten" zu lassen. Man solle übrigens jedem, der um bürgerliche Verwirkung in Haft gerät, den Tag seiner Freilassung wie die ihm auferlegte Geldstrafe baldmöglichst mitteilen und sich, um Belästigungen durch Fürbitter vorzubeugen, zu keinem Nachlaß mehr verstehen.[9])

Als Albrecht IV. 1486 Regensburg an sich zu bringen sucht, sichert er dem Rat zu, daß die Gefängnisse und Fragstätten (Folterkammern) im Rathaus unter dessen Obhut verbleiben und die Verköstigung der Inhaftierten, sofern diese nicht auf Betreiben der Stadt festgenommen wurden, nicht von der Stadt bestritten werden solle. Im übrigen verspricht er, die Bürger, was die Voraussetzungen zur gefänglichen Einziehung anlangt, völlig den Münchnern gleichzustellen. Nach der O. von 1514 muß jeder Gefangene, der durch den Schultheiß eingeschafft wurde, spätestens nach vierzehn Tagen vorgenommen, d. h. untersucht und abgewandelt werden.[10])

Es ist nun nicht beabsichtigt, sämtliche Gründe anzuführen, die im 15. Jh., nachdem die Turmstrafe mehr und mehr an Stelle der Verweisung getreten, zur Freiheitsberaubung führen. Vorwiegend rekrutieren sich die Gefangenen immer noch aus Bürgersöhnen, welche Friedbruch und sonstigen Unfug verübten, ferner solchen, welche man deshalb hinter Schloß und Riegel bringt, da man sich eben selbst vor ihnen sicherstellen will und daher, „um keinen gewissen Feind zu erhalten", von einer Verweisung absieht.

Totschläger werden mitunter sehr gelind behandelt, einmal findet man vier Wochen Turm, bei einer Verwundung (Schlagen über den Frieden) fünf Wochen und 10 lb. 1425 schafft man eine Frau, die ihren Hauswirt zu vergiften trachtete, für ein Jahr in

[9]) Gem. 2, 80 (1354); Gem. 2, 21 f. (1339); Lit. 297, 64 (1392); Gem. 2, 376 (1507); Urk. F. 104 (1356 Feb. 8); Lit. 398, 14 (1439).

[10]) Lit. 409, 284; Gem. 3, 733 (1486); Lit. 380, 20.

den Turm: dann wolle man mit ihr nach Gnaden handeln. 1488 schließt man einen, der den Propst bedroht, für so lange ein, *„bix ob man erdenken mocht, dax di stat und der probst besichert vor im werden mocht"*, d. h. bis er wohl Bürgen für sein ferneres Wohlverhalten gestellt hat. 1470 hält man einen Burschen, der seine Eltern bestohlen, in strenger Haft, worauf er auf seines Vaters Verwenden hin für immer auf drei Meilen verwiesen wird. Spieler, die die Buße nicht erlegen, werden für ein Jahr verboten; *„wer daruber auzzerhalb spilt und get daruber herein, den wellen mein herrn in ainem turm dorumb pezzern"*.

Sonst trifft man auch Turmstrafe bei Vergehen polizeilicher Natur. Wer als Fleischhauer gegen die Satzungen verstößt, riskiert ein Jahr Verbannung; weigert er sich, die Stadt zu verlassen, so wandert er für ebenso lange in den Turm.[11])

Man muß übrigens hieraus schließen, daß mit der Gefängnisstrafe noch im 15. Jh. sehr willkürlich verfahren wird, ja daß man in der Regel lieber zur Verweisung greift. Dies geht schon daraus hervor, daß sie meist auf unbestimmte Zeit verhängt wird, d. h. nur für so lange, bis man von der Besserung des Häftlings überzeugt ist, oder bis er die im voraus festgesetzte Buße aufzubringen, bzw. hiefür Bürgen aufzutreiben vermag und die Fürbitte einflußreicher Leute erlangt. Kurz, der Rat muß gesichert sein und damit befugt, den unbequemen Fresser, den er nicht zu verbannen wagt, gegen Gesetz und Recht wieder in Freiheit zu setzen. Mitunter handfestet man ihn für die kurze Dauer, welche die Stadtväter bedürfen, um mit sich ins Reine zu kommen, welche Sühne sie in Rücksicht auf seine Vergehung aussprechen wollen. Dies unterscheidet sich von der eigentlichen Untersuchungshaft nur insofern, als dann der Delinquent nicht im Ratsverließ, sondern auf dem Turm kampiert und gewöhnlich eine bestimmte Frist, z. B. ein Jahr „gesetzt ist", nach deren Ablauf endgültig über Schuld und Strafe entschieden werden soll.

Inzichter hält man entweder so lange in Verwahrung, bis die Sache durch Kundschaft zu ihren Gunsten hinlänglich geklärt ist, oder man läßt sie frei und verpflichtet sie, sich nach festgesetzter Zeit wieder zu stellen. Freilich wird dann eben der wirklich Schuldige das Weite suchen und auf die Rückkehr vergessen.

---

[11]) Lit. 297, 23, 26; Lit. 398, 8 (1425); Lit. 297, 114 (1488); Lit. 298½, 256 (1470); Lit. 409½, 11 (Spiel); Freyb. 9.

Aus Vorsicht beansprucht man daher diesfalls die Stellung von Bürgen.[12])

1389 öffnet man einem den Turm mit dem lästigen Vorbehalt: *„daucht aber meinen herrn, sie hieten niht genug gepezzert, so mugen sie in wol mer pezzerung schepfen"*. 1470 darf einer auf Fürbitte hin und sein Gelöbnis, sich nach wenig Wochen wieder einzufinden, vom Marktturm herabsteigen: *„er sagt, daz er so merklich geschäft hab under handen und zu so großen schaden des innligens komen würd, ob man in nit ausliez"*.[13])

Wie man von jedem Freigelassenen die Urfehde abnimmt, die Haft wie die darin erlittenen Unbilden (Tortur) nicht zu rächen, so kommt es nicht minder vor, daß solche, welche zum Turm und namentlich für Lebzeiten verurteilt werden, den Schwur leisten müssen, denselben ohne des Rats Willen nicht zu verlassen. So stellt einer 1388 Bürgen, welche geloben: *„ob M. daruber herabging, sol sich ainer an sein stat legen und do ligen als lang, unz daz er sich wider stellt"*.[14])

1491 verüben die Runttinger gegen J. G. in des Bürgermeisters Haus *„ein ubel handlung"*. Man diktiert ihnen wie vier ihrer Genossen vierzehn Tage Wasserturm, worauf sie ohne G. Zustimmung nicht freigelassen werden sollen. 1388 bringt man einige auf acht Tage ebendahin: *„get ieman anders zu in, als oft mussen sie acht tag lenger ligen"*.[15])

Über die sonstige Behandlung der Gefangenen wird wenig berichtet. Der als Diener des Rathauses oder „Brassel" (Prassel) Bestellte gelobt lediglich den Herren des Rats, *„all ir gut und besonderlich all gefangen, so zu irem rathaus gebracht werden, mit allem vleis bei tag und nacht zu behuten, bewaren und versorgen"*, ebenso deren Geld, Briefe usw. aufzuheben.[16]) Ferner ist der Gebühren gedacht, welche jene an Brassel und Stadtknechte schulden. 1387 wird verordnet, daß das, was man bei festgenommenen Dieben oder sonst todeswürdigen Verbrechern vorfindet, je zur Hälfte dem Gericht und den Knechten zufällt, *„ob di in vahen oder wegen"*

---

[12]) Lit. 596, 175; Urk. F. 429 (1438 Aug. 11), F. 682 (1538); s. bei Inzichtverfahren.

[13]) Lit. 297, 45 (1389); Lit. 298½, 255 (1470); Ub. 1079.

[14]) s. Urfehde und Bürgschaft; Lit. 297, 36 (1388).

[15]) Lit. 297, 56 (1391), 36 (1388).

[16]) Da krank, in besseres Gef., Lit. 372, 56 (1362); Brassel, Bestallungen, Urk. F. 409 (1434 Okt. 16), F. 653 (1518 Jan. 2).

(foltern). 1466 werden einem Rathausknecht, da er weibliche Gefangene mißbrauchte, die Augen ausgebrochen.[17]

Die Stadtverweisung.

Hier sei nur der Verbannung mit reinem Strafcharakter gedacht, nicht der mehr als Präventivmaßregel, bzw. aus polizeilichen Gründen bei der Stadtauskehr verfügten Verweisung. Beide beherrschen als generelle Sühne für Verbrechen und Vergehen aller Art das 14. und zum Teil das 15. Jh. noch völlig. zumal in sämtlichen Fällen, in denen später nur das Gefängnis Platz greift. Bürger wie Fremde verfallen ihren meist schwer zu überwindenden wirtschaftlichen Folgen in gleich unerbittlicher Weise.[1]

Es kann hier nicht beabsichtigt sein, sämtliche Fälle, bei denen die Verbannung in Anwendung kommt, zu durchlaufen; nur die wichtigsten seien hervorgehoben unter Berücksichtigung der Art und Dauer der Verweisung.

„Swer ichtez wirbet von sätzen, die mein herren gesetzet habent, oder sweliherleie sache ieman wirbet dheinem herren, daz der stat geschaden mach“, der muß zehn Jahr die Stadt meiden, kommt er darüber herein, für ebenso lange auf den Turm, *„ob man in wegreifet“*. Bei den verschiednen Umwälzungen und Empörungen wider das Stadtregiment spielt diese Bestimmung eine bedeutsame Rolle. So im Kampf gegen Auer und dessen Genossen, der seinerseits 1333 einige Mitglieder der Gegenpartei mit vierzig Jahren Verbannung bedenkt, was einer lebenslänglichen Verweisung gleichzuachten ist. Nicht genau ersichtlich ist 1326 die Verurteilung der beiden Bürgermeister D. Auer und O. Gumprecht auf zehn Jahre; keine Bitte soll für sie gehört und jedermann, der sie haust, um 100 *tt* gestraft werden. Hier sei auch der Satzung gedacht: *„wer ausleut, fursten oder herrn auf die stat wirft, der sol von der stat verpoten sein“*. Endlich besagt die VO. von 1312, daß derjenige, welcher die Stadt oder Gemeinde vor fremden Gerichten belangt, *„ewichlichen versworen oder verpoten schol sein und niemmer dhein wonung noch purchrecht gehaben noch gewinnen schol“*.[2]

[17]) Lit. 377, 8; Lit. 380, 65; Lit. 297, 28 (1387); Lit. 399, 91 (1466); wer Verbrecher festnimmt, dem das Gut, Landfr. 1374.

[1]) s. Stadtauskehr.

[2]) Freyb. 26; Ub. S. 729; Ub. 517; Gem. 1, 534, 561; Freyb. 82; Ub. 277.

Zahllos sind die sonstigen Verweisungen wegen Vergehungen, Frevelreden und Drohungen wider den Rat. 1388 müssen die Sattelbogerin und ihr Bruder, ein Domherr, wegen unbedachter Worte *„ze stund auz der stat, daz si uber naht hi niht bleiben und sullen nymer herein komen“.*[3])

Bei Mord oder Totschlag findet man in der Regel ewige oder zehnjährige Verbannung; es soll auch hiebei keinerlei Fürbitte helfen. 1402 wird eine, die den Gatten zu vergiften trachtete, für ewig zehn Meilen verbannt.[4]) Nach VO. von 1514 wird der Meineidige zu ewigen Zeiten verboten und darzu nach des Hauptmanns, Kammerers und Rats Bedünken an Leib und Gut gestraft. Wird bei Ehebruch der schuldige Hauswirt meist sehr gelind geahndet, so die Dirne für immer über die Grenzpfähle hinausgeschafft. Sie wird eben auch gewöhnlich als die Verführerin hingestellt. Nach O. von 1565 trifft erst den Rückfälligen, sofern der gekränkte Gatte nicht verzeiht, Pranger und Verweisung. 1458 wird einer, der eines andern Weib und Gut entführte, mit ewigem Exil belegt; ähnlich 1462 ein Verleumder, der sich berühmt, eine Bürgerstochter beschlafen zu haben.[5])

Ebenso schwer büßt der, welcher wider der Stadt Recht und Gewohnheit sein Haus an einen Fremden veräußert; er verwettet hiemit gleichsam seine Heimat. 100 ℔ oder zehn Jahre gewärtigt der, welcher *„ein haus an die weizze gebrüder ze chaufen geit“.*[6])

1278 befindet sich der Rat im Kampf mit den Bräuern wegen des Bierverbots. In Besorgnis, daß sich jene auf des Baiernherzogs Seite schlagen, führt man eine Schlichtung des „Krieges“ herbei: *„wer die sün brichet, der sol sin ambt verloren haben und im diu stat verpoten sin“.* Ähnlich bei der Taidigung zwischen verschiednen Unruhestiftern im J. 1281: wer den Satz bricht, büßt mit 100 ℔; besitzt er statt dieser Häuser, so bricht man sie hiefür, andernfalls soll er für zehn Jahre aus der Stadt.[7])

[3]) Lit. 596 (an versch. O.); Lit. 297, 35 (1388) usw.

[4]) zehn Jahre wegen Mordes (drei mit Hausfrauen); Lit. 297, 17 (1385); zehn Jahre der Judenmörder Sattelboger, Gem. 3, 97 (1440); ewig wegen Mordverdachts, Urk. F. 98 (1353 Juli 5); ewig wegen Gattenmordversuchs, Urk. F. 289 (1402 Okt. 23); ewig wegen Totschlags, Urk. F. 129 (1364 April 5); zehn Jahre wegen Totschlags, Lit. 296, 165 (1362).

[5]) Lit. 380, 20 (1514); Ehebruch, Lit. 596, 130 (1413); Lit. 408, 129 (1458); Lit. 389, 238 (1565).

[6]) Freyb. 18, 24; Lit. 297, 11. [7]) Ub. 117, 128.

So greift die Verbannung überhaupt häufig bei Nichterlegung der Buße Platz. Wer sich wider die Vorschriften über den Mauernbau vergeht, zahlt 5 ℔ oder wandert für fünf Jahre zum Tor hinaus; ebenso der, welcher Silber kauft oder brennt *„danne daz alein, daz er in chaufmannschaft versenden wil"*. 1460 muß ein Jude wegen einer Büberei 50 fl. entrichten; unter dieser Bedingung darf er in der Stadt bleiben.[8])

Beliebt ist ferner die Verweisung in Fällen, wo man von einer Hinrichtung absieht. So begeht 1418 eine Kellnerin einen Diebstahl *„mit offner wahrheit erfunden"*. Da der Bestohlene aber nicht klagt, verweist man sie zehn Meilen. Häufig daher auch bei Begnadigung: *„darumb si mich an leib und gelidern wol gestrafet und gepessert möchten haben, zehn meilen, dazu guten brief über mein leib und leben"*.[9])

Anderseits trägt sie Schärfungscharakter, besonders bei Nichtbefolgung eines Strafgebots oder Rückfall: *„wann sy mir zugesagt, aus der stat zu ziehen, doruber ich dannoch in derselben etlich zeit blieben"*. 1455 jagt man einen hinaus, dem man vergebens die Weinhäuser verbot. 1431 schickt man eine Dirne zur Besserung in den Orden des Spitals; da sie dieses unbefugt verläßt, verbietet man ihr die Stadt. 1447 wird einer auf den Tod geschlagen; der Täter darf ein Jahr lang kein Messer tragen, sonst wird er *„ewiglichen verboten"*.[10])

Streng ahndet man das Hausen und Hofen von Verbannten: *„swer der verpoten einen behaldet, der muz 5 ℔ geben"*. Und öffnet er dem Meister nicht, sondern „schupfet" er jenen „hin" und vermag er sich nicht selbsiebent zu entreden, so verweist man ihn bei Mittellosigkeit für ein Jahr. Wer einen Verbotnen entdeckt und anzeigt, der wird bei Festnahme mit 60 ₰ belohnt. 1454 weist man einige, die verbotne Weiber gehaust und mit ihnen geschmaust, zum Tor hinaus. Nach einem Friedgebot von 1328 soll

---

[8]) Freyb. 21, 97; Lit. 408, 118; zehn Jahre oder 10 ℔ bei Tragen verbotner Waffen, Freyb. 13, 119; 30 ℔ oder drei Jahre bei Reden mit Verbotnen, Urk. F. 10 (1290 Feb. 17); 100 ℔ oder zehn Jahre, Ub. 1185.

[9]) Urk. F. 310 (1418 Jan. 21); Lit. 297, 51 (1390); Urk. F. 295 (1404 Nov. 27).

[10]) Urk. F. 477 (1449 Juni 3); Lit. 408, 124; Stadt wieder erlaubt und dann wegen Schlägerei für immer verwiesen, ibid.; Weinhäuser verboten, ibid.; Lit. 596, 164 (1431); Urk. 472 (1447 Juni 7).

jeder, der für einen verbannten Friedbrecher bittet, Jahr und Tag aus der Stadt sein.[11])

1358 verbannt man den Umstürzler Hiltprand mit seiner Familie für immer; kein Bürger oder Inwohner darf jemals in letztere heiraten bei 200 ℔ oder zehn Jahre Verbannung. Nicht selten teilen überhaupt die Angehörigen das Los des Gatten und Vaters, zumal bei Aufruhr und sonstigen Freveln wider Rat und Gemeinwesen, wo man es für erforderlich hält, die gesamte Sippe des Täters mit der Wurzel vom heimischen Boden loszureißen. Denn solange noch derartige Beziehungen der Exilierten bestehen bleiben, ist man vor weitern Angriffen und auch vor lästigen Fürbitten keineswegs gefeit.[12])

Nach der VO. von 1357 sollen sich alle Bürger, welche „Urlaub" von der Stadt nehmen oder sonst *„mit frävel von ihr varent"*, samt Frauen, Kindern, Ehehalten und ihrer Habe nicht mehr in der Stadt niederlassen, noch dort *„gewinnung und aribeit haben"*. Kommen sie herein, müssen sie beim Gastgeben „zehren", wer sie haust, büßt mit 1 ℔. Vor Wiedererlangung des Bürgerrechts müssen sie die gesamte Schatzsteuer vom Tag des Fortgangs aus erlegen. Nach gleichzeitiger Vorschrift sollen alle, welche ihre Steuer nicht zahlen, mit Weib und Kind aus der Stadt.[13])

1423 erbittet die Zunft einen Genossen, der wegen Urfehdbruchs mit seinen Angehörigen hinausziehen sollte. 1456 droht man dem Weib eines blinden Kupplers, welche den Rat mit Bitten für diesen überlief, es ebenfalls hinauszuschaffen. 1422 bürgt ein Bürger für seine Frau, der man die Stadt verboten; da sie ihr Versprechen nicht hält, wirft man ihn in das Gefängnis.[14])

Was die im Urteil vorgeschriebene Entfernung vom Stadtgebiet anlangt, so ist entweder eine bestimmte Meilenzahl verlangt oder es heißt einfach, der Verbotne soll ausziehen und seinen Pfennig an andern Orten zehren. 1342 werden die zwei Söhne Helmschmids, die sich mit den Auern verbanden, über die vier Wälder verbannt. Mitunter wird lediglich der Aufenthalt in Stadt, Vorstadt und Burgfrieden untersagt oder wegen der gefährlichen Nachbarschaft auch der in der Herrschaft Donaustauf. Einer, der

[11]) Freyb. 12; Urk. F. 501 (1454 Dez. 20); Lit. 372, 88.

[12]) Gem. 2, 104; mit Weib und Kind, Urk. F. 107 (1357 Feb. 27); Lit. 596, 130 (1423), s. auch bei Frauen, Diener mitverbannt, Lit. 372, 68 (1362).

[13]) Urk. F. 107 (1357 Feb. 27).

[14]) Lit. 596, 130 (1423); Lit. 408, 125 (1456); Lit. 596, 127 (1422).

wegen Inzicht und Unzucht in Haft lag, wird durch das Handwerk von der Strafe an Leib und Gliedern erbeten, worauf ihm das Gebiet auf dreißig Meilen verboten wird. Um ihn jedoch in Ausübung seines Gewerbes nicht zu schädigen, werden Augsburg und Ulm hievon ausgenommen. Einem Brieffälscher ist auch das ganze Baiernland verboten. Der Judenmörder Sattelboger und sein Sohn verpflichten sich, in ein fremdes Land und zwar Frankreich, England, Dänemark, Preußen oder Rhodus zu wandern, ein anderer weiht sich für immer dem Kloster Tegernsee. [15])

In der Regel muß der Verurteilte sofort sein Bündel schnüren (*noch vor nacht aus der stat*), nicht selten wird jedoch noch eine bestimmte Frist verstattet. Häufig ist die Dauer der Strafe nicht beigefügt und nur bemerkt, daß der Schuldige nicht ohne Urlaub (Erlaubnis), Gnade oder Gunst des Rats zurückkehren dürfe — oder z. B. fünf Jahre und dann nicht ohne Gunst. [16])

Wird die Stadt wieder erlaubt, so geschieht dies zuweilen nur bedingungsweise, so auf ein Jahr oder als Gast oder überhaupt nur auf Probe. Einem herzoglichen Kastner gibt man allein das Zugeständnis „*in und aus der stat von seins hern wegen zu wandlen in seins hern dinsts*". 1469 vergönnt man der Unruhin, ein- und auszugehen und nach ihrer Notdurft einzukaufen; doch solle sie vermeiden „*die end und stet zu besuchen, do si verarikwant ist und si verpoten worden*". 1456 erlaubt man einem Türmer wieder die Stadt; würde man ihn jedoch bei einer Untat begreifen, wolle man ihn um so „*herticlicher*" strafen. [17])

1386 öffnet der Rat gelegentlich der Fehde mit den Herzogen allen Verbotnen die Tore; Weiber, Mörder, Kirchbrüchel und Mordbrenner bleiben jedoch ausgeschlossen. Die unbarmherzige Behandlung der Weiber rechtfertigt sich dadurch, als eben den Stadtvätern daran liegt, möglichst viel Streitkräfte in ihren Mauern zu vereinen und den Gegnern zu entziehen; die Frauen aber

[15]) 30 Meilen außerhalb Augsburg, Ulm, Lit. 596, 23 (1404); anderswo zehren, Lit. 298½, 253; Lit. 408, 127; vier Wälder, Gem. 2, 31 (1342); Stadt, Vorstadt, Lit. 596, 90 (1414); ibid. 267 (1458); Gem. 3, 94; Urk. (bisch. Archiv) F. 48 (1451 April 2).

[16]) Lit. 409½, 33; Ub. 988; *in kain ir herschaft und gebiet nicht komen sol an ir urlaub,* Urk. F. 38 (1326).

[17]) Lit. 298½, 242 (1469); Lit. 408, 126 (1456); gastesweise, Lit. 409½, 32; auf ein Jahr, ibid. 65; Urk. F. 339 (1417 Aug. 17); Stadt wieder erlaubt, Lit. 409½, 63; Lit. 408, 125; Urk. F. 299 (1305 Mai 9).

kämen für den Fall einer Belagerung nur als unnötige Esser in Betracht.[18])

Endlich hat jeder Verbannte eine Urfehde abzuleisten, in der er mitunter noch manche ihm lästige Nebenversprechung macht, so auch, daß er bei unbefugter Rückkehr als übersagter, schädlicher, meineidiger Mann gelten wolle, über den man ohne weiteres Urteil richten darf. Nicht selten werden hiebei auch noch Bürgen gestellt.[19])

Die Eingrenzung.

Die Konfination wird verhängt, wenn man den Schuldigen aus Furcht vor dessen Befehdung nicht in fremdes Gebiet zu verpflanzen wagt, oder wenn es sich um kapitalkräftige oder sonst der Gemeinde nutzbringende Bürger handelt, deren Steuern oder Diensten man so leichthin nicht entsagen will, endlich bei Frauen. Fremden gegenüber trifft man sie selten; 1274 gebietet man einem Haderer, daß er die nächsten vier Jahre in der Stadt bleiben soll.[1])

Ersprießlich scheint dies Mittel bei Ehebrechern, um sie dadurch zu zwingen, von ihrer Unstätigkeit zu lassen und bei ihrer Familie zu bleiben. So gelobt 1440 einer, der mit einer Dirne im Land herumgezogen, zehn Jahre Bürger bleiben und ohne Erlaubnis des Rats die Stadt nicht verlassen zu wollen.[2])

Einer hat 1415 wider die Stadt, da man seine Tochter gestraft, ein „Unwillen“ gesagt; man zwingt ihn (eben da man ihn nicht fortzujagen wagt) zu der Urfehde *„sich in zehn jar nit zu entsetzen“*, sondern bei der Stadt Recht zu suchen. Ebenso 1433 einige, welche sich bei der Steuer vergessen.[3])

Besonders gründlich verfährt man 1369 bei der Loblinne, deren Strafe sich freilich mehr als Hausarrest qualifiziert. Sie soll ein ganzes Jahr in ihrem Haus bleiben, *„ez sein danne, ob si gen peicht ge und zu gots leichnam und nach irer notdurft gen pad. sie sol auch dheinerlei höfel nicht haben, auch ist auzgenomen, ob ir muter oder swester am tod lägen, so mag si wol zu in gen.“* Dann soll sie noch zwei Jahre zu keiner Hochzeit oder *„höfel“* gehen, noch ein solches bei sich haben, es sei denn, daß ihre Angehörigen mit ihr essen. Sollte jemand für sie bitten, so soll dies kraftlos bleiben.

---

[18]) Gem. 2, 227. [19]) s. bei Urfehde.

[1]) Lit. 371, 54 (1274). [2]) Urk. F. 438 (1440 Feb. 23).

[3]) Lit. 596, 93 (1415), 171 (1433).

Zur strikten Einhaltung dieser Bedingung, die sie vor schwererer Ahndung feit, verpflichtet sie sich durch feierliche Urfehde.[4]

Die Ehrenstrafen.

Pranger. Er gelangt in der Zeit vor der Carolina keineswegs sehr häufig zur Anwendung und dann bei besonders hart gesottenen Sündern, die sich als raffinierte Diebe, Betrüger, Falschspieler, Ehebrecher, Kuppler und sonstige Unzüchter erwiesen und bereits den Strang des Henkers streiften. In der Regel ist Verweisung damit verbunden, mitunter auch noch Rutenschläge, Ohrabschneiden und andere Leibesstrafen. So bei einigen, welche Kleider entlehnt und dann unter die Juden versetzt haben, 1432 bei mehreren *„pueben darumb, daz si di leut umb gelt geleichen (betrogen) und ainen pekchenknecht ob valschen spil entplündert heten"*. Ebenso verfährt man gegen Dirnen und Kuppler, um zugleich das Volk vor dem Verkehr mit ihnen zu warnen. 1563 wird der Pranger bei rückfälligem Ehebruch angeordnet.[1]

Ferner begleitet er die Verweisung, wenn man Todeswürdige infolge einflußreicher Fürbitter nicht dem Henker überliefern will. 1457 sollte eine wegen vielfachen Diebstahls gerichtet werden, *„aber darumb si kinds swanger was, von pete wegen und daz di frucht nicht verwarlost wurd"*, stellte man sie unter ewiger Verweisung in den Pranger. 1472 *„erkannte man eine der zauberlichen ler"*; auf Fürbitte von Bischöfen und Äbten begnadigte man sie und stellte sie lediglich zur Schau. Ebenso ahndete man 1500 in Verbindung mit Verweisung die verruchte Tat eines mit der Franzosenkrankheit Behafteten, der die Blattern unter das zum Kauf ausgebotne Obst warf.[2]

1471 wird anläßlich der großen Überhandnahme des Bettels beschlossen, auf den Kirchhöfen Stockbrechen oder Pranger zu errichten und auf diesen die „mißhandelnden" Bettler während des Kirchgangs, *„damit sie dester mehr röthe und scham empfahen"*, der Schaulust preiszugeben. Aber auch die Juden erfreuen sich einer besondern „Schandbühne" auf ihrem Freudhof; 1456 stellt man auf ihr vier Judenbräute aus.[3]

[4]) Lit. 372, 72 (1369); Gem. 2, 156; im Kloster nicht geblieben, auf ewig verboten, Lit. 596, 164 (1431).

[1]) Lit. 408, 127, 125; Lit, 398, 10 (1432); Lit. 389, 283 (1565).

[2]) Lit. 408, 128 (1457); Lit. 298½, 308 (1472); Gem. 4, 49 (1500).

[3]) Gem. 4, 490; 3, 258; als Geist Unfug geübt, Gem. 4, 167.

Beim Vollzug wird stets ein Zettel an den Pranger geheftet, auf dem Name und Delikt genau verzeichnet sind.[4])

Hier sei auch der in den alten Friedsatzungen angeführte Brauch des Anschlagens der verbotnen spitzigen Messer (mit Namen der Frevler?) an der Friedsäule erwähnt.[5])

Das Schupfen. „*Mein herren verpietent alle ruffian* (Zuhälter) *und swer des überredet wirdet, daz er ein ruffian sei, den sol man ab der schupfen werfen in den Patzenhül.*“ Das Schupfen war kein besonders angenehmes Vergnügen, ja mitunter riskierte man bei dem Herabschleudern in den schmutzigen Tümpel körperlichen Schaden. Außerdem florierte dieses beschimpfende Verfahren betrügerischen Becken gegenüber: „*swer daruber ze chlain pecht, da wellent mein herren dhein gut von nemen und wellent in wan schuphen lazzen nach dem alten rechten, er sei reich oder arm*“.[6])

Beschämend wirkt auch die um 1500 angeordnete Einsperrung in das Narrenhaus, wozu der Nachtwächter allen nächtlichen Ruhestörern und Schwärmern gegenüber berechtigt ist, worauf er morgens bei dem Kämmerer Bericht hierüber zu erstatten hat. Dieser läßt sie dann bei schwerer Vergehung unter das Rathaus legen. Freilich besteht hiebei die bedenkliche Vergünstigung, daß sich jeder „ansehnliche“ Mann durch 1 fl., ja, sofern er kein Geld bei sich hat, auch auf Treu und Glauben ledigen kann.[7])

Amtsentsetzung ist nicht selten die Folge von Delikten, namentlich wenn diese gegen das Ansehen und die Sicherheit der Stadt verstoßen. So wird auch die Ausstoßung aus dem Ratskollegium häufig erwähnt. Um 1360 ist eine Taidigung wegen eines (getöteten?) Kindes verzeichnet, wobei der Schuldige unter anderm zugibt, daß er die nächsten zehn Jahre „*von allen raten sein sol und der stat rat und von der hans rat*“. 1387 wird gelegentlich einer Verwundung durch einen Torhüter ausgesprochen, „*das er furbas zu dheinem tor noch meiner herrn dinst nymer chomen sol, diweil er lebt und man sol nach im stellen oder er ge in meiner herrn vanchnuzz us gnad*“. 1277 bedroht man die Bierbräuer, welche die mit dem Rat geschlossene Sühne brechen, mit

4) Lit. 408, 131.
5) Freyb. 14; Gem. 1, 512.
6) Freyb. 25; Gem. 1, 463; Freyb. 8; Gem. 1, 519.
7) Gem. 4, 111; v. Walderdorff 507.

Amtsverlust. Endlich entzieht man häufig Wirten, welche gefährliches Gelichter beherbergten, den Schild.[8])

Das Verbot, weder Schwert noch Messer zu tragen, in kein Leuthaus zu gehen, und sonstige immerhin ehrenmindernde Auflagen bilden in zahlreichen Fällen einen der wichtigsten Bestandteile von Urfehden.[9])

Schließlich ist der Verweis, das Strafen mit Worten zu nennen; er enthält, zumal wenn er vom Rat selbst ausgeht, in der Regel eine nicht mißzuverstehende Drohung für den Fall eines nochmaligen ähnlichen Unterfangens. 1478 haben drei Vorsprechen *„ungfertig wort am gericht, die gemeiner stat nicht erlich sind"*, geäußert, *„die hat her kamrer gehandelt und gestrafft mit worten und unnütze wort am gericht bei straff irs leibs verpoten"*.[10])

Die Kirchenstrafen.

Wir beschäftigen uns hier nicht mit den von den kirchlichen Behörden verhängten Pönitenzen und Zensuren, sondern führen nur Fälle an, in denen entweder der weltliche Richter das Votum aussprach oder dieses auf Grund einer Taidigung gefällt ward.

Noch im 14. Jh. ist es bei Totschlägen Brauch, daß derjenige, dem das „Unglück", einen zu töten, widerfuhr, sich unter Leistung von Wergeld und andern Auflagen bereit erklären muß, zur Erlangung der Versöhnung mit des Getöteten Seele Wallfahrten zu unternehmen, Messen zu stiften und andere religiöse Übungen vornehmen zu lassen.

1366 geschieht an einem Bürger ein Ableib, bei dem man nicht mehr festzustellen vermag, wer der Anfänger des verhängnisvollen Streites gewesen. Man steckt den Täter für ein Jahr in den Gießübel; dann, heißt es, solle er *„ein Romvart und ein Achvart tun der seel und den friunden inner jarsvrist und 400 mezz frumen und geben vier wandelkerzen und der stat iren wandel"*. 1432 gelobt ein Bader wegen eines vor Zeiten verübten Totschlags, außer den beiden Wallfahrten mit *„sein selbs leib"* dreißig Seelmessen zu spenden und ein Schaff Holz für die Siechen bei s. Lazarus.[1])

[8]) Lit. 296, 145; Lit. 372, 87; von allen Gerichten, Kratzer, Gem. 1, 455; Gem. 1, 410 (1277); soll nimmer Wirt sein, Lit. 409½, 40.

[9]) zehn Jahre ohne Schwert (ebenso s. Diener); Lit. 296, 145; s. bei Urfehde.

[10]) Lit. 298½, 391.

[1]) Gem. 2, 145; Urk. F. 398 (1432 Juni 14).

1451 hat nach dem Ausspruch des Kardinals Nik. v. Cusa der Totschläger Ulrich Part zu Trost und Hilfe der Seele des Gegners eine Romfahrt, 30 fl. Almosen zu leisten wie andere gute Werke zu vollbringen und endlich für immer in das Kloster Tegernsee zu wandern. Vordem scheint man auch bei Verwundungen und Feindschaft Kerzen und Messen gestiftet zu haben, nach einer dem 13. Jh. angehörenden Satzung ist dies nur noch bei Totschlag gestattet. Als 1425 die Sattelbogerin von den Bauern zu Bach mißhandelt wurde, versprechen diese außer der Abbitte 8 tt Wachs an die Pfarrei des Ritters zu leisten und für diese auch 40 Fuder Werksteine zu fahren. 1455 wird wegen einer Lähmung und sonstiger Frevel verhängt, *„an vier enden zu unserm herrn zu Stauff, zu Pach, zu Tömling und Sultzpach mit 50 mannen* (zu wallfahrten) *und 4 tt wachs abzutragen“.* Den Wandel nehmen die von Stauff ein.[2])

Noch sei des Verfahrens gegen eine Beguine im J. 1434 gedacht, welche durch den päpstlichen Legaten, nachdem er sie von ihren Schwärmereien bekehrt, im Dom in einem gelben mit rotem Kreuz verzierten Bußhemd zur Schau gestellt wurde.[3])

Die Vermögenstrafen.

Angesichts der zahlreichen Bußsatzungen ist es schwer, festzustellen, inwiefern die für sie maßgebenden Normen von einem bestimmten System beeinflußt sind. Das Prinzip, jede Schädigung an Leben, Leib, Ehre und Gut, sofern nicht ein wirkliches Ungericht in Frage steht, durch Leistung einer Komposition wett zu machen und die an sich hierauf gesetzte peinliche Strafe erst im Unvermögensfall eintreten zu lassen, ist noch zu Anfang des 15. Jh. als das vorherrschende zu bezeichnen. Auch bei Totschlag, der ja nicht zu den Ungerichten zählt, sondern als Unglück und Mißgeschick gekennzeichnet ist, riskiert der ergriffene Täter nur bei Mittellosigkeit den Hals.

Es wurde also, wie schon bei „Strafe“ ausgeführt, der so oft gerühmte Grundsatz, gegen den Armen ebenso gerecht wie gegen den Reichen zu verfahren, keineswegs gewürdigt. Letzterer vermochte vielmehr bei wörtlicher und tätlicher Mißhandlung — und

[2]) Urk. F. 48 (1451 April 2); Lit. 371, 43; Lit. 596, 137 (1425); Lit. 408, 116 (1455).

[3]) Gem. 3, 56.

die damalige Überempfindlichkeit bei Kränkung der Männerehre, die oft bei nichtigem Anlaß zur äußersten Gewalttat fortriß, ist ja nur zu bekannt — ohne Besinnen seiner brutalen Leidenschaft zu frönen. Die Ehre stand ihm ja höher als das Gut und an diesem erfuhr er ja bei Sühnung der Tat keine allzugroße Einbuße, noch geriet dabei seine eigne Existenz in Gefahr. Er konnte seinen Gegner unbedenklich fällen, er hatte ja die Mittel dazu.[1]

Buße und Besserung sind im 14. Jh. noch wenig gebräuchlich, in der Regel findet sich hiefür der Ausdruck Wandel; wohl aber trifft man als Zeitwort büßen und bessern. Auch die Bezeichnung „Frevel“ für geringere Bußen ist in Regensburg nicht üblich.

Ist das auf eine Verfehlung gesetzte Wandel in der Friedsatzung nicht näher bestimmt, so richtet man sich entweder nach dem bisherigen Herkommen (dem alten Frieden) oder es steht der Bürger Recht auf des Rats oder Kämmerers Eid. Auch hier wird eingeschärft, möglichst Gleichheit walten zu lassen, daß die Besserung *„dheinem swarer noch ringer werden sol, er sei wolgefreunt oder ungefreunt“*. Wer aber nicht zahlen konnte, mußte mit dem Leib dafür einstehen oder auf den Turm oder aus der Heimat wandern. Dadurch, daß namentlich in schwereren Fällen neben dem Kläger auch Richter und Stadt ein Anrecht auf Besserung geltend machten, errang diese ohnedies mitunter eine beträchtliche Höhe.[2]

So wird auch dem Schultheißen geboten, die ihm zukommenden Wandel und sein Recht, sofern der Rat nicht einen Nachlaß bewilligt, unerbittlich einzutreiben und dann mit dem Kämmerer wegen des der Stadt gebührenden Anteils abzurechnen. Wenn der Richter, heißt es in der FrGO., Gnade übt, so ist es dem Gutdünken des Kämmerers überlassen, inwiefern er das Recht der Bürger noch geltend machen will. Jener darf den Bürger indes in Hinblick auf das ihm zustehende Wandel bei Totschlag und Wunden nicht festnehmen, er muß ihn dreimal vorladen. Sonst hat der Meister einen deshalb Verhafteten dem Richter zu überliefern, damit dieser zuerst seines „alten Rechts“ habhaft wird, worauf dann der Täter, bis er auch der Stadt gerecht geworden, wieder im Ratsgefängnis schmachten muß. Ergreift ihn hiegegen

[1]) s. Freyb. 65 ff.

[2]) Buße steht an Meister u. XXIV. Freyb. 72; Gleichheit bei Besserung, Lit. 372, 88.

der Richter zuerst und läßt er ihn ohne Rücksichtnahme darauf, daß er ja noch nicht der Stadt gebessert, wieder frei, so hat er selbst für den Schaden aufzukommen.[3])

Gewöhnlich ist für die Erlegung des Wandels eine bestimmte Frist eingeräumt. Bei einer Tat, die an den Frieden geht, darf sie nicht mehr als ein Jahr betragen und zwar ist das erste Drittel der Summe sofort, das zweite in einem halben Jahr zu entrichten. Keine Fürbitte soll hiebei helfen, wohl aber ist Verbürgung, die selbdritt vor dem Rat zu erfolgen hat, verstattet. Sonst wandert der Zahlungsunfähige für so lange, *„ie darnach die tat ist“*, in das Gefängnis; ein verwirktes Wandel, so z. B., wenn jener bereits ein Drittel erlegt hat, darf nicht zurückerstattet werden. Dem mittellosen Totschläger gönnt man noch 42 Tage, während deren er dann bestrebt ist, die zur Rettung seines Lebens erforderliche Buße aufzubringen.[4])

Mitunter hat man bei Begünstigung Schuldiger für deren Sünden einzustehen, so bei Hausen oder Freilassung von solchen, welche irgendwelche Verpflichtnngen der Stadt gegenüber besitzen. Zieht einer vor dem Friedgericht oder Rat eine Klage zurück unter Unschuldserklärung für den Gegner, so gebe jener das Wandel, *„das er seinen scholn umb angesprochen hat“*.[5])

Zuweilen hängt die Höhe der Buße vom Ermessen des Richters oder Rats ab, so stets, wenn, wie z. B. bei Zauberei und Wahrsagen, Strafe an Leib und Gut angedroht ist.[6])

So weit die allgemeinen Grundsätze, worauf nun ein kurzer Einblick in die wichtigsten Satzungen folgen soll, die immerhin von Interesse sind, da sie uns einen Maßstab für die damalige Bewertung der verschiednen Delikte bieten.

Stattliche Beträge repräsentieren vor allem die Bußen bei Totschlag und andrer Gewalttat, da hier eben Kläger, Stadt und Richter Anspruch erheben. Bei Totschlag besteht ehedem ein Unterschied, je nachdem derselbe vor Gericht oder Rat abgewandelt wird. Ersternfalls gebühren dem Kläger 10, dem Richter 3, sonst jenem 5, der Stadt 10 ℔. Bei Nichtzahlung kostet es den Hals. Seit 1331 erhalten der Kläger 10, die Stadt 15, die Hausgenossen 1,

---

[3]) Freyb. 153, Bürger dreimal vorbieten um Wandel, 78, Festnahme, 110.

[4]) Frist bei Tat, die an den Frieden geht, Freyb. 17; *manslacht*, 66; bei Einsperrung soll Geldstrafe benannt werden, nichts nachsehen, keine Fürbitte, Lit. 409, 284; alle Wandel einbringen; bis zur Zahlung ins Gefängnis, Freyb. 119.

[5]) Freyb. 12, 65, 76. [6]) Lit. 384, 56.

der Richter 2 ℔ zu dem alten Recht, das selbst wieder 2½ ℔ entspricht. Bei Tötung an einem Fronboten (1364) wird durch den Rat auf je 27½ ℔ an Kläger, Stadt und Richter und außerdem noch auf 40 ℔ an die Stadt erkannt. Im übrigen sei der Kürze wegen auf Lähmung, Wunden, Raufen und Schlagen, Heimsuchung und Schelte verwiesen. Im Unvermögensfall riskiert man die an sich darauf stehende Leibesstrafe. Bei Jagen in ein anderes Haus wird die Buße gleichheitlich zwischen Kläger, Hauswirt und Stadt geteilt.[7])

Bei Notzucht geht die Klägerin leer aus, wenn die Tat durch Heirat gestillt wurde oder der Frevler mit ihr darnach *„unbetwunglichen“* zu Bett, Tisch und Straße gegangen. Bei Delikten wider die öffentliche Ordnung, wie beim Tragen von Wandelmessern fällt das Wandel naturgemäß nur an Richter und Stadt. Sehr hoch ist die Sühne für den Fall der Urteilsschelte, welche je 53 ℔ an den Richter und jeden der Hausgenossen beträgt.[8])

Um nun zu den einfachen Bußen überzuleiten, welche entweder nur der Stadt oder dem Gericht zufließen, so ist hier die vornehmste die von

100 ℔ zu nennen, welche verhängt wird, sofern einer sein Haus an einen Fremden veräußert (oder zehn Jahre Verweisung) oder ein Bürger eine Handfeste über die andere gegen den Willen des Rats gewinnt (fünf Jahre), wie über den andern Bürger „Briefe wirft“.[9])

50 ℔ für den, der auf die Sturmglocke nicht achtet (oder ein Jahr Verweisung) und sich verfrevelt wie verspricht vor dem Rat. Dieselbe Buße kann auch nach dreimaliger Mahnung eintreten, sofern eine *„Geschicht geschicht“*, d. h. eine Gewalttat und der Verletzte oder Frevler nicht klagen und antworten wollen (oder die Hand).[10])

30 ℔ bei Einladen von Ausleuten (oder zehn Jahre Verweisung), für den, der eine „Sammung“ bei der Meisterwahl veranlaßt, für

---

7) Totschlag, Freyb. 65, 150, 78; Lit. 372, 55 (1364); Leme, Freyb. 78, 70; Wunden, Freyb. 71, 78; Blutrunst 71, Heimsuchung 67, Friedbruch 75, Auftragen von Essen 72, Schelte 72, Tragen vom Markt 73, Haftschwören 69, Raufen und Schlagen 72, Jagen in andere Häuser 69.

8) Notzucht, Freyb. 67; wider Stadtgesetze 70, 95, 70, Urteilschelten 53.

9) Freyb. 18, 24, 82 (1 ℔ = 240 ₰ oder 8 sh.; 1 sh. = 30 ₰, s. a. bei Diebstahl). Über die Währung s. Bastian, Mittelalterl. Münzstätten in Bayern, 1. Teil.

10) Freyb. 110, 73.

den, der einen mit „*samenung*“, Schlagen und Lästern überläuft oder in Häusern Mutwillen übt. Ebenso steigt das Wandel des unbotmäßigen Friedbrechers nach dreimaliger Mahnung zu dieser Höhe. Endlich werden schwere Verstöße gegen die HochzeitsO. mit 30 ℔ geahndet.[11])

10 ℔ die Lösungssumme für die Hand (bei Tragen eines Mordmessers) und die Zunge (bei falschem Zeugnis, und sofern ein Vorspreche sich bestechen läßt); an Stelle der Strafe an Haut und Haar bei Frevelreden vor dem Rat nach der FrGO. Zehn Jahre Verweisung treten bei Nichtzahlung ein beim Tragen von Harnischen und gespitzten Schwertern, ein Jahr für den, der mit vor den Rat geht und eine Ehrung beansprucht, fünf Wochen Turm bei Schlagen im Frieden. Sonst wird diese Buße noch verhängt bei Meineid, Injurien, Safranfälschung, Annahme von Muntleuten, sofern einer dem Meister nicht hilft, als Erbbürger nicht in die Stadt zieht und den Wein zu teuer schenkt.[12])

5 ℔ oder fünf Jahre Verweisung bei verbotnem Silberbrennen, Bauen für die weißen Brüder und sonstigen Bauverboten, oder ein Jahr Verweisung bei Schwertzucken. Außerdem erkennt man hierauf bei Hausen Verbotner und eines „Gaumanns“, der geschlagen, wie Tragen eines verbotnen Wammses. Wer Wein fälscht, erlegt für jedes Jahr 5 ℔.[13])

3 ℔ bei unbefugtem Mischen von Wein und Schwärzen von Rinderhaaren (hier bei Unvermögen Handverlust).[14])

2 ℔, sofern einer wider Verbot an Gäste Wein schenkt.[15])

1 ℔ die Lösungssumme für Mauernbau (eine Zinne). Ferner bei Hausen und Verköstigen von Ausgewanderten, schädlichen Leuten und Ruffianen, Tragen verbotner Waffen, Masken und verpöntem Spiel. Diese Buße haben auch der Fronbote zu entrichten, der ein Delikt verschwieg, wie der Jude, der sein Erkennungszeichen nicht trug.[16])

60 ₰ gilt an sich als die geringste Buße, sie wird z. B. bei Nichtablegen von Waffen in der Herberge, Trinken nach Läuten der Bierglocke und Gehen ohne Licht ausgesprochen.[17])

---

[11]) Freyb. 120, 120, 17; Ub. 105; Freyb. 69; 18, 19.

[12]) Ub. 72; Freyb. 70, 13, 119; 68, 64; 74; 106; Lit. 297, 23; Freyb. 75; Lit. 372, 56; Freyb. 24; 77; 13; Lit. 376a. 1; Freyb. 7.

[13]) Freyb. 97; 21, 24; 17, 15; 12. 14; Lit. 297, 26.

[14]) Freyb. 7; 94. [15]) Freyb. 8.

[16]) Lit. 371, 52; Freyb. 25, 136, 13, 15, 7, 20, 76; Lit. 408, 16.

[17]) Freyb. 142, 14, 15, 12, 13, wer Silber nicht an Wechsel gibt, 117.

Wer verwirktes Gut nicht herausgibt, der hat Tag für Tag 12 ₰ zu erlegen.[18])

Von Interesse ist auch die VO. Herzog Albrechts von 1488, welche sich vielfach an das baierische Vorbild anlehnt und bezüglich deren es zweifelhaft, ob sie in der Folge respektiert worden ist.[19]) Über die Frevel vor Gericht und Rat siehe letztes Kapitel.

Wird einer durch öftere Auferlegung von Bußen nicht gebessert, so schafft man ihn aus der Stadt oder bedenkt ihn sonst mit einer Rückfallsstrafe. Bei Ungerichten sind Bußen selbstverständlich ausgeschlossen, aber z. B. auch üblich bei Betrug durch den Bäcker: Wer zu kleines Brot verkauft, wird unerbittlich geschupft und kann sich nicht durch Geldsühne hievon lösen. Hutergesellen, welche einen Genossen ohne des Meisters Willen strafen, büßen mit zwei Kannen Weins. Außerdem wird direkt zu öffentlichem Reiterdienst verurteilt.[20])

Schadensersatz findet sich bei Hausen Verbotner, schädlicher Leute und Vorschubleistung von Schuldnern der Stadt, insbesondere solcher, welche dieser ein Wandel nicht erlegen wollen, Nichtanzeige verdächtiger Reisender, Freilassung Gefangner. Ferner bei Meineid, falschem Zeugnis und Verletzungen jeglicher Art, wobei auch der Ersatz von Arzt und Kurkosten in Betracht zu ziehen ist. 1443 belangt man den Bischof wegen eines angeblich ungerechten Todesurteils.[21])

Verwirktes Gut. Dies ist vor allem das Gut und Geld, so auch das Wandel, das kraft Urteils vor Gericht verwirkt wird. Nach FrGO. sollen dies die Kämmerer in vierzehn Tagen abfordern; bei Weigerung des Schuldigen wird dieser Tag für Tag um 12 ₰ geahndet. Sofern der Meister solches Gut nicht einzieht, haftet er für den Schaden und sühnt dies obendrein mit 10 ℔, worauf dann der Rat die Einforderung vornimmt.[22])

Ferner ist hierunter das „diebige oder raubige“ Gut zu verstehen, das sich bei einem Verbrecher oder auch einem gut-

---

[18]) Freyb. 77.

[19]) Gem. Nachlaß, Kart. X, 1488; Lit. 384, 182 (StGO.).

[20]) Lit. 408, 127; Freyb. 26; Lit. 409, 16; Reiterdienst mit 32 Gleven, Lit. 297, 8; Mauernbau, zehn Zinnen, Lit. 372, 32.

[21]) Ers. bei Meineid, Freyb. 75; Arztkosten, Lit. 371, 52; *ez sol auch di pezzerung nicht gen an leib noch gut, wer aber dax der abt wolt zu lang zurnen, so stet di vorderung an den schiedherrn,* Lit. 297, 11.

[22]) Freyb. 77, 74.

gläubigen Erwerber vorfindet. Solche Habe ist fraidig; man kann sie nicht nach Stadtrecht berechten, allein dem Eigentümer steht ein Rückforderungsrecht zu. Das Anefangsverfahren gegen den Käufer verläuft auf einfache Weise: Ist die *„deuf“* weniger als 1/2 ℔ wert, so bekräftigt der Kläger durch Eineid sein Eigentum hieran, der Inhaber ebenso, daß er *„chain frais daran nicht geweßt hab“*, worauf jener sein Gut wieder ohne Entgelt zurückerhält. Ist der Wert indes höher und vermag der Käufer selbdritt zu erweisen, *„daz ez e sein gechauft gut sei gewesen, e das iener sein hab verloren hat“*, so bleibt ihm sein *„chauf und hab“*. Sind die Zeugen auswärts, so werden ihm zu ihrer Herbeischaffung eventuell vierzehn Wochen mit drei *„twang und geleit“* zugebilligt.[23])

Nach VO. von 1387 soll das, was man bei einem Missetäter, den man mit dem Rechten verderben will und der *„gewegen“* wird, vorgefunden, je zur Hälfte dem Gericht und den Knechten, die ihn gefangen, zufallen. Der Richter von Donaustauf bestätigt 1448 ausdrücklich in seiner Bestallung, daß ihm ein solches Anrecht nicht zustehe. Gemäß Bestimmungen von 1418 kommt es darauf an, ob der Kläger gegen den Dieb mit peinlichem Recht vorgeht oder nicht. Bringt er diesen zum Tod oder zu einem *„anmail“* (Brandmarkung), so ist ihm das entwendete Gut vom Richter ohne weiteres zurückzustellen. Wagt er keine Klage gegen den Dieb, so hat er seine Habe vom Richter loszukaufen; sollte ihm dieser aber zu „schwer“ sein, so entscheidet auf Anrufen der Rat. Ist endlich die *„deuf“* bereits vertan oder versetzt, so daß sie gar nicht in des Gerichts Gewalt geriet, so hat der Richter überhaupt mit der Sache nichts zu schaffen. Erhielt der Bestohlne die Habe durch des Richters Hilfe zurück, so hat er diesem außerdem noch den „Fürfang“ zu entrichten. Bei Bürgern nach verdächtiger Habe zu fahnden, ist dem Richter ausdrücklich untersagt. 1492 muß ein Jude eine bei ihm versetzte gestohlne Sache ohne Entschädigung herausgeben.[24])

Vermögenseinziehung. Bekanntlich wird bis zum Privileg von 1207 jedes schädliche Haus, in dem ein Verbrechen verübt oder ein Ächter gehaust worden ist, dem Boden gleich gemacht; erst von da ab ist es dem Besitzer ermöglicht, es durch Eineid,

[23]) Freyb. 149. Anefang 46.

[24]) Lit. 297. 28; Urk. F. 473 (1448 Feb. 2); Lit. 596, 106 (1408); Freyb. 79; Gem. Nachlaß Kart. XI (1492); ähnlich Gem. 4, 343.

bzw. selbdritt oder Unterwerfung unter das Ordal zu retten. Seines Hauses verlustig geht auch der Meister oder Ratsgenosse, der eines andern Eidgenosse ist und die Buße nicht erlegen kann. Ferner der, welcher sein Haus einem Fremden „durch Fluchtsal“ verkauft oder dasselbe zu nahe an die Stadtmauer baut. Wer einen andern in der Stadt unbefugt festnimmt, über den soll man richten als über einen Ächter; auch soll er seines ganzen Vermögens verlustig gehen. Bei Steuerhinterziehung verwirkt man nur die Habe, wenn auch der Betrug erst nach dem Tod des Schuldigen entdeckt wird. Nicht minder, wenn jene bereits einer geistlichen oder andern Person vermacht worden ist. Seltsam ist die Sühne bei verbotnem Spiel. Wurde über 1 ℔ verspielt, so müssen Gewinner und Verlierer das, was sie über diese Summe ergattert oder eingebüßt haben, dem Stadtsäckel opfern. Ähnlich ergeht es dem, der hiefür Geld gegen Pfand geliehen, und dem Wirt, der das Spiel in seinem Haus gestattete.[25])

Nach VO. von 1359 soll die Habe dessen, der wider Stadt und Rat gehandelt und darum am Leben, Leib oder Gut gebessert worden ist, so lange beschlagnahmt werden, bis seine Angehörigen versichern, daß die Stadt keinerlei Feindschaft oder Ansprache von ihnen zu besorgen habe; dann erst wird sie an letztere ausgefolgt. Von Interesse ist ein Leibgedingsbrief vom J. 1323, laut dessen die Stadt an einen Bürger 30 ℔ jährlich verkauft. Auch für den Fall eines Totschlags oder einer andern Untat, auf Grund deren ihm die Stadt verboten wird, oder sofern er diese aus Feindschaft oder sonst verlassen würde, soll er es nicht an seinem Leibgeding entgelten. Ebensowenig darf ihn ein Richter wegen Wandels, Banns oder Acht daran irren oder dasselbe pfänden. Zum Schluß sei noch die Satzung von 1351 angeführt, gemäß der Kinder, welche sich ohne ihrer Eltern und Freunde Willen verheiraten, ihres Erbes verlustig gehen sollen.[26])

---

[25]) Ub. 48 (1207); Gengler 4, 2 (wer zu nahe an Stadtgraben baut, Haus niedergerissen, Ub. 57; Gengler 5, 8; wer ein Haus zu Fluchtsal gibt, verliert 100 ℔ und das Haus, Ub. S. 724; der Meister oder Ratsgenosse, der eines andern Eidgenosse wird, sühnt mit 100 ℔ oder man bricht ihm sein Haus nieder, Ub. 105); Freyb. 18, 68; Steuerhinterziehung, Lit. 376a, 13; Freyb. 16.

[26]) Freyb. 149; Ub. 454 (1323); Freyb. 134.

Die Strafzumessung.

Handhafte Tat und Verdacht.

Die Handhafte spielt eine Rolle bei Brand und Mord, wo bei ihrem Vorliegen zwei, wie bei Diebstahl, Straßenraub und Münzfälschung, bei denen drei Helfer ausreichen. Diese bedürfen keiner Zeugenqualität; behufs Feststellung der Höhe der Strafe und insbesondere der Todeswürdigkeit der Tat wird bei Diebstahl die Handhafte geschätzt. Der Richter darf keinen Bürger wegen Diebstahls oder Raubs festnehmen, es wäre denn, daß er ihn *„an der hanthaft"* begriffen; andernfalls muß er ihn dreimal vor Gericht laden, woselbst sich dann jener bei Gefahr des Halses selbsiebent vom Verdacht zu reinigen hat. Selbstverständlich gilt als handhafter Täter auch der, bei dem man die verdächtige Ware vorgefunden und der dann die Schuld nicht auf einen andern (Gewercn, Schub) abzuwälzen vermag, also nicht allein der bei der Tat oder auf der Flucht nach derselben Festgenommene.[1])

Daß man auch in Regensburg dem vor Gericht gebrachten Verbrecher die Handhafte aufband, geht aus einer Satzung über den Badediebstahl hervor. Wer über 12 ₰ stiehlt, *„dem wil man das ouf den rukk pinden und hintz in richten und den an einen galgen hahen"*. Einem *„von vil unfertiger weis"* Verbotnen erlaubt man, wieder hereinzukommen; doch wird er *„mit untat begriffen"*, so will man ihn desto härter strafen. Identisch ist hiemit das Begreifen an wahrer Tat. Mit Einführung der Tortur wahrt die handhafte Tat noch längere Zeit das alte Ansehen, später wird jedoch, da eben dann die Handhafte dem Geständnis nicht mehr an Bedeutung gleichkommt, behufs Erzwingung des letztern auch der handhafte Täter noch der peinlichen Frage unterworfen.[2])

[1]) Freyb. 80, 81, 83, 85, 78.

[2]) Lit. 297, 27; Gem. 2, 228; Lit. 408, 126; über wahre Tat s. bei Verbrechen, s. Verf. mit Urgicht.

Über Leumund (*belaymung, leunt*) siehe bei Inzichts- und Leumundsverfahren. Verdachtstrafen werden mitunter insofern verhängt, als man sich bei schwer Bezichtigten, deren Schuld indes nicht nachzuweisen ist und gegen die auch kein Kläger in die Schranken treten will, zu ewiger Verweisung oder Gefangenlegung auf unbestimmte Zeit entschließt.[3])

Die Strafmilderung.

Geständnis. Hierüber bei dem Verfahren mit Urgicht. Daß ein Geständnis je eine mildere Beurteilung herbeigeführt hat, ist nicht nachweisbar; die von zwei Ratsgenossen bezeugte Urgicht zog vielmehr Todesurteil und Richtung als unausbleibliche Folgen nach sich.

Krankheit. Die Schwangere entschlüpft nicht dem Henker, doch gewährt man ihr, sofern sie Bürgerin, eine Frist von 21 Wochen. 1457 wurde eine Diebin, *„dax di frucht nicht verwarlost wurd"*, auf Fürbitte hin zu Pranger und ewiger Verweisung begnadigt. Im nämlichen Jahr wird eine aus jenem Grund nicht der peinlichen Frage unterworfen.[1])

Trunkenheit. 1456 ist einem *„von der unfuer wegen, di er trunkner weis triben hat"*, die Stadt auf ein Jahr verboten worden. Auf Fürbitte werden ihm statt dessen für dieselbe Zeitdauer alle Waffen und der Besuch der Weinhäuser untersagt.[2])

1504 wird eine Diebin begnadigt, da ihre Eltern wie ihr Hauswirt in Regensburg wesenlich sitzt und sie ein Weibsbild ist. Auch der Satzung sei hier gedacht, wonach der *„Gäwman"*, der einen Bürger schlägt, milder behandelt wird, sofern letzterer „unbescheiden" war und die Schläge mit Unbescheidenheit verdient hat. Sonstige Fälle siehe bei Begnadigung.[3])

Die Strafumwandlung.

Diese erfolgt teils auf dem Weg der Begnadigung, indem an die Stelle der ursprünglich erkannten Strafe eine mildere tritt; meist aber charakterisiert sie sich als Schärfung, nämlich wenn für den Fall, daß die verhängte Buße nicht entrichtet werden kann,

---

[3]) Über Verdachtstrafen s. bei Inzichtverfahren.

[1]) Freyb. 49; Lit. 408, 127, s. bei Frauen.

[2]) Lit. 408, 127.

[3]) Urk. F. 406 (1433 Feb. 20); Freyb. 66.

eine Leibes- oder Lebensstrafe oder Verbannung angedroht ist. Wir haben hier in der Regel nichts anderes, als eine Rückkehr zur ehemals üblichen Sühne vor uns. Es handelt sich ja hiebei meist um Tötungen und Verletzungen, die früher nach dem Talionsprinzip geahndet wurden; erst mit der Zeit verstattete man ihre Ablösung durch Geld und Gut. Naturgemäß mußte dann bei Unvermöglichkeit die alte strenge Satzung wieder in Kraft treten. Siehe hierüber bei „Strafe". [1])

Nach VO. von 1334 müssen die Ratsgenossen geloben, jeden, der sein Wandel nicht bezahlt, in das Gefängnis zu legen. Gemäß den ältesten Statuten werden verschiedne Fristen bewilligt; ist dann das Wandel nicht zu beschaffen, so soll das Anerbieten eines Bürgen zurückgewiesen werden und der Schuldner für immer auf den Turm wandern. [2])

Die Strafschärfung.

Sie tritt mitunter ein, sofern jemand sein Vergehen dadurch erschwert, daß er noch weit schlimmere Verfehlungen daranknüpft. Gerät jemand mit einem in Zerwürfnis, so hat er eventuell gar keine oder eine nur mäßige Buße zu erlegen; läuft er aber heim und kommt er wieder, um jenen zu lästern, zu schlagen oder mit *„sammenunge"* zu überlaufen, so steigt die Buße auf 30 ℔. Ebenso wenn man im Zorn über eine Strafe Drohreden ausstößt. So wird 1524 ein Schatzgräber auf den Pranger gestellt, um dann der Augen beraubt zu werden; da er sich hiebei in Drohreden ergeht, legt man ihm den Kopf vor die Füße. Vielfach trifft man auch in Urfehden solche Schärfungen für den Fall, daß der Schwörende die ihm ursprünglich auferlegten Bedingungen nicht erfüllt. Endlich muß es als Schärfung erscheinen, wenn der Verurteilte, sofern er die Buße nicht zu erlegen vermag, Leibesstrafe riskiert. [1])

Als ahndungswürdiger erscheinen ferner die während eines gelobten Friedens verübten Delikte, siehe hierüber bei Fehde und Friede.

Ebenso steht zuweilen die bei Nacht begangne Tat unter höherer Strafdrohung, siehe hier bei nächtlichem Diebstahl. Wer bei Nacht ohne Licht betroffen wird, soll als schädlich gelten. [2])

[1]) Freyb. 66, 78, 67, 71, 72, 74, 73, 12, 13, 106, 98.
[2]) Freyb. 118, 17.
[1]) Freyb. 17, Gem. 4, 525, s. Urfehde und Strafumwandlung.
[2]) Urk. F. 459 (1445 Aug. 16).

Rückfall. Bei rückfälligem Diebstahl liest man ewige Verweisung; man wird aber in den meisten Fällen, wie anderwärts, den Unverbesserlichen ins Jenseits befördert haben. 1433 wird eine, da sie oft und dick betrogen, für immer hinausgeschafft, ebenso einer, der bereits öfter gestraft worden, da er die Leute *„umb ir claider gelaicht"*. Ähnlich der Henkersknecht (Lebe) wegen unfertiger Weise, *„darumb er vor oft gestrafft, waz nichtz half"*, wie die Elß, die häufig wegen Büberei mit Ehemännern gemaßregelt worden. 1458 wird ein Meßner wegen Ehebruchs, *„darin er zum andern mal funden ist"*, mit 2 ℔ gestraft. Wegen abermaligen Meineids verbannt man einen auf sechs Meilen. Es ist also, abgesehen von Diebstahl, die Regel, die Unverbesserlichen für immer aus den Toren zu weisen.[3])

Die Strafausschließung.

Schuldlosigkeit siehe bei Inzichtverfahren.

Tod und Verjährung. 1411 schleifte man einen armen Kranken, der sich in regelrechter Weise am Galgen aufknüpfte, in die Donau; dies geschah 1414 mit einem verheirateten Handwerker und seiner Dirne, die beide durch Kohlendunst getötet wurden, da sie des *„freythofs"* nicht würdig waren. Von einer sonstigen Richtung toter Verbrecher ist nichts vermeldet. Ebensowenig ist ein Verjährungsfall verzeichnet.[1])

Asylrecht. Auch in Regensburg mangelte es nicht an Freiungen, welche der Gerechtigkeit als Fallstricke dienten, zu Streitigkeiten mit dem Klerus Anlaß boten, die Bürgerschaft aber nicht selten zu offenem Aufruhr entfachten.

Von jeher war der Bischof eifrig auf Wahrung seiner Immunität bedacht, ja er verhängte, wie um 1150, bei Eingriff in dieselbe das Interdikt über die ganze Stadt; ähnlich 1321, wo ein Beck einen Beleidiger, der ihn nach dem Vollzug des Schupfens nochmals in den Tümpel zurückstieß, tötete, in den Bischofshof flüchtete, aber

---

[3]) Urk. F. 508 (1456 Mai 26), F. 406 (1433 Feb. 20); Lit. 408, 127; ibid. 126; ibid. 116; Lit. 298½, 245; Urk. F. 416 (1435 Juni 2), s. bei den versch. Delikten.

[1]) Gem. 2, 400; 2, 355; gemäß Stadtrecht (Freyb. 49) muß man einen Totschlag mit sieben gerichten über maltigen Mund (s. Anklageverfahren); ebenso bei Geltendmachung einer Forderung einem Toten gegenüber (Freyb. 48). Nach Gem. 3, 126 hat hier der Kläger den rechten Fuß auf das Grab des Schuldners zu setzen, die Helfer legen die drei Schwurfinger auf des Klägers rechten Arm, s. a. Schwsp. L. 5.

vom Rat gewaltsam entführt und gerichtet wurde. Letzterer verfuhr hier mit Recht mit unerbittlicher Strenge, denn der Ableib fand statt, als der Gegner nichtsahnend vor dem Sakrament, das man an ihm vorbeitrug, kniete.

Meist handelte es sich um schwere Verbrecher, welche in einer Freiung und zumal des Bischofshofs oder bei s. Emmeram Rettung suchten. 1374 wurde ein Mörder in s. Emmerams Küche ergriffen, der Abt half ihm aber fort, versteckte ihn in seiner Wohnung und schwor, daß er seinen Aufenthalt nicht kenne. Doch bald unternahm es der Bedrängte, vom Dach aus zu entschlüpfen; er wurde hiebei entdeckt, dingfest gemacht und auf dem Rathaus nach Urteil seines Kopfs entledigt. Obwohl der Abt Mörder nicht heimen durfte, grollte er doch lange wegen des Bruchs der Freiung, ja der Rat mußte öffentlich Abbitte leisten. Nach s. Emmeram flohen auch 1389 die Zenger, nachdem sie den Kagerer während des Kirchgangs meuchlerisch niedergemacht hatten. Nach ihrer Flucht erbaten sie sicheres Geleit; es wurde ihnen jedoch versagt, woraus der Stadt erbitterte Feinde erstanden.[2])

1500 flüchteten sich ein Stauf und zwei Pflug vom Rabenstein wegen Tötung eines Scharwächters in den Bischofshof. Da nach Auslieferung des einen die Bürger nicht zufrieden waren, stellten sich die andern unter dem Versprechen ritterlicher Haft in einem Gasthaus. Von königlichen Kommissären verhört, erfolgte ihre Freisprechung unter der Konstatierung, daß der Rat nicht daran dachte, gegen den Bischof Gewalt zu gebrauchen; er hätte deshalb sich nicht schrecken lassen und so voreilig nachgiebig sein sollen. 1502 floh ein C. v. Plessenberg, den man des Raubs beschuldigte, von seinem Schloß Neuhaus aus in die bischöfliche Freiung, verfolgt vom Pfleger von Wetterfels. In Kleinmut warf er sich diesem in die Arme unter dem Zugeständnis, nach Amberg geführt zu werden, ersah aber dann auch die Gelegenheit, zu entschlüpfen. Da der Reichshauptmann des Bischofs Gemächer durchspürte, erklärte sich dieser als verletzt und wurde erst durch einen Schadlosbrief besänftigt. 1506 zog der Bischof zum Zeichen, daß er zwei zu ihm geflüchtete Adlige nicht retten wolle, mit seinem Hofgesinde ostentativ nach Wörth. Nach erfolgloser Vermittlung entkam dann der Hauptschuldige, indem er mit Hilfe seines Rosses von einer unbewachten Brücke aus durch die Donau schwamm.

[2]) Gem. 1, 519 (1321); Lit. 297, 11; Gem. 2, 173 (1374); Gem. 2, 267 (1389).

1508 erschlugen Kürschnerknechte einen Domherrn, der sie verhöhnte, und entkamen in s. Emmerams Freiung; rasch war diese von Stadtknechten umlagert. Dem Verhungern nahe, überlieferten sie sich der Gnade des Rats. Man setzte ihnen den Rechtstag, da bekannte sich einer von ihnen als Täter und rettete dadurch die übrigen. 1515 wurde s. Gilgen von Wächtern umstellt; in ihm barg sich ein Emmeramer Priester. Da er dem geistlichen Forum unterstand und über Stadtpflaster geführt werden mußte, geleiteten sie den sich Ausliefernden zum Vikariat, das ihn wieder dem Abt überantwortete. 1488 schlug ein Schmied im Handgemenge einem andern die Hand ab und flüchtete in des Viztums Haus. Da sich der Schultheiß die Freiung nicht zu betreten wagte, zog ein Teil des Volks empört vor dessen Haus und suchte das Tor zu sprengen; andere läuteten Sturm und bedrohten das Asyl. Endlich übernahm der Herzog die Vermittlung.[3])

Häufig wurden solche Flüchtlinge durch Taidigung bewogen, die Freiung zu verlassen, und dadurch des Lebens gesichert. 1502 nahm der Kaiser einen Falschmünzer gewaltsam aus der bischöflichen Freiung und stellte dann einen Revers hierüber aus. Schwere Verbrecher genossen überhaupt kein Asylrecht. So bestimmte dies auch 1458 der Papst, da er s. Jakob und Peter ein solches verlieh.[4])

Die Freiung schützte ferner keinen Friedbrecher, noch den, der sich zu Frevelreden gegen den Rat vermaß. Außerdem schloß der Rat in besondern Fällen Geächtete und Verbannte ausdrücklich von jener Wohltat aus; wie bei Urfehden nicht selten die Gelobenden erklärten, daß sie bei Zuwiderhandlung gegen die ihnen gesetzten Bedingungen keine Freistatt schirmen solle oder daß sie sich überhaupt bei Wiederbelangung in keine solche flüchten wollen.[5])

Delikte in der Freiung wurden schwerer geahndet, so Totschlag und Verwundung am königlichen Hof. 1404 frevelte einer im Katharinenspital; er entrann auf Fürbitte hin der Strafe. In seiner Urfehde heißt es: *„do er dawider thet, soll er ein ubersagt man sein, also dax man hintz im als einen schedlichen mann richten*

[3]) Lit. 401; Gem. 4, 46 (1500); Gem. 4, 59 (1502); Gem. 4, 105 (1506).

[4]) Gem. 4, 133 (1508); Gem. 4, 276 (1515); Gem. 3, 766 (1488); Urk. (bisch. Arch.) F. 60 (1502); Gem. 3, 279 (1458).

[5]) Freyb. 28, 142; Gem. 2, 104; 2, 286; Ub. 151 (1290); Urk. F. 94 (1353); Lit. 596, 126, s. bei Urfehde.

mag". Einer, der seinen Gegner unter Bedrohen mit dem Messer in eine Kirche gejagt, wie ein anderer, der in der Freiung einen Maulschlag erteilte, wurden auf ewig verwiesen.[6])

Es mangelte übrigens auch an adligen Freihöfen nicht; im Sitz zu Bach genossen Übeltäter ein dreitägiges Asyl; wurden sie dann durch Ritter und Amtleute abgefordert, so mußte die Auslieferung erfolgen. Die Freihöfe der Edelleute waren meist wacht- und steuerfrei, was aber vom Rat später nicht mehr beachtet wurde.[7])

Fürbitte und Begnadigung. Auch die zahlreichen Fürbitten entzogen viele Verbrecher der wohlverdienten Sühne. In den Friedensatzungen findet man manche Bestimmung, welche diesem Unwesen steuern sollte. So durfte vor allem bei Mannschlacht keine Fürbitte eingelegt werden, im Frieden von 1328 ist dies für jede Untat ausgesprochen: *„wer aber daz ieman hie in der stat pet daruber tät, der müz zehant jar und tach auz der stat sein an alle pet und widerred"*. 1290, als Setzer und Münzer verwiesen wurden, verbriefen sich die Bürger, kein „Gebet" für jene zu berücksichtigen, sei es des Königs oder anderer geistlicher wie weltlicher Fürsten.[8])

Häufig wurde zumal die Fürbitte von seiten der Geistlichkeit geübt. Als 1339 der Verschwörer Gainkofer gerichtet werden sollte, da kam alle Pfaffheit und trug des s. Erhard Haupt auf das Rathaus, dessen Fürbitte man nicht „enthören" durfte. Ähnlich verfuhren die Äbtissinnen von Ober- und Niedermünster 1392 bei einer Gattenmörderin; sie wurde zum Vermauern begnadigt. Der Rat erklärte hiebei, daß sie bei nochmaliger Fürbitte ohne Gnade gerichtet werden solle. Weihbischöfe und Äbte verwendeten sich 1472 bei einer Zauberin, im folgenden Jahr bei einem, der ein Kind mißbrauchte. Vielfach machte auch der Bischof, der ohnedies durch Privileg Brenner und unzüchtige Geistliche ledigen konnte, auch in anderer Hinsicht seinen Einfluß geltend. 1460 bat der Mainzer Kirchenfürst für einen Juden.[9])

[6]) Lit. 596, 26 (1404); Urk. F. 445 (1441 Sept. 28); Lit. 298½, 253.

[7]) Lit. 596, 124; Gem. 4, 8; Diebstahl und Injurien an gefreiten Orten besonders hoch gestraft. Badstube: Diebstahl, F. 55; Verleumdung der Baderin ewige Verweisung, Urk. F. 433 (1439 Nov. 6).

[8]) Freyb. 65; Lit. 372, 88; Ub. 151 (1290).

[9]) Gem. 2, 21 (1339); Lit. 297, 64 (1392); Lit. 298½, 308 (1472); Lit. 297, 51; Lit. 409, 46.

Von weltlichen Machthabern legte 1344 der Kaiser für einen böswilligen Schreiber Fürbitte ein, Herzoge und deren Gemahlinnen für Mörder, Diebe, Aufrührer, Dirnen; so Herzog Ludwigs Ehegemahl 1440 für den Judenmörder Sattelboger. Auf die Würdigkeit des zu Begnadigenden kam es überhaupt nicht an, sondern vielmehr auf den Zufall, der zu rechter Zeit eine solch hohe Persönlichkeit in die Stadt führte.[10])

Nicht selten entsprach die Begnadigung einer Milderung, so wenn eine Vergifterin lediglich vermauert wurde. Oder man gewährte Freilassung, bzw. Rückkehr in die Heimat, jedoch unter der Zusicherung, daß bei abermaliger Verfehlung schwere Strafe Platz greifen solle. So wurde einer Ehebrecherin Augenstrafe angedroht, einer Spielerin, daß sie als schädliches Weib gerichtet werde. Meist jagte man freilich solche Begnadigte für immer aus dem Gebiet, so einen, der wegen schwerer Vergehung lange gefangen lag. Einen Schuster, den der Rat 1443 *„von solicher untat und fremder handlung, die er oft und dick in der stat begangen und aid prochen hat“*, verfolgte und in Straubing betrat, worauf nach dreimaligem Erbarmen der vierte peinliche Rechtstag angesetzt wurde, begnadigte man nach Fürbitte hoher Persönlichkeiten. In der Urfehde verspricht er, das regensburgische und baierische Gebiet zu meiden, für den Fall seines Ungehorsams gibt er *„sein selbs urteil über sich“*, daß er weder Freiung, Friede, Geleit und Bitte genießen und als schädlicher und meineidiger Mann gelten wolle.[11])

Andere Gründe für die Freigabe bilden: daß er zu sehr im Handwerk geschädigt würde, wegen der heiligen Zeit und langen Liegens, da sein Weib und seine Eltern in Regensburg wohnen, da er zehn Kinder hat und nicht bei Sinnen ist. Einem wird die Stadt zum Versuch auf ein Jahr erlaubt, einem, aus und ein zu gehen, doch daß er die Stätte, wo er verargwöhnt wurde, nicht aufsuchen solle. Einem verbietet man zuerst die Stadt mit Weib und Kind, dann erbittet man ihn und untersagt ihm das Messertragen wie das Besuchen der Leithäuser. 1384 verurteilt man den Ingolsteter wegen Friedbruchs zu 10 *tt* oder 5 Wochen Turm. Außerdem solle jener vier oder fünf Freunde zu sich nehmen und den Kläger bitten, *„das er das varen lasse, das er wider in ge-*

[10]) Ub. 1079 (1344); Gem. 3, 94, 96 (1440); Lit. 412, 41 (1487); Lit. 398, 2.

[11]) Lit. 297, 64; Urk. F. 299 (1405 Mai 9); Lit. 596, 137; Urk. F. 451 (1443 Juni 23).

handelt", und dann trotzdem noch zu dessen Genugtuung acht Tage auf dem Marktturm liegen.[12])

Als eine Art Begnadigung ist es auch anzusehen, wenn mitunter sämtlichen Verbotnen die Stadt wieder erlaubt wird. Kirchbrüchel, Mordbrenner und Totschläger, sowie die hinausgeschafften Weiber nimmt man in der Regel hievon aus.[13])

Rücksicht auf persönliche Verhältnisse.

a) Weiber.

Auch in Regensburg findet sich, wie erwähnt, das Lebendigbegraben der Weiber in den Fällen, in denen Männer mit dem Strang, Schwert und Rad gerichtet werden. So wird nach Stadtrecht insbesondere die Diebin und Mörderin lebendig begraben und gepfählt. Vor der Carolina ist kein Beispiel des Ertränkens verzeichnet, wiewohl es doch an Männern vollzogen wird. 1482 wird indes eine Anstifterin zum Gattenmord unter Androhung des Säckens für immer verwiesen. Eine Giftmischerin wird 1492 nach Fürbitte der Geistlichkeit in einen *„ewigen chercher"* vermauert, zwei andere müssen ein Jahr das Haus hüten. 1364 verbürgen sich zwei Bürger für eine Frau, der man verstattet, das Gefängnis auf sechs Wochen zu verlassen.[1])

Nach alter Satzung darf eine Bürgerin, welche auf das Leben gefangen liegt, sich auf drei Wochen weigern, vor Recht zu stehen, und darnach *„auf chinttracht"*, d. h. unter dem Vorgeben der Schwangerschaft noch achtzehn Wochen, so daß sie den Tag der Hinrichtung um einundzwanzig Wochen hinauszuschieben vermag. In Hinsicht auf Leibesstrafen trifft man Rutenschläge und bei Diebinnen Ausbrechen der Augen. Daß man Weiber, abgesehen von besondern Leibesumständen, wo sie auch nicht torquiert werden, an sich milder behandelt, dafür sprechen wenige Fälle; sehr häufig wird gegen sie auf ewige Verbannung erkannt. Viele werden bei der Auskehr hinausgeschafft, wo sie sich dann — und darunter manche Bürgerstochter — lichtscheuem Gesindel zugesellen und

[12]) Lit. 298½, 263; Lit. 596, 19; Lit. 298½, 370; Lit. 298½, 242; Lit. 596, 130; Lit. 408, 125; Urk. F. 299 (1405 Mai 9), F. 451 (1443 Juni 23).

[13]) Lit. 297, 26.

[1]) Freyb. 55; Lit. 399, 95; Gem. 2, 283; Lit. 297, 110 (1482); ibid. 64 (1492); Urk. F. 136 (1365 März 5).

das sicherheitsgefährliche Bettlerheer vermehren. Andere steckt man in das gemeine Frauenhaus. Nicht wenige müssen ferner mit den Kindern ihren Männern, die wegen eines Verbrechens, als Stadtfeinde, Austreter, oder da sie die Steuer nicht zu entrichten vermögen, der Verbannung verfallen, in das Elend folgen. Bleiben sie zurück, so untersagt man ihnen, mit jenen in Verkehr zu bleiben oder für sie Fürbitte zu leisten. Ebenso erteilt man Weibern Gerichteter den Laufpaß. Endlich kommt es vor, daß sie als mitverdächtig die Gefangenschaft des Gatten teilen. [2])

b) Bürger und Fremde.

Wie in allen Städten, so nehmen auch in Regensburg die Bürger eine bevorrechtete Stellung ein. Um fremdartige Elemente möglichst fernzuhalten und zu verhüten, daß einzelne Familien übergroßen Einfluß erlangen, besteht das Muntmannenverbot, welches die sich hiegegen verfehlenden Bürger mit Buße (eventuell Handverlust), die trotzig im Verband bleibenden Vasallen mit Ächtung bedroht. Wer in der Stadt, sei er auch Geistlicher oder Jude, Handel treibt, soll gleiche Lasten wie die Bürger tragen und von eingeführten Lebensmitteln Ungeld entrichten. [1])

Hemmend für das Aufblühen von Handel und Gewerbe war es, daß einerseits die Erlangung des Bürgerrechts so sehr erschwert und anderseits die Auswanderung an lästige Bedingungen geknüpft war. Wer zehn Jahre ohne Ansprache seitens seines frühern Herrn in der Stadt weilte, ebenso lang Gründe dortselbst besaß und dies selbsiebent erweisen konnte, vermochte Bürger zu werden und war dann der frühern Verpflichtungen ledig. Wenn man erwägt, daß in den meisten Städten Jahr und Tag zur Erringung des Bürgerrechts genügten, so war es kein Wunder, daß sich jene Engherzigkeit mit der Zeit rächen mußte. Fremde, welche Jahr und Tag als Bürger mit eignem Herd in Regensburg hausten, erwirkten gemäß königlichen Privilegs die Vergünstigung der Zollfreiheit. Vogt- und Zinsleute, welche in der Stadt wohnten und ihr wie dem Bischof die schuldigen Abgaben entrichteten, konnten sich zwar aus dem Abhängigkeitsverhältnis ihrem Herrn gegenüber nicht

[2]) Freyb. 49; Lit. 372, 91; Lit. 409½, an versch. O., s. Stadtauskehr, Stadtverweisung und Gefängnis.

[1]) Ub. 57 (1230); Gengler § 23; § 5, 17; Ub. 48 (1207); Gengler § 4, 4.

lösen, doch standen sie insofern unter dem Schutz der Stadt, als sie jener nicht über Gebühr belasten konnte.[2])

In Hinblick auf die „Ausfahrt“ wird 1331 bestimmt, daß jeder, der nicht mehr Bürger sein will, d. h. *„urlaup nimpt von der stat rat“,* bei Bezichtigungen innerhalb eines Jahrs seit seinem Wegzug noch wie ein Bürger vor dem Rat sein Recht ausführen darf. 1334 heißt es, man solle den Fortziehenden nicht an seinem Gut schädigen und beschatzen, abgesehen von dem, was der Stadt und den Richtern zusteht. Drakonischer verfährt man jedoch 1352. In dieser Satzung wurden vor allem die freiwillig Auswandernden denen, welche mit Frevel aus der Stadt ziehen, gleichgestellt. Sie sollen sich mit Weib, Kind, Ehehalten und ihrer Habe dahin setzen, wo sie Bürgerrecht empfangen haben oder sonst bleiben wollen, jedoch vorher noch die nächste Schatzsteuer entrichten. Sie dürfen fernerhin kein Gewerbe noch eine sonstige Hantierung in der Stadt treiben; kommen sie vorübergehend in die Mauern, so müssen sie bei Gastgeben zehren, keiner ihrer Freunde darf sie beherbergen, noch sich mit ihnen geschäftlich verbinden. Frevelt ein Bürger hiegegen, so hat er für jenen die bisher versessene Steuer zu erlegen oder er wird mit Weib und Kind aus der Stadt gewiesen, seine Habe gepfändet. Nach Beschluß von 1366 soll der Ausgetretene überhaupt nicht mehr Aufnahme erringen.[3])

Um 1452 ergeht ein „Bot“, gemäß dem in den nächsten zwei Jahren das Bürgerrecht nicht aufgesagt werden darf, es wäre denn, daß einer *„den redlich ursach erzelet und mein herrn erkanten, das er sein wesen und narung hie nit mer haben mocht und konde“.* Auch nach Ablauf dieser Frist ist jener Nachweis erforderlich; der Ungehorsame verliert ein Drittel seiner Habe. 1483 muß endlich der Grund des Fortzugs eidlich angegeben werden; verweigert der Rat den Urlaub, so ist jener nur bei Verlust des Vermögens denkbar; bei Gestattung ist der zehnte Pfennig als Nachsteuer zu opfern, auch sind noch alle unerledigten Händel vor Gericht auszutragen. Besonders argwöhnisch ist man gegen solche, welche in fremde Dienste treten. Will nun einer wieder Bürger werden, so gilt es als erste Voraussetzung, daß er die seit seinem Austritt schuldige Steuer erlegt.[4])

---

[2]) Ub. 57 (1230); Gengler § 5, 6; Ub, 131 (1281); Ub. 57 (1230); Gengler § 5, 21, 22.

[3]) Freyb. 112, 118, 29, 136, 82; Gem. 2, 142 (1366).

[4]) Lit. 408, 11; Urk. F. 602 (1483 Aug. 24).

Ebenso ist man eifrig darauf bedacht, daß Bürgerhäuser nicht in fremde Hände geraten, wie es untersagt ist, Gilten aus bürgerlichem Besitz an andere zu veräußern, so besonders an Geistliche. Nach der RegimentsO. von 1500 sollen Bürger, welche auswärts weilen, binnen sechs Monaten hereinziehen oder ihre Häuser an Bürger verkaufen. Bei Ungehorsam sühnen sie mit 10 ℔, nach drei Monaten werden die Häuser durch den Rat verstrichen. Fremden gewährt man eine Frist von Jahr und Tag.[5])

Um durch Mißverhalten von Bürgern im Ausland nicht in Ungelegenheit zu geraten, erwirkt der Rat das Privileg, daß Delikte einzelner Bürger der Stadt nicht schaden sollen. Große Freiheiten genießen bekanntlich die Regensburger Kaufleute auf österreichischem Gebiet. So entschlüpfen sie bei Totschlag, Verwundung und Injurien mit mäßiger Buße. Tritt kein Kläger auf, so kann sich der Bezichtigte bei Vorgehen des Richters in Regensburg durch Eineid reinigen.[6])

Von weiteren Vorrechten sei erwähnt, daß nur Bürger (später der Rat) den Hansgraf wählen dürfen und städtische Diener überhaupt aus ihrer Mitte genommen werden sollen. Ein Bürger darf nur im echten Ding und zwar allein auf Urteil von Mitbürgern hin geächtet werden. Sein Gut wird nicht für immer eingezogen; nach seinem Tod fällt es an die Erben, sobald die Buße erlegt und die Stadt vor Feindseligkeiten gefeit ist. Er darf nicht für den Bischof oder Herzog gepfändet werden; wer ihn seiner Habe beraubt oder diese seinen Erben entreißt, gewärtigt des Reiches Acht. Ebenso ist die frevelhafte Heimsuchung seines Hauses untersagt. Nicht minder verfällt der Acht, der sich gemäß Grundruhrrecht das durch Schiffbruch verlorne Gut eines Bürgers aneignet. Nach Privileg von 1368 darf Bürgergut in der Herrschaft Donaustauf nicht aufgehalten werden; bei Anspruch hierauf ist vor dem Regensburger Gericht zu klagen.[7])

Der Bürger kann nur bei handhafter Tat ohne weiteres festgenommen werden; sonst nur auf des Rats Geheiß hin und womöglich in Gegenwart zweier Hausgenossen. In der StadtO. von 1514 wird es getadelt, daß man bei Verwundungen Bürger nur

[5]) Freyb. 18; Gem. 3, 350; Lit. 376a, 1.

[6]) Lit. 296, 29 (1355); Gem. 1, 282.

[7]) Ub. 48 (1207); Gengler § 4, 6; Lit. 376a, 31; Urteiler an den Gerichten nur Bürger, Freyb. 150; Ub. 57 (1230); Gengler § 5, 10; Freyb. 82; Ub. 454; Ub. 57; Gengler § 5, 3, 13, 15; Gem. 2, 151.

dingfest macht, wenn der Geschlagne bereits auf der Bahre liegt. Man soll sie fortan bei jeder lebensgefährlichen Verletzung verhaften. Junge Bürgersöhne, welche der Meister wegen Unfugs nachts aufgreift, behält er bis zur nächsten Ratssitzung in Haft. Nach baierischer Zusicherung von 1486 sollen die Regensburger Bürger in Hinsicht auf Festnahme wie die Münchner und Straubinger Bürger behandelt werden. Man soll sie ferner nicht in Gefängnisse bringen, in denen Übeltäter auf Leib und Leben liegen, sondern passende Türme für sie anweisen.[8])

Sofern also nicht ausnahmsweise ein Grund zur Festnahme vorliegt, hat der Richter den Bürger dreimal vorladen zu lassen und zwar durch den Fronboten selbst, nicht durch dessen Knecht. Jener darf wegen jeder Sache vor Recht kommen und, sofern er ungebunden, vor Rat dingen. Söldner sollen nur in Sachen der Bürger gerichtlich verwendet werden.[9])

Nach dem Fridericianum braucht der Bürger, der selbstzwölft seine Schuldlosigkeit ausführt, einer Herausforderung zum Zweikampf nicht Folge zu leisten. Wurde ein Mord oder sonst ein schweres Verbrechen in seinem Hause begangen oder hat ein Geächteter in ihm Aufnahme gefunden, was nach altem Recht die Niederreißung (Wüstung) nach sich zieht, so kann sich der Bürger, wie erwähnt, durch Einhandseid, während eines Stadtfriedens selbdritt oder durch Ordal retten. Bei Bezichtigung wegen Diebstahls über $^1/_2$ ℔ darf sich der Bürger, sofern ihm der Gegner die Ausführung nach Stadtrecht zugesteht, mit sechs Wirten reinigen. Verpflichtet zu dieser Vergünstigung sind aber der Richter und der Gast; ist der Kläger ein Bürger, so vermag dieser jenes Recht durch Übersiebnung zu verlegen. Bei handhaftem Raub oder Diebstahl ist jene Vergünstigung überhaupt versagt.[10])

Des Verbots der Ladung vor fremde Gerichte ist an anderer Stelle gedacht; nur einiges sei hier hervorgehoben. Nach dem Fridericianum hat der Frevler dem Herzog wie dem Bischof 10 ℔ zu erlegen; aber selbst wenn der Herzog über einen Bürger richtet, müssen die Urteiler dessen Standesgenossen sein. In Hinsicht auf Güter auf dem Land hat jener natürlich vor dem fremden

[8]) Freyb. 78; Lit. 380. 71 (1514); Gem. 1, 512; 3, 723 (1486); Festnahme erst bei Ableben des Verwundeten, s. Lfr. 1294. Münch. StR. 291.

[9]) Freyb. 78, 149, 74, 78, 79, 112, 78, 79, 83; Lit. 297, 34.

[10]) Ub. 57; Gengler § 5, 1; Ub. 48; Gengler § 4, 2; Ub. 57; Gengler § 5, 2; Freyb. 47.

Richter zu Recht zu stehen. 1259 macht der Herzog das Zugeständnis, daß er bei *„laidigung"* durch einen Bürger diesen nicht vor sein Gericht stellen, sondern ihn beim Rat verklagen und mit dem Erkenntnis desselben zufrieden sein wolle. Später verspricht er, Bürgern, die in Regensburg zu Recht stehen wollen, das Geleit zu verweigern. Gemäß dem Privileg *de non evocando* soll man von den Regensburger Gerichten nur *„auf daz haws fur den rat"* dingen.[11])

Im Gegensatz hiezu erfährt der Gast mancherlei Zurücksetzung. Greift ein Fremder einen Bürger mit Worten und Werken an, so sollen alle zu Hilfe kommen, um den Beschädiger festzunehmen. Wenn der Bürger einen schlägt, wundet oder lähmt und er bringt selbdritt, daß dieser ein „Gäumann" und nicht „mit der Stadt trägt", so bleibt er seitens des Rats unbehelligt. Der Bürger muß ferner vor dem Gast zum Recht gelassen werden, spricht er einen solchen an, so hat man ihm bei scheinender Sonne zu helfen.[12])

Der Bürger darf jeden Fremden in Regensburg „verbieten" und seine Ware mit Beschlag belegen lassen; er darf ihn bei Abkommen, die in der Stadt geschehen, oder sofern dieser sich ausdrücklich bereit erklärte, dort zu Recht stehen und Zahlung leisten zu wollen, vor dem Stadtgericht belangen. Klagt er hiegegen den Bürger an, so hat er wegen jeden Gegenanspruchs zu antworten. Fällt das Urteil zu seinen Ungunsten aus, so hat er sofort Bürgschaft zu leisten, der Bürger erst in vierzehn Tagen.[13])

Benimmt sich der Fremde verdächtig, so nimmt man ihn fest oder weist ihm das Tor. Legt er bei dem Gastgeben nicht sofort die Waffen ab, so darf dieser ihn nicht beherbergen; wird er mit einem Bürger uneins, so soll man ihm bei schwerer Buße weder Unterkunft und Kost gewähren, noch ihm etwas verkaufen. Fremden Bettlern werden keine Zeichen, die sie zur Bitte um Almosen berechtigten, zugebilligt.[14])

---

[11]) Ub. 57; Gengler § 5, 9; Lit. 363, 268 (1259); Freyb. 154 (1360); Gem. 3, 734 (1486); Ub. 629 (1331).

[12]) Lit. 409½, 17; Freyb. 14, 66, 111, 53, 47, 78, 51.

[13]) Gem. 3, 733; Freyb. 53; Lit. 384, 182.

[14]) Freyb. 13; Lit. 372, 171, 88; Lit. 298½, 394; das Ablegen der Waffen auch nach Münchn. StR. VII, 28; *swell gäwman den andern slehet, den schol dehein wirt furbaz behalten und sol ouch im nieman deheinen chauf geben, swer in behauset, mus 5 ℔ geben,* Lit. 372, 17; sofern ein Gast einen Bürger angreift, soll jeder zur Hilfe herbeieilen, Lit. 384, 40; s. a. Münchn. StR. VII, 92.

c) Geistliche.

Daß Geistliche wegen weltlicher Delikte geahndet werden, ist in Regensburg häufig der Fall. Hier seien die Richtung eines Mörders, die Bestrafung von Dieben, so eines Mönchs zu ewigem Kerker hervorgehoben, die Verbannung von Feinden und Befehdern, eines beim Sack, da er eine Frevelrede gegen den Rat unternommen. Dazu treten zahlreiche Maßregelungen wegen Unzucht, Haltung von Schlaffrauen, Entführung und sonstigen Unfugs, aus welchen Gründen auch die Wein- und Bierverbote, wie das des Messertragens für Kleriker ergehen. Andere sperrt man wegen nächtlichen Rumors in das Narrenhäuschen; daneben finden sich Gefangensetzung wegen schwerer Inzicht wie Entsetzung von der Pfründe. Sonst mangelt es nicht an Streitigkeiten mit dem Bischof wegen gegenseitiger Übergriffe. [1])

In prozessualer Hinsicht wird dem Geistlichen vor Gericht ein Anweiser als Beistand zuerkannt. Will er einen Beweis führen, so erfolgt dieser durch Eid vor seiner Meisterschaft zwischen Non und Vesper und zwar in Gegenwart zweier Hausgenossen wie eines Fronboten. Seine Habe kann von seiten eines Laien verboten werden; sie bleibt diesfalls beim weltlichen Gericht bis zur Ausführung des Rechts vor dem geistlichen Forum. Handelt es sich aber nach dem Brief um eine weltliche Sache, so kann jene auch vor dem Laienrichter geschehen. [2])

d) Juden.

Die Lage der Juden in Regensburg ist keine rosige zu nennen; nicht nur daß sie seitens des Reichs, des Herzogs, der Bürgerschaft wie der Geistlichkeit zahlreiche Bedrückungen zu erdulden haben, so sind sie auch häufig Verfolgungen ausgesetzt, bei denen zahllose verjagt, ihres Vermögens beraubt, gefangen, gemartert und getötet werden. [1])

Sie gelten in Regensburg als Minderbürger, in welcher Eigenschaft sie mehr Pflichten als Rechte besitzen. Hat ein Jude Haus

---

[1]) Gem. 3, 131; Lit. 398, 14; Gem. 3, 169; Urk. (bisch. Arch.) F. 61 (1508); Gem. 4, 113; Urk. (bisch. Arch.) F. 48 (1451). 57 (1489). 59 (1496), 61 (1506 u. 1508); Gem. 2, 239. 286, 374, 400; 3, 11, 230; Urk. (bisch. Arch.) F. 46 (1442); Gem. 3, 672; 4. 112.

[2]) Freyb. 40, 41.

[1]) s. bei Gemeiner besonders die Jahre 1267, 1298, 1338, 1349, 1390, 1410, 1432, 1463, 1464, 1473, 1475, 1476. 1497, 1499, 1502, 1505, 1513, 1517; s. a. Train (Illgens Zschr. f. hist. Theol., Jahrg. 7, Heft 3).

oder Hofstatt zehn Jahre lang, so soll er auch fernerhin unangefochten bleiben, heißt es im Judenbrief von 1230. Daß aber hiemit das Bürgerrecht verknüpft wird, ist wohl als Ausnahme anzusehen. Nach Privileg von 1236 sollen sie als des Kaisers Kammerknechte alle Gesetze, die der Rat erläßt, beobachten; so auch 1331 und 1414: *„di sullent auch geleich zucht und purde tragen“*. 1373 geloben sie ausdrücklich, ihre Steuern und Gebühren völlig zu entrichten.[2])

Bereits 1230 erwirken sie die Freiheit, einen Richter wählen zu dürfen und hiemit auch vor der Ladung vor fremde Gerichte gefeit zu bleiben. Keinem Christen soll durch Urteil eine einem Juden gehörige Sache zuerkannt werden, sofern nicht wenigstens ein Jude für jenen Zeugnis ablegt. — In Hinsicht auf die Gerichtsbarkeit ist folgendes zu unterscheiden:

1) Das Gericht des jüdischen Gemeinderats, welcher unter dem Vorsitz des Rabo oder Schulklopfers nach einfacher Mehrheit richtet und zwar in strafrechtlicher Beziehung über gewisse Delikte von Juden gegen Juden. In der O. aus dem Ende des 15. Jh. sind aufgeführt: Bedrohung mit Schädigung an Leib und Gut durch Schlagen und Verraten wie wirkliche Verletzungen und Verräterei. Als Hauptstrafe findet sich die Verhängung des Banns in drei Graden unter Blasen des Horns, von dem man sich durch Bußzahlung zu lösen vermag. Es wird jenes Forum nicht immer von den andern Gerichten der Stadt anerkannt, da diese auf Klage hin ebenfalls über derartige Delikte aburteilen. Es behält sich übrigens in obiger Ordnung die Jüdischheit ausdrücklich vor, die Obrigkeit um Hilfe anzugehen. 1455 jagt der Rat einen Meister Israhel, der sich solche Gewalt anmaßte, daß er sogar fremde Juden vorlud und abwandelte, Ungehorsame aber unter Banndrohung vorforderte, aus der Stadt. Der Judeneid auf Mosis Bücher wird auch in Strafsachen, welche die Stadt verfolgte, so auch bei Urfehden in der Regel in der Judenschule vor dem Rabbi geschworen.[3])

2) Ein weltliches Niedergericht über Geld, Schuld, Pfand und Schäden. Im 14. Jh. ist von einem (anfangs jüdischen) Richter

---

[2]) Gengler § 25; Rosenthal, Geschichte des Gerichtswesens usw. 1, 187 f.; Ub. 201, 280; Gem. 1, 327; Ub. 56; Gem. 3, 650; Lit. 363, 27 (1236); Ub. 443 (1322); Gem. 1, 524, 533; Ub. 479 (1325); Ub. 494 (1325); Ub. 832, 833 (1339); Gem. 2, 33 (1342); 2, 174 (1373); Lit. 296. 78 (1414).

[3]) Ub. 56; Gem. 1, 327; 3, 650; Gem. 4, 11—14; Lit. 408, 24 (1455); Eid: Ub. 479 (1325); Gem. 1, 533 (1325); Ub. 479; Gem. 2, 175; Urk. F. 576 (1475 Aug. 4).

die Rede; in der Zeit, wo die Judenschaft den Herzogen seitens des Reichs verpfändet ist, gibt es deren zwei, von denen der eine vom Herzog ernannt, der andere aber von den Juden und in der Regel aus den Ratsgenossen gewählt wird. 1338 empfängt Karl Haller das Judengericht vom Herzog zu Lehen, später ist es im Besitz des jeweiligen Schultheißen. Der Rat bezieht eine Gilt aus dem Judengericht. Auch dieses wird im Schulhof gehalten. Nicht nur von Kaiser Ruprecht (1402), sondern auch von Herzog Albrecht (1452) ist darauf hingewiesen, daß die Juden in jenen geringen Fällen nur vor ihren weltlichen Richtern belangt werden dürfen. Wegen Eigen und Erbe haben sie vor den städtischen Gerichten zu Recht zu stehen.[4])

3) Was die Strafgerichtsbarkeit anlangt, so sollen die Herzoge früher hiefür eigne Richter eingesetzt haben; vielleicht richtete auch Haller über Strafsachen. Dann fielen diese vor allem dem Schultheißen anheim. 1429 trifft der Herzog mit der Stadt ein Abkommen, wornach die Juden jenem wegen der Pfandschaft 200 ℔, der Stadt aber für Schatzsteuer und Bürgerrecht 60 ℔ jährlich zu entrichten haben. Die Wandel werden zwischen dem Herzog, der Stadt und den Judenrichtern geteilt; ein herzoglicher und ein städtischer Judenrichter üben die Strafgewalt.[5])

Der Delikte der Juden ist im besondern Teil gedacht; was die Anschuldigungen angeht, die den Anlaß zu Verfolgungen gaben, so handelte es sich um die den Juden in der Regel in die Schuhe geschobnen Verbrechen, wie Kindstötung, Sakramentsschändung, Brunnenvergiftung und Wucher. Wenig rühmlich und vorteilhaft für die Stadt war der seit 1476 wegen angeblicher Ermordung von Christenkindern angestrengte, langwierige Prozeß. Jener wurde sogar zeitweise der Blutbann entzogen; zahlreiche Juden erduldeten lange und harte Gefangenschaft. Von Richtungen ist die Verbrennung eines, der Gift zu bereiten gelehrt, wie eines Diebes, der mit einem Hund an den Füßen aufgehängt wurde, bereits erwähnt. Sonst findet man häufig Verbannung, so namentlich infolge Betrugs; 1384 rief die Verfolgung mehrerer wegen Steuerhinterziehung einen bedenklichen Auflauf hervor. Ein Pasquillant zierte vor der Ausweisung den Pranger; einem jüdischen Amtmann wurde die Wohnung

---

[4]) Lit. 296, 70 (1402); Gengler § 25, 8, 10, 11; Freyb. 41; Gem. 2, 14 (1338); Schultheiß, Gem. 2, 410; 3, 775; Gilt, Gem. 2, 212; Gem. 3, 207 (1452); Freyb. 41; Gengler § 25, 8; Gem. 3, 580 (1475).

[5]) Gengler § 25, 8; Gem. 2, 471 f. (1429); Gem. 3, 567 ff., 602 f.; 4, 5.

im Freithof aufgesagt, da er schädliche Leute gehaust. Vielfach wurde endlich auf Geldbuße erkannt; so auch 1455 bei einem Juden, der wegen Mißhandlung seiner Hausfrau gefangen lag — ein Fall, der doch vor den Schulklopfer gehört hätte. 1460 lieferte der Kämmerer 10 fl. an den Rat als Wandel eines Juden, der einen andern *„mortlich“* gestochen hatte. Mißhandlungen von Juden durch Christen wurden meist mit Gefängnis bedacht; über den Mord des Sattelbogers an drei Juden (1439) siehe bei Mord. [6])

Zum Schluß sei noch das salomonische Urteil des Rats in einer Entführungssache hervorgehoben. Ein getaufter Jude fand 1456 sein Kind, das ihm drei Jahre vorher von den Juden entführt worden, in Regensburg wieder. Das dreizehnjährige Mädchen wurde zwischen den Vater und zwei Juden gestellt und es ihm freigegeben, wohin es sich wenden wollte. Es wählte den Vater und wurde damit Christin. [7])

Die Verbrechenskonkurrenz.

Daß sich bei mehreren Wunden, die von einem Täter verursacht wurden, auch die Buße vervielfachte, dafür sprechen weder die FrGO., noch die Einträge des Wundenbuchs. Die Wundenschauer werden hier vielmehr nicht allzu rigoros vorgegangen sein, sondern nach billigem Ermessen entschieden haben; sind ja auch bei einzelnen Verwundungen die Bußsätze in ihrem Betrag nur zu häufig herabgedrückt worden.

Aber auch sonst ist noch kein zielbewußtes Prinzip zu konstatieren, es hängt noch alles von der Willkür des Gerichts und Rats ab. Einem Mörder, welcher sich zugleich als Dieb erwies, setzt man noch einen Galgen auf das Rad. Ein zur Blendung verurteilter Schatzgräber stößt auf dem Pranger Verwünschungen gegen die Stadtväter aus und wird deshalb enthauptet; ein Ratsherr, der seine Genossen nicht zum Fastnachtstanz geladen, beschimpft obendrein den Kämmerer, worauf er diese beiden Frevel mit langem, schwerem Kerker sühnt. Endlich werden die wegen eines Verbrechens Verwiesenen, sofern noch Urfehdbruch hinzutritt, mit peinlicher Strafe bedacht. [1])

---

[6]) Gem. 3, 567 ff. (1476); Lit. 398, 157, 163; Urk. F. 401 (1432 Sept. 30); Gem. 2, 213; 3. 258; Urk. F. 421 (1436 Aug. 14); Lit. 408, 116 (1455); ibid. 118 (1460).

[7]) Gem. 3, 258 (1456).

[1]) Freyb. 65 ff.; Ub. S. 731 ff.; Gem. 4, 525, 68; s. bei Verbrechen.

Besonderer Teil.

Verbrechen wider den Rechtsfrieden.

Fehde und Friede.

In Regensburg sind, wie erwähnt, im Gegensatz zu andern Städten die Bundbriefe und sonstigen Friedenssatzungen besonders zahlreich. Sie werden von Meister und Rat verfaßt, von den Genannten (*der gemeine*) und vielfach unter Mitwirkung zahlreicher Bürger, die (einmal über 400) den Brief mit unterschreiben und besiegeln, beschworen und im Purting verkündet.

Schon der Vergleich von 1205 ist beachtenswert, indem die in ihm enthaltene *ordinatio pacis provinciae* Bestimmungen aufweist, welche Einfluß auf spätere der Stadtfrieden übten. Daß zu Beginn des 13. Jh., wo noch die gesamte Obergewalt in den Händen des Bischofs und Herzogs ruhte, schon förmliche Stadtfrieden erlassen wurden, ist nicht nachweisbar; immerhin ordnet bereits das Philippinum von 1207 eine Erschwerung in Hinsicht auf die Ableistung des Reinigungseids für den Fall an, daß *aliqua pacis forma statuta fuerit.* [1])

Durch diese Frieden soll die Fehde zwischen den Stadtbewohnern im Keim erstickt, der Blutrache vorgebeugt wie die Schlichtung und Sühnung der Streitigkeiten und der hieraus entspringenden Schädigungen dem Rat und Gericht unterstellt werden.

Der geschworne Friede an der Handfeste von 1320 befaßt sich mit Totschlag, Notnunft, Heimsuchung und Leme; in der Regel ist der Kreis der Delikte weiter gezogen, so sind vor allem

[1]) Quell. u. Er. 5, 4 ff. (1205); Ub. 48; Gengler § 4, 2 (1207).

auch Wunden jeglicher Art ins Auge gefaßt. 1331 behält sich der Rat vor, alle unbilligen Taten, sofern sie auch im Brief nicht aufgeführt sind, zu büßen und zu bessern. Die hiebei ausgesprochne Sühne soll dann als Norm für kommende Fälle unter Beifügung des Stadtsiegels aufgezeichnet werden.[2])

Wenn es 1269 heißt, der Satz soll ewig bleiben, so ist dies als Ausnahme zu betrachten. Meist soll er nur bis zum nächsten Purting gelten oder bis zu bestimmten Festtagen (Johanni, Martini, Weihnachten). Häufig findet dann eine Verlängerung statt. Mitunter ist zwischen dem alten und neuen Frieden unterschieden; so werden gewisse Bußen des frühern auch im neuen aufrecht erhalten oder es heißt, der Frevler soll nach dem alten und neuen Frieden büßen. Manche Satzungen verliest man auf dem Dinghaus; die eigentlichen Stadtfrieden werden zweifellos auf dem Purting der Bürgerschaft kundgegeben. Von besondern Frieden sind der alle Jahre erneuerte Kornfrieden (von Bartholomaei bis Martini), der den Schutz des eingeheimsten Getreides bezweckt, und die bei einzelnen Anlässen (Besuch des Kaisers, Turnier usw.) erlaßnen Friedsatzungen hervorzuheben.[3])

Dem von Rat und Gemeine gelobten Stadtfrieden steht der Friede gegenüber, der Fehdelustigen von seiten der Stadtobrigkeit geboten wird. Bei ausgebrochner Feindseligkeit den Frieden herbeizuführen, wie gegen Ungehorsame und Friedbrecher vorzugehen und die Strafen zu erkennen, ist ursprünglich Sache des Meisters und des Rats; sie entscheiden hiebei auf ihren Eid nach einfacher Majorität. 1331 schwören Rat und Bürger, dem Meister zu helfen. Die Ratsgenossen sollen sich gegenseitig „warnen" und einander alle erkundete schädliche Sachen mitteilen, wie jeder Angegriffne verpflichtet ist, dem Rat eine ihm erstandne Feindschaft vorzubringen.[4])

Die Friedestiftung erfolgt nach dem ewigen Satz von 1269 auf folgende Weise: Geschieht eine Tat, aus der Feindseligkeiten erwachsen können, so gebietet der Meister einen vierzehntägigen Frieden. Erweist sich eine der Parteien als unbotmäßig, so

[2]) Freyb. 17 (1320); Freyb. 111 (1331).

[3]) Ub. 105 (1269); bis zum nächsten Purting (1320); Lit. 372, 20; Gem. 1, 514; 2, 142 (1366); Johanni (1356); Freyb. 141; Martini (1328); Lit. 372, 88, verlängert (1401); Lit. 409½, 9; *dinchhaus*, Freyb. 151; Kornfriede, Lit. 256, 17; Gem. 2, 214; Turnier (1408); Gem. 2, 380.

[4]) Freyb. 109; s. a. His, Rud., Savigny-Zschr., germ. Abt., Bd. 33, 139 ff.

büßt sie am ersten Tag mit 30, am zweiten mit 10, am dritten abermals mit 10 ℔. Bei Nichtzahlung wird der Frevler sofort gepfändet: *„hab er des gutes nicht, so slahe man im abe die hant"*. Während der gesetzten Frist sollen nun die Gegner bestrebt sein, sich selbst wegen ihres Handels auseinanderzusetzen; mißlingt dies, so schlichten Meister und Rat, d. h. es steht an ihnen *„swie si es versunent oder heizzen buzzen nach der mereren menige auf ir eit, daz sol state sin"*. Wer sich dem Ausspruch widersetzt, der büßt täglich mit 10 ℔; nach fünf Tagen wird er gepfändet und verliert bei Unvermöglichkeit die Hand. Und dann muß der Rat immerhin darauf hinwirken, die Fehde auf jede mögliche Weise aus der Welt zu schaffen.[5]

Nach der FrGO. soll, sofern eine „Geschicht" geschieht, diese vor Gericht ausgetragen werden, andernfalls werden die Streitenden bei den bekannten drei Bußen (30, 10 und 10 ℔, eventuell Pfändung und Handverlust) zum Austrag der Sache vor den Meister und die XXIV geladen. Diesen untersteht überhaupt alles *„daz der stat zu gevär geschicht und dem gesworn vride"*. Sonst sei in Hinsicht auf die Verteilung der Kompetenz zwischen Friedgericht und Rat auf ersteres verwiesen. Seit 1356 wandelt der Rat bekanntlich alle Friedbruchsdelikte ab, welche nicht an das Leben gehen. Auch nach späterer VO. soll jeder, der wider erteiltes Friedgebot mit Worten oder Werken handelt, ohne Gnade an Leib und Gut gestraft werden. Jeder Bürger, der Diener, Knechte oder Gesellen aufnimmt, soll sie des *„fridpots"* erinnern. Wer widerspenstig in der Fehde verharrt und bei der Festnahme durch Friedbieter und andere hiezu Berechtigte verletzt wird, dem soll jede Genugtuung versagt sein.[6]

Dem Meister ist bei seinem Bestreben, den Frieden herzustellen und Frevler dingfest zu machen, jeder mögliche Beistand zu leisten. Nach Satzung von 1331 büßt einer, der auf das Läuten der kleinen Glocke hin nicht herbeiläuft, mit 50 ℔, es sei denn, daß er beschwört, jene nicht gehört zu haben, oder daß er für den Fall seiner Beihilfe Feindschaft und Leibesgefahr zu gewärtigen hatte. Gemäß O. des 15. Jh. soll bei Vergewaltigung oder Beschädigung eines Bürgers oder seines Guts jeder bei-

---

5) Ub. 105 (1269); 30 ℔ auch nach Münch. StR. 317.

6) Freyb. 73, 142; Lit. 384, 40; der Friede von 1356 wurde 1400 erneuert, Gem. 2, 349.

springen, auch wenn jener nicht um Rettung oder Hilfe schreit. Solcher Beistand schädigt weder das Ansehen dem Handwerk gegenüber, noch in anderer Hinsicht; ja wer einem, der des Rats Friedgebot gerecht wird, übel nachredet, soll als meineidig gelten, wer sich aber zudem als Friedensstörer betätigt, an Leib und Gut geahndet werden.[7])

Endlich sei des Handfriedens gedacht, der von den sich Befehdenden in die Hand des Vermittlers gelobt wird. Wenn zwei miteinander *„urleugent"* und gefriedet werden und ihre Helfer wollen den Frieden zerbrechen, so sollen jene sich von ihnen lossagen, sonst gelten sie als Friedbrecher; nicht minder einer, der den Handfrieden widersagt *„e des tags, als er genomen ist"*.[8])

Bei Friedbruch hat gemäß FrGO. der Kläger vor dem Richter mit einem Genossen und dem, der den Frieden gemacht hat, zu beschwören, daß der Friede zerbrochen sei. Vermag der Beklagte nicht mit zweien Genannten zu „berichten", so erlegt er 9 ℔ an Stadt und Kläger und 2 ℔ an den Richter. Im Unvermögensfall verliert er die Hand.[9])

Wer gegen den beschwornen Frieden handelt, wird friedlos; keine Freiung soll ihn schützen. Durch Bußzahlung und Duldung der Strafe gewinnt er den Frieden zurück. Die Bußen sind von sehr verschiedner Höhe; oft erkennt man auch auf Gefängnis. Anlangend den gelobten Frieden, so stößt man häufig auf Urfehden von solchen, welche ihre Hausfrau trotz ihres Gelöbnisses miß-

[7]) Freyb. 109; Lit. 384, 40. [8]) Freyb. 75.

[9]) Freyb. 75. Gemäß Lfr. 1235 wird der Bruch des Handfriedens mit dem, der ihn gemacht, und zwei andern sendbaren Leuten festgestellt. Nach Lfr. 1244/55 tritt der Friedenstifter selbst als Kläger auf; er hat selbdritt auf den Friedbrecher zu *„bewaeren"* worauf dieser der Acht verfällt. Lfr. 1281 und österr. LR. wie Lfr. 1235. Kompliziert im oberbaier. LR. Hier ist zuerst der Friede mit zweien, die den Frieden gemacht haben, oder mit einem derselben und einem unversprochnen Zeugen zu bestätigen. Der Beschuldigte kann sich dann durch Eineid reinigen, der Gegner diesen aber mit denen, die den Frieden bestätigt, oder mit zwei unversprochnen Leuten, die den Friedbruch gesehen und gehört, verlegen. Wenn nun gemäß Lfr. 1244/55 einer Friede schließt und sein Helfer zerbricht ihn wieder, so soll jener sich dessen *„uzzen"* und sich bereden, daß es ohne seinen Willen geschehen; nimmt er ihn wieder an sich, so gilt er als Friedbreche. Etwas dunkel ist der Satz *„e des tags, als er genomen"*. Nach Lfr. 1244/55: *item nullus renunciare debet ante terminum statutum, e der zit, da er hin gemachet ist*, d. h. für so lange, als er vereinbart ist. Handverlust ist überall die ablösbare Sühne bei Friedbruch; s. a. Schwsp. 81, 266; Münchner StR. 130.

handelt haben. So einer, der der Gattin, die sich im Geleit befunden, mit offnem Messer nachlief, wie einer, der ihr trotz der Befriedung durch den Kämmerer die Hand abschneiden wollte. Hier tritt ewige Verweisung ein, in andern Fällen Gefängnis, oder es wird dem Rat die Ansetzung der Strafe überlassen. Hintergang hinter den Rat kommt bei Friedbruch überhaupt gar häufig vor. Außerdem verfügt man bei Schlagen und Verwunden wider Eid Turmstrafe mit Buße an die Stadt; daneben ist dem Verletzten das Arztgeld zu ersetzen. Einmal hat obendrein die Freundschaft formell Abbitte zu leisten.[10])

Nach dem Friedgebot während der Fehde mit den niederbaierischen Herzogen im J. 1328 riskiert der Friedbrecher zehn Jahre, einen Tag Gießübel; wer aber Totschlag und andere Untat verübt, Strafe an Leib und Gut. Wer für jenen Fürbitte einlegt, muß die Stadt Jahr und Tag meiden.

Bei Taten im Frieden soll ferner in Hinsicht auf die Bußzahlung nur ein Jahr Frist gewährt werden (je $^1/_3$ in die Hand, nach einem halben Jahr und nach Ausgang desselben). Ist Bürgschaft angezeigt, so soll diese selbdritt erfolgen. Ursprünglich wird bei Flucht des Friedbrechers dessen Vermögen eingezogen; denn es wird später ausdrücklich zugesichert, daß in jenem Fall seine Habe der Freundschaft verbleiben solle, sofern diese Gewähr dafür leistet, daß die Stadt keine Ansprache und Notrede, so insbesondere auch nicht vor fremden Gerichten zu gewärtigen hat. Als „*fraidig*" soll nur Geraubtes und Gestohlnes gelten.[11])

Von sonstigen Frieden ist noch der von 1281 wichtig, wo bekanntlich ein Zwist zwischen Rittern, Münzern und Bräuern einerseits und den Kaufleuten und Bürgern anderseits ausbrach und von beiden Gruppen je drei Schiedsleute aufgestellt wurden, welche auf des Herrn Leichnam schworen. Bei Verkündung des Friedens werden 100 ℔ Buße auf den Bruch der Satzung gesetzt, bei Nicht-

[10]) *pax jurata,* Ub. 48; Gengler § 4, 2; Freyb. 17, 28; Lit. 409½, 9; Lit. 372, 88; Lit. 596, 262; 1000 ℔ (1301), Gem. 1, 453; Urk. F. 170 (1375 Jan. 12), F. 504 (1455 März 19); Lit. 297, 14; Lit. 596, 126; Lit. 408, 116; Lit. 596, 123; ibid. 267; Urk. F. 103 (1356 Feb. 14), F. 419 (1436 Dez. 22); Gem. 3, 190; Abbitte, Lit. 297, 23; Arztkosten, Lit. 372, 56.

[11]) Ub. 550 (1328); Freyb. 17, 148 f. Beachtenswert ist übrigens die Vergünstigung Herzog Heinrichs für die Bürger, alle ihre Widersacher auch in seinem Gebiet niederzuwerfen und festzunehmen: „*wan wir in di genad getan haben durch vridex willen und wellen, dax si mit vrid überal in unserm land arbeiten*", Ub. 520.

zahlung Niederreißung des Hauses oder zehn Jahre Verbannung angedroht. Kehrt der Verwiesene unbefugt zurück, wandert er für zehn Jahre in das Gefängnis (Reinigungseid selbzwölft).[12]

Auch die Verbannung einzelner Feinde und Unruhestifter ruft, da man Gewalttaten ihrer zurückbleibenden Anhänger besorgt, mitunter Friedenssatzungen hervor. So die des Straubingers im J. 1312, der Bürger vor fremde Gerichte lud. Er darf in keinem Hause Aufnahme finden; wer nicht Anzeige erstattet, riskiert 100 ₰ oder die Hand. Er genießt weder Friede noch Sicherheit; sollte ihm deshalb etwas von den Bürgern widerfahren, hat er weder Genugtuung zu erwarten, noch Feindschaft darum zu tragen. Besonders innig verbünden sich Rat und Gemeinde 1342 in der Fehde mit den Auern. Jede heimliche oder öffentliche Gemeinschaft mit den Stadtfeinden ist untersagt; wer dem Meister und Rat bei Gefahr nicht beispringt, noch ihn warnt, riskiert Ahndung an Leib und Gut.[13]

Von Familienfehden ist die der Tundorfer und Haller im J. 1356 bemerkenswert. Sie und ihre Diener sollen bis zum Austrag keine Waffen tragen. Erfolgt von einer Seite ein „Stoß", so soll man ihn nicht rächen, sondern dem Rat Anzeige erstatten. Wer darüber im Frieden angreift, ist der Stadt mit Leib und Gut verfallen. Mit den Tundorfern darf jedoch jeder verkehren, da sie der Stadt Bürger sind, und die Haller sollen darum niemand Feind sein.[14]

In einem Streit mit den Herzogen entscheidet 1297 der Bischof, daß, sofern die Bürger die Gnade jener abermals und aus andern Gründen verlieren sollten, beide Parteien im feindlichen Gebiet immerhin noch vierzehn Tage Friede genießen sollen.[15]

In Beziehung zu jenen Friedsatzungen stehen noch besondere Gebote, welche Friedbruch und Aufruhr verhüten sollen, so 1306 an die Weinschenken, Ruffiane und schädliche Leute nicht zu bewirten, 1320, Fremde nicht mit Waffen in die Herberge zu lassen, 1366, nach der Bierglocke nicht im Weinhaus zu bleiben u. dgl. m. Sehr wird auch beklagt, daß sich Hofleute heimlich in die Stadt legen und die Bewohner belästigen. Es sollen diesfalls die Bürger zu Hilfe eilen; wer sich deshalb Wandel von seiten der Richter zuzieht, den will die Stadt hievon ledigen, wie sie

---

[12]) Ub. 128 (1281). [13]) Ub. 277 (1312); Gem. 2, 27.
[14]) Freyb. 28. [15]) Gem. 1, 447.

den strafen wird, der seine Pflicht mit Wissen und Willen „versitzt".[16])

Hierher gehören auch die zahlreichen Waffenverbote. Äxte und Beile sind untersagt, wie gespitzte Messer. Welcher Gast oder Handwerker diese in der Herberge nicht abliefert, büßt mit 1 ℔. Wohl darf ein solches der Meister tragen, nicht jedoch seine Knechte. Ehrbare Leute, welche lange Messer mit sich führen, haben 60 ₰ zu erlegen, andern werden jene abgebrochen. Hat einer keine Pfennige, den, d. h. dessen Namen, schlägt man bei der Friedsäule an. Ferner verbietet man welsche (ungarische) Messer, Mordmesser, d. h. solche, welche „verhohlen" unter dem Rock, Hemd und in der Hose getragen werden (10 ℔ oder die Hand), Harnische, Kettenwämmser u. dgl. m. Nach der FrGO. darf man verpönte Messer nur neben dem Schwert mit sich führen, sonst verliert man bei Nichtzahlung der Buße das Ohr. Später sind mit besonderer Genehmigung des Meisters oder Kämmerers, so namentlich dem, der sich in Fehde befindet, Waffen verstattet.[17])

Spielleuten sind Waffen überhaupt untersagt. Ja sogar den Fleischern verbietet man das Tragen von Messern; wenn sie „wirken" wollen, sollen sie diese „zu den Porten" binden. Sofern der Rat mehrere Leute vor sich fordert, ist das Tragen des Harnisches bei 10 ℔ Wandel oder zehn Jahren Verweisung verwehrt. Viel Streitigkeiten rufen die Ratserlasse hervor, welche den Geistlichen wegen verschiedner bedenklicher Vorfälle das Waffenrecht entziehen.[18])

Endlich bildet das Waffenverbot einen wichtigen Bestandteil zahlloser Urfehden, sei es, daß Verweisung hiemit in Verbindung steht, sei es, daß diese bei Bruch des Gelöbnisses angedroht ist. Es erfolgt für immer oder auf Zeit und bindet nicht nur die Rauf- und Fehdelustigen, sondern auch deren Knechte. Bei den Turnieren, bei denen alle, abgesehen von schweren Verbrechern, Friede und Geleit genießen, dürfen Ausleute, solange jenes währt, weder Harnisch noch Schwert tragen.[19])

Noch sei der Friedewirkung für den, der seinen schädlichen Mann der Vernichtung durch den „Haher" preisgibt, gedacht;

[16]) Freyb. 25, 15; Gem. 2, 143; Freyb. 15.

[17]) Freyb. 25, 14, 13, 19, 70, 142; Lit. 384, 40; Friedsäule, Freyb. 14, 70.

[18]) Freyb. 19; Gem. 1, 509; Freyb. 119; s. bei Geistliche.

[19]) s. bei Urfehde; Gem, 2, 380.

jedem, der die Richtung zu verhindern unternimmt, ist die Talionstrafe, d. h. die Sühne des Missetäters zugesichert.[20])

Heimsuchung und Bedrohung.

Heimsuchung zählt zu den Friedbruchsdelikten; der Beklagte hat vor dem Friedgericht anfangs selbsiebent, später wie vor dem Rat mit zwei Genannten zu „gerichten", nachdem der Kläger selbdritt, nach anderer Satzung selbander den Voreid geschworen. Der Überwundene sühnt bei Unvermöglichkeit mit der Hand. Dem Richter, der Stadt wie dem Kläger stehen je ein Drittel der Buße zu. Geschah die Heimsuchung jedoch *„an gever"* und mit Bescheidenheit, so hängt die Strafe vom Ermessen des Meisters und der XXIV ab. Wer in andern Häusern Mutwillen treibt und zumal in Wirtshäusern rauft, schlägt oder verwundet, der büßt mit 30 ℔; andernfalls kostet es ebenfalls die Hand. Tötet er einen, so sei ein Tod wider den andern. Außerdem finden sich ewige Verweisung und Gefängnis als Strafe. 1431 schwört ein Fremder, der einen in seiner Herberge *„fürgewartt und hart gewundet"*, womit er Besserung an Leib und Gliedern verschuldete, ein Jahr lang kein Weinhaus *„umb trinkens willen"* zu betreten, noch ein langes Messer zu tragen.[1])

Bedroher werden, sei es, daß das Verbrechen mündlich oder durch einen Drohbrief erfolgte, meist für immer verbannt; bekundet sich der Täter jedoch als offizieller Feind der Bürgerschaft und erfreut er sich hiebei stattlichen Anhangs, so begnügt man sich nicht selten mit geringerer Sühne. 1355 heißt es: *„Poner trod unsern burgern ze prennen, der hat der stat fruntschaft geben, umb daz er sich vergangen hat"*. Ein Totschläger erging sich nach der Taidigung mit des Getöteten Freundschaft und dem Rat in Drohworten, er gelobt, nach Ledigung aus dem Gefängnis den Sühnevertrag zu erfüllen, wo nicht, wolle er als *„veher"* Mann gelten. Ähnlich zwei, die den Dompfarrer *„schächleich"* an Leib und Gut bedrohten; man soll über sie als übersagte Feinde richten, sie sollen weder Friede, Geleit noch Freiung genießen. 1388 steckt man einen wegen Drohungen gegen den Propst vor offenem Rat

---

[20]) Urk. F. 435 (1439 Mai 20); Lit. 389, 180.

[1]) Freyb. 67, 69, 69, 80, 110; *„frevenlichen"* Eingang in den Pfarrhof zu Niedermünster, Gefängnis (1402), Urk. F. 291 (1403 März 23); *in herberg fürgewartt,* Urk. F. 395 (1431 Mai 18); *wegen fürwartens und heimbsuchung bei nechtlicher weil ein jar auf vier meil verboten,* Lit. 596, 171 (1433); s. a. bei Totschlag.

für so lange in das Gefängnis, *biz ob man erdenchen mocht, daz di stat und der probst besichert vor im werden mocht*". Die Ratsgenossen behalten sich jedoch vor, die Haft zu „*ringern ob si wellen und der probst nicht*".[2])

Die Nötigung steht der Bedrohung in der Sühne gleich; ein Stadtknecht wird ewiglich verboten, da er einem Juden 10 fl. mit einer „*pubin christin*" abgenötigt hat.[3])

Landfriedbruch.

Frühzeitig sucht sich die Stadt vom Reich die Befugnis zu erwirken, Placker und sonstige Friedensstörer niederzuwerfen und der Vernichtung zu weihen. Nach der Freiheit von 1310 wird ihr verstattet, *turbatores pacis et homines facinorosos* in und außerhalb der Stadt, auch in anderer Gerichtsbezirk und Herrschaft festzunehmen und über sie *juxta civitatis judicium* zu richten. Gemäß der von 1315 steht es den Bürgern frei, von denen, welche auf ihren Festen schädlichen Leuten, welche erstere beraubt, Unterschlupf gewähren, den Raub zurückzufordern oder gegen sie selbst als Räuber zu verfahren.[1])

Laut Privileg von 1331 dürfen sie „*betrüber des vrides und all übeltäter*" in fremden Gerichten und Territorien dingfest machen; diesen verbleibt jedoch das erste Recht, zu richten. Sind sie hierin säumig, so erlangen die Städter freie Hand über jene. 1434 endlich erlaubt ihnen Sigmund, Räuber, Übeltäter, Betrüber des Frieds und Beschädiger der Reichsstraße aufzugreifen und durch alle Landgerichte und Herrschaften in die Stadt zu bringen; doch sollen sie jene nicht durch „*stet, merkt und gemawrte gesloß, die ir aigen halsgericht haben*", führen, wohl aber nach ihrem Stadtrecht richten.[2])

Daneben werden verschiedne Bündnisse zur Unterdrückung und Ausrottung der Landfriedbrecher und Placker geschlossen.

---

[2]) Lit. 372, 2 (1355); Urk. F. 566 (1471 Juni 29), F. 162 (1372 Mai 26); Lit. 297, 114 (1388); Bereiter, Drohrede gegen Äbtissin, Lit. 596, 135 (1424); *von fräveler dro und wort wegen ein jar verpoten*, Urk. F. 400 (1432 Sept. 15); *von droen und uberlaufens wegen oft und dick unpillichen geton, für immer verpoten*, Urk. F. 433 (1439 Okt. 29); Drohbrief, für immer, Lit. 408, 127 (1457); Landshut, Lit. 411, 250 (um 1462).

[3]) Lit. 408, 125; *hat einen in seinem haus umb einen brief, darin er zeug ist, nötigen lassen*, Gefängnis, Lit. 596, 175.

[1]) Ub. 259, 310.

[2]) Ub. 630; Lit. 363, 32; Ub. 1200 (1347); Lit. 296, 82.

Wie wirkungslos sich sodann auch die zahlreichen Landfrieden erweisen, so glaubt man doch bei mehreren Räubereien und Mordtaten hervorheben zu müssen, *„daz geschöch alles in dem lantfrid“*. 1308 legt man ein Achtbuch an, in welchem alle, die wider die Stadt handeln, *„es si an strazrauber oder an swelherlei hand ander sache“*, verewigt werden sollen; *„und swes der rat ze rat wirdet, daz sol man stat haben“*. In ihm sind auch mehrere derartige Untaten verzeichnet.[3])

Sonst sind die vielen Fehden, in welche die Stadt mit dem Raubadel wie mit den herzoglichen Pflegern des Nachbargebiets, mit aufrührerischen Geschlechtern und Bürgern verwickelt wird, von geringem strafrechtlichen Interesse, denn die Sühne der niedergeworfnen Feinde fällt mitunter aus Gründen der Politik und wegen der Zahl ihrer Helfer allzu gelind aus. Um so unerbittlicher verfährt man gegen die, welche solcher Rücksichtnahme nicht bedürfen. Sie verfallen dem Schwert, oder man beraubt sie der Augen. Manche schmachten lang im Turm, bis sie auf Fürbitte ihrer Genossen hin, nach Taidigung und Urfehde, worin sich Ritterbürtige nicht selten zu öffentlichem Reiterdienst verpflichten, der Freiheit und ihrem unseligen Handwerk zurückgegeben werden. Einer, der in der Absicht, die Bürger zu schädigen, von Böhmen herüberwanderte und dies unvorsichtigerweise kundgab, wird nach Urfehde für immer verwiesen.[4])

Auch des Wegwartens sei hier gedacht: *„swer dem andern wartet uz der stat oder darin sinem leib oder an seinem gwt, dem verbitent mein herren die stat, untz er dem chlager abgeleit und dem fürsten, in dez land es geschiecht, und auch der stat“*.[5])

Was die Austreter anlangt, d. h. diejenigen, welche wider Willen des Rats, und ohne daß sie ihrer sonstigen Bürgerpflicht Genüge geleistet, Stadt und Gebiet verlassen, so ist der einschlägigen Satzungen an anderer Stelle gedacht. Beachtenswert ist hier vor allem der Streit mit Kratzer, der 1301, um den Gerichtsstand zu Regensburg aufgeben zu können, den Rat vor das Hofgericht zu Augsburg laden läßt. Auf Protest desselben ergeht

---

[3]) Lit. 297, 9; Ub. 241.

[4]) Gem. 2, 108 f. (Zant), 407 f. (Stauffer); Lit. 411, 13 f. (Reich); Gem. 4, 113 Ziegelmeier), 114 (Pflug), 126 (Üppig) usw.; Schwertstrafe, Gem. 3, 586 (1476); 4, 152 (1509); Augen, Lit. 399, 166; Reiterdienst, Lit. 408, 285; Gem. 4, 152; Urk. F. 363 (1423 Jan. 4), F. 437 (1439 Okt. 21).

[5]) Freyb. 14.

von seiten des Königs ein Friedgebot unter Beanspruchung einer Bürgschaft von 1000 ℔, worauf ein Kommissär die Sache zum Austrag bringt und dem Kratzer das Bürgerrecht wieder verschafft.

Eine ähnliche Beeinflussung durch das Reichsoberhaupt macht sich bei dem Verfahren gegen den ausgetretnen Ratsherrn Trainer 1497 geltend. Der König zieht hier jedoch, wie Herzog Albrechts Gemahlin, den kürzern; der Rat entgegnet, es könne unmöglich dessen Absicht sein, wider der Stadt Freiheit zu handeln. 1338 gelobt Ulrich auf Tunaw wegen seiner Ausfahrt, die er mit *„verdahtem mut"* unternommen, in seiner Urfehde, die Besserung und Sicherheit, welche Rat und Gemeine auf seinen Leib und Gut legen, *„daz die stat und arme und reiche von mir versichert werden, mit guten trewen und an alles gevär"* vollführen zu wollen.[6])

Raub und Brand.

Von bandenmäßigen Räuberhorden, welche nicht nur die Warenzüge überfallen, sondern auch innerhalb der Mauern zahlreiche Untaten verüben, wird die wohlhabende Handelsstadt vielfach heimgesucht; zumal bei Krieg und Fehde machen sie mit den Feinden der Bürger gemeinsame Sache und heimsen reiche Beute ein. Adligen Schnapphähnen vermag man selten den Garaus zu machen, sie kommen nach Taidigung meist mit glimpflicher Sühne davon; gewöhnliche Straßenräuber überviertet man und schlägt ihnen dann unter der Lederlaube mit Schlegel und Barte, später mit dem Schwert, das Haupt ab. Nach der FrGO. „gerichtet" der Beschuldigte Raub unter 6 sh. 12 ₰ mit sechs Wirten, bei höherem Betrage mit zwei Genannten; es handelt sich hier aber jedenfalls nur um gewaltsame Wegnahme bei Ausführung eines Friedbruchsdelikts, wie Heimsuchung, da ja sonst Schultheiß- oder Propstgericht zuständig wären.[1])

Bitter beklagt sich 1373 der Rat, daß man seine Räuber und Brenner überall behalte und heime, wie ihm an fremden Gerichten kein Recht widerfahren lasse, in einem Fall erst, nachdem die Zehrungskosten der Vorsprechen, Schergen und der andern Abgesandten bereinigt waren: *„darnach ward erst gericht mit müen und nach grozzer bet"*. Immerhin erweist die stattliche Zahl der

[6]) Ub. 203; Gem. 1, 453; 4, 3; Urk. F. 61 (1338 Mai 9); s. a. bei Bürger.

[1]) Freyb. 81, 70; über Räubereien, nicht selten bandenmäßig, s. Lit. 399, 174 usw.; Gem. 2, 15 (infolge des Streits mit Auer); 2, 170; 3, 59, 71; Bande des Fleischmann Trunkel, Gem. 3, 117; 4, 59, 100; Verzeichnen im Achtbuch, Lit. 372, 1; Gem. 1, 466.

Gerichteten, daß die Hermandad der Stadt in Niederwerfung solcher Unholde ersprießlichen Eifer betätigt. Bei geringerem Frevel schneidet man dem Räuber die Ohren ab oder man verweist ihn für immer, so auch einmal bei Stehlraub.[2])

Die Beihilfe und wohl auch der Versuch (analog der Behandlung des Diebstahls im ältesten Stadtrecht) stehen der vollendeten Tat gleich; bei letzterem liest man 1439 ein Jahr Verbannung. Beachtenswert ist ein Prozeß wegen eines räubigen Pferdes im J. 1379. Die des Verbrechens bezichtigte Frau beweist mit 33 Zeugen, daß sie das Pferd selbst aufgezogen, worauf der Verleumder Schaden und Kosten ersetzen muß. Im Philippinum wird bekanntlich die Ausübung des Grundruhrrechts, d. h. der Ansichnahme der infolge Schiffbruchs verlornen Waren untersagt; der Täter wird dem Räuber gleichgeachtet und geächtet.[3])

Der Mordbrenner, d. h. der, welcher einen Brand *„hellich“* (heimlich) getan, wird, nachdem er selbdritt überwunden, den Flammen geweiht. 1458 äschert man eine Brennerin ein. Um 1375 klagt einer auf der Stadt Erbe und Eigen wegen des Brandes, der ihm schuldloserweise von einem Befehder Regensburgs zugefügt wurde; daß sein Vorgehen erfolgreich war, ist nicht berichtet. 1507 sendet ein gewisser Hautzendorfer dem Spitalmeister einen Drohbrief, daß er ihn und die Bürger rösten und brennen wolle, und setzt sofort den Spitalhof in Brand. Der Rat sendet Kundschafter in das Land und verspricht 10 fl. dem, der den Mordbrenner lebendig, und das Doppelte dem, der ihn tot überliefert, worauf man bald desselben habhaft ist.[4])

Erwähnt sei hier noch das Privileg des Papstes Cölestin für Bischof Konrad II. von 1192, wonach dieser ermächtigt wird, Brenner loszusprechen, sofern der Brand an Beschädigern und Feinden der Kirche verübt worden ist.[5])

---

[2]) Lit. 297, 10 (373); Richtungen, Gem. 2, 15, 152, 283 (Ohren); *von stelraubens wegen, das sich zu mir wärlichen erfunden, darumben ich den tod rechtlichen wol verdient.* Urk. F. 500 (1454 Okt. 10).

[3]) Prozeß gegen die Fließerin (1440), Gem. 3, 98 f.; Urk. F. 433 (1439 Feb. 9), F. 182 (1379 Juni 6); Grundruhrrecht, Ub. 48, 57; Lit. 398½.

[4]) Freyb. 80; selbdritt auch nach Lfr. 1244; Lit. 399, II, 30 (1458); Gem. 3, 419 (1467); Lit. 297, 13 (um 1375); Gem. 4, 125 (1507); Versuch, Urk. F. 593 (1479 Nov. 12); von Interesse das Verfahren gegen den Anstifter Kurz, Urk. F. 493 (1452).

[5]) Urk. (bisch. Arch.) F. 1 u. 4; Ried 1, 274 (1220), 326 (1227), 349.

Missetaten an Leib und Leben.

Tötungen.

Totschlag.

Aus ältester Zeit tritt uns die grausame Satzung entgegen, wonach denjenigen, in dessen Haus ein Totschlag oder ein sonstiges Ungericht verübt worden, das harte Los trifft, daß man seine Wohnstätte ohne Rücksicht darauf, ob ihm selbst ein Verschulden beizumessen oder nicht, dem Boden gleichmacht. Erst seit Privileg von 1207 ist es dem Bürger ermöglicht, durch Reinigungseid sein Haus zu retten.[1])

In seltsamem Gegensatz hiezu steht Herzog Leopolds Freiheit für die Regensburger Bürger in Hinsicht auf die österreichischen Lande. Wer dort einen Menschen tötet, der soll sich eben mit dem Richter wegen der Besserung vertragen; sollte aber dieser zu hart sein, so mag sich der Täter *„versunen mit den herren dez landes"*.[2])

Am Beginn des FrGO. treffen wir den Abschnitt *„von der manslacht"*, die ihrer Bedeutung nach völlig dem Totschlag entspricht. Der Verüber einer solchen büßt dem Kläger mit 10, der Stadt mit 15, dem Richter mit 2 und den Hausgenossen mit 1 ℔; er soll sofort dingfest gemacht und erst nach Entrichtung der Besserung wieder freigelassen werden. Es soll auch keine Fürbitte für ihn geschehen. Vermag er nun dieser Sühne nicht gerecht zu werden: *„so sei ein tod wider den andern"*. Doch muß der Kläger selbdritt mit Voreid die Schuld bekräftigen. Fordern jedoch Kläger und Richter ihr Wandel nicht, so haben Bürgermeister und Kämmerer der Stadt Recht zu heischen. Hat er kein

---

1) Ub. 48, 57; Gengler § 4, 2, § 5, 2.

2) Ub. 44 (1192).

„beraites" Gut, so wird ihm eine Galgenfrist von dreimal vierzehn Tagen zugebilligt; verstreicht diese ergebnislos, dann richtet man ihn nach der Tat. Die nämlichen Bußsätze finden sich in der VO. von 1331; nach einer Bestimmung von 1359 beträgt die Gebühr des Richters $2^1/_2$ ℔.[3])

Das Achtbuch von 1401 schließt zwei Schreiben, die Rechtfertigung eines Totschlägers und die Klage der Witwe enthaltend, in sich, welche einen trefflichen Einblick in den Vorgang selbst, wie das leicht erregbare, jähzornige Wesen unserer Vorfahren eröffnen.[4])

---

[3]) Freyb. 65, 78, 110, 153, 150; Klage über maltigen Mund, 49.

[4]) *„Wisst lieben genedig herren, ich Ulreich Ringlär, chnecht, nym von ewern genaden ein genedigs urlawb. wan ich bei ewern genaden zu disem mal nicht beleiben mag von dez todslag wegen, der an meinen herren Rüger dem Ringler geschehen ist, den ich getan han und anders nyemt. aber lieben genedig herren, da hat er mich zupraht und chlag ewern genaden, daz er mich bei nacht haimgesucht hat und Seytz, sein inman, gie mit im und vodert mich herauz und sprach, ge her zu mir, ich wil dir etwaz sagen. do gie ich zu im. do nam er mich bei dem ermel und fürt mich an daz ander haws, dyweil sach ich, daz mein herr der Ringler mit einem plossen swert auf mich trat. do sprach ich, lieber Seytz, habt ir mit mir icht zu reden, so get herein zu mir. domit slug ich im den ermel auz der hant und gie wider in daz haws und sagt ez meinem pruder. der sprach zu meinem herren, lieber Rüger, dez hiet ich ew nicht getrawt, wisst, daz ir mich, meinen pruder und mein armen herberg haimsucht. do sprach er, will du ez antten, so ge herauz, du pist mir alz lieb darzu, alz dein pruder. domit slug er an meinen pruder; do chom ich darzu und tet laider den todslag. wan ich desselben tags daz dem wein waz gewesen.*

lieben genedig herren, pit ich ewer genad, daz ir meinen pruder und meinen swager ein sicher gelait gebt und sy genedichlich wellet verhörn. wan sy an dem todslag gar unschuldig sind. ewer genedig antwurt lat mich wider wissen, wan ich der wartent pin ze sand Haymeran. genedig herren tut in den sachen, alz wir ew wol getrawen und seht an daz uns mit mutwillen gar ungütlich geschehen ist. wan ich allzeit gern reht von meinem herren genommen hiet.

Lieben mein genadigen herren. ich chlag ewern genaden und weisheit mein gross lait und trübsal, das mir und meins suns hawsfrawen und seine chinden von den Voglärn widervaren ist, die mir meinen sun pozleichen on alle schuld vom leben zu dem tod bracht haben und habent sein hawsfrawen und seine chint verwitibt und verwaist. und ich und ander sein freund haben vernomen, sie sullen zu sand Haimeram sein; daz wär mir und allen seinen freunden ein grosse smach und schand, das si alz nahen bei uns sein solten. nu traw ich und all sein freund ewern genaden wol, ir lat euchs lait sein und erparmen und ir tut darzu nach ewer weisheit, daz icht mer schaden und ungelimpf sich darunder verlauf, wann dez laider zevil ist. meins suns chnecht haisst Ulreich Ringlär und Erhart und Stephan sein prüder, all des Reichleins Vogläres sun, und Pesel, der kornmesser, ir swager, der ir swester hat. Lit. 409½, 68 f.; s. a. Anm. 7.

Der mildern Rechtsanschauung der Zeit gemäß zählen auch noch im 15. Jh. die Richtungen wegen Totschlags zu den Ausnahmefällen. Höchstens ein fremder oder mittelloser Täter, der einflußreicher Fürbitter ermangelt und daher auch die Rachlust der Freundschaft seines Opfers nicht zu stillen vermag, lernt die Sühne in ihrer vollen Strenge kennen.

1351 schlagen zwei Domherrn einen Bürgerssohn nieder, der Rat erkiest den Nikolaus v. Cusa zum Richter; der mutmaßliche Täter wird nach Vornahme einer Romfahrt für immer in das Kloster Tegernsee verwiesen, der adlige Mithelfer büßt nur mit fünfjähriger Verbannung. 1508 necken zwei Domherrn einige Kürschnerknechte, worauf einer der erstern, Gg. v. Nußberg, niedergeschlagen wird. Trotz Fürbitte hoher Herrn wird der Totschläger, da die Freundschaft des Getöteten wie seine geistlichen Genossen Blutrache üben wollen, gerichtet.[5])

Sonst tritt zu jener Zeit in der Regel Verbannung ein; seit dem 15. Jh. mehr und mehr auch Gefängnis. So werden unter den am Purting Verbotnen ziemlich viele Totschläger aufgeführt. Es mögen nicht wenige derselben sich mit Richter und Kläger vertragen haben; immerhin befürchtet man wegen der streitsüchtigen Natur des Täters und der leicht wieder aufflammenden Rachegelüste auf seiten seiner Gegner neue Fehde und Gewalttat, weshalb man jene ohne weiteres das Los der gemeinschädlichen Leute teilen läßt. 1355 liest man vierjährige Verbannung nebst der Auflage, 30 ℔ zur Ausbesserung der Grabenmauer zu leisten.[6])

Besonders streng verfährt man natürlich, wenn Friede geboten ward oder überhaupt die Verkündung eines allgemeinen Stadtfriedens vorherging. Mitunter wird eine umfassende Amnestie erlassen, d. h. vielen Sündern die Heimkehr verstattet, Kirchbrecher, Mordbrenner und Totschläger jedoch von dieser Begnadigung ausgeschlossen.[7])

Bei einer Taidigung der Stadt mit Hans Zenger infolge Totschlags an Ch. dem Hautzendorfer (1374) soll jener selbviert

---

[5]) Richtungen, Lit. 399, 176 (1484); Gem. 3, 498; Gem. 3, 190 (1351), 4, 133 (1508).

[6]) verbannt, Lit. 372, 57; Lit. 409½, 29, 38; Gem. 2, 89 (1355).

[7]) Totschlag im Frieden, im Gießübel an Leib und Gut bessern, Lit. 372, 88 (1328); *vier wochen G. und sol den freunten abnemen*, Lit. 297, 26 (1384); *Öll Voglär hat gepezzert in meiner herren vankchnuz auf genad umb den todslag, da er bei wax, den sein pruder Ull der Ringlär tät*, Lit. 409½, 65.

leisten, solange es die Stadt begehrt, *„wolt di ze lang zürnen, so steht ex an den viern, di di sache gescheiden habent“*. Dazu soll er ein Jahr mit 32 „Gleven“ dienen, wohin er innerhalb des Landes gesendet wird, auf eigne Kosten und Schaden, *„dax wider seinen rechten herren und wider sein ere nicht ist“*. Vor den Freunden des H. aber soll er sich hüten. Auch im folgenden Jahr fordert man in einem ähnlichen Fall zwei Jahre Dienst *„in jedem zwei raiß, wohin si in vodernt, mit 16 gleven“*.

Nach den Ratsprotokollen von 1524 (!) scheint noch der alte Grundsatz zu herrschen, daß der Täter der öffentlichen Gerechtigkeit völlig Genüge getan, wenn er an die Obrigkeit 32 fl. leistet und daneben den Klägern gegenüber für das Wergeld aufkommt. Mitunter aber fordern die Stadtväter wohl Genugtuung, soweit es das eigne Interesse heischt, während sie sich um die Abfindung des Täters nur wenig kümmern. So im Fall Zenger, denn warum dann lediglich die Warnung, er solle sich vor des H. Freunden hüten? [8])

Der kirchlichen Seite der Totschlagssühne ist bei den Kirchenstrafen bereits gedacht: sie besteht meist in Ableistung einer Rom- oder Achfahrt, in Stiftung von Messen und Wandelkerzen. 1362 wird St. der Enichlein *„als lang untx er den freunden und der sele abnimt“* und dazu noch vier Jahre verbannt, seine zwei Knechte für ewig, *„wo man di ankumt, di wil man fur schedlich haben“*. Da er aber mit diesen *„frävenleich“* wieder einreitet, so wird des erstern Strafe auf zehn Jahre erhöht, die Kechte jagt man abermals mit der nämlichen Drohung hinaus: man will sie anfallen und angreifen *„für schedlich leut und wer dax versitxet oder gemein mit in hiet und si beschüttet, di wellent mein herren ouch für schedlich haben“*. [9])

Hier sei auch die Satzung erwähnt, wonach man eine unsinnige Person, welche getötet, ertränken soll. [10]) 1384 wird eine Frau von einem *„toraten pawren“*, in den sie sich verliebt stellte, erstochen: *„dorumb rat ich, dax man sie vliech narren und trunken lewt und nicht haim“*. [11])

1467 werden zwei, Vater und Sohn, wegen Beihilfe zu einem Ableib enthauptet. Streng wird das Hausen und Hofen ge-

---

[8]) Gem. 2, 173 (1374); Gem. 4, 525 (1524); Lit. 297, 8 (1374); Lit. 297, 9 (1375).

[9]) Lit. 372, 55 (1364), 68 (1362); Urk. F. 398 (1432 Juni 14); Kerzen und Messen als Wandel bei Totschlag, nicht bei Verwundung, Lit. 371, 43.

[10]) Freyb. 55. [11]) Freyb. 86.

ahndet. Erwähnenswert ist die alte Satzung, wonach dieses wie das Davonhelfen so lange straflos bleiben, als nicht das Geschrei des Klägers und seiner Freunde erschollen und die Leute des Gerichts oder Rats die Herausgabe fordern. Leugnet der Hausherr und findet man den Täter trotzdem in dessen Wohnung, so vermag sich jener durch den Schwur, daß er jenen *„on gever in seinem haus nicht hiet, noch west, noch im nach dem geschrai hingeholfen hiet"*, von dem Verdacht zu lösen.[12])

1418 kommt einer, der bei einem Ableib gewesen, in Verhaft. Er nimmt hierauf einen Hintergang hinter den Rat, der ihn von Stadt wegen ahndet und auf Urfehde hin freigibt. Diese Verdachtstrafe verhängt man häufig.[13])

Von schwerwiegenden Fällen ist noch die Tötung des Fronboten (1364), bei der an Richter, Kläger und Stadt je $27^1/_2$ *tt* und an letztere nochmals 40 *tt* entrichtet werden müssen wie nach Abfindung der Seele und Sippe noch ein Jahr im Gießübel zu überstehen ist, zu nennen. Ferner der Racheakt des wegen zu leichten Brots geschupften Becken (1321) an seinem Feind, der ihn nochmals in den Tümpel zurückstieß. Hier wird der Täter trotz Flucht in die Freiung und des Bischofs Protest festgenommen und gerichtet. Auch bei Festlichkeiten und Besuch des Reichsoberhauptes oder anderer Fürstlichkeiten wird manche Bluttat verübt, die sich dann zugleich als Friedbruch qualifiziert.[14])

Bei keinem Delikt ist man so sehr darauf bedacht, den unliebsamen Handel durch Taidigung aus der Welt zu schaffen und zugleich zugunsten der gekränkten Freundschaft einen möglichst hohen Gewinn herauszuschlagen, als bei Tötungsfällen jeglicher Art. Den Inhalt des Abkommens ersehen wir meist aus der Urfehde, welche der Schuldige, zumal wenn er noch mit Verbannung bedacht wird, dem Rat gegenüber abzuleisten und schriftlich zu überlassen hat. Mitunter tritt hiebei auch Entsetzung vom Ratsamt ein. So schwört einer infolge Ableibs an einem Kinde, zehn Jahre weder dem Stadt- noch dem Hansrat angehören zu wollen, noch mit seinen Dienern Schwert und Messer zu tragen. Sollten die Stadtväter gegen ihn irgendwie einzuschreiten veranlaßt sein, so darf er weder in den Bischofshof noch sonst eine Freistatt flüchten. 1362 will einer zehn Jahre Stadt und Burgfrieden meiden und

[12]) Lit. 399, 99 (1467); Lit. 372, 33.
[13]) Lit. 596, 107; Urk. F. 441 (1440 Dez. 1).
[14]) Lit. 372, 55 (1364); Gem. 2, 135; Gem. 1, 519 (1321); Freyb. 17.

hiebei nichts Feindseliges gegen die Bürger unternehmen. Andernfalls soll er ein übersagter Mann sein, den weder Friede, Geleit noch Freiung schirmen.[15])

Häufig ist Leistung in einem Wirtshaus bis zur Tilgung der Strafsumme verfügt, so bei einem Fremden in sankt Emmeram. 1471 nimmt man einen fest, da er nicht gehalten, was bei der Taidigung von des *„toten begraben leichnams halben“* versprochen wurde. Er verurfehdet sich abermals und will bei Treubruch als *veher, verächter* und meineidiger Mann gelten.[16])

Um 1338 schreibt der Straubinger Viztum an den Regensburger Rat, daß *„meins herren purger H. der Wench sich vast besorgen müzz in ewer stat vor ewern purgern umb etlich sache, di langst vertaidingt und verricht sint, und habent daz gar erberig läut getan, di heut lebent. swi ez darumb chumbt, so tät meins herren purger ze allen zeiten gern, waz reht wär. pit euch flizzlich, daz ir schaft und ewer purger dez weist, daz meins herrn purger sicher vor in sein und recht von in nemen.“* Es scheint sich um einen Ableib zu handeln, den dieser an einem Bürger begangen; trotz gütlichen Austrags mochte den Einheimischen, so oft sie den unheimlichen Gesellen in Regensburg wandeln sahen, das Blut in Wallung geraten sein. Nur eines Anlasses bedurfte es, um der Rachsal Zügel schießen zu lassen.[17])

Politisch ist des Rats Antwort an Nürnberg im J. 1362, der bereits im Kapitel „Strafe“ gedacht ist. Man eröffnet hier einem Ableiber, sofern er auch der vollen Sühne nicht gerecht wird, wenigstens für den Fall, daß er ein Stück Stadtmauer bauen läßt, die Möglichkeit, wieder als Handelsmann vorübergehend in Regensburg zu verkehren. Diese milde Behandlung aber wird, abgesehen von der Verwendung der Nürnberger, lediglich dadurch hervorgerufen, daß er viele *„erberg freunt“* in Regensburg sein eigen nennt.

Selbstverständlich zählt Totschlag, trotzdem er in der Regel durch Geldsühne wettgemacht werden kann, von jeher zu den peinlichen Fällen. Darf der Kämmerer an sich ohne Zustimmung des

[15]) Taidigung wegen eines Kinds, Lit. 372, 87; Lit. 296, 45; bisch. Aussöhnung mit M. Reich, Urk. F. 115 (1360 Juni 30); Ub. 1222 (1348); Lit. 296, 165 (1362).

[16]) Leisten im Gasthaus, Lit. 408, 29; Urk. F. 566 (1471 Juni 29), F. 138 (1366 Juni 27).

[17]) Urk. F. 56; Ub. 827.

Rats keinen Bürger verhaften *„oder sunsten tetlich gegen ihme handlen"*, so steht dies bei Totschlag und großem Leibschaden frei, da hier eben eventuell peinliche Ahndung zu gewärtigen ist. Nach der MünzO. von 1295 genießt jeder, der sich in der Münze oder am Wechsel aufhält, des Herzogs besondern Frieden; bei Totschlag, Wunden und *„ander unzuht"* steht diesem daher auch eine *„sunder vodrung und ansprach"* zu.[18])

Was den Reinigungseid bei Bezichtigung wegen Totschlags anlangt, siehe bei Inzichtverfahren. Die Praxis geberdet sich hiebei sehr wetterwendisch; man trifft hier den Eineid des Beschuldigten neben dem mit elf Helfern. 1357 steht ein Regensburger Bürger vor dem Gericht zu Viechtach wegen eines im Rhein ertrunknen Kinds dreimal zu Recht. Da kein Gegner in die Schranken tritt, bestätigt er seine Schuldlosigkeit mit einem starken Eid und *„da halfen im erwärig läut mit ir henden"*. Hierauf wird ihm ein Gerichtsbrief erteilt, *„dax er von der zycht wegen an recht oder mit recht unenkolten sol weleiben"*.[19])

Mord.

Den Mörder soll man radbrechen, die Mörderin begraben *„lebentige und einen stekchen durch si slahen"*. Hat man die Handhafte, so soll der Kläger bereden, daß jener den Mord in der Stadt, im Burgfrieden oder im Land verübt, und zwei zu ihm reden, daß der Eid rein und nicht mein. *„wann das geschicht, so sol man hincz im richten mit der slaipfen und dem rad. und man richt alle weg wol, wie spat es an dem tag ist, das sullen die schergen tun"* (später der Haher).[1])

So unerbittlich an sich die Satzungen wider den heimlichen, hinterlistigen Meuchler lauten, und so stattlich die Zahl der in

---

[18]) Lit. 296, 153; Lit. 384, 13 (RatsO. 16. Jh.); Totschlag in Münze s. Gericht der Münze, Gem. 1, 443.

[19]) Inzicht, Reinigungseid, Urk. F. 98 (1355 Dez. 7), F. 105 (1357 Mai 14); L. 372, 91 (1382); L. 297, 20 (1389), s. Inzichtverfahren; Urfehden, Lit. 296, 165 (1362); Urk. F. 129 (1364 April 5); s. Urfehde, Totschlag in Freiung, Gem. 1, 519 (1321); Flucht in Freiung, Jur. I, Nr. 3, 13 (um 1500, StadtA.); *meine herrn wurden uberain, dax her Hans der Awer und sin helfer, di di tat mitsambt im getan, in unser stat niht chomen süllen als lang untx den chlagern wurd abgeleit und ouch der stat*, Lit. 372, 57 (1362).

[1]) Freyb. 55, 80; Lit. 399, 156; vielfacher Mord, ibid. 27; viele Mordtaten im Achtbuch verzeichnet, Lit. 398.

Regensburg, zumal im 14. Jh. verübten Mordtaten ist, so entschlüpfen doch nicht wenige der Täter der strengsten Sühne, indem sie dem Schwert, dem Gefängnis und der Verbannung verfallen. Erweist sich eben auch hier eine einflußreiche Freundschaft als sehr vorteilhaft, so sind außerdem zu jener Zeit Mord und Totschlag begrifflich keineswegs schon so scharf voneinander geschieden. Denn mag die Verübung noch so heimtückisch erfolgen, glückt es aber dem Täter, sein Vorgehen unter Hinweis auf eine bestehende Familienfehde, oder da es die Blutrache heischte, zu rechtfertigen, so gilt das Verbrechen als Ableib; anderseits sühnt der, welcher die Tat, wenn auch in Zorneshitze, nach beschwornem Frieden verübt, als Mörder.

Auch die Regensburger Annalen berichten von grausigen Mordtaten, von denen nur einige hervorgehoben seien. So zerfleischen 1474 zwei eine Schwangere, drehen das Kind im Mutterleib um und schneiden, um abergläubischen Unfug zu treiben, jenem ein Händchen ab. Der eine dieser Unmenschen wird ergriffen und mit Ausschleifen, glühenden Zangengriffen und Räderung bedacht; da er zugleich geraubt, setzt man einen Galgen auf das Rad. 1444 rädert man nach Entweihung einen Priester, der einen andern aus Eifersucht wegen dessen Umgangs mit der Haushälterin getötet und dann noch auf das schändlichste zugerichtet hat. [2])

1385 verbietet man vier samt ihren Hausfrauen wegen eines nächtlichen Mordes für zehn Jahre die Stadt. 1354 bittet der Kaiser einen Mörder los, der auf dem Rathaus zu ewiger Gefangenschaft verurteilt ward; er muß jedoch für immer das Gebiet meiden. Erstere Strafe findet sich auch 1386. [3])

Wie man unter den bei der alljährlichen Razzia Ausgewiesenen manchen Totschläger antrifft, so bildet bei andern eine *„mörtleiche tat"* die Ursache, daß man ihnen die Türe weist. In der Regel handelt es sich hier freilich nur um einen mehr oder minder zweifelhaften Verdacht. Mehrere haben sodann vor Verlassen der Heimat Rom- und Achfahrten, Messen und Wandelkerzen für des Gemordeten Seele anzugeloben. Dieser Fälle wurde bereits bei den Kirchenstrafen gedacht. [4])

---

[2]) Lit. 399, 159; Gem. 3, 131.

[3]) Lit. 297, 17; Gem. 2, 80; 2, 229.

[4]) verwiesen, Lit. 372, 91; Ub. S. 370; Lit. 409$\frac{1}{3}$, 31; Gem. 2, 89; s. Kirchenstrafen, Gem. 2, 125, 145; 3, 31.

1439 gerät E. der Sattelboger in Regensburg mit drei Juden, denen er Geld schuldet, in Streit. Er tötet den einen, verpackt ihn mit den beiden Lebenden, die sein Diener geknebelt, in Truhen und will sie heimlich aus der Stadt bringen lassen. Die Ruchlosigkeit wird jedoch rechtzeitig entdeckt und S. wie sein Sohn festgenommen. Die Familie wendet sich an den König, den Herzog und andere Fürsten, der baierische Adel wallfahrtet gleichsam nach Regensburg, um seine Genossen zu retten. Sie müssen sich endlich unter Verbürgung von 25 Rittern verurfehden, sich für zehn Jahre in ein fernes, fremdes Land zu begeben.[5])

Kann man hier noch zweifeln, ob wirklich Mord in Frage steht, so qualifiziert sich eine andere adlige Heldentat aus dem J. 1397 schon angesichts der sie begleitenden Treulosigkeit als solcher. Ritter von Adelar will am Karfreitag in Diensten des böhmischen Königs auf einem Boot nach Ungarn fahren; die drei Lengfelder von Weltenburg lauern ihm auf und sprechen ihm zu um Gefängnis. Bei dem darauffolgenden Angriff kommt ein L. um, Adelar führt ihn mit nach Deggendorf. Hier verlegen ihm die beiden andern Brüder wieder den Weg und zwingen ihn, sich unter Sicherung des Lebens zu ergeben. Seiner habhaft, stoßen sie ihn meuchlings nieder; die Tat bleibt seltsamerweise auch von seiten des Königs ungerochen.[6])

Im übrigen sind noch zahlreiche Mordtaten überliefert, die sich allerdings zum Teil als harmloser Ableib qualifizieren. Über die angebliche Schlachtung von Kindern durch Juden siehe im Kapitel „Juden“.[7])

Mörder sind an sich von Begnadigung, wie vom Schutz der Freiung ausgeschlossen, kein Geleit soll sie schirmen. Nahm man nun auf Grund dieser Anschauung Mörder aus einer Freistatt, so bot dies stets Anlaß zu heftigem Zerwürfnis mit Bischof oder Abt. Kurzen Prozeß machte man in dem erwähnten Fall des J. 1374: Der Mörder floh nach sankt Emmeram, wo ihn der Abt verbarg. Da ihm jedoch dort nicht geheuer war, entschlüpfte er unter das Dach. Hier ward das Volk seiner ansichtig und bemächtigte sich seiner, worauf er auf dem Rathaus unverweilt mit dem Schwert gerichtet wurde. Trotz dieser milden Sühne muß Mord in Frage gestanden sein, sonst hätte man ihn nicht mit Gewalt aus der Freiung nehmen

[5]) Gem. 3, 94, 97. [6]) Gem. 2, 335.
[7]) Gem. 3, 575; Mord auf Geheiß eines andern, Lit. 398, 42.

dürfen. Der Rat leistete übrigens wegen Bruchs des Kirchenfriedens Abbitte bei dem empörten Abt. 1389 tötete ein Zenger Fr. den Kagerer auf dem Gang zur Kirche meuchlerischerweise; er floh und wurde, da ihm das verlangte Geleit mit Recht abgeschlagen wurde, der Stadt Feind.[8])

Über Mordversuch siehe bei Versuch. Als Ahndung finden wir hier Enthauptung, Gefängnis und Verweisung; letztere wohl meist für immer, in einem Fall, wo einer *„fräveler, mutwilliger, mordischer"* Weise verfuhr, nur für ein Jahr. 1431 verweist man ebenso lange ein Ehepaar, das einen Frauenmörder hauste und ihn dem Rat gegenüber verleugnete. 1353 verbannt man eine wegen Teilnahme an einer Mordtat für immer.[9])

Von Inzichtsfällen ist nur einer verzeichnet; 1355 richtet sich Frumolt den Zanten gegenüber, daß der Reichel zur Zeit der Tat sein Diener nicht war und er am Mord mit Rat, Tat, Worten, Werken und Wissen *„an gevär"* unschuldig sei. 1360 verläßt der Bischof aus Zorn darüber, daß der Rat die Untersuchung wegen eines an einem Chorherrn verübten Mords äußerst lässig geführt, für Jahr und Tag die Stadt.[10])

1460 reisen drei Ratsleute nebst Vorsprechen, Prokuratoren, Nachrichter und zwölf Fußknechten nach Bruck, wo ihnen seitens des Herzogs das Recht wider einen Mörder verstattet worden. Sie überwinden und rädern ihn, werden dann aber selbst festgehalten, bis eine Abordnung an Herzog Otto sie freilöst. Von Interesse ist auch 1488 die Mordsache zu Mitterfels, wo der Täter noch kurz vor dem Tod des Niedergeschlagnen Geleit zum Rechten erwirkt und es auf Grund dessen die Freundschaft des Getöteten nicht wagt, gegen den Gefangnen vorzugehen.[11])

1501 liefert man an Kaiser Maximilian einen Mörder aus, der zu Wien fünf Leute tötete; die Stadt erhält hiefür einen Schadlosbrief, nachdem sie die Übergabe zuerst hartnäckig verweigert hatte.[12])

[8]) Begnadigung, Gem. 2, 227; Freiung, Lit. 297, 11; Gem. 3, 279; s. Freiung, Gem. 2, 173 (1374); 2, 267 (1389).

[9]) Lit. 408, 127; Urk. F. 493 (1452 Okt. 20), F. 418 (1436 Nov. 12); Lit. 596, 162 (1431); Urk. F. 98 (1353 Juli 5).

[10]) Gem. 4, 144; 2, 89; Lit. 372, 2 (1355); Gem. 2, 119 (1360).

[11]) Gem. 3, 333 (1460); Lit. 2, 231 (1488).

[12]) Urk. F. 633 (1501 Jan. 12); Rat verweigert Auslieferung, Gem. 4, 49 (1500).

Selbstmord.

Hier ist nur ein Fall aus dem J. 1411 beachtenswert, wo sich ein armer Kranker neben einem kurz zuvor gerichteten Dieb selbst aufhing *„maisterleich, alz ob ex ein henkcher mit allem vleizz getan hiet. also slug man in ab und slaipfte in in dy Tunaw“*. Dies war wohl das Geschick aller verzweifelten Personen; von einer schimpflichen Verbrennung ist nirgends die Rede. [1])

Höhere Tötungen.

Gering ist die Zahl der Gattenmorde, groß jedoch die der schweren Mißhandlungen der Ehefrauen, welche hier ebenfalls gewürdigt werden sollen.

1407 vergiftet des Engel Wernhers Tochter ihren Gatten; nach gefälltem Urteil kommt die Geistlichkeit in großer Schar mit sankt Erhards Haupt und andern Reliquien, so daß sich der Rat entsetzt und sie endlich zu ewigem Kerker begnadigt. Sollte aber die Freundschaft Fürbitte für sie einlegen, so soll sie aller Gnade verlustig sein und sie nach ihrer Schuld gerichtet werden. [1])

1477 tötete einer seine Frau und mißhandelte deren Mutter. Da zu dieser Zeit der Rat des Blutbanns ermangelte, verzögerte sich die Richtung, ja infolge Fürbitte der Schwiegermutter und Reue des Täters erlangte dieser nach Gelöbnis einer Romfahrt Begnadigung. Hierauf erwirkte die Fürbitterin noch die Erlaubnis, ihn zur Vorbereitung der Reise drei Tage im Hause behalten zu dürfen, jedoch zu ihrem Unheil, denn schon am zweiten fiel sie ihm auf das grausamste zum Opfer, wobei er über den nun geglückten, mit „Geduld und Andacht“ vorbedachten Mord große Freude bezeugte. [2])

1402 wird eine, die ihren Gatten zu vergiften versuchte, nachdem sie der Rat auf Fürbitte hin bei *„dem leben und iren geliedern“* ließ, für immer auf zehn Meilen verwiesen.

1425 sperrt man eine Apothekerin, wiewohl ihr Mann mit Recht gegen sie vorgehen wollte, für ein Jahr in den Turm, *„wie sie es nach dem jar mit ir handlen, dax stet dax irn* (des Rats) *gnaden“*. Ihre Gehilfin verfällt ewiger Verbannung. Diese Strafe trifft auch einen, der 1455 sein *„elichen weib fürdachtlichen und wissenlichen mit hutrauch und rechter gift hab wollen vergeben, auch seine kindel und swiger von dem öpfelmüesel geessen und geswollen*

[1]) Gem. 2, 399.

[1]) Gem. 2, 376. [2]) Gem. 3, 608.

worden". Bei unbefugter Rückkehr will er ein *„veher, maineidiger, trewloser, ubersagter man"* heißen.[3])

1382 wird der G. die Stadt *„ewichlich verboten umb das, daz si gemacht hat, daz ir man erstochen ist worden. und ob si herein kam, so sol man si in einen sakch stozzen on widerred"*. 1468 beredete die W. einige Gesellen, *„wo si iren man ankämen und betreten, solten si im nemen, was si bei im funden, und darnach alle viere abschlahen"*.[4])

Traurig ist das Los der Ehefrau im Mittelalter und der Folgezeit zu nennen. Sieht sie sich völlig vom öffentlichen Leben ausgeschlossen und bleibt ihr nichts als „der Spinnrocken und der blaue Himmel", so mangelt es dabei nicht an Schlägen seitens ihres jähzornigen, launischen und der Völlerei frönenden Eheliebsten. Erkennen wir z. B. aus den im Würzburger und Nürnberger Strafrecht angeführten Fällen, daß der Mann zu der empfindlichsten Zurechtweisung befugt war, sofern er nur nicht Leben und Gesundheit ernstlich gefährdete, so werfen die zahllosen Ahndungen wegen Gattenmißhandlung in Regensburg ein äußerst bedenkliches Licht auf die dortigen Ehezustände um so mehr, als jene nur bei geradezu unmenschlicher Behandlung verhängt wurden, d. h. sofern sich der Ehevogt *„unrichtiger weise"* gegen seinen Schützling vergangen.

Meist wird der Ungebärdige nur vom Rat dingfest gemacht, verwarnt und zur Urfehde gezwungen, wirkliche Strafe hiegegen allein bei schwerer Verfehlung verfügt. So bildet nach jener Richtung hin den Anlaß, daß *„er ir die slüssel frävelich vom leibe genomen, sie auch von und aus irem hause gestossen"; daz er si mit einem messer unverschulter sach* (d. h. ihrerseits) *gestochen; daz er seiner hausfrau getroet und falsch bezüchtigt, si raufte und schlug wider daz fridbott; daz sein weib, wenn er bezecht, leibs und lebens nicht sicher gewesen* u. dgl. mehr.

1421 wird einer *„von unpillichs slahens wegen, als er sein hawsfrawn, di swanger was, getan hat"*, zwei Jahre verbannt, 1432 ein anderer für immer.

Nach 1401 verbürgt sich einer mit 3 *tt*, *„daz er sein weib nicht ubel handel"*. 1469 bringt eine den Gatten wegen Verwundens und Schlagens in Verhaft. Nachdem er lange gelegen, *„mocht si nicht verporgen"*, weshalb er freigelassen wurde unter Verbürgung

---

[3]) Urk. F. 289 (1402 Okt. 23); L. 398, 8 (1425); Urk. F. 504 (1455 April 29).

[4]) Lit. 297, 110; Lit. 398, II, 144.

von seiner Seite, daß ihr nichts Arges widerfahre. 1375 schwört einer, es dem Rat zu überlassen, wie er ihn mit seiner Hausfrau versöhnen, strafen und zu leben heißen wolle. 1455 gibt ein Jude 2 fl., da er mit seiner Hausfrau *„stößig“* war. [5])

1439 verweist man eine Bürgerin *„von unrichtiger weis wegen, dy si mit irem mann getriben und auch andern frawen frävel mit raufen, slahen, ubeln handlung und andern unzuchten manigvelticlich beweist hat“*, auf ein Jahr. [6])

Was die Tötung von sonstigen Verwandten anlangt, so finde ich weder Vater- noch Muttermord verzeichnet. 1418 wird einer, der nach Verwundung seines Vaters flüchtig geworden, auf zehn Jahre verbannt, 1367 spricht man zwei Jahre bei Mißhandlung der Mutter aus. [7])

1467 wird einer nachgewiesen, daß sie vor fünfzehn Jahren *„ihren schweher und schwiger“* vergiftet; man begräbt sie lebendig und stößt einen Pfahl durch sie. 1468 ist ein grauenhafter Mord an zwei Stiefkindern durch Gift ohne die Sühne verzeichnet; 1439 liest man ein Jahr Verweisung wegen unbescheidnen Strafens einem Stiefkind gegenüber, dadurch es um sein *„lebtag“* gebracht werden konnte. [8])

Gift bildet fast ausnahmslos die todbringende Waffe, womit die Frau den lästigen Gatten oder sonst eine verhaßte Person aus dem Weg zu räumen sucht. Wir sahen hier bisher als Strafen Lebendigbegraben, Einmauerung und ewige Verbannung; bei Versuch diese und Gefängnis.

Von sonstigen Fällen ist der der diebischen Behaimtochter im J. 1457 zu bemerken, welche *„der frawen, der si gestolen het, in essen vergeben wolt haben, alz der hüttrauch in smalz vermischt für mein herrn getragen ward, darumb si dez tods schuldig was“*. Aber hier fanden sich wieder vier Äbte, die sich der Verbrecherin annahmen, auch *„daz di frucht nicht verdürbe, wann si groz swanger*

[5]) Mißhandlungen an Ehefrauen, Urk. F. 170 (1375 Jan. 12); Lit. 409½, 41 (nach 1401); Lit. 371, 14 (1403); Lit. 596, 126 (1422), 130 (1423), 142 (1426), 147 (1428); Urk. F. 400 (1432 Dez. 20), F. 414 (1435 Okt. 10), F. 429 (1438 Nov. 28), F. 458 (1444 Jan. 10), F. 504 (1455 April 29); Lit. 408, 116 (1453); Urk. F. 507 (1456 Mai 14); Lit. 408, 127 (1457); Lit. 596, 276 (1461); Lit. 298½, 249 (1469) usw.

[6]) Urk. F. 433 (1439 Juli 7).

[7]) Lit. 596, 107 (1418); Urk. F. 142 (1367 April 24).

[8]) Lit. 399. 106 (1467); Lit. 398, II, 129 (1468); Urk. F. 435 (1439 Nov. 12); *von ungehorsam, dro und unpillicher wort, di ich meiner swiger getan,* Gefängnis Urk. F. 389 (1430 Mai 9).

waz, liezz man si laufen". Ferner der des Juden Mosse, welcher 1474 bekannte, daß er etlichen Personen *„böse gift"* zu machen gelehrt und Geld dafür genommen. Er wurde mit dem Brand gerichtet.[9])

Von Interesse sind hier auch die Eidesformeln der Apotheker. So gelobt der Neubestellte 1397, *„daz er kein giftig ding keinem weib nicht verkaufen soll, er weiß dann kundlich wohl, wo es hingehör"*; 1453: *„das er kain gift oder erznei, die giftig ist oder die den frawen kint vertreibt, do ainicher zweifel bei ist, nymants verkaufe oder gebe, dardurch schaden komen möge"*. 1456 werden zwei Herren der Hanse und vier Kramer als Schauer herumgesandt, um allen Hüttrauch aufzuheben. Es ergeht hiebei das Gebot, daß ihn nur die geschwornen Apotheker feil haben sollen, andere will man strafen an Leib und Gut. Nach der Formel von 1474 endlich darf der Apotheker ohne Wissen und Genehmigung des Rats überhaupt kein Gift mehr verabreichen.[10]).

Leibesverletzungen.

In Hinsicht auf die tätlichen Mißhandlungen ist vor allem das interessante Wundenbuch aus den J. 1339—1348 hervorzuheben. Aus ihm erhellt, welch zahlreiche Schlägereien und sonstige Verletzungen in Regensburg innerhalb kurzer Zeit vorfielen und wie bescheiden in der Regel die hierauf gesetzten Bußen waren. Die Sühne für Tötungen betrug, wie erwähnt, $^1/_2$—50 ℔ je nach Schwere der Verschuldung und wohl auch unter Rücksichtnahme auf des Täters Vermögen, die für sonstige Verwundungen einige Schillinge bis zu mehreren Pfund, wobei naturgemäß Lähmungen besonders hoch bewertet wurden. Die Zahlung war auf mehrere Termine, wo nötig bis zum Ablauf einer Frist von zehn Jahren erstreckt; wer nicht sofort dem Urteil gerecht zu werden vermochte, mußte Bürgen stellen. Eheleute traten gegenseitig für einander ein. Einzelnen schenkte man die Strafe; bei einem, der entfloh, heißt es naiverweise: *„den haben mein herren ledig lazzen"*. Mitunter ist vermerkt, daß einer seine Buße ganz oder teilweise einem Ratsherrn entrichtet hat. Auch mehrere Heimsuchungen sind mit Geldbuße bedacht. Höher wurde natürlich auch die Verletzung während eines beschwornen Friedens bestraft. Als „Lem" ist einmal das

[9]) Lit. 408, 127 (1457); Lit. 398, 157 (1474).

[10]) Apothekereid, Lit. 408, 10; Gem. 3, 216, 337; Lit. 408, 165; s. die Apothekerbestallung, Urk. F. 573 (1474 März 29).

Abschlagen von Zöpfen bezeichnet. Bei sehr vielen in diesem Register Verewigten liest man übrigens: *„ist darumb entwichen"*.

Nach dem ersten Eintrag bestanden sogar gleichzeitig zwei Wundenbücher, von denen sich das eine in Händen des Rats befand, während das andere durch die für die Bewertung der Verletzungen aufgestellten Wundenschauer geführt wurde. Leider ist bei den meisten Einträgen die Höhe der Buße nicht beigefügt, so daß wir vielfach lediglich ein Verzeichnis der vorgefallenen Verletzungen vor uns sehen. Endlich sind aus dem Buch die Namen einzelner Schauer ersichtlich mit dem Jahr, in dem ihnen jenes anvertraut wurde. [1])

Gehen wir dann zu den Satzungen der FrGO. wie den sonst einschlägigen Mandaten über.

Wenn eine Verletzung durch zwei Hausgenossen und den Fronboten geschaut und als fließende Wunde konstatiert ist, so hat man dem Kläger 6 ℔, der Stadt 2 ℔ und dem Richter *„zu dem alten fride"* 1 ℔ zu erlegen, es müßte denn sein, daß mit zweien der Genannten eine (gütliche) Richtung zustande kommt. Der Kläger hat hiebei den Voreid zu schwören, daß er nicht mit Mutwillen klage. Wer die Notwehr ausführt, der erlegt nur die Friedbuße; wer, zu Strafe verurteilt, die Pfennige nicht hat, dem schlägt man Haut und Haar ab. Blutrunst, Blutschläge und „Haift" (was zu heften) verbüßt man mit 3 ℔ (2 ℔ dem Kläger, 1 ℔ der Stadt), daneben die Buße an den Richter. Raufen und Schlagen trägt 10 sh. ein (je zur Hälfte dem Kläger und der Stadt) nebst der Friedbuße. Wer jedoch *„erberger leute raufet und slecht"*, den richten der Meister und die XXIV nach ihrem Eid. Bei Lähmung endlich entrichtet man 9 ℔ an die Stadt, 10 ℔ an den Kläger, 1 ℔ an den Richter. Ist der Täter unvermöglich, so kostet es ihm vordem die Hand, später *„sei ein lemp wider die andere"*. [2])

Aus der VO. von 1331 gehen die nämlichen Normen hervor. Der Täter soll hier nach Festnahme dem Richter überantwortet werden, der vor allem sein altes Recht (die Fried- oder Richterbuße) vorwegnimmt; bei Verhaftung durch den Richter übergibt ihn dieser dem Meister zu gleichem Zweck. Der Verletzte erhält ein Drittel des Wandels. Ist der Verletzte ein „Gämann", so ist der Bürger der Ahndung durch die Stadt überhoben. Ferner haftet der Herr für das, was der Knecht in dessen Begleitung verübt. [3])

---

[1]) Ub. S. 731 ff.

[2]) Freyb. 71, 72, 72, 110, 71; s. a. die Bestimmungen auf S. 78.

[3]) Freyb. 110 f.

Aus dem 14. Jh. stammt die Formel über den Eid, *„wenn man gerihtt ein lem oder wunten"*. Nach der spätern StGO. sollen tätliche Frevel mündlich und schleunig erledigt werden. In einer VO. von 1500 wird beklagt, daß man einen Bürger, der einen verwundet, nicht festnehmen wolle, es liege denn der Verletzte entseelt auf der Bahre. Es sollen insbesondere Barbiere und Bader bei Pflicht, Eid und unter Androhung der Leibesstrafe gehalten sein, *„nach dem ersten pand"* dem Hauptmann oder Kämmerer unverweilt Anzeige zu erstatten. Dann soll man den Beschädiger festnehmen und ihn nach Verdienst bestrafen.[4])

1436 findet sich die Urfehde eines, der seinen Wirt in der Herberge *„gemaulpandt"*. Bei Messerzucken liest man 5 ℔ oder ein Jahr, bei Stechen über Friedgebot ewige Verweisung. 1274 gebietet man einem Haderer, noch vier Jahre in der Stadt zu bleiben. Einer schlägt ein Weinschenkenweib, die ihm den Wein verweigert, und wird mit einem Jahr Verweisung bedacht. Vielfach findet sich auch Turm.[5])

1393 während des Turniers gerät ein Marschall von Pappenheim mit einem herzoglichen Diener in Zwist und gibt ihm einen Maulschlag. Hierüber empört, will Herzog Albrecht an jenem und den schwäbischen Rittern, die ihm beistehen, Rache üben und einem Stadtsöldner den Spieß entreißen. Dieser aber widersetzt sich, und der Herzog rüstet mit den Seinen zornig zum Aufbruch. Die Bürger besetzen indes rasch die Türen, damit nicht „Main und Mord" entsteht; die herbeigeeilten Ratsherrn erwirken ein Friedgelöbnis. Erst mit vieler Mühe aber, nachdem die Schwaben zu Söldnerdiensten verpflichtet wurden, erlangt man des Herzogs Versöhnung.[6])

1425 wird die Frau D. des Sattelbogers, als sie mit ihrem Gefährt durch den Ort Bach kam, von den Bauern gröblich mißhandelt. Der Regensburger Rat nimmt sich seiner Untertanen an, worauf ihnen durch Schiedsspruch auferlegt wird, selbzwölft mit dem Pfleger von Stauf nach Schönberg zu wallen, den Ritter um Verzeihung zu bitten, 8 ℔ Wachs zu liefern wie 40 Fuder Bruchstein für eine Pfarrkirche zu fahren.[7])

---

[4]) s. bei Friedgericht, Anklageverf., Eid, Lit. 372, 77; Lit. 380, 71.

[5]) Urk. F. 421 (1436 März 26); Lit. 384, 41; Lit. 371, 54; Urk. F. 404 (1432 Dez. 30); Gem. 1, 462, 514; Lit. 297, 23.

[6]) Gem. 2, 300. [7]) Gem. 2, 456.

Höher bewertet ist natürlich die Verletzung nach beschwornem Frieden. So 1274, wo man einen vierzehn Tage auf den Marktturm sperrt und zur Entschädigung an den Verletzten wie zu einer Buße an die Stadt nebst der Auflage, drei Zinnen zu mauern, verurteilt. 1457 verbannt man einen für immer, der einen Daumen abgeschlagen. Über eine Bestrafung wegen Frevels und Leme im J. 1455 siehe bei Kirchenstrafen.[8])

1468 bekennt eine in der Folter, daß sie einem *„mer dann ein jare sein manhait genomen"*; die Strafe ist nicht vermerkt. 1471 verwundeten einige Burschen einen Priester und erboten sich, 100 fl. zu erlegen; da aber dieser, der dabei um sein Augenlicht gekommen, neben vollem Ersatz den Kauf einer ansehnlichen Pfründe beansprucht, erklären die Täter, sie wollten statt dessen das Recht erleiden. Der Rat aber ersucht den Bischof, er solle die Sache beilegen, *„wann man mag di burger nit von recht mit dem pan dringen lassen"*. 1500 wirft ein mit der Franzosenkrankheit behafteter Öbstler den Schorf unter das Obst. Angesichts seines Leidens entschlüpft er mit Pranger und ewiger Verweisung.[9])

Ein Jude, der einen andern *„mortlich"* gestochen, hat nur 10 fl. zu entrichten. 1518 werden ein Jude und seine Frau gezüchtigt, da sie einer Schuldnerin auf der Flucht den Mantel herunterrissen. Außerdem jagt man sie zum Tor hinaus. 1424 verbietet man einer, die ihr Kind übel geschlagen, den Burgfrieden.[10])

Schließlich sei noch des österreichischen Privilegs von 1392 gedacht, welches die hohe Bedeutung bezeugt, die den Regensburger Kaufleuten im Osten beigemessen wurde. Die Lähmung kostet hienach nur 10 ℔, die schlichte Verwundung 3 ℔, ebensoviel die Beule; Haarausraufen und Maulschelle 3 sh. Ist freilich der Täter unvermöglich, so darf der Richter auf vierzig Schläge erkennen. Für Schläge, die man dem Knecht zugefügt, wird keine Buße erhoben, dieser selbst aber untersteht dem Landrecht. Mangelt es an einem Kläger, so steht dem Regensburger Bürger der Reinigungseid zu. Dieselben Normen greifen Platz, sofern die Verletzung nicht in Österreich vorfiel, sondern der Täter nur zufällig dort dingfest gemacht wurde.[11])

[8]) Freyb. 17; Lit. 596, 126; Lit. 408, 127 (1457); Lit. 408, 116 (1455).
[9]) Lit. 399, II, 115; Lit. 298½, 275; Gem. 4, 49.
[10]) Lit. 408, 118; Gem. 4, 342; Lit. 596, 136.
[11]) Gem. 1, 283.

Ehrverletzungen.

Mangelt es in der Donaustadt nicht an Totschlägen und tätlichen Mißhandlungen, so auch nicht an „Krieg" und Zank, bei denen lediglich die Zunge dominiert. Nach der FrGO. büßt man Scheltworte mit sechs Schillingen (je zur Hälfte dem Kläger und der Stadt), wenn sich der Bezichtigte nach des Gegners Voreid nicht mit sechs Wirten zu reinigen vermag. Hat der Verurteilte *„der pfennig nicht, so sei haut und haar"*. Ebenso, wenn sich einer mit dem andern *„zerredet"* und auf der Stelle zu einem Frevel hinreißen läßt. Wenn er jedoch heimläuft und sich *„anlegt"*, um dann den Widersacher mit Lästern, Schlagen oder *„sammenunge"* zu überlaufen, so sühnt er der Stadt mit 30 ℔, seine Helfer aber, je nachdem sie sich vergangen, nach Erkenntnis des Rats. Wer einen, zumal vor offener Schranne einen Verbrecher schilt, der büßt dem Richter mit Leib und Gut.[1])

Nach Mandat von 1334 soll, falls *„ieman grausen von dem andern sagt und unnutz red furpringt, davon unwille und unfrid werden mach"*, derjenige, welcher dies vernommen, jenen fragen, *„ob er sein woll ansag sein"*, und es, ehe er bei seinem Eid rügt, dem Geschmähten mitteilen. Leugnet dieser auf seinen Eid, daß die Bezichtigung begründet ist, *„so hab er ez fur ein rehte und lazze im disen dester wiers gevallen, der im den unnuzzen red gesagt hat"*. Nach dem österreichischen Privileg von 1392 sühnt man das Schimpfwort Hurensohn mit 40 ₰, Hundinsohn oder Dieb mit 3 sh.[2])

Von den vielfachen Bestrafungen seien hier nur wenige angeführt. So werden Ehrabschneider, zumal fremde, häufig aus dem Gebiet hinausgeschafft. Sonst werden Geldbußen verhängt; so

---

[1]) Freyb. 72, 17. [2]) Freyb. 118, 53; Gem. 1, 283.

diktiert man einem Juden, welcher einem Christen unter die Augen gespieen, 8 fl. als Strafe; 5 ℔ erlegt einer, der einen Arzt beleidigt und dessen Dirne geschlagen. Nicht selten findet man auch Gefängnis, so bei einem, der seine Gattin falsch bezichtigt, und einem, der gegen seines Vaters Testament frevelhaften Widerspruch erhob.[3])

Was gefreite Orte anlangt, so verwirkt derjenige, welcher in einer Freiung Hohnreden gegen den Rat ausstößt, das Anrecht auf den Schutz derselben, da er die Friedstätte selbst durch Friedbruch beleidigt. Wegen Verleumdung in der Badstube verweist man einen 1439 für immer. In das Gefängnis wirft man einen wegen übler Nachrede gegen den Meister des Handwerks. Bei Beleidigung des Richters vor dem Freigericht trifft man Haft auf unbestimmte Zeit. Schmachsachen unter Ratspersonen werden vom Rat unverweilt erledigt, wie auch das Hansgericht Injurien, die bei Verhandlung von Hansesachen vorfallen, selbständig entscheidet. Viele Schmähungen werden durch Taidigung beigelegt; in der Regel entschlüpft der Beleidiger mit Abbitte und Widerruf. Wer Leute streiten und schmähen hört, ist zu sofortigem Friedgebot befugt und verpflichtet; wer diese Mahnung mißachtet, gewärtigt höhere Ahndung. Der Realinjurie ist bei der tätlichen Mißhandlung gedacht.[4])

1470 stiftet die Freundin einer Meßnerstochter diese an, einen Pfarrer der Notzucht zu beschuldigen und deshalb Klage zu erheben. Doch der Anschlag mißlingt, die falsche Klägerin gesteht ihre Untat ein und wird mit ihrer Genossin aus der Stadt gejagt. 1462 rühmt sich einer seiner „Höldin" gegenüber, die Frau eines Kochs beschlafen zu haben, was er dann dem Kämmerer gegenüber bestätigt. Kurz entschlossen legt sich jedoch die Gekränkte *„gegen im gefangen, dax er ir unrecht tät"*, was dem Frevler derart imponiert, daß er unter Eid ihre Ehre wiederherstellt, worauf er *„von vil pete wegen"* mit ewiger Verweisung entschlüpft. Streng wird auch falsche Diebstahlsbezichtigung geahndet, wobei auch auf Schadenersatz (Besserung) dem Verleumdeten gegenüber erkannt wird. Die unwahre Behauptung, daß einer einen Markstein *„um-*

---

[3]) Lit. 408, 118; Lit. 596, 130; Urk. F. 445 (1441 Juli 7); Lit. 408, 27.

[4]) s. Freiung, Lit. 297, 60; Urk. F. 433 (1439 Nov. 6); Freigericht, Lit. 596, 291; Lit. 384, 11; Lit. 377, 4, s. Hansgericht; s. Schiedsverfahren; Lit. 408, 169; Abbitte, Gem. 2, 456, Lit. 596, 137; Schultheißamtsbuch, Nr. 10, 135 (StadtA.); Lit. 384, 41; Urk. F. 454 (1443 Mai 8); hist. Ver. 21, 204, Gem. 3, 333.

gekehrt", wird mit Gefängnis gesühnt. Hiermit ist auch einmal Beihilfe zu einer falschen Anschuldigung bedacht. [5])

Gegen Ende des 15. Jh. scheint das Dichten und Singen von *„schambaren, ergerlichen gesäng oder liedern"*, welche sich vermutlich auch gegen die Stadtväter richteten, beliebt gewesen zu sein, da aus jener Zeit ein sehr strenges Mandat stammt. Es wird darin geklagt, daß besonders die jungen Burschen nachts schändliche Lieder singen, was nicht nur eine schwere Sünde sei, sondern auch allerlei Ärgernis bringe; man solle dies auch den Kindern und Ehehalten ernstlich untersagen. Auch solle man nicht über andere Leute Schmachlieder dichten, noch diese singen, abschreiben oder sonst verbreiten, da *„nit allain darinnen jemants an seinen ehren geschmecht, sonder auch, wann er gleich nur sonsten auch mit der warhait verhöret, beschemet oder verspottet wurdet"*. Wem solch Schmachgedicht in die Hände fällt, der soll es sofort zerreißen oder verbrennen, damit es nicht gedruckt wird oder sonst unter die Leute kommt, alles bei Strafe an Leib und Gut. Nach einem Briefbucheintrag wurden durch diese Lieder *„gaistlich und weltlich lewt und person vast sere und groß gesmacht und geunert"*. 1446 erteilt man einer Bürgerin den Laufpaß, da sie *„etlichen erbern burgern und burgerin scheltbrief unverschulter ding an ir hausung geslagen lassen hat"*. 1458 malt ein Jude den (1334) aus der Stadt verwiesenen Auer, wie er auf der Totenbahre liegt, und schlägt dies Bild im Judenviertel an; man büßt ihn mit 10 fl. [6])

---

[5]) Lit 298½, 273; Lit. 408, 131; Schultheißamtsbuch, Nr. 10, 3 (StadtA.); Lit. 408, 117; Urk. F. 478 (1449 Nov. 17), F. 445 (1441 Feb. 23).

[6]) Lit. 384, 57; Lit. 409, 109; Urk. F. 446 (1446 Jan. 25); Lit. 408, 117.

Verletzungen der Sittlichkeit.

Verbotne Ehe. Verführung. Entführung.

Das „Stellen nach ehrbarer Leute Kind“ scheint zu Regensburg nicht minder als in Nürnberg und Würzburg[1]) im Schwang gewesen zu sein; der Rat ist daher, um namentlich dem Betören von Bürgermägdlein durch mittellose Abenteurer möglichst vorzubeugen, frühzeitig auf strenge Eheverbote bedacht. Die kirchliche Eheschließung bildet auch in Regensburg kein notwendiges Erfordernis zu einer rechtsgültigen Ehe; Handgelöbnis und geschlechtliche Vereinigung scheinen hiefür völlig ausreichend. Solchen Winkelheiraten vermochte man mit Erfolg nur dadurch entgegenzuarbeiten, daß man der Verführten ihr Anrecht auf den elterlichen Erbteil, worauf ihr Liebhaber in erster Linie spekulierte, völlig entzog. Es entsprechen hiebei die Regensburger Bestimmungen so ziemlich den ältesten Würzburger Satzungen, nur daß sie größerer Ausführlichkeit huldigen.

Knaben und Jungfrauen, welche sich *„an irer vater und muter willen und wort, e dax si irer selbers hab geweltich werden“*, verheiraten oder sich durch andere hiezu bereden lassen, heißt es im Erlaß von 1351, sollen *„aller irer hab enteribet und verzigen sein“*. Auch wenn die Eltern ihnen trotzdem etwas zuwenden, soll dies kraftlos sein und die Frevler zehn Jahre das Stadtgebiet meiden. Sind diese jedoch elternlos und freien sie, ehe sie zu ihren Jahren kommen und ihrer Habe gewaltig werden, ohne ihrer Freundschaft Willen und Wort, so gehen sie des gesamten Erbteils verlustig, dessen sich der Rat zu der Stadt Ehre und Notdurft unterwindet. Stirbt jemand ohne letztwillige Verfügung, so nimmt der Rat ohnedies dessen Kinder und Gut in Obhut und stattet dann die Ehe-

---

[1]) s. mein Nürnb. Kriminalrecht, S. 215 f.; Zenten d. Hst. Würzburg, 2, 855.

mündigen nach Treuen, wie es die Mehrheit der Stadtväter beschließt, aus. Liegt hiegegen ein „Geschäft“ vor, so verfallen die Kinder, welche wider Willen und Rat des Testators freien, nicht minder jener drakonischen Bestimmung. Wer sodann zu solch verbotnen Heiraten mit Worten oder Werken beredet, den trifft die nämliche Sühne. Wer aber eines erbaren Mannes Kinder entfremdet und verführt, der soll, *daz man denselben an der hab nicht gepezzern mocht“,* an Leib und Leben geahndet und als schädlicher Mann gerichtet werden, wobei ihn keine Freiung schirmen darf. [2])

Man sieht, die Satzung läßt an Deutlichkeit nichts zu wünschen übrig. Sie ist dabei von rein wirtschaftlicher Bedeutung, ohne daß sie das religiöse Moment nur im geringsten streift, d. h. kirchliche Trauung fordert; denn sie bezweckt in erster Linie, zu verhindern, daß das Vermögen einheimischer Bürger auf solche Weise in die Fremde entführt wird, noch daß solch zweifelhafte Persönlichkeiten auf Grund einer einflußreichen Heirat das Bürgerrecht ergattern. Natürlich tritt aber jene VO. auch bei verbotnem Freien zwischen Bürgerkindern selbst in Kraft.

Das Mandat erfährt 1457 Erneuerung; es wird hiebei verordnet, daß armen Jungfern die anfangs bewilligte Aussteuer entzogen wird, falls sie einen andern ehelichen, als den, den sie bei der Bitte um Unterstützung angegeben. 1544 wird es endlich durch Karl V. sogar zum Privileg erhoben. [3])

1458 wird C. Spieß von Nürnberg, da er *„bübischer, unersamer weiß einem biderman sein dochter geschwecht und zu im verheimblicht hette uber das verbot, so von s. herrn von R. an offner canzel ausgangen“,* die Stadt verboten. Ähnlich erging es einem Schuhergesell, der eine um die Ehe angesprochen und als sie ihn mit *„geistlichen reten behabt“,* fast zu tot geschlagen hat. [4])

Ferner verurfehdet sich einer unter Setzung von Bürgen, fünf Jahre die Stadt zu meiden, da er von einer Bürgerstochter fälschlich behauptet, sie habe ihm die Ehe versprochen, *„dadurch ich dieselben tochter und auch ir freund von iren wegen in großen schrecken gebracht“.* Einer schleicht sich in eines Bürgers Haus und beschläft dessen Dirne, *„doch dy diern maint, ich sull ir die ee gehaissen haben“.* Er gelobt, vierzehn Tage die Stadt nicht zu ver-

---

[2]) Freyb. 134; Gem. 2, 82.

[3]) Lit. 408, 166 (1457); Gem. 3, 269; Lit. 384, 42; Lit. 389, 369 (1544).

[4]) Lit. 596, 267 (1458); ibid.; Urk. F. 490 (1451 März 31); *mit einer an hail. steten leiplichen gesundet han wider ordnung der hailigen ee,* Urk. F. 489 (1451).

lassen und mit ihr auf das Chorgericht zu kommen. Ein anderer wird mit seiner Frau ausgewiesen, *„darumb daz er si uber meiner herrn pot geswecht hat und ir eltern und freund gesmächt“*. Man hätte sie härter gestraft, hätten sie nicht der von Niedermünster und des Dompfarrers Fürbitte erlangt. [5])

Eine Abweichung von der strengen Satzung bedeutet es, wenn man zwei in den Turm wirft, da sie *„on ir schwiger und mutter wissen und willen zu einander geheirat“* und sie dann unter Urfehde und der Mahnung freiläßt, *„an dem, daz si* (die Schwieger) *inen gutwillig gibt, sich vergnügen zu lassen“*. Einem Dachauer, der ohne der Vormünder Wissen, Willen und Gunst gefreit, verbietet man auf drei Jahre die Stadt: *„wil auch zu aller hab und guet, so sein hausfrau von väterlichem erbe hat, gar nichts zu vodern, noch zu sprechen haben“* und nach Ablauf der Frist mit dem zufrieden sein, was man ihm im weisen Rat zuspricht. Es liegt überhaupt kein praktischer Fall vor, bei dem auf zehn Jahre Verweisung neben völliger Entziehung des Erbes erkannt worden ist. [6])

Was Entführung von Eheweibern anlangt, so findet sich 1458 ewige Verweisung; der Frevler führte nicht nur eines andern Weib und Gut davon, sondern stahl auch seiner Hausfrau Geld, *„daz si erarbaitt und auf ir kindlpett verporgen het“*. 1445 ist merkwürdigerweise nur ein Jahr ausgesprochen. Ebensoviel verhängt man 1424 wegen eines Entführungsversuchs. 1439 muß ein Richter geloben, daß er, der Strafe am Leib verschuldet, nie mehr zu der Frauen, noch in das Bistum selbst heimlich oder öffentlich zurückkehren werde. [7])

Sonst werden Bürger wegen verschiedner Eheverstöße dingfest gemacht, so namentlich, wenn sie sich mit den früheren Kindern ihrer Frau nicht auseinandersetzen wollen. 1419 verspricht einer, der sich mit seiner Frau nicht verträgt, fürderhin friedlich mit ihr zu leben; *„do sie aber nit bei einander bleiben wollten, sol ir voraus bleiben, ir kleider und pant und 3 ℔ ₰“*. 1447 verurfehdet sich eine zu ewiger Verbannung, *„darum daz ich meinem elichen mann mit zauberei tan han, daz er mein nit gemügt hat“*. [8])

---

[5]) Urk. F. 458 (1444 März 24), F. 448 (1442 April 6); Lit. 408, 129 (1458).

[6]) Lit. 596, 175; Urk. F. 443 (1441 Jan. 31), F. 512 (1457 März 15).

[7]) Lit. 408, 129 (1458); Lit. 596, 135 (1424); Urk. F. 459 (1445 März 27); Urk. (bisch. Arch.) F. 45 (1439).

[8]) Lit. 596, 111 (1419); Urk. F. 470 (1447 März 8).

Ein Eheverbot ist es endlich zu nennen, wenn man 1358 den Aufrührer Hiltprand mit den Seinen verbannt und hiebei untersagt, daß jemals ein Bürger oder Inwohner in dessen Familie einheiratet.[9])

Unzucht und Kuppelei.

Stattlich ist die Zahl der Unzüchter und „unendlichen“ Leute, welche bei dem Generalappell am Purting ausgeschafft werden, so insbesondere auch der Aufmacherinnen, Schlafweiber und Pfaffinnen. Bei manchen heißt es, sie sollen *„aus oder in das gemein frauenhaus“*.[1])

Die beiden Frauenhäuser befanden sich im Latron, der Dechanei von s. Johann gegenüber; der Rat gab sie samt Inventar einem Stiftwirt in Bestand. Nach einem Revers von 1486 verpflichtet sich dieser, alle Samstag 60 ₰ Zins zu verabreichen; schädliche Leute nicht über Nacht zu behalten, den Stadtdienern jederzeit Einlaß zu gewähren, kein Spiel zu gestatten, an gebannten, so auch an Samstagen niemand beiliegen zu lassen, frommer Leut Kind nicht für das Haus zu kaufen und ihnen höchstens drei Schillinge zu leihen, die Töchter nicht zu schlagen, sondern bei Frevel der Obrigkeit anzuzeigen und andere Frauen nicht in das Haus zu locken. Die Einkünfte des Wirts waren wie die Zahl der Dirnen zeitweise beträchtlich zu nennen. 1553 wurde das Haus infolge Eiferns eines protestantischen Geistlichen geschlossen und verkauft. Um die Sittlichkeit war es damit aber keineswegs besser bestellt und an verbotnen Häusern bald kein Mangel, abgesehen davon, daß sich die feilen Weiber, um sich den Zins zu ersparen, in Klöstern und Pfaffenhäusern verbargen.

Übrigens wurde auch in den Frauenhäusern manche Gewalttat verübt. 1415 wurden einem wegen Unzucht (Unfug) im Frauenhaus dieses, die Leuthäuser und andere unendliche Stätten auf ein Jahr verboten.[2])

Als Ahndung der Unzucht und besonders der wilden Ehe trifft man meist ewige, mitunter auch zeitliche Verweisung, eventuell durch Ausstellen auf dem Pranger verschärft. Nach der Ordnung

---

[9]) Gem. 2, 104.

[1]) Lit. 409½, an vielen Orten.

[2]) Gem. 3, 376, 545; Lit. 596, 94 (1415); über die Frauenhäuser s. insbesondere auch Gumpelzhaimer 1, 487.

von 1565 soll man der Verführten ein Schleierlein um 10 Xr reichen, ihn jedoch verweisen oder in das Narrenhaus stecken. Auch die Zuhälterei scheint frühzeitig geübt worden zu sein; man wirft die Ruffiane in die Patzenhüll.[3])

Lebhafte Klagen ergehen über die Sittenlosigkeit der Geistlichen im 15. Jh., welche mitunter vier Weiber halten und bürgerliche Häuser auf deren Namen kaufen. Hiebei ist ein nicht uninteressanter Prozeß zu erwähnen: Ein Chorherr hinterließ 1429 zwei Brüder und eine Schlaffrau, welch letztere mit ihren Kindern dessen Haus und viele Habseligkeiten innehatte. Die Brüder beanspruchten jedoch ihr Erbe, weshalb die sich weigernde Dirne bis zu Ausgang des Streites, d. h. Jahr und Tag verstrickt gehalten wurde. Der Rat entschied sich endlich zu ihren Gunsten, indem die Rechtsgelehrten erklärten, der Geistlichen, welche Schlafweiber halten, seien gar viele hier, man könne diesen das, was ihre Liebhaber willig gegeben und darum zu Lebzeiten keine Klage erhoben hätten, keineswegs entziehen. Die Brüder erstrebten nun ihr Recht mit Hilfe der Feme durchzusetzen und übten noch viele Jahre Feindseligkeiten gegen Stadt und Bürgerschaft, die ihr Eintreten für die Schlaffrau hart zu büßen hatte. Nicht minder standen die Frauenklöster zu jener Zeit in üblem Ruf.[4])

1459 gerieten mehrere Christen und Juden wegen gegenseitigen Verkehrs in große Gefahr, am Leben gestraft oder doch gebrandmarkt zu werden. Infolge der Verwendung des Mainzer Erzbischofs entschloß sich der Rat zu gelinderem Vorgehen; mehrere der Juden wurden mit Geldbußen bedacht.[5])

Auch hier sei des österreichischen Privilegs gedacht: Schläft ein Regensburger Kaufmann bei einer ledigen Person mit deren Willen, so hat der Richter überhaupt nichts hiegegen einzuwenden. Handelt es sich jedoch um eine feile Dirne und diese klagt, mit dem Lohn unzufrieden, wegen Notzucht, so wird sie nicht gehört; vergreift er sich aber nachweisbar an ihr, so hat er nur eine bestimmte Taxe zu erlegen.[6])

---

[3]) unendlich, Urk. F. 328 (1434 April 17), F. 364 (1423 Sept. 21); an Unstät sitzen, Lit. 408, 124 (1455); *büberei und antrütscheln*, Urk. F. 430 (1438 Sept. 9), F. 390 (1430 Okt. 30) usw.; Lit. 389, 238 (1565); die Ruffiane (Zuhälter) häufig bei Stadtauskehr erwähnt (Lit. 409½); Freyb. 25, 153, s. Ehrenstrafen, Lit. 398, II, 106; Lit. 298½, 253.

[4]) Gem. 2, 375; 3, 11, 230; 4, 112, s. bei Geistliche.

[5]) Lit. 596, 271; Gem. 3, 332; Lit. 408, 118.

[6]) Gem. 1, 285.

Kuppelei wird bereits nach der VO. von 1351 streng bedroht. Das Achtbuch weist eine große Reihe von Lupplerinnen, Aufmacherinnen und solcher, welche offene und heimliche Zugänge halten, auf; diesen erteilt man bei der alljährlichen Razzia unerbittlich den Laufpaß. [7])

Und auch außerdem bildet ewige Verweisung die reguläre Strafe der Kuppelei. Maßgebend ist hiebei das Bestellen zu unendlichen und unehelichen Sachen. 1446 schafft man eine mit ihrer Tochter aus, die Ehemänner und sonst geistliche und weltliche Personen *„zu den sunden“* beherbergt; 1457 die große „Swabin“ mit ihrer Mutter, die ähnliche Büberei, zumal Verehelichten, gegen „Miete“ bei sich gestatteten. 1459 trifft die „alte Ärztin“, die neben der Kuppelei noch Zauberei getrieben, dasselbe Los. Nach VO. von 1565 ist die Kuppelei dem Ehebruch in der Bestrafung gleichgestellt, d. h. es wird je nach der Zahl der Rückfälle auf Gefängnis, Rutenstrafe und Brandmarkung mit Verweisung und endlich auf Tod erkannt. [8])

Übrigens ist auch Entschädigung an die Verführte denkbar: 1435 wird die Agnes Beheim, welche ihre Pflegetochter verwahrloste und verkuppelte, gezwungen, 80 ℔ und ein Kleinod, 10 fl. wert, der Freundschaft zu überlassen. [9])

Ehebruch.

Hier verfuhr der Rat angesichts der großen Zügellosigkeit sehr streng; in zahlreichen Fällen wurde auf ewige Verbannung erkannt. Hiemit ward ein treuloser Ehegatte bedacht, der sich bereits vierzehn Kinder erfreute und trotzdem noch einer „Bübin“ bedurfte, ja seine Frau obendrein mit dem Tode bedrohte. Einem andern gab man den Laufpaß, da er mit einer *„an hail. steten leiplichen gesundet wider ordnung der hail. ee.“* Nicht gering ist auch die Reihe der Frauen, welche sich mit andern Männern vergaßen, ja Büberei mit mehreren Ehemännern und Pfaffen getrieben und dazu ihrer Männer Gut entfremdet, so daß jene schwere Sühne, die sie, losgelöst von ihrer Familie, dem Elend preisgab, als völlig gerechtfertigt erschien. 1431 wurde eine behufs Besserung

---

[7]) Freyb. 134; Lit. 409½.

[8]) Urk. F. 421 (1436 Feb. 6), F. 432 (1438), F. 440 (1440 Aug. 19), F. 465 (1446 Okt. 8); Lit. 408, 127 (1457); 130 (1459); Lit. 389, 238 (1565).

[9]) Urk. F. 417 (1435 Nov. 17).

in das Kloster gesteckt; sie entwischte jedoch wieder, worauf man sie zum Tor hinausjagte.[1])

1470 „las“ eine Münchnerin lange bei einem Priester; ihr Mann forderte sie oft zurück, *„aber si hat sich verporgen und der priester hat ir verlawgent“*. Endlich wurde man ihrer habhaft, worauf sie die Stadt und drei Meilen verschwor; *„ist ir gesagt, daz si zu irem man ziech“*. 1405 hatte man eine wegen böswilliger Verlassung für immer verwiesen, doch durfte sie auf Fürbitte des Betrogenen in die Heimat zurück. Sie gab das *„uberwett“* über sich, daß sie, falls sie „brüchig“ würde an ihrem Mann und sich nicht *„frumchleich und erberchleich“* halten sollte, das *„gesicht ihrer awgen verfallen und verworcht sol haben“*.[2])

C. Zinsmeister gelobt 1440, *„sich mit dem frawlein noch mit kainer andern in solcher unerberer weiß zu gesellen“* und zehn Jahre des Rats eingesessener Bürger bleiben zu wollen. Auch zu Mauernbau verdammt man Ehebrecher.[3])

1430 verliert ein ehebrecherischer Schreiber seine Stelle, im Wiederholungsfall droht man mit Verbannung. 1467 lockt eine einen buhlerischen Juden mit ihres Mannes Einverständnis in die Kammer. Dieser überfällt dann die beiden und nötigt dem Juden 10 fl. ab. Man versagt dem spekulativen Ehepaar für immer die Stadt. Das nämliche Geschick wird zweien zuteil, welche sich freiten und dann überwiesen wurden, daß sie schon zu Lebzeiten der ersten Frau in unerlaubtem Verkehr standen. Bei doppeltem Ehebruch liest man 1442 ewige Verbannung auf acht Meilen.[4])

Nicht selten gewärtigt freilich die Dirne schärfere Ahndung, als der verführte Hauswirt. 1414 ging ein verheirateter Handwerker mit seiner Genossin infolge Erstickung durch Kohlenoxydgas zugrunde, man warf sie beide in die Donau, da sie des Friedhofs nicht würdig waren.[5])

In den Urfehden versichern die mit Haft Gestraften in der Regel, das Verklagen beim Rat ihren Weibern nicht entgelten zu lassen, sondern sich zu Bett und Tisch ehelich zu halten; einer

---

[1]) Lit. 596, 169; Urk. F. 399 (1432 Sept. 15).

[2]) Lit. 298½, 256 (1470); Urk. F. 299 (1405 Mai 9).

[3]) Urk. F. 438 (1440 Feb. 23); Mauernbau, Gem. 2, 235 (1385).

[4]) Urk. F. 390 (1430 Okt. 30); Lit. 398, 105 (1467); Urk. F. 427 (1437 Juni 4), F. 450 (1442 Feb. 22).

[5]) Lit. 297, 37.

will ein *„übersagt man“* sein, sofern er seines Werkgenossen Weib abermals mit Leib und Gut entführen sollte.[6])

Nach der Ordnung von 1565 endlich gelten wohl infolge Beeinflussung durch die Carolina sehr strenge Grundsätze: Vermag sich der Bezichtigte nicht durch Eid zu reinigen, so straft man ihn zuerst acht Wochen mit Wasser und Brod. Verzeiht nun der gekränkte Teil, so darf der Schuldige nach vierzehn Tagen wieder beiwohnen, doch muß er zuvor eine Summe Geld als Buße entrichten und ein ganzes Jahr in seiner Behausung bleiben. Im Fall der verweigerten Verzeihung aber steckt man jenen in das Narrenhaus und verweist ihn hierauf der Stadt. Dem schuldlosen Teil gestattet man nach Ablauf eines Jahrs, bei Vorhandensein von Kindern nach zwei Jahren die Wiederverheiratung, wobei man indes während dieser Frist die Aussöhnung herbeizuführen sucht. Bei Rückfall erhöht sich die Gefängnisstrafe auf sechzehn Wochen; ist keine Verzeihung zu erlangen, so wird, abgesehen von der Verweisung, noch Ausstellung auf dem Pranger verfügt. Der „Brüchige“ darf zu keinem Fest (Hochzeit) mehr geladen werden, weder Silber, Gold noch Seide tragen. Bei wiederholtem Rückfall gewärtigt der Mann neben Verbannung die Rutenstrafe, die Frau Brandmarkung. Schließlich sühnt der Unverbesserliche mit dem Haupt. Die nämlichen Vorschriften gelten, wie erwähnt, für Kuppelei.[7])

Doppelehe.

Für den Fall, daß einer zwei Weiber zur Kirche und Straße führt, erfährt er die Strafe des Säckens, welche öfters, so auch bei einem Beckenknecht, der es bis zu fünf Ehegenossinnen brachte, zum Vollzug gelangt. Einmal liest man ewige Verweisung.[1])

Notzucht.

Während im Stadtrecht auf Notzogen Augenausbrechen gesetzt ist, heißt es in der FrGO.: *„wer ain notnumfft weget, das stet im*

[6]) auf ewig verboten, Urk. F. 344 (1418 Mai 13), Lit. 596, 119 (1420), 130 (1423), 157 (1430), 164 (1431), 171 (1433); Lit. 408, 124, 126 usw.; ein Jahr, Urk. F. 445 (1441 Juni 2); Lit. 596, 171 (1433); *ein weile von der stadt,* Lit. 408, 129 (1459); Bußen, Lit. 408, 116 (1458); Rückfall, Lit. 408, 118; übersagter, übeltätiger Mann, Urk. F. 292 (1403 März 8); Lit. 596, 289 (1465); schädliches Weib, Lit. 596, 137 (1425).

[7]) Lit. 389, 238.

[1]) Lit. 372, 33; Lit. 399, 90; Gem. 2, 102; 3, 407; Urk. F. 458 (1444 März 21).

umb das haubt; wirt aber die clag gestillet mit gut oder heirat, so gib 15 ℔ an die stat, dem richter 2 ℔, den haußgenossen 1 ℔." Klagt sodann die Frau selbander mit ihrem Voreid und beweist sie es mit sieben, die den „*waffenheiz*" gehört haben, „*so gehort chain laugen daruber, man richt es hin zu dem leib*"; andernfalls steht es ihm frei, mit sieben nachzuweisen, daß er mit ihr „*unbetwungenlich*" vierzehn Tage zu Bett, Tisch, Kirche und Straße gegangen sei. Er weist hiedurch die Klage mit Wirksamkeit zurück; immerhin schuldet er der Stadt noch vier, dem Richter ein Pfund, „*hat er der nicht, so slecht man im ab die hant. ist aber das ein, das die notnunft so gros ist, so sol es an dem maister und den XXIV sten; gepewt er aber gar sein unschuld, so gericht es mit zwain der genanten, so ist er ledig aller schuld.*" [1])

Der „Waffenheiz" (*waffennot*), d. h. das Hilfeschreien der Überfallenen genügt an sich nach dem Stadtrecht nicht, um die Untat offensichtlich zu machen. „*chlagt ainew ainen,* heißt es dort, *er hab ir ir trew und er genomen und sy genotzogt über irn willen, daz sol sy beweisen mit abgerissen pent, mit schreiendem mund, mit gestraubtem har und nasser füd.*" [2])

Mitunter liest man auch ewige Verbannung, so in der Regel bei Versuch und Verübung des Delikts an Kindern. Einem Stadtdiener bricht man 1466 wegen Mißbrauchs gefangener Weiber die Augen aus. 1438 gelobt einer infolge der Bezichtigung, daß er eine Jungfrau in einen Garten gezogen und ihr die Ehre abgerungen, sich bei Nachweis der Untat dem Rat wieder zu stellen. Dessen Spruch will er sich dann unterwerfen, sofern er sich mit der Gekränkten oder ihrer Freundschaft nicht zu vertragen vermag. [3])

Wie erwähnt, soll nach den österreichischen Privilegien die Notnunftklage einer Dirne einem Regensburger Handelsmann gegenüber nicht beachtet werden. [4])

Inzest, Päderastie und Sodomie.

In ersterer Hinsicht ist nur ein Fall mit dem väterlichen Onkel erwähnt (1456); die Strafe ist dem Anschein nach Verweisung.

---

[1]) Freyb. 55, 67, 110. [2]) Freyb. 49.

[3]) Versuch, für immer verwiesen, Urk. F. 360 (1422 Jan. 13); Lit. 398, 1; ein Jahr, Urk. F. 456 (1444 Aug. 17); an Kindern, Lit. 596, 126; 398, 2; 399, 155; Urk. F. 571 (1473 Nov. 23); Lit. 399, 91 (1466); Urk. F. 429 (1438 Aug. 11).

[4]) Gem. 1, 285.

Häufiger trifft man hiegegen im 15. Jh. das Verbrechen der Päderastie, welche teils als Notzwang an Knaben, teils als Ketzerei beurteilt wird. Auch hier verhängt man keine Todesstrafe; 1412 leisten zwei Handwerksmeister wegen *„notzwangs und frevels an einem knaben wider recht begangen“* lediglich Entschädigung. Als Sodomit, d. h. wegen *„der sund der unkeusch, die man nennet die stumende sunde wider die menschliche natur, darumb dann gott die funf stett versenkt und vertilget hat“*, wird 1475 einer, der mit Kühen Ketzerei getrieben, mit dem Brand gerichtet.[1])

[1]) Inzest, Urk. F. 509 (1456 Juni 3); Päderastie, Lit. 398, 146 (1470); L. 596, 75; Sodomie, L. 398, 165 (1475).

Verbrechen wider das Eigentum.

Diebstahl.

Wie allerorten, so verfährt man auch hier gegen den Dieb auf das unerbittlichste; völlige Begnadigung wird bei schwerer Vergehung selten erteilt. Auch das gerichtliche Vorgehen weist Besonderheiten auf, welche nicht zu des Diebes Gunsten sprechen.

Die alten Satzungen geben uns in ihrer lakonischen Kürze einen Einblick in die verschiednen Grade der Ahndung: Wer um 72 ₰ stiehlt, dem soll man Haut und Haar abschlagen an der Diebsäule. Bei 3 sh. (90 ₰) brennt man ihn durch die Zähne und schlägt seinen Namen bei jener Säule an. Handelt es sich um mehr als $^1/_2$ ℔ (120 ₰), so schneidet man ihm ein Ohr ab. Bei 6 sh. 12 ₰ (192 ₰) tritt Strangstrafe ein, ebenso bei über 12 ₰ bei Nacht oder in der Badstube. Die todeswürdige Diebin wird lebendig begraben und gepfählt.

Im Widerspruch steht hiemit die Satzung des Stadtrechts, wonach sich der bezichtigte Bürger, sofern der Wert des Gestohlnen $^1/_2$ ℔ nicht erreicht, durch Einhandseid, bei höherem Wert mit sechs Wirten und *„sein hant dy sibent“* reinigen kann. Nur der Gast muß ihn aber zum Stadtrecht kommen lassen, tritt ein Bürger als Kläger auf, so *„mag er in wol übersibenten“*. Der Richter darf den Bürger nicht festnehmen, er muß ihn, damit er sich selbsiebent reinigen kann, dreimal vorladen. Das Reinigen mit sechs Helfern steht übrigens auch bei offizieller Klage jedem in der Stadt oder im Burgfrieden gefangnen Dieb frei, sofern es dem Gegner an Helfern mangelt oder keine Handhafte vorliegt. Mißlingt aber jene Reinigung, so geht es ihm an den Hals. Nach dem ältesten Stadtrecht ist also der Diebstahl von über $^1/_2$ ℔ (120 ₰) Wert schon todeswürdig: *„zeicht ein gast einen burger dewf über $^1/_2$ ℔ oder andrer frais, daz dem burger an den hals trifft“*, nach der zuerst angeführten Satzung und der FrGO. erst ein solcher von 6 sh. 12 ₰ (192 ₰); bei über $^1/_2$ ℔ riskiert man das Ohr oder „Zähnebrennen“. Es mag dieser Widerspruch mit einer Verschiebung des Münzwertes zusammenhängen; denn daß man gegen Bürger strenger verfuhr, als gegen sonstige Diebe, ist nicht wohl anzunehmen. [1])

Während die Strafe des Strangs unzählige Male verhängt wird, liest man hie und da statt dessen die Kette. Bei Weibern tritt später an die Stelle des Lebendigbegrabens das Ertränken. 1475 wird ein Jude mit den Füßen außen an den Galgen gehängt und ein Hund zu ihm. 1412 liest man Blendung; verschiednen schneidet man ein oder zwei Ohren ab, ausgiebig verfährt man mit der Rutenstrafe. Viele, die den Tod verdienen, verbannt man für immer. Als Gründe solcher Milderung findet man: da die Bestohlne nicht klagte — wegen der heiligen Zeit und da er lange lag — da sie schwanger war.

Die meisten stellen Galgenbriefe oder Urfehden aus, wonach sie bei Ergreifung im Gebiet als übersagte Leute gelten sollen, oder stellen Bürgen. Mißgeschick hatte der Rat mit einem Mönch von sankt Jakob, welcher den Bürgern an 70 fl. stahl. Sie überlieferten ihn zur Bestrafung dem Bischof, der ihn zu ewigem Kerker verdammte, dann aber ohne Wissen des Rats und ohne Urfehde wieder ausließ. [2])

Um einige Diebstahlsarten hervorzuheben, so werden Entführer von M ä n t e l n und sonstigen Kleidern, von Tuch und Garn (Leilacher) häufig verbannt; bei erstern trifft man auch Todesstrafe. Von einem, der Leibesstrafe verwirkt hatte, nimmt man einen Galgenbrief, ebenso von einer Frau, welche sich in Kindsnöten befand. [3])

---

[1]) Freyb. 55, 70, 81; es sind lange Schillinge, s. Mon.B. 24, 126 (1374): Stiftung eines Jahrtags mit 5 sh. Reg. ₰: $^1/_2$ ℔ den Herren in die Gemein und die andern 30 ₰ dem Kloster. Über Währung Bastian, Mittelalt. Münzstätten in Bayern.

[2]) Lit. 398, 113; ibid. 163 (1475); Gem. 2, 402 (1412); Ohr, Lit. 398, 107; Gem. 4, 445; Ruten, Lit. 398, 133; Lit. 408, 126; verwiesen, ibid., den Tod wohl verdient, Urk. F. 431 (1438 Sept. 9); Lit. 408, 127 (1458); Urk. F. 347 (1419 Juni 9); s. die Ausweisungen bei der Stadtauskehr. Lit. 409½ u. 398; auf herzogl. Bitte, Lit. 596, 93; schwanger, Lit. 408, 127; da Bestohlner nicht klagt, Urk. F. 310 (1418 Jan. 21); wegen heil. Zeit, Lit. 596, 19; Galgenbrief, Lit. 408, 126; übersagt, Lit. 596, 1; Bürgen. ibid. 112; s. Urfehde; Mönch, Lit. 398, 14.

[3]) Lit. 398, 6; Lit. 408, 128, 130, 132; Lit. 596, 169; Urk. F. 399 (1432 Sept. 19), F. 425 (1437 Okt. 18).

Beutelschneider, hierunter eine Gaunerin, welche sich angeblich 500 angeeignet hat, werden entweder gerichtet oder man verbannt sie, unter letzteren einen, den man auf offnem Markt an wahrer Handtat begriffen und der deshalb des Strangs würdig war.[4]) Marktdiebe jagt man ebenfalls davon: nach früherer Satzung hat der Täter verschiedne Bußen an Kläger, Stadt und Richter zu erlegen; *„hat er der pfennig nicht, so sei haut und haar"*.[5]) Das nämliche Los teilen Hausdiebe, so einer, der, nachdem er Eltern und Freunde bestohlen, im Gefängnis streng gehalten und dann auf des Vaters Fürbitte verwiesen wurde, einer der, bei Hausdieberei „wahrlich begriffen", gehenkt werden sollte, endlich einer, der seinem Meister den Hobel stahl. Streng ahndet man auch Ehefrauen, die ihrer Männer Gut entfremdeten. Man liest hier ebenfalls ewige Verweisung; einer, die man zuerst töten wollte, verbietet man Stadt und Burgfrieden, nachdem sie Bürgen als Selbstschuldner gestellt.[6])

Als schwere Diebstahlsgattungen, welche in der Regel mit dem Tod zu sühnen sind, seien aufgeführt:

1) Der Diebstahl mit Ergreifung an der Handhafte. Es reicht hier völlig hin, daß das gestohlne Gut in eines Verdächtigen Gewalt vorgefunden wurde und dieser nicht imstande ist, einen Gewähren (Schub) für den gutgläubigen Erwerb zu beschaffen.[7])

2) Der Bandendiebstahl, welcher wie der bandenmäßige Raub ziemlich häufig vorkommt.[8])

3) Der Diebstahl im Rückfall; hier auch ewige Verweisung.[9])

4) Einbruch und Einsteigen. 1487 wird ein Bürgerssohn, der in eine Schlafkammer eingebrochen, in dem Augenblick ertappt, als er eine Truhe öffnen will. Man foltert ihn auf das strengste. Da ihn aber deshalb niemand anklagt, er *„ein junge person und gueter freundschaft, auch nichts von im entpfrembdt worden"*, entrinnt er auf Fürbitte des Rats dem Henker. Einen

---

[4]) Lit. 399, 65; Lit. 596, 271; *an warer hantat,* Urk. F. 467 (1446 März 14).

[5]) *wer ab dem markt icht treitt,* Freyb. 73; Lit. 399, 64.

[6]) Lit. 399, 112; Urk. F. 429 (1438 Dez. 15); Lit. 298½, 256; *warlich begriffen,* Urk. F. 465 (1446 März 4); Lit. 398, 1.

[7]) Freyb. 81, 78.

[8]) Lit. 399, an vielen O.; Lit. 596, 109; Urk. F. 491 (1452 Nov. 9).

[9]) Urk. F. 508 (1456 Mai 26); s. a. Rückfall.

andern, der sich einen Schlüssel zu einem Bürgerhaus angeeignet und nachts mehrmals eingeschlichen hat, verbannt man auf ein Jahr. Bereits 1306 wird das Gebot erlassen, daß jeder Händler mit Schlüsseln mit dem Käufer in das bezeichnete Haus gehen und die Zustimmung des Besitzers erholen, auch jene von diesem aussuchen lassen soll.[10])

Als man 1506 den in den Pflugischen Handel verwirkten Portner festnimmt und in das Gefängnis bringt, nützt ein Dieb die Gelegenheit, in dessen Gemächer einzusteigen und sich Habseligkeiten anzueignen. Er wird hiebei ertappt und sofort dem Henker überliefert.[11])

5) Badediebstahl. *„wer in einer padstuben icht stilt, das uber 12 ₰, dem wil man das ouf den rukk pinden und hintz in richten und an einen galgen hahen.“*

6) Ebenso bei nächtlichem Diebstahl.[12])

7) Kirchendiebstahl. Kirchbrüchel sollen von jeder Freistatt ausgeschlossen und keiner Gnade teilhaftig sein; sofern man, wie mitunter, vielen Verbotnen die Rückkehr in die Stadt erlaubt, sind jene neben andern schweren Verbrechern hievon ausgenommen. Immerhin wird einer 1456 nur für immer verboten, der aus Badstuben und Kirchstöcken Waren und Geld entführte, 1466 einer, der sogar bei *„den stocken“* begriffen worden. 1521 schneidet man einer Frau die Ohren ab, da sie vom Altar Wachs entwendet, 1456 verbietet man einen Paternosterdieb.[13])

Den Kirchbrüchel trifft die Strafe des Diebs, doch wird er nicht mit dem Strang, sondern (noch 1465) mit der Kette erwürgt. Aufregende Kirchendiebstähle fielen 1476 und 1518 vor. In jenem Jahr entwendete ein junger Bursche ein silbernes Gefäß mit Hostien von sankt Emmerams Altar, worauf er letztere in den Keller eines Wirtshauses warf. Merkwürdigerweise ward die ruchlose Tat sofort bekannt und der Frevler, der törichterweise die Büchse auf das Spiel setzte und verlor, bald darauf dingfest gemacht. Der Bischof aber brachte unter großem Pomp die entweihten Hostien wieder in die Kirche zurück; der Dieb wurde gerichtet, an Stelle des niedergerissenen Wirtshauses jedoch errichtete

[10]) Lit. 412, 41; Lit. 596, 175; Gem. 1, 463.

[11]) Gem. 4, 115; Lit. 412, 41.

[12]) Lit. 399, 81; Lit. 297, 27; Gem. 2, 228; Freyb. 55.

[13]) Lit. 399, 81; Lit. 297, 26; Lit. 408, 125; Urk. F. 466 (1446 Nov. 15); Gem. 4, 444 (1521); Lit. 408, 126 (1456).

man eine reichdotierte und späterhin vielbesuchte Kirche. 1518 verübte man bei sankt Emmeram die nämliche Übeltat und nahm dabei die Monstranz fort, wie gleichzeitig bei den Schotten einige silberne Kannen. Leider entdeckte man die Täter nicht, wohl aber bei einem Juden die Kannen, der jenen nicht angab, sich auf das Privileg steifend: die Juden seien gefreit, die an sie veräußernden Diebe nicht nennen oder verraten zu müssen.

1431 geriet ein Christ in schlimmen Verdacht, der ein Meßgewand und einen zerbrochnen Kelch feilbot. Man gab ihn nach Urfehde wieder frei mit der Weisung, er solle beides liegen lassen, bis er rechte Kundschaft zu bieten vermag.[14])

Nach den ältesten Satzungen will man auch den für schädlich halten, der sich bei Gelegenheit eines Schiffbruchs, Brands oder Hauseinsturzes etwas widerrechtlich aneignet. Noch sei des Hundediebstahls gedacht. Handelt es sich um einen männlichen Hund (*prakch*), so entredet man sich durch Eineid, das „*müterl*" hat überhaupt kein Recht.[15])

Nichts spricht dafür, daß Jugend im Fall des Diebstahls besonders milde Behandlung erfährt. 1433 wird ein Mädchen, das wegen „*deuf und abtragens den tod wol verschuldet hiet, angesehen irer jugent und frumer leut gepet*", für immer ins Elend gestoßen.

1476 hat ein früherer Hofgerichtsschreiber eine Schaube „heimgetragen". Wegen seiner zehn Kinder, und da er nicht recht bei Sinnen, beansprucht man lediglich die Rückgabe.[16])

Nach der Satzung des Stadtrechts, gemäß der sich der bezichtigte Bürger allein oder selbsiebent losschwören kann, ist es gleichgültig, ob die Entwendung geglückt ist oder nicht. Der Versuch ist der Vollendung völlig gleichgestellt und zwar ohne Rücksicht, ob handhafte Tat vorliegt oder nicht: in beiden Fällen droht jenem beim Sieg des Klägers der Strang. Immerhin liest man verschiedne Beispiele milderer Ahndung.[17])

Streng verfährt man auch bei Anstiftung und Beihilfe. 1456 wird eine Frau ewiglich verboten, welche ein Mädchen gelehrt, für sie Kleider zu stehlen, „*dax sich mit warhait erfand*". Ebenso bedenkt man den, der während der Verübung „*aufgeluegt und in verhutt und verwardt*". 1440 richtet man die Else Fließerin,

---

[14]) Lit. 399, 91; Gem. 3, 582; 4, 342; Lit. 596, 162.

[15]) Freyb. 22, 23, 47.

[16]) Urk. F. 406 (1433 Feb. 20); Lit. 298½, 370.

[17]) Freyb. 47, s. Inzichtverfahren.

welche räuberischen Landsknechten als Buhlerin und Ausspäherin diente, ja ihnen einen Händler offen in das Garn trieb. 1461 lagen zwei Gerber lange *„um inzik“* im Gefängnis, sie wollten nicht mehr *„vergehen, dann die offenwaren deuf zu dem Haller“*; man verbietet ihnen die Stadt. Man ersieht hieraus, daß mitunter sehr ungerechtfertigte Milde Platz greift, denn jene wären nach strengem Recht dem Strang verfallen. Endlich finden wir auch unter den am Purting Verrufnen viele kleine Diebe; an sich verfemt man sie nur für ein Jahr, man sorgt indes durch weitere Verrufung an den folgenden Dingen, daß ihnen die Wiederkehr für immer verleidet wird.[18])

Unterschlagung.

Diese ist im 14. und auch 15. Jh. ihrem Begriff nach vom Diebstahl noch nicht geschieden; als Strafen finden wir ewige Verbannung und Gefängnis. 1456 stellt man eine auf den Pranger, die Kleider entlehnte und unter die Juden versetzte, worauf man sie verweist; bald hernach einen, der eines Gastes Tücher verpfändete, *„das gelt verthon und hat dez nicht widerzugelten“*. Ebenso streng ahndet man zwei, welche Säcke mit Kleie zu befördern hatten, jedoch sie an ihre Schweine verfütterten. Ähnlich einen Bräumeister, der Bier und Malz unterschlug, wie ein Ehepaar, das sich gegen einen solchen mit Wein untreu erwies. Hinausgejagt wird auch die Weintzurlyn mit Tochter; die Mutter entlehnte von Klosterfrauen Geld und „behielt“ es, die Tochter hat *„pfaitt ze machen genomen und di ir selbs angesnitten“*. Endlich legt man einen in den Turm, der für seinen Vater Geld bei dessen Schuldnern erhoben und „verthan“ hat.[1])

Betrug und Untreue.

Auf der Liste derer, denen bei der jährlichen Auskehr das Tor gewiesen wird, sind auch viele Betrüger verzeichnet, welche

---

[18]) Lit. 596, 135, s. bei Versuch; Lit. 408, 125 (1456); Lit. 399, II, 134; die Fließerin, Gem. 3, 98; Lit. 408, 131; Lit. 409½, an versch. O.; selbstverständlich steht das „wissentliche“ Kaufen von gestohlnem und geraubtem Gut dem Diebstahl und Raub gleich, s. auch Lfr. 1235, 1244, 1265, 1281, 1300; s. auch Anklageverfahren.

[1]) Lit. 408, 126; Lit. 298½, 13; Lit. 408, 129; Lit. 399, 40; Urk. F. 348 (1419 Jan. 7); Lit. 596, 142; Lit. 596, 169, 150.

durch allerhand *„laicherei und leckerei"* dem Volk das Geld aus der Tasche angelten. Die sonstigen Fälle bekunden wenig Bemerkenswertes; die Strafen sind indes sehr drakonisch, meist wird auf ewige Verweisung (eventuell mit Ohrabschneiden), seltner auf Gefängnis und Buße erkannt. [1])

Als 1445 mehrere Regensburger Bürger zu Riesenburg gefangen lagen, erschien bei deren Weibern ein Bote, der ihnen gute Kundschaft brachte und ihre Ehemänner bei klingender Beihilfe zu ledigen versprach. Er erleichterte jene um eine erkleckliche Summe. Ein anderer nahm Geld von frommen Leuten ein, Botschaft zu laufen, und ließ solche *„unterwegen"*. Streng ist das Verfahren gegen den Juden Kalman (1470). Dieser erklärte dem Weihbischof, Christ werden zu wollen, worauf ihn jener in die Geheimnisse des Glaubens einweihte, in die Christenlehre, ja während der Messe und Wandlung in die Kirche ließ. Plötzlich kam man dahinter, daß er heimlich wieder die Judenschule besuche, worauf er schließlich das Haus des Weihbischofs völlig mied und zu seinen Glaubensgenossen zurückkehrte. Vor das Propstgericht gefordert, erklärte er, daß er tatsächlich die feste Absicht gehegt habe, Christ zu werden; seine Freundschaft habe ihn aber derart bestürmt, daß er nicht länger zu widerstehen vermochte. Dies galt nun als schwere Blasphemie und Betrug; er habe, hieß es, sich nur deshalb mit der christlichen Glaubenslehre vertraut machen wollen, um sich später in seinen gelehrten Schriften hierüber abfällig äußern zu können. Bald sandte auch Herzog Ludwig einen Vertreter, der gegen den unter seiner Reichspfandschaft stehenden Juden peinliche Klage erhob. Durch eine angeblich in der Tortur gemachte törichte Äußerung verschlimmerte dieser noch seine Lage, worauf er, *„da er geistlich und weltlich genarret"*, durch Spruch des Propstgerichts dem freien Mann übergeben wurde, damit ihn dieser „in den Wack des Wassers versenke und darin blende, bis er vom Leben komme zum Tode". [2])

[1]) Lit. 409½, an vielen O.; Ohren, Gem. 3, 408; Kleider geleicht, Lit. 408, 127; Schleier abgeleicht, Urk. F. 497 (1453 März 23); Leichen mit Spiel, Lit. 408, 126; Leicherei und Leckerei, Urk. F. 421 (1436 Feb. 6); Herumziehen mit angeblich blöder Tochter, Lit. 398, 27; gibt sich für Geweihten aus, ibid. 28; für Totschläger, ibid.; als Kaufmann und Pfaffe, Urk. F. 458 (1444 März 10); drei schädliche Leute als Pilger verkleidet gehenkt (1449), Gem. 3, 180; betrügerische Ärzte, Lit. 398, 7; Lit. 596, 135 (Jude); Leckerei, Haus doppelt versetzt, Urk. F. 407 (1433 April 3); betr. Beck, Urk. F. 429 (1438 Okt. 27) usw.

[2]) Urk. F. 460 (1445 Aug. 11); Gem. 3, 457 (1470).

Zahlreich sind die VO., welche einer Steuerhinterziehung seitens der Bürger vorbeugen sollen. Nach dem Philippinum hat jeder (geistlich oder weltlich), der in Regensburg Hantierung treibt, der Stadt Steuer zu entrichten. Gemäß Vorschrift von 1357 hat derjenige, welcher seiner Steuerpflicht nicht genügt, das Gebiet mit Weib und Kind zu verlassen; sein Hab und Gut wird so lange beschlagnahmt, bis er jener völlig gerecht geworden ist. 1395 wird verfügt, daß, sofern einer nach Anordnung von Vermächtnissen starb, der Erbe noch ein Jahr das Gesamtvermögen versteuern muß, es müßte ihm denn ein besonderer Nachteil erwachsen. Bei Ungehorsam riskiert er Einziehung. Endlich droht die StadtO. von 1514, daß für den Fall einer Hinterziehung der Schuldige in das Gefängnis wandern und, nachdem er eine Zeitlang in ihm geschmachtet, für immer aus der Stadt gewiesen werden soll; seine Habe verfällt der Gemeinde. Sollte solche „Mißhandlung" erst nach dessen Ableben entdeckt werden, so entschädigt sich jene am Nachlaß; ist dieser bereits an geistliche oder sonstige Erben vergabt, so sind diese mit Buße zu belegen.[3])

1384 will man mehrere Juden zur Rechenschaft ziehen, diese wiegeln jedoch das Volk auf, flüchten in Freiungen oder verbergen Hab und Gut. Der Rat beschließt zuerst Verweisung der Frevler und Konfiskation, dann aber läßt er sich, da es sich um angesehene Familien handelt, zur Milderung der Strafe herbei. Um sich jedoch für die Zukunft zu sichern, verlangt man Bürgschaftsleistung und Verzicht auf Pfandschaften dem Bischof und Kapitel gegenüber. Sonst erkennt man bei Hinterziehung meist auf Gefängnis; 1433 verurfehden sich hiebei einige, eine Besserung zu leisten und zehn Jahre Bürger zu bleiben, bzw. von der Stadt nicht zu „fahren". Es handelt sich hier jedenfalls um vermögliche Leute.[4])

Hehler und Partierer sind angesichts der häufig vorfallenden Diebstähle in ziemlicher Anzahl aufgeführt; auch sie trifft Verweisung oder Gefängnis, so hehlerische Wirte und Juden, wie einen Bräuknecht und sein Weib, *„die nemen ein, waz di ehalten stelen"*. 1489 entsteht ein Streit zwischen dem Bischof und dem Bürger Hans Rats, dem Knechte 300 fl. stahlen und einem Donaustaufer Priester zum Aufheben gaben. Rats läßt diesen gefangen

---

[3]) Ub. 48; Gengler § 4, 4; Freyb. 128; Gem. 2, 102 (1357); Gem. 2, 325 (1395); Lit. 376a, 13.

[4]) Gem. 2, 213 (1384); Lit. 596, 119; Urk. F. 349 (1419 Juni 2), F. 400 (1432 Okt. 29).

setzen, der Bischof gibt ihn jedoch wieder frei; ein Spruchbrief Herzog Ottos weist des erstern Ansprüche zurück. [5])

Von Wucherverboten ist das von 1392 hervorhebenswert. Bei Darlehen von mehr als 1 ℔ soll der Jude für eine Woche nicht mehr als 2 ₰ zu „Gesuch“ fordern, bei geringern von 30 ₰ einen Hälbling. Bei Übergriff wird der Christ der Zinsen ledig, ein Viertel des Hauptguts verfällt der Stadt. Ein sehr strenges Mandat wird 1512 von den Kanzeln verlesen und an die Kirchtüren geschlagen. Dieses bedroht Richter, welche für Juden Wucherzinsen bei Christen einklagen, mit dem Kirchenbann. [6])

Bei Überschuldung tritt Schuldhaft ein; Verweisung greift anscheinend nicht Platz. Nicht selten übernimmt es auch der Rat, die Verhältnisse zu ordnen; die Festgenommenen müssen dann in der Regel ihr Einverständnis mit der zukünftigen „Ordnung des Lebens“ eidlich erhärten. Außerdem sei auf verschiedne Bestimmungen der Urfehden hingewiesen, wonach sich Verschwender von vornherein schwerer Ahndung unterwerfen, sofern sie noch weitern Aufwand treiben, sich nicht häuslich halten, Leithäuser besuchen usw. Bemerkenswert ist aus dem J. 1442 die Urfehde eines Domherrn, die er, nachdem er infolge beträchtlicher Schulden dingfest gemacht worden, dem Bischof gegenüber ableisten mußte. [7])

Fälschung.

Warenfälschung. Von den zahlreichen polizeilichen Satzungen über Wein, Fleisch und andere Nahrungsmittel seien hier nur die wichtigsten hervorgehoben.

Wein. Von jeher werden die Weinschenken in Regensburg streng beaufsichtigt, unvermuteter „Schau“ unterworfen, wie bei Frevel unerbittlich bestraft und nicht selten hiebei verfügt, daß sie fortan *„ungeschenket“* sein sollen. Große Freiheit ist hierin übrigens den Bürgern selbst zugesichert. So dürfen sie Oster- und Ungarwein einführen, soviel sie wollen, jedoch nur zwölf Fuder mit Wissen der Ungelter verschenken; unbeschränkt verfügen sie über ihren eignen Bannwein. 1484 entbrennt ein heftiger Streit zwischen den Bürgern und der Klerisei, welcher der Rat nicht zugestehen wollte, Wein und Bier ungeltfrei einzuführen. Die

[5]) Lit. 409½, 42; Urk. (bisch. Arch.) F. 57 (1489 Aug. 4).

[6]) Gem. 2, 290; 4, 311, 314.

[7]) Urk. F. 165 (1373 Dez. 23); Urk. (bisch. Arch.) F. 46 (1462).

Sache wird zuletzt durch den Legaten dahin entschieden, daß die Geistlichen von Allerheiligen bis Lichtmeß ihren Wein frei schenken und zu diesem Behuf Zeigel (Schenkzeichen) ausstecken dürfen. Für die übrige Zeit wird ihnen freie Abgabe an Geistliche und Fremde gestattet. Bedingung ist jedoch, daß jener Wein von ihren Pfründen und Stiftungen herrührt. 1521 achtet man von seiten des Rats besonders genau auf Einhaltung dieser Bestimmungen, ja man untersagt bei Leibesstrafe, Wein aus Klöstern zu holen. Ein Totkranker, der von Obermünster zwei Köpfe Wein kommen ließ, wird mit 100 fl. gebüßt, ein lahmes Bettelweib, das die Strafe nicht erlegen konnte, auf einem Karren aus der Stadt geschafft.[1])

In Hinsicht auf die verschiednen Substanzen nun, durch welche man Geschmack und Kraft zu bessern und zu mehren sucht, gebietet man bereits um 1384: *„daz nieman dheinen osterwein hi mache weder mit chalch, mit alawn, noch mit chainem gemacht, daz an dem leben geschaden mag. wo man des gewar wirt, den wil man uf di erd slahen und ob er doruber auzgeschencht wirt, so muz er von jedem vazz 5 ℔. geben on alle bet.“* 1433 gelobt einer für immer aus der Stadt und der Herrschaft Donaustauf zu ziehen *„von solcher dewbrei und felschrei wegen, dy er mit wasser bei nächtleicher nacht seinen gnedigen herrn an iren wein und mösten gethon“*. 1450 verpflichtet man die Weinschenken eidlich darauf, verschiedne Weine, wie österreichischen, nicht mit Franken-, Elsässer- und Baiernwein zu mischen und mit andern Stoffen, wie Tahen, Milch, Salz und Eier, zu temperieren.[2])

Von Interesse ist auch die BrauO. von 1454. Fremdes Bier darf überhaupt nicht eingeführt, das einheimische nicht teurer als um einen Hälbling verkauft werden. Die Brauer und ihre Frauen müssen schwören, nichts in die Biere zu *„hahen“*, weder Samen noch Wurz und Gestüpp. Aus einem gleichzeitigen Ratsgutachten geht hervor, daß das Bier auch mit Bilsensamen, Nußlaub, Weidasche, Buchenasche, weißem Pech, Anis, Welschkorn und verschiednen Wurzeln verfälscht wurde.[3])

Gegen Safranfälscher geht man zwar nicht so unerbittlich vor, wie in Nürnberg, doch immerhin streng genug. Wer falschen

---

[1]) Freyb. 5, 7, 8; Geistliche, Gem. 3, 672 (1484); Gem. 4, 439 (1521).

[2]) Lit. 297, 26; Gem. 2, 77 (1354); 2, 228 (1386); 2, 428 (1418); 3, 188 (1450); 3, 256 (1456); 3, 675 (1484).

[3]) Gem. 3, 256 (1454).

Safran verkauft oder wissentlich kauft, sühnt, wenn er sich nicht selbzwölft zu entreden vermag, mit 10 ℔, abgesehen von der Strafe, die ihm der Rat an Leib und Gut zuerkennt. Die Kramer aber, welche der Rat zu Schauern bestimmt, sollen fleißig bei fremden Händlern Nachschau halten. Ist das Falsum bereits verkauft, so wird es verbrannt, sonst nur, falls der Gast sich weigert, das verdächtige Gewürz über die Grenze zu bringen.[4])

Mit staunenswerter Plumpheit wird bei Safran und andern Gewürzen die Täuschung versucht. So heißt es (um 1460) bei einer Krämerin: *„sie hab den safran gevelscht und durrs fleisch braitet und das dorunter gemengt und den mit smalz abgemacht; den ingwer hab si mit semelmelb und ain vart wurmmelb dorunter getan, den pfeffer mit durren gestossenen protrinten"*. 1475 liest man: *„unter den safran gestossen muscat, den ymber gemalen semel, den pfeffer lorpere stupp"*. 1456 teilen die Nürnberger dem Regensburger Rat mit, daß sie einen Abenteurer ertappt, der *„etwovil species"*, womit man Gewürze fälscht, mit sich führte. Er wird mit seinem Weib für immer verbannt, gleichzeitig ein anderer, der *„ainen kunst gelernet, damit man safran und ander gestupp gefelschen mag"*.[5])

1413 wirft man einen C. Häring mit seiner Kellnerin ins Loch, da sie böse Häringe verkaufen wollten, *„daz den leuten an ir leben gegangen wer"*.[6])

Mit der Fälschung von Geweben beschäftigt sich bereits die TuchmacherO. von 1259. Hier findet sich auch das Verbot, Rinderhaar zu schwärzen; der Überführte büßt jedesmal mit 3 ℔: *„hab er der pfenning niht, so slahe man im abe die hant"*. 1471 straft man einen Wollwirker, der Tücher mit dem Hemauer Zeichen gekauft, mit dem von Regensburg versehen und sie dann als Regensburger Ware zu verkaufen versuchte. Ebenso wird 1468 ein Plattner empfindlich geahndet, der minderwertige Harnische als Regensburger Fabrikat anpries.[7])

Schon nach den Bestimmungen von 1320 wird das Brot allwöchentlich auf das richtige Gewicht hin geprüft, wie dabei ange-

---

4) Freyb. 24; Gem. 1, 462, s. u. Schau.

5) Lit. 399, II, 64; Lit. 411, 59; Urk. F. 578 (1476 Sept. 2); Lit. 408, 125; Urk. F. 508 (1456 Nov. 5).

6) Lit. 596, 79.

7) Freyb. 94; Bastian in Festgabe für H. Grauert, 96; Gem. 1, 381; Urk. F. 565 (1471 Nov. 23); Gem. 3, 441.

ordnet, daß der betrügerische Beck nicht um Geld gestraft, sondern geschupft werden soll. Sonst werden Maß und Gewicht vom Hansgrafen beschaut und der städtische Wäger verpflichtet, bei Entdeckung von gefälschter Ware die Käufer vor Schaden zu bewahren. [8])

Urkundenfälschung. Schon früher gedachten wir eines Betrügers, der sich für einen Geweihten ausgab, Messen las und Sakramente spendete. Er fertigte auch „neue Geberbrief“, mit Hilfe deren er in verschiednen Bistümern bischöfliche Gefälle mit Erfolg einforderte. Er machte und grub auch mancherlei Siegel und schrieb *„fudrungbrief vom freund zum freund, in den pittend, das man im gab pfenig, pferd oder claider, wan er ein pueß umb einen todslag mit dem almusen thun muest“*. Ebenso verfiel 1356 ein Bürger dem Gericht mit Leib und Gut *„von eins offen briefz wegen, damit er fur reht chom, darauf er ein insigel geleimt“*. Er kam für ewig in den Gießübel. 1438 verweist man einen, der die Quittung, welche er seiner Mutter nach Ausbezahlung des Heiratguts ausgestellt, *zersniten und zerstochen“* hat, 1478 einen Münchner, der, um bei den Regensburger Webern unterzukommen, einen Münchner Handwerksbrief mit des Unterrichters von München Siegel fabrizierte. Beachtenswert ist endlich des Juden Alhennen von Erfurt Urfehde (Judeneid), der mit Hilfe eines falschen Siegels eine Schuld einzufordern gedachte und infolge Verwendung Herzog Heinrichs dem Tod entrann, jedoch für immer das Stadtgebiet verschwören mußte. [9])

Münzfälschung. Über die Hausgenossenschaft und die ihnen verliehenen Rechte wurde früher berichtet. Die Münzer prüfen die echte und richten über die falsche Münze unter Rügung des habhaften Fälschers vor Gericht. 1286 ist ein Einstehen des Münzherrn bei Delikten der Münzer, also vornehmlich auch für den Fall der Fälschung, festgesetzt, es müßte denn jener selbzwölft seiner Genossen seine Schuldlosigkeit erweisen. Gemäß Vereinbarung von 1395 kann dem Münzmeister bei offensichtlichem Betrug das Münzrecht für zehn Jahre entzogen werden. 1459 ergeht ein *„pot von der ringern münße“*, worin mit Strafen an Leib und Gut wie mit der *„pen des prands“* gedroht wird. Nicht minder

[8]) Freyb. 8; Gem. 1, 509; s. Hansgericht, Lit. 373, 29, 6.

[9]) s. Stadtauskehr; Lit. 399, II, 28; Urk. F. 104 (1356 Feb. 8); Urk. F. 390 (1430 Aug. 14), F. 429 (1438 Juni 26), F. 587 (1478 Juli 6); Lit. 408, 34.

streng ist das Mandat von 1461, das sich vornehmlich mit dem Aufkauf der Münze beschäftigt.[10])

Nach Stadtrecht soll man den Falschmünzer in Öl versieden. 1358 werden, wie erwähnt, zwei Münzknechte durch den Meister selbviert überwunden und mit dem Brand gerichtet. Später trifft man auch Schwertstrafe und ewige Verweisung (aus Fürbitte), so in einem Fall, wo einer *„valsch helbling aus alten pfannen gemacht"*. Dieselbe Ahndung erfährt seine „Höldin", welche jene unter die Leute brachte. 1362 schwört einer Urfehde, da er *„wider das gebot golt und silber ungenüzzt von Brage und Beheim hab usgefürt, darumb er gepüzzt und gepezzert sei"*. Infolge Verwendung Karls IV. verzichtet man auf weitere Bestrafung.[11])

Scharfe Weisung erließ man auch wegen des Silberbrennens. Es war dies jedermann verstattet, sofern er sein eignes Zeichen wie das der Stadt anbrachte. Es durfte jedoch kein Goldschmied oder sonstiger Brenner mehr Silber kaufen, als er selbst verarbeiten oder als Handelsware versenden konnte (5 ℔ Strafe). Bezichtigte man ihn einer Verfehlung hiegegen, so mußte er sich selbviert dessen entreden; erhob man den Vorwurf der Verfälschung der Zeichen, so hatte er selbzehnt seine Unschuld zu erhärten, außerdem riskierte er Sühne an Leib und Gut. 5 ℔ oder Verweisung gewärtigte auch der, welcher Silber verkaufte, das des Zeichens ermangelte oder nicht in Regensburg gebrannt war. 1423 wurde der Goldschmied Hans Sachs in das Gefängnis geworfen; *„het ungerecht, falsch arbeit gemacht, het den tod verschuld"*. Es wurde ihm die Stadt ewig auf zwanzig Meilen verboten, *„hielt er nit, wer er ein ubersagter man"*.[12])

Falschspiel. Auch hier bekundet sich große Strenge. Im Philippinum von 1207 heißt es: *„Wer der ist, der in der stat ein offen spielhaus hat, den soll man haben als einen, der verschrieben ist, und auch das haus soll man urtheilen verschrieben"*. Sonst

---

[10]) s. Gericht der Münze, 1286; Gem. 1, 423; 1395: Gem. 2, 324; *das pot der ringern münze,* 1459, Lit. 408, 141; Gem. 3, 338.

[11]) Freyb. 55, 85; Gem. 2, 283; 103 (1358); Lit. 398, 136; Lit. 408, 130; Münze aus Eisen gemacht, verwiesen, Lit. 596, 271; Urk. F. 507 (1456 Mai 14); Lit. 596, 158; Gem. 2, 152; aus Pfannen Heller, Gem. 3, 332; Lit. 371, 58 (1362); Lit. 411, 191.

[12]) Freyb. 97; Gem. 1, 456; Lit. 596, 130.

darf man an einem Tag nur 1 ℔ verspielen; bei Übertretung dieses Gebots müssen Gewinner und Verlierer noch einmal so viel büßen, als gewonnen und verloren wurde, ebenso der Wirt, in dessen Haus gespielt wurde, wie der, welcher gegen Pfand Geld zum Spiel auslieh. Dabei weist man jede Klage *„umb spilgelt, chugelgelt, umb wetten, noch umb überwetten“* zurück. Gemäß Mandat von 1378 ist jegliches Glücksspiel bei 1 ℔ untersagt; wer den Wandel nicht entrichten kann, der muß für vier Wochen in den Turm oder für ein Jahr aus der Stadt. Insbesondere verbietet man *„spilen mit der quarten* (Karte), *choffern mit dem würfel oder mit der chugl und allez wetten“*. Verstattet ist jedoch *„schiezzen auf der tafel, pozzen oder scheiben mit den chugeln und daz ein erberg man im pret wol spilen mag, je ein spil umb 1 ₰“*. Ebenso soll der Bürger auch auswärts, *„wohin er chumt“*, nicht spielen bei 5 ℔ Buße. Den *„leithausern und ruffian verpietent meine herren allez spil im pret und auch sust; den puben auf der gautzen* (Gasse) *bei nacht“*. Letztere werden auch hiebei vor *„gotzswirn und gotzschelten“* gewarnt. Während der Pest (1373) ist das Spiel überhaupt untersagt.[13])

1401 setzt man auf das Spielen außerhalb der Stadt ein Jahr Verbannung, bei unbefugter Rückkehr Turm. 1452 sind Würfel, Karten, Brett, Kugel, Sponzagel und Kreisschießen bei 1 ℔ verpönt; wer die Buße schuldig bleibt, den straft man am Leib und jagt ihn zudem zum Tor hinaus. Als in diesem Jahr der Bußprediger Capistranus auch Regensburg beehrt, werden zahlreiche Spiele und Spielbretter den Flammen geopfert. Während des Reichstags im J. 1454 jedoch erlaubt man den Gästen und ehrbaren Bürgern in der Herrentrinkstube ein „ziemliches“ Spiel.[14])

Kindern soll von Stadtknechten und Wachtbütteln das Spielgeld abgenommen und sie „unter“ dem Rathaus gezüchtigt werden. Ebenso ahndet man Erwachsene, welche jenes dulden. 1477 wird auch den Juden jegliches Spiel untersagt.[15])

1465 ertränkt man einen Falschspieler; sonst trifft man meist ewige Verbannung oder Gefängnis mit Pranger. 1399 sollen vier Bauern, welche zum Spiel aufforderten und sich dabei den Tor-

[13]) 1207: Ub. 48; Gengler § 4, 5; Gem. 1, 513; 2, 171, 188, 300; Lit. 297, 27.
[14]) Lit. 409½ (1401); Lit. 408, 10; Gem. 3, 201 (1452); Gem. 3, 220 (1454).
[15]) Lit. 384, 42; Gem. 3, 601 (1477).

wächtern widersetzten, die Hände abgeschlagen werden; die Fürbitte des Herzogs Hans rettet sie.[16])

Wie sich nichtsnutzige Gesellen häufig verurfehden, weder Waffen zu tragen, noch Leithäuser zu besuchen, so ist mitunter auch das Spielverbot beigefügt. Unter dem im Purting Verbotnen finden sich mehrere „Handspieler“.[17])

[16]) ertränkt, Lit. 399, 83; verwiesen, Lit. 398, 10; Urk. F. 344 (1418 Juni 11), F. 430 (1438 Juli 15), F. 508 (1456 Feb. 23); Lit. 297, 46; Gem. 2, 339 (1399).

[17]) Spiel mit Teufel, Lit. 399, II, 50; Lit. 596, 107; Urk. F. 339 (1417 Aug. 17); Lit. 409½, 30.

Missetaten wider die Religion.

Ketzerei.

„Man sol einen chetzer prennen." Nur wenige Fälle sind zu melden, bei denen diese Satzung in ihrer ganzen Strenge zum Vollzug kam.

1306 erließ man umfassende Statuten, in denen auch jegliche Förderung der weißen Brüder (Albigenser) untersagt worden war: Wer sie irgendwie mit Gaben unterstützt, büßt mit 1 ℔, wer für sie zimmert und mauert, mit 5 ℔ neben fünf Jahren Verweisung, wer ihnen ein Haus verkauft, mit 100 ℔ nebst zehn Jahren Verweisung, und außerdem soll solch Unterfangen als „Untat" (schädliche Sache) gelten.[1])

Infolge der Synodalbeschlüsse von 1377, in denen die Häretiker zur Ausrottung empfohlen wurden, glaubte man auch in Regensburg rühmenswerten Eifer in Bekämpfung der Irrgläubigen bekunden zu müssen. Der Domdechant Heinrich wurde als Ketzermeister mit bischöflicher Vollmacht begabt und richtete sein Hauptaugenmerk auf die allgemein verfemten Beguinen. Diese im 11. Jh. in den niederländischen Städten entstandenen Frauenvereine, welche sich bald vornehmlich in Deutschland und Frankreich großer Verbreitung erfreuten, widmeten sich der Jugenderziehung und Krankenpflege. Sie lebten meist in eignen, zu einem Hof vereinten Behausungen (Beguinagien) zusammen und banden sich weder an ein Klostergelübde, noch an eine Ordensregel. Da sie angeblich die Kranken und Sterbenden in einer Weise beeinflußten, wie es nicht im Interesse des Klerus schien, und auch sonst unkirchliche Grundsätze laut werden ließen, wurden sie auf ein Edikt des Papstes hin in fanatischer Weise verfolgt, so daß

---

[1]) Freyb. 55, 24.

sie im 14. Jh. der Vernichtung preisgegeben wurden. Und so wurden 1378 auch in Regensburg verschiedne nebst ihren Anhängern „mit geistlichen Rechten verderbt". [2])

Daß die Stadt von der Hussitenbewegung nicht ganz unberührt blieb, erweist, daß 1434 ein Hussit ertränkt und mehrere in den Paulsturm gelegt wurden. Eine Schwärmerin stellte man nach Abschwörung der Irrlehre im Büßerhemd, das mit einem gelben und einem roten Kreuz geziert war, öffentlich aus. 1430 hatte man einen dingfest gemacht, der törichterweise geäußert, daß er es mit den Hussen halte und ihr Späher sei; nach Urfehde entrann er jedoch mit heiler Haut. Ebenso glimpflich verfuhr man 1472 mit dem Hussiten Nikl. Kotzmair von Glattau, welcher die Bevölkerung in große Unruhe versetzt hatte.

Unter den Gesichtspunkt der Ketzerei fällt auch die Knabenliebe. [3])

Zauberei.

Zu Regensburg trieb, wie erwähnt, um 1371 eine weise Frau, das Liserl, ihr Unwesen; machte sich auch dieser „Geist" mitunter durch Verschwindenlassen verschiedner Gegenstände unliebsam bemerkbar, so baute man doch viel auf seine Sehergabe, ja er wurde seitens der Stadtväter in politischen Angelegenheiten, bei Entscheidung über Krieg und Frieden zu Rat gezogen. Öfters heißt es, daß Weiber wegen Zauberei verwiesen wurden; es wird sich hier wohl vornehmlich um Kartenschlagerinnen und sonstige niedere Angehörige der Trudenzunft handeln. Manche steckte man auch in das Frauenhaus. [1])

1436 nimmt man den Notar Wildenpach fest *„von unrichtiger weise wegen, die er mit zauberei und andern sachen getriben, auch des heil. concilii brief am thumb frevenlich abzureißen geraten"*. Es wird ihm auferlegt, mit seiner Frau das Gebiet zu verlassen und sein Haus nach der Stadt Recht, d. h. an einen Bürger, zu verkaufen. 1450 verjagt man die Wölfel wegen Zauberei *„mit totenpain und andern pösen sachen, die zur zauberei gehören und O. V. wolt eingeben haben"*, 1470 eine, welche ihres Mannes drei Rosse

---

[2]) Gem. 2, 187; Bulle gegen Ketzer, Urk. F. 152 (1387).

[3]) Gem. 3, 56 (1434); Urk. F. 392 (1430 Feb. 21); Gem. 3, 426, 436, 513 (1472); s. S. 238.

[1]) Gem. 2, 160; Lit. 409½, 50, 55; Lit. 408, 130; Urk. F. 440 (1440 Aug. 19).

durch Zauberei getötet. Sollte sie die Urfehde brechen, so will sie eine *„vehe, verächte, mainaidige frau“* heißen, die Leib und Leben verwirkt hat. 1472 begnadigt man eine Zauberin auf die Fürbitte vieler Geistlicher hin. Auch das Nehmen der Mannheit durch gesundheitsschädliche Mittel fällt damals unter den Begriff der Zauberei. [2])

Bemerkenswert ist eine Urfehde von 1460, wonach eine zum Schaden ihres Dieners einen Totenkopf gefärbt, *„gegilbet“* und ihn eingrub, um dadurch ihres Feindes Leib und Leben zu schädigen. Ebenso wandert eine andere hinaus, da sie ihrem *„elichen man mit zauberei tan hat, daz er sie nit gemügt hab“*. 1467 hängt man einen, der die Bauern gelehrt, den Milchertrag ihrer Kühe zu vermehren, sowie das Schatzgraben, womit er sie um viel Geld brachte. 1524 verurteilt man einen ähnlichen Betrüger zur Blendung; da er auf dem Pranger den Rat beschimpft, enthauptet man ihn. Auch an Wahrsagern mangelt es nicht. Um 1500 ergeht ein scharfes Mandat unter Androhung von Strafe bei „Leib und Gut mit Ernst“, da etliche verbotne Sachen mit *„parillen, alraunen, eisvogel und ander wege“* getrieben, was eine schwere Sünde wider Gott sei. Nicht klar ist die Ahndung eines gewissen Ostermair 1443, da er *„gemliche und unordenliche weise mit wunderlichen leuten in seinem hause oft triben und gestatt lassen hat zu treiben“*. [3])

Gotteslästerung.

Dem Gottschelter soll man *„dy zung an einen haken daz den nakch ausziehn“*, ist gemäß Stadtrecht bestimmt. Wer überführt wird, den Herrn und die Heiligen gescholten zu haben, *„den lemp man an der zung“*, heißt es hiegegen in der FrGO., *„und wer den furpringt durch got und durch des rechten willen“*, der wird mit $^1/_2$ ℔ belohnt. Wer ein Scheltwort hört, soll es bei seinem Eid melden, und wer den Schelter bei der Festnahme verletzt, ist dem Gericht nichts schuldig. [1])

1466 richtet man einen mit Feuer, da er am Karfreitagmorgen dreimal auf ein Kruzifix schoß. Sonst ist Abschneiden der Zunge

---

[2]) Lit. 596, 185 (1436); Urk. F. 484 (1450 Juni 27), F. 485 (1450 Juli 1), F. 561 (1470 Juli 9); Lit. 298½, 308; Lit. 398, 115.

[3]) Urk. F. 524 (1460); Lit. 398, 121; Gem. 4, 525 (1524); Lit. 384, 56 (Mandat); Wahrsager verwiesen, Lit. 398, 7; Lit. 596, 93; Urk. F. 470 (1447 März 8), F. 452 (1443 Sept. 13).

[1]) Freyb. 77.

und Anbringen derselben *„an der saeul, da der hak inn stet, da man di zung ansleht"*, zum abscheulichen Exempel die Sühne der Lästerer. Einmal liest man Abschlagen der Zunge und Finger. Gestraft wird auch der, der seinen Kindern und Gesinde das Lästern nicht untersagt. 1420 wirft man einen Becken in das Loch, der bei der Fronleichnamsprozession Trutzlieder auf die Geistlichen sang. [2])

Meineid.

Das *„mainswyrn"* gewärtigt die nämliche Strafe, wie das Lästern. Wer sodann vor den Bürgern oder dem Gericht einen *„mainen ait swert, der iemant an leib oder gut ge und wirt er des uberwunden mit siben glaubhaftigen leuten"*, der büße vor dem geistlichen Gericht, ersetze allen Schaden und leiste 10 ℔ an die Stadt, *„hab er des gutes nicht, so slach man im ab die hant"*. Nach der StGO. soll gegen falsche Zeugen mit öffentlicher Strafe vorgegangen werden. Als meineidig wird ferner behandelt, wer den Ratsgeboten übel nachredet, einer Urfehde oder sonstigem Gelöbnis nicht genugtut, bei einem Hauskauf eine falsche Summe angibt, den Gläubigern gegenüber sein Versprechen nicht hält, seiner Wachtpflicht nicht nachkommt usw. Als meineidig gilt auch der Fronbote, der eine Schuld verschweigt; er hat indes der Stadt nur 1 ℔ zu erlegen. [1])

Das Zungenabschneiden bei Meineid ist übrigens durch kein Beispiel belegt; selten liest man auch Fingerabschlagen, sondern meist — auch bei Rückfall — ewige Verweisung. Diese Sühne setzt auch eine VO. aus dem Anfang des 16. Jh. fest; freilich soll der Rat hiebei auf Leibes- und Vermögensstrafe Bedacht nehmen. [2])

Als Religionsdelikte sind außerdem verschiedne Verbrechen der Juden anzuführen, so das Narren des Sakraments, d. h. betrügerische oder doppelt taufen lassen, worauf Todesstrafe stand, das ihnen so oft vorgeworfene Töten von Christenkindern,

---

[2]) Lit. 399, 92; Zunge, Gem. 2, 282; Zunge und Finger, Lit. 399, 85; Lit. 596, 117; Strafe auch für die, welche es bei Kindern und Gesinde dulden, Lit. 384, 55; Urfehde, Lit. 596, 135; Urk. F. 370 (1424 Mai 24).

[1]) Freyb. 55, 75; Lit. 398, 7; falsches Zeugnis, Lit. 384, 173; Lit. 596, 171; Lit. 384, 41; Lit. 596, 96; Urk. F. 475 (1448 April 9); Lit. 376a, 3; Urk. F. 635 (1503 Okt. 25); Lit. 596, 210.

[2]) Finger, Gem. 2, 283; verwiesen, Urk. F. 315 (1410 Dez. 5), F. 390 (1430 Aug. 14), F. 420 (1436 Juli 27); Rückfall, Urk. F. 416 (1435 Juni 2).

das Feilhalten und Ausgehen an Festtagen u. dgl. m. 1472 weist man eine Christin hinaus, welche den Juden in der heiligen Zeit gedient und zugetragen hat; Handwerker macht man dingfest, die mit Judenmädchen tanzten.[3])

1359 verbürgt sich einer mit 1000 fl., da er dem Propst nach dem Leben trachtete. Ich erinnere hier an das strenge Verbannungsurteil gegen zwei Münzer (?) im J. 1290, die keinerlei Frieden genießen sollten, da das Verbrechen in der Kirche geschah; für immcr verbietet man einen, der den Gegner mit gezücktem Messer in eine Kirche gejagt. Verbannung findet man auch bei Mißhandlung von Priestern, bei Abreißen von Konzilsbeschlüssen oder Unfug mit des Bischofs Briefen. Unter den leichten Betrug fällt hiegegen das Betteln durch Schwindler, welche sich als Geweihte ausgeben.[4])

---

[3]) Lit. 399, 170; Gem. 3, 475 (s. bei Betrug); Lit. 399, 158; Gem. 3, 571, 376; Lit. 298½, 308; Gem. 4, 117, s. a. bei Juden.

[4]) Urk. F. 217 (1389 Feb. 8); Ub. 151; Gem. 1, 429 (1290); Urk. F. 195 (1383 Feb. 7); Lit. 596, 185; Urk. F. 400 (1432 April 11); mit bloßem Messer in Kirche gejagt, Urk. F. 445 (1441 Sept. 28), s. bei Betrug.

Delikte wider Obrigkeit und Gemeinwesen.

Von verschiednen Anschlägen gegen das Reichsoberhaupt ist der Mordversuch an König Konrad IV. im J. 1250 hervorhebenswert. Der Bischof lag mit der Stadt in Fehde und ließ eine große Zahl Ratsherrn und Bürger, welche des Kaisers Friedrich Verlobte durch das Stadtgebiet geleiteten, niederwerfen und in Stauf gefangen setzen. Als die Kunde hievon zum König Konrad und Herzog Otto nach Landshut drang, eilten diese mit ihren Söldnern herbei, die das Bistum mit Sengen und Brennen durchzogen und angeblich den Dom und sankt Emmeram in Stallungen verkehrten. Da beschloß der Bischof, den mit dem Bannfluch belegten Herrscher ins Jenseits zu schaffen; Konrad v. Hohenfels schlich sich im Einverständnis mit dem Abt nach sankt Emmeram und überfiel den König im Bette. Nach vollbrachter Tat drang der Bischof mit den Seinen in die Stadt; doch da stellte sich heraus, daß nicht der König, sondern einer seiner Getreuen, Fr. v. Vensheim, der sich für ihn geopfert, ermordet worden war. Sankt Emmeram und die übrigen Klöster wurden auf des Königs Gebot hin der Plünderung preisgegeben, der Abt in Ketten fortgeführt und das Haus, das durch die Untat befleckt worden, dem Boden gleichgemacht.[1])

Ferner sei des heimtückischen Vorgehens Hans Erlbachs gegen Herzog Ludwig und Dr. M. Maier im J. 1472 gedacht, das den Frevler, trotzdem er das Schutzrecht des Kaisers und der Reichsstadt genoß, auf die Folter und das Schafott brachte. Von 1491 stammt die Urfehde des Pfarrers C. Taucher, der über Herzog Otto geredet und daher in des Bischofs Gefängnis geriet. 1496 entstand zwischen jenem und dem Bischof Fehde; da der Geistliche nach dem Spruchbrief wieder in seine alten Rechte ein-

[1]) Gem. 1, 359; Janner II, 439 f.

gesetzt ward, so scheint der Kirchenfürst unterlegen zu sein. Es vermochte also damals ein Priester seinen geistlichen Oberherrn ebenso erfolgreich wie ein Bürger seine Heimatstadt zu befehden.[2])

Und nun seien noch einige Vorfälle, welche sich als Delikte wider Stadt und Rat charakterisieren, hervorgehoben. 1326 wurden Dietrich Auer und der frühere Bürgermeister Ortlieb Gumprecht für zehn Jahre verbannt. Keine Fürbitte, hieß es, soll für sie gehört werden; wer sie haust, büßt mit 100 ℔. Die Ursache der Verbannung ist nicht klar; es handelte sich vermutlich um einen Anschlag zugunsten des Gegenkönigs Friedrich. Da sich insbesondere der Bischof des D. Auer, den er mit der Pflege Stauf betraute, annahm, wurden in Regensburg umfassende Vorsichtsmaßregeln getroffen. 1327 einte sich die Bürgerschaft zu festem Bund, eine wilde Fehde mit den Baiernherzogen und dem Bischof schloß sich an, viele Ausfälle wurden unternommen und Burgen berannt.[3])

Kaum war jene beigelegt, entstand ein Auflauf in der Gemeinde, der eine Spaltung zwischen Rat und Bürgerschaft hervorrief; das mächtige Geschlecht der Auer nützte die so günstige Lage, um im Verein mit den unzufriednen Gewerken den Rat zu stürzen. Doch ihr Glück war von geringer Dauer; 1334 entwich das gesamte Geschlecht in fluchtartiger Eile aus der Stadt, der neue Rat aber beschloß, nie mehr einen Inmann zum Bürgermeister zu wählen.

Die Auer führten nun von Stauf und Velburg aus einen regelrechten Krieg gegen die Bürgerschaft, sie wußten König Ludwig völlig für sich zu gewinnen und rüsteten zu einem entscheidenden Schlag. 1337 beredeten sie jenen, die Stadt zu belagern und sich vor die Pfalz zu legen; es würde dann dort durch die Stadtmauer ein unterirdischer Gang gegraben. Dies wurde auch und zwar angeblich unter Conrad Frumolts Leitung unternommen, aber noch rechtzeitig entdeckt. Zwei Arbeiter hing man, nachdem sie auf Frumolt ausgesagt hatten.

Bald darauf kam die Versöhnung zwischen König und Stadt zustande. Frumolt, der sich großen Grundbesitzes in der Stadt erfreute, erklärte sich nun bereit, sich gegen sicheres Geleit zu stellen. Er erlangte auch endlich das Versprechen, daß er, falls

---

[2]) Gem. 3, 498 ff.; Urk. (bisch. Arch.) F. 59 (1496).

[3]) Auer, Ub. 317; Gem. 1, 534 ff. (1326).

er der Tat überwiesen werden sollte, nur 200 ℔ der rückständigen Losung erlegen und ein Stück Stadtmauer erbauen müsse. Frumolt ging arglos in die Falle, er wurde sogleich in das Gefängnis geworfen und gefoltert. Seine Freunde erlegten für ihn die geforderte Steuer und hofften, daß man ihn als Bürger zum Stadtrecht, d. h. Reinigungseid kommen lassen müsse. Trotzdem verurteilte man ihn zum Erwürgen mit dem Strang und vollzog unerbittlich diesen Spruch. Der von den Freunden des Geleitsbruchs bezichtigte Rat beschlagnahmte obendrein des Gerichteten Verlassenschaft und heischte von den Schwiegersöhnen den Bau der Mauer. Diese flohen nach Nürnberg, dessen Schultheiß für Frumolts Kinder Klage wegen ihres Erbes gegen Regensburg erhob. Die maßgebende Urkunde nun enthält noch folgende merkwürdige Stelle: *„nu hat mein herre der kaiser den Fr. gein den purgern ze N. entschuldigt, daz er unschuldig ist gewesen an dem loch, darumb si in verderbt habent und daz er darumb nicht gewest hab und im umb niht sein leben genumen haben. und daz wizz er wars und well es auch war machen mit den, di umb das loch wol westen, daz di für in gerihten musten.“* Also doch ein Justizmord? Aber warum hielt jenes Ludwig nicht rechtzeitig den Regensburgern vor? In der Tat errangen Frumolts Angehörige bald wieder in ihrer Heimat Aufnahme und Bürgerrecht. [4])

Gleichzeitig machte man übrigens einem Genossen Frumolts, Gainkofer, den Prozeß, da er den König zum Sturz des Rats bewegen wollte. Man sagte ihm ebenfalls das Leben ab, doch erhob sich große Fürbitte für ihn, ja die „Pfaffheit“ trug zudem sankt Erhards Haupt auf das Rathaus. Gainkofer wurde zu ewigem Gefängnis begnadigt. [5])

1342 brachen die Söhne H. Helmsmits den im Burgding geschwornen Eid und vereinten sich mit *„etlicher gesellschaft und haimleichen pünden“* mit den Auern. Der eine wurde gerichtet, die beiden andern mußten sich auf Fürbitte ihres Vaters hin für fünf Jahre über die *„vier wälde und march dizz landes“* verschwören und wurden für unfähig erklärt, im Rat und in der Hanse zu sitzen, wie Schwert und Messer zu tragen. [6])

1358 finden wir wieder einen Anschlag, wonach einige *„geholfen sein mit leib und gut, daz der gewalt in der stat verchert würde“.*

---

[4]) Auer, Ub. 744, 874, 1037, 1038; Frumolt, Ub. 851, 852, 864, 919, 1016; Gem. 2, 12 ff. (1338).

[5]) Ub. 863, 1079; Gem. 2, 21. [6]) Ub. 988; Gem. 2, 31.

Fr. der Hiltprant gedachte, den Rat zu überlaufen, *„in achzig mann wolt er haimlich in die pfaffenhauser verstozzen, daz die bereit waren, wanne man in bedorft“.* Hiltprant verwies man mit den Seinen für immer und bestimmte zugleich, um jene vollständig aus der Gemeinschaft mit der Heimat auszustoßen, daß sich keiner der Stadt bei schwerer Ahndung mit seiner Sippe ehelich verbinden dürfe. [7])

1509 ward Heinrich Gießer wegen verräterischer Umtriebe der Folter unterworfen und sah nach langer Haft dem Tod entgegen. Da beredete seine Freundschaft Herzog Wolfgang, Regensburger Wallfahrer zu überfallen und hiedurch Gießers Freigabe zu erzwingen. In der Urfehde gestand er seine Schuld in vollem Umfang zu; er verursachte übrigens später der Stadt wegen seines dortigen Grundbesitzes noch manche Ungelegenheit. [8])

Noch sei des Verrats des Schultheißen Smaller gedacht, den man überwies, stets zu der Stadt Ungunsten geraten und als bestechlicher, ungetreuer Richter das Recht gebeugt zu haben; endlich bestahl er seinen Knecht und bezichtigte ihn obendrein des Diebstahls. Schon sollte er, nachdem der Stab über ihn gebrochen worden, auf einen Tisch gelegt und in vier Teile zerhauen werden, da faßte den Verwalter des Stifts, den Abt von Emmeram, und andere Angesehene Erbarmen; sie erwirkten die Schwertstrafe als Milderung. [9])

Eine des öftern angeführte Satzung (*ein mit 100 mannen gesworn brief*) besagt, daß jeder, der wider *„die stadt tut, darumb man in pessern solt an leib, an leben oder gut“,* seine Habe an die Gemeinde für so lange verlieren soll, bis sein Weib, Kind oder seine Freundschaft *„der stat gemainglich armen und reichen frewnt werdent“.* Ferner *„wer auslewt, fursten oder herrn auf die stat wirft, der sol von der stat verpoten sein“.* [10])

Ebenso der, welcher Bürger vor fremde Gerichte lädt. 1302 vermessen sich einige, die Bürger wider Stadtrecht vor das Kampfgericht des Hofgerichts zu laden. Karl Crazzer hat 100 ℔ zu erlegen, fünf Jahre die Stadt zu meiden und unterliegt mit seinem Gesinde dem Waffenverbot; sollten sie selbst überfallen werden, darf ihnen kein Bürger zu Hilfe eilen. Seine Genossen schließt man für zwei Jahre vom Gerichtsbeisitz aus. [11])

---

[7]) Freyb. 144; Gem. 2, 104. [8]) Gem. 4, 145, 229.
[9]) Gem. 4, 361, 363. [10]) Freyb. 81, 126, 148.
[11]) Freyb. 82, 83; Gem. 1, 483, 562; 2, 102; 3, 734; Ub. 207.

Wer zum Schaden der Stadt Werbungen vornimmt, wird auf zehn Jahre verbannt; kehrt er vor Ablauf der Strafe zurück, so wandert er für zehn Jahre in das Gefängnis. Sofern sich einer der Angesehenen der Republik Vasallen oder Muntmannen dingt oder sonst einen Anhang anschafft, um den Stadtfrieden zu gefährden, der ist seines Bürgerrechts verlustig und hat 10 ℔ zur Stadtbefestigung zu leisten. Widersetzt er sich, so verfällt er der Acht.[12])

Wer ein Haus oder sonstiges Erbe und Eigen nicht an einen steuerkräftigen Bürger, sondern an einen Fremden veräußert, der sühnt mit 100 ℔; verkauft er es dem Gast zu Fluchtsal, so verliert er 100 ℔ und das Haus. Ende des 14. Jh. verbietet man einen deshalb für immer. 1419 verkauft einer ein Leibgeding der Stadt, zu der Brücke gehörig, ohne des Brückenmeisters Willen. Er verurfehdet sich hierauf, das Haus selbst zu besitzen, es wesentlich und baulich zu halten und nicht mehr zu entfremden. Ziemlich beträchtlich sind auch die Bußsätze bei Verstößen wider die BauO.[13])

Welcher Bürger *„icht aufschüttet oder ansetzet, davon der stat schade auferstünde und der daz täte oder verhandelet an der stat rat, der dann ist willen und wizzen, der sol diselb sache unverzogenlich abtragen und auzrichten an der stat schaden“*. Geschieht dies nicht, so gewärtigt er Strafe an Leib und Gut, *„und sol man darinne nichtes ansehen, er sei wol gefreunt und ungefreunt; näme dew stat davon icht schaden, daz sol demselben unenkolten sein“*. Außerdem verzeichnet man alle Feinde der Stadt im Achtbuch.[14])

Mitunter liest man in Urfehden das Gelöbnis, in kein dem Rate schädliches Bündnis zu treten. 1447 verschwört sich einer unter Setzung von Bürgen, da man ihn bezichtigt, er habe als des Rats heimlicher Diener den Feinden dessen *„haimlichait“* verraten und sie gewarnt. 1436 trägt es einem ewige Verbannung ein, daß er *„hellichen bei nechtlicher weil auf der Tunaw in di stat gevaren“*.[15])

Sehr ängstlich sind die Stadtväter dafür besorgt, nicht durch Frevelreden in ihrer Sicherheit gefährdet wie in ihrer Würde gekränkt zu werden. In diesem Sinn erläßt man verschiedne Ver-

---

[12]) Gem. 1, 463, 326; Gengler § 5, 17; s. a. Lfr. 1235, 1244, 1255, 1281.

[13]) Freyb. 18; Lit. 409½, 14; Lit. 297, 14; Lit. 596, 112; Gem. 1, 465; Freyb. 21.

[14]) Urk. F. 177 (1377 Feb. 23); Lit. 372, 1.

[15]) Lit. 372, 72; Urk. F. 471 (1447), F. 420 (1436 April 3).

bote. So: wer sich vor dem Meister und den XXIV *„verfrävelt mit ubrigen teidingen“*, büßt mit 10 ℔, bei Unvermögen mit Haut und Haar. Wer auf den Rat schmäht oder ihm Übles nachredet, sühnt mit Leib und Gut, weder Fürsprache noch Freiung sollen ihn retten. Und dabei sitzt hierüber, wie bei allen Delikten wider die Stadt, der Rat selbst zu Gericht. [16])

Je nach der Schwere der Verletzung gestaltet sich die Ahndung als sehr verschiedenartig. Die ursprüngliche Todesstrafe scheint hier die Säckung gewesen zu sein. So wird auch 1388 eine Nonne von Obermünster mit ihrem Bruder, einem Domherrn, unter Androhung des Säckens für immer verjagt. Wie erwähnt, wird 1524 ein wegen Schatzgrabens zur Blendung Verurteilter, da er auf dem Pranger Drohungen gegen den Rat ausstößt, enthauptet. 1521 läßt der Rat sogar einen sankt Emmeramer Kämmerer infolge seiner Schmäh- und Spottsucht des Gesichts berauben. Einen verweist man auf Nimmerwiedersehen wegen der Behauptung, der Rat wuchere mit dem Armenbrot. Meist findet man ewige oder zeitweise (zehnjährige) Verbannung, Ausstoßung aus dem Rat (der Hanse Rat) oder man läßt wenigstens auf der Frevler Kosten eine Anzahl Zinnen der Umfassungsmauer bauen. [17]).

1331 verfrevelt sich *„her Rüger der Löbel vor der hans und den purgern in der ratstuben mit überigen taidingen: swer dem maister sogetan rede von im gesagt, der hiet pözleich gelogen und daz wolt er pringen und war machen mit seinem schilde und cholben“*. Man schließt ihn für fünf Jahre aus dem Rat und unterwirft ihn samt seinem Gesinde dem Waffenverbot. 1392 nimmt man einen, der den Rat beschimpfte, trotz des Protests des Abts aus sankt Emmerams Freiung. Häufig liest man auch Gefängnis. So legt man 1329 zwei Bürger wegen übler Handlung in des Bürgermeisters Haus mit vier ihrer Genossen auf den Wasserturm, 1388 einen für so lange, bis Stadt und Propst vor ihm gesichert sind. Auf Buße wird nur selten erkannt; so bei Verfehlungen gegen die RatsO. wie unbefugtem Ausbleiben von der Ratsversammlung, und sofern jemand in ihr etwas „aufschüttet“, das nicht zur Tagesordnung gehört. [18])

[16]) Freyb. 74, 110; Lit. 384, 41; Gem. 2, 65, s. bei Rat.

[17]) Gem. 2, 283 (1388); Gem. 4, 525 (1524); Gem. 4, 437 (1521); Lit. 408, 130; Lit. 297, 35; es schützt keine Freiung, Gem. 2, 104; zehn Jahre aus Rat, Lit. 372, 32; Mauernbau, Lit. 372, 56.

[18]) Ub. 618 (1331); Gem. 2, 286 (1392); Lit. 297, 56 (1329); Lit. 297, 114 (1388); Gem. 3, 146; 4, 76; 1, 565.

Von den Unruhen der Bürgerschaft, an denen Regensburgs Geschichte so reich ist, seien nur einige, welche strafrechtlich Interesse erwecken, hervorgehoben. Mancher hierhergehöriger Satzungen ist bereits bei der Fehde gedacht. Um kopflosem Handeln für den Fall eines Auflaufs vorzubeugen, darf keinerlei Maßnahme ohne des Rats Wissen und Willen vorgenommen, nur auf sein ausdrückliches Geheiß die Sturmglocke geläutet werden. Fehde und Krieg gehen überhaupt nicht selten aus Aufruhr hervor, zumal wenn Fremde in unliebsamer Weise in denselben verwickelt werden. Ich erwähne hier nur einen an sich harmlosen Auflauf im J. 1319, bei dem zwei Diener des Grafen Hals ums Leben kamen, ein ernstliches Zerwürfnis mit den Herzogen entstand, Festnahme von Bürgern wie Brandschatzungen vorfielen, bis endlich der König einen Vergleich mit der Sippe der Getöteten erzielte. Die mit der Verjagung der Auer endigende Empörung wurde früher berücksichtigt; erwähnt sei noch, daß auf deren Verfügung hin zwei Ratsleute 1333 auf vierzig Jahre der Stadt verwiesen wurden. Bei einer neuen durch die Auer angezettelten Verschwörung im J. 1342 verurteilte hiegegen der Rat mehrere, hierunter einen Auer und einen Gumprecht, zur Schwertstrafe oder ewigen Verbannung. Bezeichnend für die Größe der durch die Auer heraufbeschwornen Gefahr ist der Brief über den zwischen Rat und Gemeine geschloßnen Bund.[19])

Als 1357 am unschuldigen Kindleins-Tag die Schüler mit ihrem Bischof Ruprecht herumzogen und Gaukelspiel trieben, erstach ein Bürger einen im Zug mitwallenden Domherrn. Ein gewaltiger Auflauf und erbitterte Feindseligkeiten zwischen Rat und Klerus waren die Folge. Der Bischof verhängte das Interdikt, zog des „Mörders" Lehen ein und untersagte für die Zukunft das Kinderspiel, der Rat verbot den Seinen den Besuch der Domschule. Merkwürdigerweise gestaltete sich der Ausgang sehr günstig für den jähzornigen Bürger.[20]). Bedenkliche Unruhen sind auch in den J. 1485 und 1497 verzeichnet, wie überhaupt die häufigen Dissidien mit dem Judenviertel nicht gerade zur Stärkung des Stadtfriedens beitrugen. Auch unter den Handwerkern mangelte es nicht an Hitzköpfen, schwer war die zuchtlose Rotte der Gesellen und Knechte in Ordnung zu halten.[21])

[19]) s. Fehde und Friede; Gem. 1, 507 (1319); Ub. 686; Gem. 1, 561 (1333); Ub. 601; Gem. 1, 546 (1330).

[20]) Gem. 2, 102 (1357) [21]) Gem. 3, 687, 691; 4, 11.

1513/14 rettete der Rat sein Ansehen durch energisches Vorgehen und unbarmherzige Strenge. Viele wurden gefoltert, verwiesen, mit Ruten gestrichen (mehrere zu tot!), sechs verbluteten unter Henkershand. Es waren noch vierzig als Opfer ausersehen, einem drohte sogar Vierteilung, kein Bürger fühlte sich mehr sicher, das Blutgerüst vor dem Rathaus besteigen zu müssen; es war ein gar elendiges, trauriges Leben, klagt der Chronist. Da setzte endlich die einflußreiche Fürbitte der Herzoge, des Adels und der Geistlichkeit dem Blutvergießen ein Ziel. Immerhin wurden noch viele mit den Ihrigen verwiesen, wie den aus Furcht Entwichnen schwere Geldbußen auferlegt. Der Bauernaufruhr des J. 1525 bot nur insofern Anlaß zur Beunruhigung, als sich auch in Regensburg eine gewaltige Bewegung gegen die „Unbürgerlichkeit“ der Geistlichen erhob.[22])

Von kleineren Delikten gegen Stadt und Obrigkeit seien zuerst die Frevel gegen den Bürgermeister nochmals gestreift. So wenn man ihm nicht „auftut“, wenn er nach einem Verdächtigen fahndet, wenn man ihm nicht zu Hilfe eilt und ihm oder dem Richter Geschenke anbietet.[23])

Wegen tätlicher Vergreifung an Stadtknechten liest man ewige Verweisung, bei Schlagen eines Torwärtels nur ein Jahr, bei sonstigen Freveln, so z. B. Drohworten gegen Stadtdiener Verweisung und Gefängnis. 1339 verurteilt man widersetzliche Bauern zu Handabschlagung. 1503 gerät einer wegen Schmähung eines Nürnberger Boten in das Gefängnis. Nach Ledigung gelobt er, sich bei Belangung durch den Nürnberger Rat wieder zu stellen.[24])

Wer gegen das Statut von 1277 Bier braut, wird für immer verwiesen und verliert seine Gerechtsame. 1348 schenken einige Bürger Met aus, worauf das Zollgericht ihre Vorräte als der Herrschaft verfallen einzieht. Da sie sich widersetzen, werden sie zu doppeltem Wandel verurteilt; außerdem wird „ihrem Leib und Gut nachgefahren“. Metzger, welche krankes Vieh verkaufen, müssen nach VO. von 1387 in den Turm und eine Anzahl Zinnen mauern. Nach den ältesten Statuten verhängt man bei Vergehen der Fleischhauer Verweisung von vier Wochen bis zu einem Jahr oder Turm. Wer außerhalb der vier hohen Zeiten Krapfen bäckt, muß (1306) ein

---

[22]) Gem. 4, 227, 238 f., 423, 530.

[23]) Freyb. 12, 13, 18, s. bei Bürgermeister.

[24]) Freyb. 69; Lit. 408, 129; Gem. 2, 339 (1399); Urk. F. 635 (1503 Jan. 3).

Jahr aus der Stadt, eine für damals exorbitante Strafe. Streng ist auch der Holzverkauf untersagt.[25])

1435 verurfehdet sich ein Schlosserknecht, da er sich unterfangen, seine Mitgesellen zum Streik zu bereden; ebenso einer, der seinem Meister vorzeitig entlief. Schlimmer ergeht es einem Nürnberger Arzt Albrecht Rümel, der zu Regensburg *„etlich leut an der krankheit malafrancoş geheilet“* und dabei törichte Reden führte, als sei er zugleich als politischer Kundschafter tätig. Er wird zwar *„nit peinlich, sonder zimlich und parmherzig“* befragt, doch muß er der Stadt für immer den Rücken kehren. 1456 erläßt man überhaupt ein Verbot wegen der fremden Ärzte, die *„zu der stat kommen und prattigiren on urlaub meiner herren und wissen der gelerten“*.[26])

Hinsichtlich der Handhabung der Zensur ist nichts Bemerkenswertes verzeichnet. 1495 wird dem Buchführer Fr. Pfister, der viele Jahre die Tauf- und Gebetbücher herstellte, durch den Bischof willkürlich das Recht entzogen und dem Klerus verboten, bei ihm zu kaufen. Als er sich beschwert, heißt es: *„man mag niemand druken wehren, es druke der auf sein eigen abenteuer“*.[27])

Im Hinblick auf Amtsdelikte sei vor allem das Statut von 1269 genannt, wonach der Meister oder Ratsgenosse, der eines andern Eidgenosse wird, mit 100 ℔, dem Haus oder der Hand büßt. 1513 hängt man den Lyskircher, der vorher Kämmerer, Hansgraf und Friedrichter gewesen, wegen angeblicher Untreue, nachdem man ihn unbarmherzig gefoltert hatte. Sehr häufig fällt es, wie erwähnt, vor, daß man Bürger für fünf, zehn Jahre oder für immer für unfähig erklärt, im Rat oder im Gericht zu sitzen. 1502 hatte es ein Ratsherr unterlassen, angesehene Gäste zum Fastnachtstanz zu laden. Zur Rede gestellt, scheint er sich noch trotzig benommen zu haben, kurz, er wird im Erdgeschoß des Rathauses den verworfensten Missetätern beigesellt. Erst als grimmige Kälte eintritt, erbarmt man sich und setzt ihn unter strenger Aufsicht auf den Marktturm. Später wird er wieder Ratsherr, ja Kämmerer.

---

[25]) Ub. 117; Gem. 1, 410 (1278); Gem. 3, 399 (1465); Wein, Met, Gem. 1, 508; 2, 53, s. Weinfälschung; Fleisch, Gem. 2, 235; 1, 509; Freyb. 9; Ub. S. 716 ff.; Krapfen, Gem. 1, 462; Freyb. 24; Holzverkauf, Freyb. 12; Lit. 596, 273.

[26]) Urk. F. 414 (1435 Okt. 1); Lit. 596, 168; Pfuscher, Urk. F. 446 (1441 Dez. 19); Nürnberger Arzt, Urk. F. 635 (1503 Jan. 13); fremde Ärzte, Lit. 405, 163.

[27]) Gem. 3, 853.

Entsetzung von Stadtdienern ist häufig vermerkt; einem Bürger. der nicht zur Wache zog, droht man bei Rückfall als Meineidigen zu behandeln. 1436 verliert der Judenamtmann seine Wohnung im Judenfreithof, da er *„oft und dick schedlich und unrichtig leut in ihm gehalten hat“.* [28])

Sehr zweckmäßig scheint das Gebot, daß Goldschmiede (bei Strafe an Leib und Gut) Minderjährigen nur mit des Vaters Zustimmung Siegel fertigen sollen; bei Zuwiderhandlung soll auch die Urkunde, zu deren Bekräftigung sie angehängt worden, kraftlos sein. Ebensowenig darf man einem so jugendlichen Fant Geld leihen; wer zuwiderhandelt, verliert das Darlehen und eine gleichhohe Buße an die Stadt. [29])

Zu erwähnen sind noch die verschiednen LuxusVO., die Bestrafung des Müßiggangs und derer, welche „offenlich an der Unstät“ sitzen, das Verbot des Zechens, Zutrinkens, des Büchsenschießens auf der Gasse und anderer *„unbilliger, mutwilliger, fräveler und unerberer“* Sachen, die heute dem Gebiet des groben Unfugs zuzuweisen wären. Einer, der nachts an den Hausglocken läutet, wird auf ein Jahr verboten, ein anderer wegen nächtlichen Rumors nach Züchtigung für immer. Hier findet sich auch Einsperrung in den Wasserturm und das Narrenhaus. Wer *„zu gever und mit verdachtem mut“* in ein Leithaus geht, büßt mit 30 ℔, *„ob er sein nicht gerichten mag mit zwain der genanten“,* daß er es ohne böse Absicht getan. [30])

---

[28]) Gem. 1, 398; Freyb. 120; Gem. 4, 209 (1513); Gem. 4, 68 (1502); s. Rat, Lit. 398, 5; Lit. 596, 210; Urk. F. 421 (1436 Aug. 14).

[29]) Freyb. 153; Gem. 2, 112; „Abspenung“ der Ehehalten, Lit. 384, 58.

[30]) Unstät sitzen, Lit. 409½, 20; Müßiggang, Lit. 384, 57; Zutrinken, Zechen, ibid. 56; Lit. 409½, 9; Lit. 408, 127; Büchsenschießen, Lit. 384, 42; Unfug, Lit. 207 102 f.; Lit. 399, 103; Gem. 4, 443; Lit. 596, 126; Turm, Gem. 2, 283; Narrenhaus, Gem. 4, 111; Unfug in Leit- und Frauenhaus, Freyb. 69; Lit. 297, 14.

Register.

A.

B.

I.

J.

K.

L.

M.

N.

O.

P.

T.

U.

V.

Berichtigung.

S. 13, Z. 12: **1331** statt 1328.

Frommannsche Buchdruckerei (Hermann Pohle) in Jena. — 4379

FSC
www.fsc.org
MIX
Papier | Fördert
gute Waldnutzung
FSC® C083411

Kolibri 360 GmbH
Ferdinand-Jühlke-Straße 7
99095 Erfurt, Deutschland
produktsicherheit@kolibri360.de